Diktatur und Demokratie im Unterricht:
Der Fall DDR

Jens Hüttmann · Anna von Arnim-Rosenthal (Hrsg.)

Diktatur und Demokratie im Unterricht: Der Fall DDR

METROPOL

Herausgegeben im Auftrag der Bundesstiftung zur Aufarbeitung der SED-Diktatur

Die Bundesstiftung zur Aufarbeitung der SED-Diktatur dankt den Autorinnen und Autoren für ihre Beiträge. Die Texte spiegeln die Auffassungen der Urheber und nicht notwendigerweise die der Bundesstiftung Aufarbeitung wider.

Umschlaggestaltung: Greser & Lenz, http://www.greser-lenz.de/

ISBN: 978-3-86331-337-1

© 2017 Metropol Verlag
Ansbacher Str. 70, 10777 Berlin
www.metropol-verlag.de
Alle Rechte vorbehalten
Druck: buchdruckerei.de, Berlin

Inhalt

9   Jens Hüttmann · Anna v. Arnim-Rosenthal
Der „Fall DDR" im Unterricht – es lohnt sich
Einleitung

Forschungsstand zur deutschen Zeitgeschichte nach 1945

19   Bernd Faulenbach
Zum Stand der zeithistorischen Erforschung und Darstellung
von SED-Diktatur und DDR

39   Dierk Hoffmann · Michael Schwartz · Hermann Wentker
Die DDR als Chance
Desiderate und Perspektiven künftiger Forschung

54   Anna Kaminsky
DDR-Geschichte als Kommunismusgeschichte begreifen
Plädoyer für eine Perspektiverweiterung

Die zentralen Akteure: Was wissen Schüler über Zeitgeschichte? Was sollten sie lernen?

65   Josef Kraus
Wider den fortschreitenden historischen Analphabetismus

75   Christoph Hamann
Die „staubige Straße der Chronologie"
Ein Plädoyer für eine stärkere Subjekt- und Kompetenzorientierung
des historischen Lernens

88   Kathrin Klausmeier
Die DDR war keine Diktatur!?
Ergebnisse einer empirischen Studie zu den Vorstellungen Jugendlicher
von der DDR

100   Norbert Hanisch
„In der Familie hört man es halt richtig, wie sie es selber erlebt haben ..."
Überlegungen zum Verhältnis von Familie, Unterricht
und dem DDR-Bild sächsischer Schüler

Rahmenbedingungen des zeithistorischen Lernens

113   Heidi Behrens · Norbert Reichling
Anschauung – Unmittelbarkeit – Irritation
Außerschulisches Lernen an Orten deutscher Zeitgeschichte nach 1945

126   David Clarke
Erinnerungspolitik und historisches Lernen: Der Fall DDR

138   Christian Elben
„Man muß mit dem Urteil dazwischen kommen können."
Diktatur und Demokratie im immersiven Geschichtsunterricht
der Schweiz

146   Anna v. Arnim-Rosenthal
DDR-Geschichte interkulturell vermitteln

159   Ruth Wunnicke
Kommunistische Diktaturerfahrungen im Unterricht

Zeitzeugen im Klassenzimmer

167   Christiane Bertram
Mit Zeitzeugen im Geschichtsunterricht historisch denken lernen?

182   Frank Hoffmann
Mehr Fragen als Antworten
Beobachtungen beim VOS-Zeitzeugenprojekt zur DDR-Geschichte
in Nordrhein-Westfalen

194   Jens Hüttmann · Anna v. Arnim-Rosenthal
„... viel interessanter als im Schulbuch!" –
Lebensgeschichten und Multiperspektivität
ins Klassenzimmer bringen
Das Bildungsportal www.zeitzeugenbuero.de

Wie gelingt guter zeithistorischer Unterricht? Modellprojekte und Lehrerperspektiven

205   Axel Janowitz
„Warum Stasi?"
Didaktische Überlegungen zum Unterrichtsthema „DDR-Staatssicherheit"

218   May Jehle · Henning Schluss
(Dokumentar-)Filme im Unterricht
Zur Entwicklung didaktischer Begleitmaterialien

226   Kathrin Steinhausen
„Risiko Freiheit" – Jugendliche featuren Fluchthilfe

234   Daniel Börner
Wandel braucht Annäherung
„Schwierige Jugendliche" und innovative Projektarbeit zur DDR-Geschichte

241   Saraya Gomis · Daniel Schmöcker
Schüler auf Spurensuche – das Martin Luther King Projekt: der King-Code
Ein Modellprojekt von Schülern und Lehrern der Ernst-Reuter-Oberschule (Berlin-Wedding) und des Rosa-Luxemburg-Gymnasiums (Berlin-Pankow)

247   Michael Geithner · Martin Thiele-Schwez
Playing History
Wie wird Geschichte durch Spiele vermittelt?
Best-Practice-Beispiel: Bürokratopoly

253   Schwarwel
„Diktatur und Demokratie" – 16 Workshops in 16 Bundesländern
Zwischenbericht zum Bergfest

260   Thomas Weichel
Die Mauer muss weg!
Eine Kunstinstallation am 2. Oktober 2015 an der Elly-Heuss-Schule in Wiesbaden im Rahmen der „Woche der Freiheit"

263   Antje Böker · Patricia Reimers · Verena Reinhard
„Die Geschichtsreporter sind ziemlich neugierige junge Leute. Nehmen Sie sich in Acht!"
Der Schülerblog „Die Geschichtsreporter_innen" auf der Geschichtsmesse 2015

269 Lehrerperspektiven: Sechs Fragen an ...
Christian Schmidt, Friedrich-List-Schule Wiesbaden
Maria-Sibylla Hesse, Waldorfschule Potsdam
Thomas Grüßing, Carl-Bosch-Schule Berlin-Reinickendorf

279 Zu den Autorinnen und Autoren

Jens Hüttmann · Anna v. Arnim-Rosenthal

Der „Fall DDR" im Unterricht – es lohnt sich
Einleitung

Historisches Lernen zur Geschichte von Demokratie und Diktatur nach 1945

Bereits vor mehr als zehn Jahren griff die Bundesstiftung zur Aufarbeitung der SED-Diktatur mit den beiden Publikationen „DDR-Geschichte im Unterricht" und „DDR-Geschichte vermitteln" die Debatte über die Bedeutung der Auseinandersetzung mit der deutschen Nachkriegsgeschichte in der schulischen und außerschulischen Bildung erstmals umfassend auf.[1] Beide Publikationen skizzierten Potenziale und Herausforderungen. Schulbuchanalysen, Schülerumfragen, der Forschungsstand zur Geschichte des geteilten Deutschlands, ein Modellcurriculum und vieles andere mehr wurden vorgestellt und diskutiert.

Seitdem hat sich einiges verändert. Die schulischen und außerschulischen Rahmenbedingungen für das historische Lernen und die Debatte in Fachwissenschaft, Didaktik und Schulrealität haben sich seit dem Jahr 2000 erheblich verbessert:

- Die Rahmenlehrpläne in allen 16 Bundesländern wurden stark überarbeitet. Während noch 1998 zu beobachten war, dass die normativen Vorgaben für Lehrkräfte teilweise aus der Zeit der deutschen Teilung stammten, existieren heutzutage keine Lehrpläne mehr, in denen die deutsche Zeitgeschichte nach 1945 nicht vorkommt.
- Ähnliches gilt für die Rahmenrichtlinien und Prüfungsthemen: Für die Gymnasien in Deutschland etwa setzt sich seit einigen Jahren das Zentral-Abitur durch. Aus Steuerungsperspektive erscheint dies als wesentlich wirkungsvoller als die Lehrpläne. Denn was in Abschlussprüfungen jeglicher Schulform be-

---

1 Vgl. Ulrich Arnswald/Ulrich Bongertmann/Ulrich Mählert, DDR-Geschichte im Unterricht. Schulbuchanalyse – Schülerbefragung – Modellcurriculum, Berlin 2006; Jens Hüttmann/ Ulrich Mählert/Peer Pasternack, DDR-Geschichte vermitteln. Ansätze und Erfahrungen in Unterricht, Hochschullehre und politischer Bildung, Berlin 2004. Siehe außerdem Klaus Schroeder u. a., Später Sieg der Diktaturen? Zeitgeschichtliche Kenntnisse und Urteile von Jugendlichen, Frankfurt a. M. 2012.

handelt wird, muss vorher auch Unterrichtsgegenstand gewesen sein. In den letzten fünf Jahren integrierten etwa die Hälfte aller Länder Abituraufgaben, die sich mit der deutschen Zeitgeschichte nach 1945 auseinandersetzten. Ob junge Leute, die ihre Schulzeit mit einem Haupt- oder Realschulabschluss beenden, jemals etwas davon gehört haben, bleibt fraglich.[2]
- Auch die Schulbücher haben sich dem internationalen Forschungsstand angenähert. Die Geschichten der Bundesrepublik und der DDR werden in der Regel nicht mehr getrennt, sondern gemeinsam dargestellt.[3]
- Es ist eine nahezu unüberschaubare Sammlung didaktischer Lernmaterialien entstanden, die z. B. auf der Website der Bundesstiftung Aufarbeitung im Bildungskatalog verzeichnet sind und dort recherchiert werden können.[4]
- Nicht zu vergessen sind schließlich die unzähligen Fortbildungsangebote und Projekte auch außerschulischer Bildungseinrichtungen, Stiftungen, Landeszentralen und Landesbeauftragten. So fand jüngst beispielsweise die erste bundesweite Lehrerkonferenz statt, die ausschließlich der doppelten deutschen Nachkriegsgeschichte gewidmet war.[5]

Insgesamt sind die Rahmenbedingungen, besonders im Vergleich zu anderen Ländern, also nicht so schlecht. Und dennoch stehen auch heute die eklatanten Lücken des Schülerwissens zur deutschen Zeitgeschichte nach 1945 im Mittelpunkt der öffentlichen Kontroverse. Auch wenn man der Ansicht wäre, dass fehlende Fakten wie Ereignisse, Jahreszahlen und Personen der Zeitgeschichte im Zweifelsfall nachgeschlagen werden können, bleibt der Befund, dass Schüler offenbar nur selten in der Lage sind, die systematischen Unterschiede einer parlamentarischen Konkurrenzdemokratie wie der Bundesrepublik von der Einparteienherrschaft der SED zu erkennen. So werden Wissensdefizite auf der einen, Deutungsprobleme auf der

---

2 In der Bundesstiftung Aufarbeitung werden die Lehrpläne und zentralen Prüfungsvorgaben im Abitur laufend recherchiert und ausgewertet.
3 Das war 2004 noch ein Kritikpunkt, vgl. Ulrich Arnswald, Zum Stellenwert des Themas DDR-Geschichte in den Lehrplänen der deutschen Bundesländer. Eine Expertise im Auftrag der Stiftung zur Aufarbeitung der SED-Diktatur, Berlin 2004, S. 44.
4 Bildungskatalog: SED-Diktatur und deutsche Teilung, hrsg. von der Bundesstiftung zur Aufarbeitung der SED-Diktatur, Schwalbach/Ts. 2009, und http://www.bundesstiftung-aufarbeitung.de/unterricht-gestalten%3A-bildungskatalog-der-bundesstiftung-aufarbeitung-1346.html [15. 8. 2016].
5 Gemeinsam mit dem Landesinstitut für Lehrerbildung und Schulentwicklung Hamburg, Verband der Geschichtslehrer Deutschlands e. V. und Fachverband Geschichte und Politik Hamburg. Die Dokumentation der Tagung „Kontraste, Verflechtung und Abgrenzung: Deutsch-deutsche Nachkriegsgeschichte als Gegenstand des Schulunterrichts" in Hamburg am 22./23. 4. 2016 ist auf www.bundesstiftung-aufarbeitung.de abrufbar.

anderen Seite sichtbar, die in den Köpfen von Schülern Nostalgie, Verklärung und Mythen über die DDR („Sozialstaat DDR" oder „Die Stasi dominierte alles!") entstehen lassen.[6] Was sind die Ursachen dafür, dass viele junge Menschen, die die Zeit der deutschen Teilung nicht miterlebt haben, mit „Honecker und Co" nichts anfangen können? Auf welche Weise sollte die deutsche Zeitgeschichte in den Schulen und in der außerschulischen Bildung vermittelt werden? Sind der Geschichts- und Politikunterricht zur Geschichte der DDR respektive die kritische Beschäftigung mit dem Unterschied von Demokratie und Diktatur im Klassenzimmer gescheitert?

Kompetenzorientierung vs. Chronologie?
Ohne Wolle kann man nicht stricken!

Mit diesen Fragen beschäftigt sich die professionelle Geschichtsdidaktik seit Jahrzehnten. Besonders die an der Freien Universität Berlin entstandene Schülerumfrage[7] löste eine bis heute lebhafte Debatte über die methodische Herangehensweise, die Validität der Daten und den geschichtspolitischen Impuls aus. Insbesondere wurde vonseiten der Fachdidaktik argumentiert, dass das Ziel historischen Lernens vor allem der Kompetenz- und weniger der Wissenserwerb sei. Exemplarisches Lernen sei womöglich wirkungsvoller.

Wird der traditionelle Anspruch auf den Wissenserwerb dadurch relativiert? Ein bisschen schon, wenngleich es ein einfaches Entweder–Oder nicht geben darf. Betont wird von den meisten Forschern deshalb auch, dass der Spruch: „Ohne Wolle kann man nicht stricken!" nichts von seiner Berechtigung eingebüßt hat. Das heißt, dass Schüler Kontextwissen benötigen, um Geschichte(n) erzählen und deuten zu können. Aber neben den Daten, Fakten und Ereignissen – auch das zeigt der Spruch an – benötigen sie historische Fertigkeiten, die es ihnen erlauben, sich selbst ein Bild von der Vergangenheit zu machen. Aus dieser Perspektive hilft die Kompetenzorientierung, den Unterricht zu fokussieren und Geschichtsbewusstsein als Denkmethode zu begreifen, in der Wert- und Sachurteile in den Köpfen der Schüler Teil von Geschichtserzählungen werden, die sie individuell entwickeln und begründen. Diese Perspektive steht im Gegensatz zu einer sozial und politisch erwünschten Wertevermittlung. Auch das Bundesverfassungsgericht hat *eine*

---

6 Jens Hüttmann, „Hitlers größte Leistung war, dass er als SED-Vorsitzender das Grundgesetz für ganz Deutschland beschlossen hat." Überlegungen zur Vermittlung der Geschichte von Demokratie und Diktatur nach 1945 im Klassenzimmer, in: Geschichte für heute. Zeitschrift für historisch-politische Bildung 8 (2015) 3.
7 Vgl. Schroeder u. a., Später Sieg der Diktaturen?

einzig als legitim hingestellte Geschichtsinterpretation als nicht verfassungsgemäß bezeichnet.[8]

Dem wiederum wird entgegengehalten, dass mit der Vernachlässigung der Vermittlung historischen Grundlagenwissens und der Preisgabe historischer Chronologie als erkenntnisleitendes Maß des historischen Denkens Geschichte und ihre Vermittlung in Gefahr stehe, ahistorisch zu werden. Als etwa die beiden Bundesländer Berlin und Brandenburg im Jahr 2015 ein neues Lehrplankonzept vorstellten, das anstatt der herkömmlichen Chronologie die sogenannten historischen Längsschnitte in den Vordergrund stellen wollte, entstand eine heftige Kontroverse unter den Lehrkräften. In deren Verlauf standen grob gesagt zwei Lager fast unversöhnlich gegenüber: Die Kritiker betrachteten den neuen Lehrplanentwurf als Versuch, das Fach Geschichte weiter zu entwerten und quasi abzuschaffen. Die Autoren und Unterstützer des Entwurfs wiederum argumentierten, dass mit den vorgeschlagenen Längsschnitten die Chronologie des Unterrichts keineswegs verdrängt würde und dass es der herkömmliche chronologische Zugang gewesen sei, der in den vergangenen Jahrzehnten für die begrenzte Wirkung des historischen Lernens gesorgt habe.[9]

Historisches Lernen und die Krisen in der Gegenwart

Hinter der geschichtsdidaktischen Debatte um Kompetenzen und Chronologien steht auch die Frage, welche gesellschaftliche Bedeutung der schulischen und außerschulischen Auseinandersetzung mit der Geschichte der SED-Diktatur und der deutschen Teilung zukommen soll. Denn parallel zu den besseren Rahmenbedingungen wächst derzeit die Bedeutung der historischen Aufarbeitung und der politischen Bildung. Angesichts von Anschlägen auf Flüchtlingsunterkünfte, des Wahlerfolgs rechtspopulistischer Parteien und der wachsenden Anhängerschaft rechtsextremer Bewegungen wird gefragt: „Ist die historisch-politische

---

8   Vgl. Bundesverfassungsgericht – Pressestelle – Pressemitteilung Nr. 87/2010 vom 28. 9. 2010, Beschluss vom 17. 8. 2010 – 1 BvR 2585/06 –, https://www.bundesverfassungsgericht.de/pressemitteilungen/bvg10-087.html [18. 7. 2016].
9   Vgl. u. a. Marion Kaufmann, Petition gegen neuen Rahmenlehrplan. Kampf um den Geschichtsunterricht, in: Märkische Allgemeine Zeitung, 19. 1. 2015, http://www.maz-online.de/Lokales/Potsdam-Mittelmark/Kampf-um-den-Geschichtsunterricht [14. 1. 2017]; Stellungnahmen des Berliner Geschichtslehrerverbandes, http://www.berliner-geschichtslehrerverband.org/stellungnahmen/ [14. 1. 2017]; Sylvia Vogt, Aufstand gegen neuen Lehrplan für Geschichte, in: Der Tagesspiegel, 2. 3. 2015, http://www.tagesspiegel.de/berlin/diskussion-heute-aufstand-gegen-neuen-lehrplan-fuer-geschichte/11442160.html [14. 1. 2017].

Bildungsarbeit in Ostdeutschland gescheitert?"[10] Fremdenfeindlichkeit und niedrige Wahlbeteiligung in den neuen Bundesländern würden ein Scheitern der DDR-Aufarbeitung belegen und zeigen, dass die politische Bildung generell in einer Krise stecke.[11]

Gleichzeitig werden im Rahmen der Debatte ein fehlerhafter Vereinigungsprozess, ein demokratisches (Un-)Verständnis und eine schrumpfende Bevölkerung in den ländlichen Gegenden der vormaligen DDR als ursächlich angeführt. Politiker und Bildungsakteure schlagen vor, die Dominanz der MINT-Fächer zu relativieren und die Demokratieerziehung stärker zu berücksichtigen.

Das wäre wünschenswert. Fest steht aber auch, dass der kausale Zusammenhang zwischen dem Wissen und den Einstellungen eines Menschen empirisch schwer nachweisbar ist. Das heißt, dass mit einem Mehr an Wissen nicht automatisch die politisch und sozial erwünschten Geschichtsdeutungen die Folge sind. Dies illustriert das Beispiel rechtsextremer Jugendlicher, die häufig ein vergleichsweise großes Wissen und Interesse an historischen Themen besitzen und dies dennoch oft antidemokratisch nutzen. Das heißt: Historisches Lernen ist ein wichtiger, aber nicht der einzige Faktor gelingender Demokratieerziehung.

Multiperspektivität, Kontroversität und Schülerorientierung im Klassenzimmer – die Beiträge des Bandes

An der Debatte über die „richtige" Vorgehensweise in der Geschichtsvermittlung beteiligten sich nicht nur Historiker, Fachdidaktiker und Politikwissenschaftler, sondern auch Politiker, Journalisten und unmittelbar Betroffene – die Opfer der SED-Diktatur. Vor diesem Hintergrund entstand die Idee, einen Sammelband zu konzipieren, der einerseits die zehnjährige Lücke zur letzten Darstellung schließt und der andererseits diese unterschiedlichen Perspektiven und Ansprüche an die Auseinandersetzung mit der Geschichte von Demokratie und Diktatur in Deutschland zusammenfassend abbildet. Entstanden ist deshalb ein Band, der sich zwischen der Realität des Klassenzimmers, der Aufarbeitung der Fachwissenschaft, der Arbeit der Kultus- und Schulverwaltungen und den Erkenntnissen der

---

10 Siehe Markus Decker, Kommentar zur Aufarbeitung der SED-Diktatur. Zur Bewältigung gehört politische Bildung, in: Mitteldeutsche Zeitung, 19.7.2015, http://www.mz-web.de/kommentar-zur-aufarbeitung-der-sed-diktatur-zur-bewaeltigung-gehoert-politische-bildung-22679582 [14.1.2017].

11 „Es gibt eine Krise der politischen Bildung" – Dialogforen zu Legida, in: Leipziger Volkszeitung, 19.7.2015, http://www.lvz.de/Leipzig/Lokales/Es-gibt-eine-Krise-der-politischen-Bildung-Dialogforen-zu-Legida [14.1.2017].

Geschichtsdidaktik verortet. Wissenschaftler, Lehrkräfte und andere Bildungsmultiplikatoren kommen zu Wort.

Der erste Teil des Sammelbandes zeigt das große Potenzial auf, das sich mit Blick auf den Forschungsstand für den Unterricht eignet: Bernd Faulenbach skizziert die Entwicklungen der DDR-und SED-Diktaturforschung nach 1945 und diskutiert Felder zeithistorischer Forschungen in der veränderten Konstellation ab 1990. Dierk Hoffmann, Michael Schwartz und Hermann Wentker diskutieren in ihrem Beitrag die Desiderate und Perspektiven der zukünftigen Forschung.[12] Anna Kaminsky plädiert für eine stärkere Einbettung der DDR in die Geschichte des Kommunismus.

Das zweite Kapitel stellt geschichtsdidaktische und fachpolitische Konzeptionen und Reflexionen vor und nimmt das Wissen und die Interessen von Schülern und Lehrern in den Blick: Kathrin Klausmeier und Norbert Hanisch erläutern ihre Forschungsergebnisse und analysieren die Kenntnisse, Kompetenzen und Quellen von Jugendlichen an ostdeutschen Schulen. Josef Kraus und Christoph Hamann streiten um das Für und Wider von kompetenzorientiertem Unterricht.

Der dritte Teil weitet den Blick auf die Rahmenbedingungen des zeithistorischen Lernens: Heidi Behrens und Norbert Reichling erläutern die Besonderheiten und Herausforderungen von außerschulischen Lernorten zur deutschen Teilungsgeschichte. David Clarke stellt diese und die DDR-Aufarbeitung in einen Kontext der erinnerungspolitischen Diskussionen und Entwicklungen seit 1945. Der Beitrag von Anna v. Arnim-Rosenthal führt Möglichkeiten auf, DDR-Geschichte interkulturell zu vermitteln. Christian Elben zieht das Beispiel Schweiz heran, um die Anforderungen der DDR-Geschichtsvermittlung für Lehrende und Schüler darzustellen, die zeitlich und geografisch weit davon entfernt sind. Ruth Wunnicke schließlich setzt sich mit der Frage des Umgangs mit Diktaturerfahrungen im Unterricht auseinander.

Der Sammelband reflektiert darüber hinaus Zeitzeugengespräche als zentrale Vermittlungsmethode deutsch-deutscher Teilungsgeschichte. In den Beiträgen von Christiane Bertram und Frank Hoffmann wird die Wirkung von Zeitzeugen im Klassenzimmer empirisch und exemplarisch untersucht. Jens Hüttmann und Anna v. Arnim-Rosenthal fragen, welche Geschichten in der historisch-politischen Bildungsarbeit nicht durch Zeitzeugenschaft erzählt werden.

Der vierte Teil des Sammelbandes steht im Zeichen der vielfältigen dezentralen und gesamtdeutschen schulischen und außerschulischen DDR-Geschichtsvermittlung. Multiplikatoren, Lehrende und Schüler präsentieren Ausstellungen und

---

12 Siehe jüngst zu den Perspektiven der Forschung Ulrich Mählert (Hrsg.), Die DDR als Chance. Neue Perspektiven auf ein altes Thema, Berlin 2016.

Projekttage an außerschulischen Lernorten und reflektieren ihre Arbeit mit Comics, Plakatausstellungen, Dokumentarfilmen und Lehrspielen im Schulunterricht.

Unabhängig von Rahmenbedingungen und geschichtsdidaktischen Diskussionen gilt: Ohne eine reflektierte Lehrkraft werden keine befriedigenden Ergebnisse erzielt. Sie muss die Potenziale des Lehrplans ebenso gut nutzen wie die Schulbücher und didaktischen Materialien, sie muss als methodisch versierte Lehrkraft sinnvoll den eigenen Unterricht planen und Rücksicht nehmen auf die Bedürfnisse und Erfahrungen der jeweiligen Lerngruppe. Nur so können die Rahmenbedingungen wirken. Deshalb sind es Lehrende, die den Sammelband mit ihren Stimmen abschließen: Sie schildern ihre Erfahrungen mit der Vermittlung der Geschichte der SED-Diktatur an Schulen in Ost- und Westdeutschland.

Der „Fall DDR" und die Interessen von Jugendlichen

Alle Beiträge zeigen: Der „Fall DDR" lohnt sich! Die asymmetrisch verflochtene Parallel- und Beziehungsgeschichte der beiden deutschen Staaten eignet sich besonders gut, um im Klassenzimmer den Unterschied von Demokratie und Diktatur nach 1945 in Deutschland zu diskutieren.[13] Die Unterschiede werden insbesondere dann verständlich und für die Jugendlichen nachvollziehbar, wenn die enormen Potenziale der Gegenwartsorientierung von Geschichte im Klassenzimmer genutzt werden: Wenn etwa Rechtspopulisten und Rechtsextreme die „Lügenpresse" anprangern und die Bedeutung der Medien in der Demokratie missverstehen, wenn demokratische Wahlen als „Zettel falten" denunziert werden, dann zeigt die Geschichte der SED-Diktatur, dass im Gegensatz zur heutigen Situation Medien und Parteien tatsächlich bloß Büttel des Systems waren.

Zudem hilft die Gegenwartsorientierung, Themen allgemeineren Zuschnitts zu definieren, die für internationale Bezüge offen sind. So lässt etwa das historische Problem von Flucht und Vertreibung nicht nur Beispiele aus der deutschen Geschichte zu, sondern auch aus der internationalen Gegenwart. Und: Wenn sich die Jugendlichen mit der Geschichte der Sowjetunion auskennen, haben sie gute Chancen, die gegenwärtige Situation in der Ukraine zu verstehen.

Die Beispiele zeigen wiederum die Gefahr, Geschichte zu instrumentalisieren. Aus diesem Grund müssen Schüler kompetent sein, um mitreden zu können und um falsche historische Bezüge und Analogien zu entlarven. Das Ziel ist die

---

13 Christoph Kleßmann/Peter Lautzas (Hrsg.), Teilung und Integration: Die doppelte deutsche Nachkriegsgeschichte als wissenschaftliches und didaktisches Problem, Schwalbach/Ts. 2006.

Herausbildung kritischer Urteilkraft. Schüler sollten sich im Idealfall ihren eigenen Reim auf Geschichte machen können, die ihnen außerhalb der Schule tagtäglich begegnet – im Fernsehen, in Museen, Gedenkstätten, Ausstellungen, in der Nachbarschaft und in öffentlichen Debatten.

Aus all diesen Gründen darf die Demokratie nicht nur der Unterrichtsgegenstand sein, sondern muss auch in den jeweils angewandten Methoden zum Ausdruck kommen. Dann zeigt sich, dass die deutsche Zeitgeschichte nach 1945 in hervorragender Weise in der Lage ist, die demokratischen Prinzipien der Kontroversität, Multiperspektivität und Schülerorientierung zu fördern. Auf diese Weise ist Demokratie nicht nur der Gegenstand, sondern das Prinzip historischen Lernens.[14]

Die Mehrheit der Schüler besitzt ein großes Interesse an der deutschen Zeitgeschichte nach 1945. Wenn sie die Möglichkeit hätten, würden sie gern mehr erfahren.[15] Es entspricht den Aussagen vieler Lehrkräfte und der Erfahrung der Bundesstiftung Aufarbeitung, dass ihre Bildungsangebote auf eine breite Resonanz und Nachfrage stoßen. Diese Interessen, so zeigen viele Beiträge des Sammelbandes, sollten im Zentrum stehen, damit Schüler ihre eigenen Erfahrungen einbringen und Erfahrungen im Umgang mit Geschichte sammeln können. So entstehen, wie es der Geschichtsdidaktiker Hans-Jürgen Pandel auf der Geschichtsmesse im Jahr 2013 formulierte, in den Köpfen der Schüler Erzählungen, keine Jahreszahlen.[16]

Wir freuen uns, dass wir für diesen Sammelband eine große Zahl an Kolleginnen und Kollegen aus der schulischen und außerschulischen Bildungsarbeit sowie aus der Wissenschaft und Forschung gewinnen konnten. Wir danken allen Autorinnen und Autoren der Beiträge für ihre Mitarbeit. Unser Dank gilt auch Dr. Christian Elben für das Fachlektorat und für seine kritischen Fragen und Anmerkungen. Für die redaktionelle Unterstützung von der Idee bis zur Druckfreigabe danken wir den Studentinnen Helen Stößel und Maren Perschke sowie dem FSJler Morten Siebelist.

---

14 Prof. Dr. Bettina Alavi, Demokratie als Unterrichtsgegenstand und -prinzip, Vortrag bei der 8. Geschichtsmesse in Suhl am 31. 1. 2015.
15 Siehe die Ergebnisse der Studien von Ulrich Arnswald 2004 und 2006.
16 Hans-Jürgen Pandel, Geschichte lernen – Perspektiven für das 21. Jahrhundert, Vortrag bei der 6. Geschichtsmesse der Bundesstiftung Aufarbeitung in Suhl, 28. 2. bis 2. 3. 2013, hier verfügbar: http://www.bundesstiftung-aufarbeitung.de/uploads/geschichtsmesse/2013-vortrag_pandel.pdf [15. 8. 2016].

Forschungsstand zur deutschen Zeitgeschichte nach 1945

Bernd Faulenbach

Zum Stand der zeithistorischen Erforschung und Darstellung von SED-Diktatur und DDR

Besonderheiten der Zeitgeschichte

Der Begriff der Zeitgeschichte wird unterschiedlich gefasst. Verbreitet ist in der deutschen Diskussion Hans Rothfels' Definition der Zeitgeschichte als der „Epoche der Mitlebenden und ihre wissenschaftliche Behandlung".[1] Rothfels' Begriff der Zeitgeschichte bezog sich 1953, als diese Definition in den Vierteljahrsheften für Zeitgeschichte erschien, auf den Zeitraum seit 1917 und hatte damit ihren Fluchtpunkt in der damaligen Gegenwart. Mit dem Fortgang der Geschichte wurde dieses Datum nicht einfach aufgegeben, vielmehr wurde bald von einer doppelten Zeitgeschichte, der der ersten Hälfte des 20. Jahrhunderts und der Zeit seit dem Zweiten Weltkrieg gesprochen.[2] Heute könnte man von einer dreifachen Zeitgeschichte ausgehen: der Zeit vor 1945 mit dem Zweiten Weltkrieg und dem Holocaust, der Zeit der Zweistaatlichkeit und des Ost-West-Gegensatzes sowie der Zeit seit 1989 bis 1991. Der Begriff der Zeitgeschichte wird in der Gegenwart – worauf Martin Sabrow jüngst hingewiesen hat[3] – mitgeprägt von der Intensität, mit der sich die Erinnerungskultur mit diesem Teil der Geschichte auseinandersetzt. Das bedeutet, dass heute zwar NS-Zeit, Zweiter Weltkrieg und Holocaust noch als Zeitgeschichte gefasst werden, häufig aber nicht mehr der Erste Weltkrieg und die Weimarer Republik. Das ist problematisch, weil der Nationalsozialismus von der Vorgeschichte abgeschnitten wird, im Übrigen auch mit der Weimarer Republik ein Stück Vorgeschichte unserer heutigen Demokratie ausgeblendet wird.

Wie auch immer man heute in Deutschland Zeitgeschichte definieren mag, so ist die Epoche der deutschen Zweistaatlichkeit geradezu zentral. Die Geschichte der DDR und der SED-Diktatur ist dabei ein eigenständiges Forschungsfeld, das freilich nicht isoliert werden sollte, vielmehr prinzipiell mit Kontexten, Vorgeschichte

---

1 Hans Rothfels, Zeitgeschichte als Aufgabe, in: Vierteljahrshefte für Zeitgeschichte 1 (1953), S. 1–8, hier S. 2.
2 Zur Entwicklung der Zeitgeschichte vgl. Anselm Doering-Manteuffel, Deutsche Zeitgeschichte nach 1945, in: Vierteljahrshefte für Zeitgeschichte 41 (1993), S. 1–29.
3 Martin Sabrow, Die Zeit der Zeitgeschichte, in: ders., Zeitgeschichte schreiben. Von der Verständigung über die Vergangenheit in der Gegenwart, Göttingen 2014, S. 178–193, hier S. 183.

und Nachgeschichte zu sehen ist. Stets ist die Verschränkung der DDR mit den sowjetkommunistischen Systemen auf der einen Seite und der Bundesrepublik Deutschland auf der anderen Seite zu berücksichtigen. Zwar war die DDR von der SED-Diktatur geprägt, doch spricht manches dafür, beide nicht für kongruent zu halten und auch Eigensinn jenseits der Diktatur anzunehmen.

„Zeitgeschichte" weist gewisse Besonderheiten auf, die auch für die Zeitgeschichte zur DDR und zur SED-Diktatur gelten. Es handelt sich um eine Zeit, die uns noch sehr nahe ist, die noch unabgeschlossen ist, die teilweise „noch qualmt", wie Barbara Tuchman es formuliert hat.[4] Sie zieht deshalb ein besonderes Interesse auf sich, empfängt aber stets auch Impulse aus den Spannungsfeldern gegenwärtiger Politik und Gesellschaft. Gerade bezogen auf die DDR und die SED-Diktatur hat sich vor diesem Hintergrund noch kein in jeder Hinsicht konsensuales Bild durchgesetzt, obgleich wir einen hoch entwickelten Forschungsstand konstatieren können und die DDR-Geschichte – ungeachtet ihrer Nachgeschichte – abgeschlossen ist.

Zu den Besonderheiten der Zeitgeschichte gehört auch, dass sie es mit Zeitzeugen zu tun hat, die ihrerseits ein Bild der Vergangenheit haben und sich zu Fragen ihrer Interpretation zu Wort melden. Zwischen professioneller Zeithistorie und denjenigen, die die Zeit erlebt haben, gibt es bei fast allen zeithistorischen Themen Konflikte. Dies gilt auch für die Geschichte der SED-Diktatur und der DDR. Zwischen den durch den Vergleich verschiedener Quellen gewonnenen zeithistorischen Aussagen und den häufig stärker perspektivisch festgelegten ausschnittbezogenen, auf individuellen Erinnerungen und Erfahrungen basierenden Sichtweisen gibt es fast zwangsläufig Einschätzungsunterschiede – darauf rekurriert das Bonmot vom Zeitzeugen als dem natürlichen Feind des Historikers –, doch scheinen sich im „Fall DDR" die Grenzen zu verwischen. Probleme ergeben sich auch aus den komplexeren Erklärungsansätzen der Historiker und aus der Zeitdauer der DDR, in der sich SED-Diktatur und gesellschaftliche Verhältnisse durchaus verändert haben.

Zu den Schwierigkeiten der Zeitgeschichte zählt in der Regel die Quellenproblematik. Normalerweise unterliegt der Zugang zu den Archivalien gesetzlich festgelegten Sperrfristen, in Deutschland sind es 30 Jahre. Doch gerade bei der DDR ist es anders: Durch die Umwälzung 1989/90 sind auf einen Schlag riesige Quellenbestände zugänglich geworden (über diese „Archivrevolution"[5] wird noch

---

4 Barbara Tuchman, Wann ereignet sich Geschichte?, in: dies., In Geschichte denken. Essays, Düsseldorf 1982, S. 31–39, hier S. 31.
5 Der Begriff bei Thomas Lindenberger, Ist die DDR ausgeforscht? Unsere Zeitgeschichte zwischen nationalem Boom und Globalisierung, in: ZeitRäume. Potsdamer Almanach des Zentrums für Zeithistorische Forschung 2015, Göttingen 2015, S. 100–116, hier S. 103.

zu reden sein). Hinzu kommt, dass durch die Medienberichterstattung viele Tatbestände eben doch schon bekannt sind, überhaupt Zeitgeschichte geradezu in einer Fülle von Quellen ertrinkt, bezogen jedenfalls auf bestimmte Fragestellungen. Und viele Zeitzeugen können zu bestimmten Fragen Weiteres beisteuern.

Hier geht es um den gegenwärtigen Forschungsstand, der sich in einem Prozess seit 1990 herausgebildet hat, der aber auch seine Vorgeschichte hatte. Zunächst ist die DDR- und SED-Diktaturforschung vor 1989 kurz zu charakterisieren und dann die grundlegend veränderte Konstellation seit 1989 zu skizzieren. In den folgenden Abschnitten sind verschiedene Themenfelder in den Blick zu nehmen: die Diskussionen über die SED-Diktatur und über Gesellschaft und Kultur in der DDR, dann die SED-Diktatur und die DDR in einer vergleichenden und einordnenden Perspektive, schließlich die Interpretation der Umwälzung 1989/90 sowie die zeithistorische Erforschung der Transformation der DDR. Am Ende ist ein knappes Resümee zur heutigen Situation zu ziehen.

Zur DDR-Forschung vor und nach 1989

Die DDR-Forschung in der alten Bundesrepublik

Die Zeitgeschichtsforschung der ersten beiden Jahrzehnte der Bundesrepublik hat sich mit der Geschichte des Ersten Weltkrieges, der Weimarer Republik, der NS-Zeit und des Zweiten Weltkrieges beschäftigt. Erst schrittweise entwickelte sich seit den 1970er-Jahren verstärkt ein Bewusstsein dafür, dass auch die Zeit nach dem Zweiten Weltkrieg, die Geschichte der Bundesrepublik und der DDR als Gegenstand der Zeitgeschichte zu betrachten waren, wobei Jubiläumsdaten wie die 20- oder 25-jährige Wiederkehr der Gründung der Bundesrepublik und der DDR eine gewisse Katalysatorfunktion hatten.[6]

Der „SBZ", dann „sog. DDR", schließlich „DDR" genannte zweite deutsche Staat, der lange Zeit als illegitim betrachtet wurde, als Staat, der nicht sein sollte, geriet seit den 1950er-Jahren in den Blick der Politikwissenschaft, die versuchte, die Totalitarismustheorie auf die DDR zu übertragen, dabei jedoch auf Schwierigkeiten stieß.[7] Schrittweise bildete sich dann vor allem an der Freien Universität Berlin,

---

6 Zur Geschichte der DDR-Forschung vgl. Jens Hüttmann, DDR-Geschichte und ihre Forscher. Akteure und Konjunkturen der bundesdeutschen DDR-Forschung, Berlin 2008.
7 Siehe Hubertus Buchstein, Totalitarismustheorie und empirische Politikforschung. Die Wandlung der Totalitarismuskonzeption in der frühen Politikwissenschaft, in: Alfons Söllner/Ralf Walkenhaus/Karin Wieland (Hrsg.), Totalitarismus. Eine Ideengeschichte des 20. Jahrhunderts, Berlin 1997, S. 239–266.

doch auch an einigen anderen Universitäten eine empirische DDR-Forschung heraus. Teilweise versuchte sie die DDR an ihren eigenen Maßstäben zu messen. Eine mehr immanente Sicht begann sich herauszubilden, obwohl zunächst Vergleichsstudien weiter durchgeführt wurden.[8] Beeinflusst von der Konvergenzthese, nach der sich die Systeme einander annäherten, nahm man zunehmend eine Entwicklung in der DDR an, die verschiedene Phasen durchlief; dabei wurde von einer Veränderungsfähigkeit der DDR und ihres politischen Systems ausgegangen. Die zeithistorischen Arbeiten zur DDR und dem SED-System blieben überwiegend mit der – verschiedene Disziplinen umfassenden – SBZ- bzw. DDR-Wissenschaft verbunden, die eine Art Sonderdisziplin bildete, deren Kommunikation mit der gleichzeitigen Zeitgeschichts- und Sozialgeschichtsforschung und ihren methodologischen Diskussionen eher unterentwickelt war. Politisch trug sie wohl überwiegend die Entspannungspolitik mit.[9]

In diesem Kontext entwickelte sich seit den 1970er-Jahren gleichwohl eine veritable zeithistorische Forschung, die u. a. in den ersten Gesamtdarstellungen zur DDR-Geschichte von Hermann Weber und Dietrich Staritz[10] (die beide in Mannheim arbeiteten, wo ein Zentrum der DDR-Forschung lag) ihren Niederschlag fand. Erwähnenswert ist auch Christoph Kleßmanns gesamtdeutsche Geschichte, die die DDR einschloss,[11] oder auch Lutz Niethammers Versuch, mit einem westdeutschem Forscherteam den erfahrungsgeschichtlichen Ansatz, der mit Methoden der Oral History arbeitete, auf die DDR zu übertragen und konstitutive Erfahrungen der SBZ-/DDR-Bevölkerung in der Nachkriegszeit zu rekonstruieren.[12]

Stand die DDR-Forschung zunächst unter politischen Vorzeichen, die durch Fragestellungen des Ost-West-Gegensatzes bestimmt waren, so gewann sie auf die Dauer eine gewisse Eigenständigkeit, auch gegenüber einer Zeitgeschichte, die die Geschichte der Bundesrepublik zunehmend getrennt von der DDR thematisierte.

---

8   Vgl. Bernd Faulenbach, Die DDR als Gegenstand der Geschichtswissenschaft, in: Jens Hüttmann/Ulrich Mählert/Peer Pasternack (Hrsg.), DDR-Geschichte vermitteln. Ansätze und Erfahrungen in Unterricht, Hochschullehre und politischer Bildung, Berlin 2004, S. 65–79, hier S. 68 ff.
9   Siehe ebenda; auch Hüttmann, DDR-Geschichte und ihre Forscher. Teilweise wurde die DDR-Forschung nach 1990 heftig kritisiert, siehe z. B. Jens Hacker, Deutsche Irrtümer. Schönfärber und Helfershelfer der SED-Diktatur im Westen, Berlin 1992.
10 Hermann Weber, DDR 1945–1986, München 1988; Dietrich Staritz, Geschichte der DDR, Frankfurt a. M. 1985.
11 Christoph Kleßmann, Die doppelte Staatsgründung. Deutsche Geschichte 1945–1955, 5. Aufl., Bonn 1991; ders., Zwei Staaten, eine Nation. Deutsche Geschichte 1955–1970, Bonn 1988.
12 Lutz Niethammer/Alexander von Plato/Dorothee Wierling, Die volkseigene Erfahrung. Eine Archäologie des Lebens in der Industrieprovinz der DDR, Berlin 1991.

Es ist bemerkenswert, dass sich in der DDR, wo Geschichtswissenschaft vorrangig Legitimationswissenschaft war, bis 1989 keine ernsthafte zeithistorische Forschung entwickelte, die die Geschichte der DDR thematisierte und über Anfänge, die sich mit der Vorgeschichte beschäftigten, hinausging.[13]

Veränderte Rahmenbedingungen nach 1989/90

Die Friedliche Revolution im Herbst 1989 und die Wiedervereinigung 1990 stellten die Forschungen zur DDR und zur SED-Diktatur auf völlig neue Grundlagen. Nicht nur die Perspektive der Forschungen und Darstellungen wurde gänzlich verändert – Geschichte der DDR war jetzt Geschichte eines gescheiterten, von seinen Bürgern aufgegebenen Staates –, sondern es entstanden auch andere Voraussetzungen der Forschungsarbeit; bald wurde auch die bisherige DDR-Forschung heftig kritisiert.[14] Die Geschichte der DDR rückte in den Vordergrund des Interesses, Institutionen zu ihrer Aufarbeitung, auch Forschungseinrichtungen, wurden geschaffen, Quellen in großem Ausmaß zugänglich.

Der ostdeutsche Staat war für die meisten Westdeutschen über die Jahre doch eher eine „Terra incognita" gewesen, daran hatten auch die vertraglichen Vereinbarungen zwischen den beiden Staaten und die Intensivierung der Medienberichterstattung über die DDR seit den 1970er-Jahren nicht grundlegend etwas geändert. Aber mit dem Untergang der DDR stellten sich vielfältige zeithistorische Fragen, die teilweise auch durch den Beitrittsprozess stimuliert wurden. Noch stärker drängten die Ostdeutschen, allen voran die Bürgerrechtler und Verfolgten des Regimes, auf die Aufarbeitung der SED-Diktatur und ihrer Repressionsgeschichte, in deren Zentrum nun vielfach die Arbeit des Ministeriums für Staatssicherheit rückte.

Für die Zeithistorie von besonderer Bedeutung war, dass nicht nur die Beschäftigung mit SED-Diktatur und DDR durch das Zeitklima gefördert wurde,

---

13 Vgl. Deutsche Geschichte Bd. 9 (= Deutsche Geschichte in zwölf Bänden, hrsg. v. Zentralinstitut für Geschichte der Akademie der Wissenschaften). Die antifaschistisch-demokratische Umwälzung, der Kampf gegen die Spaltung Deutschlands und die Entstehung der DDR von 1945 bis 1949, Berlin 1989. Zur DDR-Geschichtswissenschaft, über die es seit 1989/90 eine kontroverse Diskussion gab, vgl. Rainer Eckert/Wolfgang Küttler/Gustav Seeber (Hrsg.), Krise – Umbruch – Neubeginn. Eine kritische und selbstkritische Dokumentation der DDR-Geschichtswissenschaft 1989/90, Stuttgart 1992; Martin Sabrow, Zeitgeschichte schreiben. Von der Verständigung über die Vergangenheit in der Gegenwart, Göttingen 2014, S. 26–64.

14 Siehe exemplarisch Klaus Schroeder/Jochen Staadt, Der diskrete Charme des Status Quo. DDR-Forschung in der Ära der Entspannung, in: Leviathan. Zeitschrift für Sozialwissenschaft 24 (1993), S. 24–63; Hacker, Deutsche Irrtümer.

sondern auch, dass sie forschungspraktisch ganz neue Möglichkeiten erhielt. Sozusagen auf einen Schlag wurden mit der Wiedervereinigung alle DDR-Archivbestände (sieht man vom Auswärtigen Amt ab) zugänglich. Sicherlich gab es konkret zunächst noch Hindernisse, unter anderem mussten manche Bestände erst erschlossen werden (ein Prozess, der auch in der Gegenwart noch nicht abgeschlossen ist), doch war die Öffnung, die sich dann auch auf die Stasiunterlagen bezog und für die eine eigene Behörde geschaffen wurde, ein geradezu revolutionärer Vorgang, der in der deutschen und europäischen Geschichte keine Parallele hat. Thomas Lindenberger spricht zu Recht von einer „Archivrevolution",[15] die ganz neue Möglichkeiten für die Zeithistorie geboten hat und bietet. Neben der Stasi-Unterlagen-Behörde, die außer der publizistischen und wissenschaftlichen Aufarbeitung auch der individuellen Aufarbeitung durch die Betroffenen sowie der Lustration des Staatsapparates dienen sollte, wurde nach der Wiedervereinigung zudem die Stiftung „Archiv der Parteien und Massenorganisationen der ehemaligen DDR im Bundesarchiv" (SAPMO) gegründet, die die Auswertung großer Archivbestände von Partei, Staat und anderen Organisationen möglich machte.

Über die Archivinstitutionen hinaus wurden 1990 neue Einrichtungen für die zeithistorische Forschung geschaffen. Genannt seien die Gründung des „Zentrums für zeithistorische Forschung" in Potsdam, die Berliner Zweigstelle des Münchner „Instituts für Zeitgeschichte" und das „Hannah-Arendt-Institut für Totalitarismusforschung" in Dresden. Auch wurden Förderprogramme für die wissenschaftliche Erforschung von SED-Diktatur und DDR durch die einschlägigen Fördereinrichtungen aufgelegt. Der wissenschaftlichen Forschung zugute kam auch die Arbeit der beiden Enquete-Kommissionen des Deutschen Bundestages, die sich wissenschaftlicher Expertise bei der politischen Aufarbeitung der SED-Diktatur bedienten.[16] Im Kontext der umfassenden Aufarbeitung der SED-Diktatur fördert seit 1998 auch die Bundesstiftung zur Aufarbeitung der SED-Diktatur zeithisto-

---

15 Siehe Anmerkung 5.
16 Siehe Materialien der Enquete-Kommission „Aufarbeitung von Geschichte und Folgen der SED-Diktatur in Deutschland" (12. Wahlperiode des Deutschen Bundestages), hrsg. vom Deutschen Bundestag, 9 Bde. in 18 Teilbänden, Baden-Baden/Frankfurt a. M. 1995; Materialien der Enquete-Kommission „Überwindung der Folgen der SED-Diktatur im Prozeß der deutschen Einheit" (13. Wahlperiode des Deutsche Bundestages), hrsg. vom Deutschen Bundestag, 8 Bde. in 14 Teilbänden, Baden-Baden/Frankfurt a. M. 1999; Vgl. Bernd Faulenbach, Die Auseinandersetzung mit der doppelten Vergangenheit im Deutschen Bundestag, in: Martin Sabrow (Hrsg.), Grenzen der Vereinigung. Die geteilte Vergangenheit im geteilten Deutschland, Leipzig 1999; Andrew H. Beattie, Playing Politics with History. The Bundestag Inquiries into East Germany, New York/Oxford 2008.

rische Arbeiten sowie die Kommunikation auf und zwischen den verschiedenen Aufarbeitungsebenen.[17]

An vielen Universitäten wandten sich Zeithistoriker nach 1990 den Themen SED-Diktatur und DDR zu, die für ein Jahrzehnt in das Zentrum der deutschen Zeithistorie rückten.

Felder zeithistorischer Forschungen zu SED-Diktatur und DDR

Die Auseinandersetzung mit der SED-Diktatur lief nach 1989/90 auf verschiedenen Ebenen ab, zu nennen sind (1) die strafrechtliche Aufarbeitung, in der Täter zur Rechenschaft gezogen wurden, (2) die Rehabilitierung und Entschädigung der Opfer der Diktatur (durch Unrechtsbereinigungsgesetze), (3) die Offenlegung der Stasiunterlagen, u. a. mit dem Ziel der Lustration, (4) die politische bzw. politischwissenschaftliche Aufarbeitung der SED-Diktatur durch zwei Enquete-Kommissionen des Deutschen Bundestages, (5) die gesellschaftliche Auseinandersetzung mit dem SED-System durch Initiativen, Vereine und andere Einrichtungen sowie durch die Medien, schließlich (6) die wissenschaftliche Aufarbeitung der Geschichte der DDR und des SED-Regimes.[18] Die wissenschaftliche Beschäftigung war im ersten Jahrzehnt nach der Umwälzung nur eine von sechs Ebenen der Aufarbeitung. Von den im ersten Jahrzehnt nach der Umwälzung 1989/90 zur DDR-Geschichte ausgetragenen öffentlichen Debatten, die zunächst durch eine sehr kritische Haltung gegenüber der SED-Diktatur charakterisiert waren, konnte die Zeithistorie – trotz ihrer Unabhängigkeit – nicht völlig unbeeinflusst bleiben; sie arbeitete in dem gleichen Zeitklima.

So haben sich auch die Zeitgeschichtsforschung und Zeitgeschichtsschreibung verstärkt der Geschichte der SED-Diktatur, des Herrschaftssystems und der Repression, den Tätern und den hinter ihnen stehenden Strukturen und Prozessen auf der einen Seite und den Opfern (weniger zunächst Widerstand und Opposition) auf der anderen Seite gewidmet. Die gesamte DDR-Geschichte kam dabei in

---

17 Zur Arbeit der Stiftung vgl. die jährlich erscheinenden gedruckten Tätigkeitsberichte (Tätigkeitsbericht Bundesstiftung zur Aufarbeitung der SED-Diktatur).
18 Vgl. Bernd Faulenbach, Acht Jahre deutsch-deutsche Vergangenheitsdebatte – Aspekte einer kritischen Bilanz, in: Christoph Kleßmann/Hans Misselwitz/Günter Wichert (Hrsg.), Deutsche Vergangenheiten – eine gemeinsame Herausforderung. Der schwierige Umgang mit der doppelten Nachkriegsgeschichte, Berlin 1999, S. 15–34; ders., Zehn Jahre Auseinandersetzung über die doppelte Nachkriegsgeschichte und die Frage der inneren Einheit in Deutschland, in: Heinz Timmermann (Hrsg.), Deutsche Fragen. Von der Teilung zur Einheit, Berlin 2001, S. 647–660.

den Blick, besonders die stalinistische Phase sowie die Vorgeschichte des Untergangs, während die mittleren Jahrzehnte anfangs weniger beachtet wurden.[19] Unter den Herrschaftsmitteln fand die Staatssicherheit herausragendes Interesse, auch über die Rolle der Justiz, der Sicherheitskräfte etc. wurde gestritten, während die Geschichte der SED, der Blockparteien und Massenorganisationen, die Instrumentalisierung der Medien und die Rolle der Ideologie eher im Hintergrund standen.[20] Besonderes Interesse fand die Bildungs- und die Hochschulpolitik, teilweise auch die Kulturpolitik.[21] Kritisch beleuchtet wurden auch die Legitimationsbemühungen des Regimes, etwa der forcierte Antifaschismus.[22] Schrittweise kamen dann die verschiedenen Politikfelder, auch der Alltag in der DDR in den Blick.[23] Neue Themen waren Widerstand und Opposition in der DDR,[24] die Rolle der Kirchen, die einzigen Einrichtungen mit einer gewissen Autonomie, die eine nicht unwesentliche Rolle bei der Entstehung und Entwicklung der Opposition spielten.[25] Heftig umstritten war in den ersten Jahren die Bonner Deutschlandpolitik,[26] während die Außenpolitik der DDR in einem langen Prozess schrittweise erforscht wurde.[27]

---

19 Faulenbach, Acht Jahre deutsch-deutsche Vergangenheitsdebatte – Aspekte einer kritischen Bilanz, S. 18 ff.
20 Siehe dazu Rainer Eppelmann/Bernd Faulenbach/Ulrich Mählert (Hrsg.), Bilanz und Perspektiven der DDR-Forschung, Paderborn/München 2003, insbes. S. 85–150.
21 Siehe ebenda S. 260 ff., 293 ff., 300 ff. Zum Hochschulwesen siehe z. B. Uwe Hoßfeld/Tobias Kaiser/Heinz Mestrup (Hrsg.), Hochschule und Sozialismus. Studien zur Geschichte der Friedrich-Schiller-Universität (1945–1990), 2 Bde., Köln/Weimar/Wien 2007; Zur Kultur und zur Kulturpolitik vgl. Frank Hoffmann, Kulturgeschichte der DDR. Ein Überblick, Erfurt 2014.
22 Vgl. Bernd Faulenbach, Die DDR als antifaschistischer Staat, in: Rainer Eckert/Bernd Faulenbach (Hrsg.), Halbherziger Revisionismus. Zum postkommunistischen Geschichtsbild, München 1996, S. 47–68.
23 Der Alltag in der DDR war bereits in der zweiten Bundestags-Enquete-Kommission Gegenstand der Beratungen und Expertisen. Vgl. auch die früh einsetzenden Forschungen zur Alltagsgeschichte am Zentrum für Zeithistorische Forschung in Potsdam, die vor allem mit dem Namen Thomas Lindenberger verbunden sind. Siehe Thomas Lindenberger, Alltagsgeschichte und ihr Beitrag zur Erforschung der Sozialgeschichte der DDR, in: Richard Bessel/Ralph Jessen (Hrsg.), Die Grenzen der Diktatur. Staat und Gesellschaft in der DDR, Göttingen 1996, S. 298–325.
24 Siehe dazu Rainer Eckert, SED-Diktatur und Erinnerungsarbeit im vereinten Deutschland: Auswahlbiografie zu Widerstand und politischer Repression, Berlin 2011; Eppelmann/Faulenbach/Mählert (Hrsg.), Bilanz und Perspektiven der DDR-Forschung, S. 153–202.
25 Dazu Horst Dähn, Die Kirchen in der SBZ/DDR (1945–1989), in: Eppelmann/Faulenbach/Mählert (Hrsg.), Bilanz und Perspektiven der DDR-Forschung, S. 205–216, 497–500.
26 Siehe dazu die drei Bände V,1-3 Deutschlandpolitik der Enquete-Kommission „Aufarbeitung von Geschichte und Folgen der SED-Diktatur in Deutschland".
27 Siehe Eppelmann/Faulenbach/Mählert (Hrsg.), Bilanz und Perspektiven der DDR-Forschung, S. 311–359.

Die Ereignisse der DDR-Geschichte, die in der DDR tabuisiert worden waren, wurden nun aufgearbeitet. Die DDR-weite Ausdehnung des Aufstandes vom 17. Juni 1953 und seine Bedeutung als abgebrochene Revolution in der DDR und als gesamtdeutsches Ereignis wurden von der Forschung u. a. durch Regionalstudien rekonstruiert. Erst 2003, 50 Jahre danach, nahm eine breitere Öffentlichkeit von diesen Ergebnissen Kenntnis.[28]

Hier seien einige Komplexe der zeithistorischen Diskussion etwas näher beleuchtet, der Charakter der SED-Diktatur, die Gesellschaft der DDR, die Verflechtungsgeschichte der DDR und die DDR aus vergleichender Sicht, die Umwälzung 1989/90 als Teil eines europäischen Prozesses sowie die Nachgeschichte.

Die Debatte über den Charakter der SED-Diktatur

Mit dem Ende der DDR in Friedlicher Revolution und Wiedervereinigung setzte eine verstärkte Diskussion über eine angemessene theoretisch-begriffliche Kennzeichnung der SED-Diktatur und über geeignete Kategorien für ihre Erfassung ein, eine Diskussion, die bis in die Gegenwart anhält.

In den frühen 1990er-Jahren kam es zu einem ausgesprochenen Revival von Totalitarismustheorien, die nun auch wieder auf das politische System der DDR angewandt wurden, was vor 1989 kaum mehr der Fall gewesen war.[29] Die Diskussion stand dabei in besonderer Weise unter dem Eindruck der Freilegung der Repressionspraxis des SED-Systems, der – wie es schien – die ganze Gesellschaft umfassenden und durchdringenden Disziplinierungs- und Kontrollmechanismen durch Partei und Staat, vor allem durch die Stasi.

Allerdings gab es gegen die Anwendung eines starren Totalitarismusmodells auf die DDR Einwände. Jürgen Kocka und andere äußerten Zweifel, ob die SED-Diktatur tatsächlich allen Kriterien des Totalitarismusbegriffs in jeder Phase entsprochen hatte und – im Sinne Hannah Arendts – dadurch charakterisiert war, dass sie darüber entschied, wer ein Lebensrecht auf Erden haben soll und wer nicht. Kocka schlug den offeneren Begriff der „modernen Diktatur" vor.[30]

---

28 Vgl. Ulrich Mählert (Hrsg.), Der 17. Juni 1953. Ein Aufstand für Einheit, Recht und Freiheit, Bonn 2003; Eppelmann/Faulenbach/Mählert (Hrsg.), Bilanz und Perspektiven der DDR-Forschung, S. 160–166, 476–478.
29 Vgl. Eckhard Jesse (Hrsg.), Totalitarismus im 20. Jahrhundert. Eine Bilanz der internationalen Forschung, Bonn 1996.
30 Siehe die Debatte in der Enquete-Kommission des Deutschen Bundestages u. a. mit Beiträgen von Jürgen Kocka und Horst Möller, in: Materialien der Enquete-Kommission „Aufarbeitung von Geschichte und Folgen der SED-Diktatur in Deutschland", Bd. IX, S. 574 ff.; Vgl.

Andere versuchten zwischen verschiedenen Varianten totalitärer Diktatur zu unterscheiden,[31] Diskrepanzen zwischen Anspruch und Wirklichkeit hervorzuheben[32] oder nach den Grenzen der SED-Diktatur zu fragen.[33] Auch war nicht daran vorbeizusehen, dass sich die SED-Diktatur im Laufe der Zeit – aus vielfältigen Gründen – veränderte. Deshalb differenzierten manche zwischen einer totalitären und einer posttotalitären Phase.[34] So stellte etwa der Historiker Klaus-Dietmar Henke dem „brachialen Terror" der Frühzeit die lautlosen subtilen Verfolgungs- und Disziplinierungsmechanismen des „avancierten Totalitarismus" gegenüber.[35]

Attraktiv waren und sind Totalitarismustheorien im Hinblick auf die SED-Diktatur insofern, als sie eine Einordnung des Systems ermöglichen, die nicht nur den kommunistischen Systemen, sondern auch der NS-Diktatur und anderen faschistischen Diktaturen zugeordnet werden können. Aus liberal- und sozialdemokratischer Sicht fallen gewiss bestimmte negative Gemeinsamkeiten auf, doch stellt sich die Frage, inwieweit tatsächlich von einer Übereinstimmung zu sprechen ist. Die Unterschiede zwischen NS- und SED-Diktatur sind doch erheblich: Die NS-Diktatur war gleichsam eine autochthone deutsche Diktatur, während die SED-Diktatur unter wesentlicher Beteiligung einer auswärtigen Macht, der Sowjetunion, entstand, deren politisch-gesellschaftliches Modell auf die deutschen Verhältnisse übertragen wurde. Die Gegensätzlichkeit der Ideologien ist offensichtlich, und bei genauerem Hinsehen ist selbst die Herrschaftstechnik unterschiedlich: Die NS-Diktatur setzte stärker bei den Subjekten an und suchte diese permanent zu mobilisieren, während die kommunistische Herrschaft auf die Dauer stärker mit bürokratischer Kontrolle und äußerem Zwang vorging.[36] Totalitarismustheorien

auch Bernd Faulenbach, Die SED-Diktatur in der DDR, in: Ludger Kühnhardt/Alexander Tschubarjan (Hrsg.), Deutschland und Rußland auf dem Weg zum antitotalitären Konsens, Baden-Baden 1999, S. 127–141.
31 Wolfgang-Uwe Friedrich, Denkblockaden. Das Totalitarismus-Modell aus der Sicht der PDS, in: Eckert/Faulenbach (Hrsg.), Halbherziger Revisionismus, hier S. 112.
32 Siehe Karl Graf Ballestrem, Aporien der Totalitarismus-Theorie, in: Jesse (Hrsg.), Totalitarismus im 20. Jahrhundert, S. 237–251, hier S. 242 ff.
33 Richard Bessel/Ralph Jessen (Hrsg.), Die Grenzen der Diktatur. Staat und Gesellschaft in der DDR, Göttingen 1996.
34 Vgl. Eckhard Jesse, War die DDR totalitär?, in: Aus Politik und Zeitgeschichte (1994), Bd. 40/94, S. 111–139.
35 Klaus-Dietmar Henke, Für eine „Anatomie des SED-Sozialismus", in: Deutschland Archiv 31 (1998), S. 83–86.
36 Siehe Hans Mommsen, Nationalsozialismus und Stalinismus. Diktaturen im Vergleich, in: Klaus Sühl (Hrsg.), Vergangenheitsbewältigung 1945 und 1989. Ein unmöglicher Vergleich?, Berlin 1994, S. 109–126, hier S. 115 f. Vgl. Bernd Faulenbach, Diktaturenvergleiche, in: Heidi Behrens/Paul Ciupke/Norbert Reichling (Hrsg.), Lernfeld DDR-Geschichte. Ein Handbuch

bilden insgesamt nicht mehr als einen heuristischen Rahmen für die Analyse von Herrschaftssystemen und sollten dementsprechend nicht für die Wirklichkeit genommen, gleichsam ontologisiert werden.

Die Strukturen und Funktionsweisen der Diktatur, der Partei, die zwangsläufig verstärktes zeithistorisches Interesse band,[37] der Massenorganisationen, der Staatssicherheit, der Medien, der Ideologie usw. sind in vielen Studien untersucht worden. Offensichtlich war die Legitimationsproblematik, die nun im großen Zusammenhang untersucht wurde.[38] Bei der Ideologie des Marxismus-Leninismus waren nicht nur die Inhalte wichtig, sondern sie besaß eben auch eine disziplinierende Funktion. Manches wurde durch neue Studien differenzierter gesehen. So versuchte das Regime innerhalb gewisser Grenzen einen Konsens durchzusetzen. Dennoch ist fraglich, inwieweit der Begriff der „Konsensdiktatur" trägt oder auch der der „Fürsorgediktatur", der auf die sozialpolitische Dimension in Verbindung mit dem Herrschaftsanspruch abhebt.[39]

Kontrovers diskutiert wurde in der Öffentlichkeit der Begriff des „Unrechtsstaates", den manche für den NS-Staat reservieren möchten und deshalb auf die Geltung von Regeln im SED-Staat abheben. Dass jedoch die SED-Diktatur kein Rechtsstaat war, das Recht letztlich doch eine politische Funktion hatte (was in besonderer Weise für den politischen Raum gilt), ist in der wissenschaftlichen Diskussion unstrittig. Bei allen Kontroversen ist sich die seriöse Zeithistorie darin einig, dass in der DDR eine Diktatur herrschte.[40]

---

für die politische Jugend- und Erwachsenenbildung, Schwalbach/Ts. 2009, S. 151–160;. ders., Demokratie und Diktaturen im „kurzen" 20. Jahrhundert. Eine Skizze über Gegensätze und Entwicklungslinien in Europa 1914–1991, Berlin 2014.

37 Siehe insbesondere die Arbeiten von Andreas Malycha und Jens Gieseke. Andreas Malycha/Peter Jochen Winters, Die SED. Geschichte einer deutschen Partei, München 2009; Jens Gieseke u. a. (Hrsg.), Geschichte der SED. Eine Bestandsaufnahme, Berlin 2011.

38 Vgl. die viel diskutierte Studie von Sigrid Meuschel, Legitimation und Parteiherrschaft. Zum Paradox von Stabilität und Revolution in der DDR 1945–1989, Frankfurt a. M. 1993.

39 Konrad Jarausch, Realer Sozialismus als Fürsorgediktatur. Zur begrifflichen Einordnung der DDR, in: Aus Politik und Zeitgeschichte (1998), Bd. 20/98, S. 33–46; Martin Sabrow, Der Konkurs der Konsensdiktatur. Überlegungen zum inneren Zerfall der DDR aus kulturgeschichtlicher Perspektive, in: Konrad Jarausch/Martin Sabrow (Hrsg.), Der Weg in den Untergang, Göttingen 1999, S. 83–116.

40 Siehe Thomas Lindenberger, Ist die DDR ausgeforscht? Unsere Zeitgeschichte zwischen nationalem Boom und Globalisierung, in: ZeitRäume (2015), S. 100–116, hier S. 108.

Die Frage nach der DDR-Gesellschaft

Zweifellos unterlag in der DDR die Gesellschaft dem Herrschaftsanspruch und dem Gestaltungswillen der Partei und des Staates. Insofern ist es verständlich, dass die Zeitgeschichtsschreibung der DDR die Geschichte der Politik von Partei und Staat in den Vordergrund gestellt hat. Dennoch entwickelte sich seit den frühen 1990er-Jahren auch an der Gesellschaft der DDR ein zeithistorisches Interesse, wofür es eine ganze Reihe von Gründen gab.[41]

Unübersehbar war, dass die SED-Diktatur durchaus Probleme bei der Durchsetzung ihrer Politik hatte, sie stieß auf Widerstände und Grenzen ihres Gestaltungs- und Mobilisierungsanspruchs.[42] Die bestehenden sozialen und politischen Verhältnisse besaßen ein Eigengewicht, Mentalitäten und Traditionen erwiesen sich als langlebiger, als die Partei- und Staatsführung annahmen, die Menschen reagierten auf die Politik unerwartet und in jeder Phase hatte – trotz einer Politik der Abgrenzung der SED-Führung – der Westen einen Einfluss auf die Menschen in der DDR ausgeübt. Zudem behaupteten sich die Kirchen, die dem totalen Anspruch der Partei entgegengesetzt waren, auch wenn sie sich anpassen mussten.[43] Die Geschichte der Gesellschaft lässt sich also nicht ausschließlich als Resultat von Partei und Staat erklären.[44] Ein genauer Blick auf die Gesellschaft ist sinnvoll, hat allerdings unbedingt davon auszugehen, dass diese Gesellschaft „durchherrscht" war, d. h. keineswegs unabhängig vom politischen System existierte, vielmehr von diesem vielfältig geprägt und durchdrungen wurde.[45]

Somit erwies es sich für die Zeitgeschichtsforschung als sinnvoll, das Herrschaftssystem und sein Handeln auch von der Gesellschaft her zu betrachten, zumal die politisch angestoßenen Prozesse der ökonomischen Entwicklung eben auch gesellschaftliche Folgen hatten. Von besonderer Bedeutung mussten Forschungen zu Arbeitern und zur ländlichen Bevölkerung sein.[46] So wurden Bodenreform, Kollek-

---

41 Siehe Hartmut Kaelble u. a. (Hrsg.), Sozialgeschichte der DDR, Stuttgart 1994.
42 Vgl. Bessel/Jessen (Hrsg.), Die Grenzen der Diktatur.
43 Siehe Anmerkung 25.
44 Siehe Thomas Lindenberger (Hrsg.), Herrschaft und Eigen-Sinn der Diktatur. Studien zur Gesellschaftsgeschichte der DDR, Köln 1999; ders., SED-Herrschaft als soziale Praxis, Herrschaft und „Eigen-Sinn", in: Jens Gieseke (Hrsg.), Staatssicherheit und Gesellschaft. Studien zum Herrschaftsalltag in der DDR, Göttingen 2007, S. 23–47.
45 Zum Begriff der „durchherrschten Gesellschaft" siehe Jürgen Kocka, Eine „durchherrschte" Gesellschaft, in: Kaelble/Kocka/Zwahr (Hrsg.), Sozialgeschichte der DDR, S. 547–553. Alltag und Herrschaft werden als leitende Hinsichten eindrucksvoll kombiniert bei Stefan Wolle, Die heile Welt der Diktatur. Alltag und Herrschaft in der DDR. 1971–1989, Berlin 1998.
46 Vgl. Jens Schöne, Landwirtschaft und ländliche Gesellschaft in der DDR, in: Eppelmann/Faulenbach/Mählert (Hrsg.), Bilanz und Perspektiven der DDR-Forschung, S. 254–259.

tivierung und die Auswirkungen auf die ländliche Bevölkerung ebenso untersucht wie die Bedeutung des Betriebs als Lebensraum, die Bedeutung des Brigadeprinzips und mentale und soziale Trends in der DDR-Industriearbeiterschaft.[47] Eine Gesamtsicht für den Zeitraum 1945 bis1971 legte Christoph Kleßmann mit seinem umfangreichen Werk „Arbeiter im ‚Arbeiterstaat' DDR" vor, in dem er das Verhältnis zwischen der SED-Diktatur, zu der die „verstaatlichte" Arbeiterbewegung gehörte, und der Arbeiterschaft untersucht hat.[48] Das Regime behauptete, als Partei und Staat der Arbeiterklasse Ungleichheit und Unterdrückung des Kapitalismus überwunden zu haben, doch wahrten die Arbeiter in ihrer großen Mehrheit Distanz zum System und entwickelten allenfalls so etwas wie „mißmutige Loyalität" für das Regime.[49] Gegenstand der Untersuchung wurde auch die Geschichte der Kader und der Kaderpolitik, in der politische Geschichte und Sozialgeschichte ineinandergreifen.

Untersucht wurden zudem die Reste des Bildungsbürgertums, insbesondere aber die Geschichte des Protestantismus und der evangelischen Kirche in der DDR, die nicht nur eine unabhängige Institution blieb, sondern auch bei der Herausbildung der Opposition der 1980er-Jahre und auch bei der Friedlichen Revolution eine wichtige Rolle spielte.[50]

Schon während der 1990er-Jahre wurde die gesellschaftliche Rolle der Frauen in der DDR, gerade auch im Vergleich zu den Frauen in Westdeutschland, ein Thema, bei dem die Interpretationen auseinandergingen.[51] Nicht zuletzt erwiesen sich Studien auf der Meso- oder Mikroebene zur Alltagsgeschichte als fruchtbar.[52] Allerdings blieben manche Fragen zur Verhaltens- und Erfahrungsgeschichte der Bevölkerung in den verschiedenen Phasen der DDR-Geschichte noch offen.

47 Siehe z. B. die Beiträge zum Thema Landarbeit – Industriearbeit in: Kaelble/Kocka/Zwahr (Hrsg.), Sozialgeschichte der DDR, S. 119–213; Arnd Bauerkämper, Ländliche Gesellschaft in der kommunistischen Diktatur. Zwangsmodernisierung und Tradition in Brandenburg nach 1945, Köln/Weimar/Wien 2002.
48 Christoph Kleßmann, Arbeiter im „Arbeiterstaat" DDR. Deutsche Traditionen, sowjetisches Modell, westdeutsches Magnetfeld (1945–1971), Bonn 2007.
49 Formulierung bei Alf Lüdke, „Helden der Arbeit" – Mühen beim Arbeiten. Zur mißmutigen Loyalität von Industriearbeitern in der DDR, in: Kaelble/Kocka/Zwahr (Hrsg.), Sozialgeschichte der DDR, S. 188–213.
50 Siehe ebenda die Beiträge von Christoph Kleßmann, Detlef Pollack und Friedrich Wilhelm Graf, S. 254–321; ferner Dähn, Die Kirchen in der SBZ/DDR (1945–1989).
51 Vgl. Materialien der Enquete-Kommission „Überwindung der Folgen der SED-Diktatur im Prozeß der deutschen Einheit" (13. Wahlperiode des Deutschen Bundestages), Bd. V Alltagsleben in der DDR und in den neuen Ländern, S. 202–339.
52 Siehe Bernd Faulenbach, Alltag in der Diktatur, ebenda S. 15–21; Thomas Lindenberger, Alltagsgeschichte und ihr Beitrag zur Erforschung der DDR, in: Bessel/Jessen (Hrsg.), Die Grenzen der Diktatur, S. 298–325; ders., SED-Herrschaft als soziale Praxis. Herrschaft und „Eigen-Sinn".

Das Verhältnis zu den kommunistischen Ländern, zur Bundesrepublik und zum Westen

Eine zentrale Frage der DDR- und SED-Geschichte ist das Verhältnis zur Sowjetunion, insbesondere zur sowjetischen Führung.[53] In groben Zügen ist die Entwicklung dieses Verhältnisses schon länger bekannt, doch blieben Fragen, etwa inwieweit die Sowjetunion die DDR in den verschiedenen Politikfeldern gleichsam durchdrungen hat.[54] Die Beziehungsebenen sind deshalb sorgfältiger auszuleuchten. Die politische Abhängigkeit war eher größer, als häufig im Westen angenommen wurde. Sie wurde gelegentlich gegenüber der DDR-Führung seitens der sowjetischen Führung brutal ausgesprochen.[55] Noch stärkere Beachtung verdient der Zusammenhang zwischen den wachsenden ökonomischen Schwierigkeiten der Sowjetunion und dem Niedergang der DDR. Jedenfalls fehlte es nicht an sowjetischen Warnungen an die DDR-Führung, sich von der Bundesrepublik abhängig zu machen.[56]

Auch das Verhältnis zu den verschiedenen Warschauer-Pakt-Staaten ist noch genauer zu rekonstruieren, zumal der Bilateralismus eine gewisse Rolle spielte. Das Gleiche gilt auch für die Rolle der DDR in der kommunistischen Weltbewegung, und zwar sowohl in ideologischer als auch in praktischer Hinsicht.

Sinnvoll wäre es auch, die SED-Diktatur mit den anderen Diktaturen im sowjetischen Herrschaftsbereich samt der Gesellschaften und politischen Kulturen stärker einer vergleichenden Betrachtung zu unterziehen, und zwar umso mehr, als die SED-Diktatur unter sehr spezifischen Bedingungen startete, die bei den anderen Ländern nicht gegeben waren: Die SBZ/DDR umfasste nicht – wie die meisten anderen Länder – vorrangig agrarisches Gebiet; hier wurde vielmehr das sowjetische System auf einen industriell hoch entwickelten Raum übertragen. Andererseits aber entnahm die Sowjetunion aus der SBZ/DDR in den ersten Jahren in beträchtlichem Maße Reparationen. Was bedeutete dies aus vergleichender Sicht?[57]

---

53 Vgl. Fred Oldenburg, Eine endliche Geschichte. Zum Verhältnis DDR-UdSSR 1970–1990, in: Gisela Helwig (Hrsg.), Festschrift für Ilse Spittmann-Rühle, Köln 1995, S. 163–174.
54 Vgl. die Diskussion um Hans-Ulrich Wehlers anfechtbare Kennzeichnung der DDR als „sowjetische Satrapie" in: Patrick Bahners/Alexander Cammann (Hrsg.), Bundesrepublik und DDR. Die Debatte um Hans-Ulrich-Wehlers „Deutsche Gesellschaftsgeschichte", München 2009, S. 134–149.
55 Siehe die Aufzeichnungen über ein Gespräch zwischen Leonid Breschnew und Erich Honecker vom 28. Juli 1970, abgedruckt in: Dokumente zur Deutschlandpolitik, VI. Reihe, Bd. I, München 2002, S. 669–672, hier S. 670.
56 Vgl. Helmut Altrichter, „Entspannung nicht auf Kosten des Sozialismus". Das Treffen Gromyko-Honecker im Mai 1978, in: Vierteljahrshefte für Zeitgeschichte 59 (2011), S. 120–147.
57 Zur vergleichenden Diktaturforschung vgl. Faulenbach, Diktaturvergleiche; Detlef Schmiechen-Ackermann, Diktaturen im Vergleich, Darmstadt 2002.

Von besonderem Interesse waren und sind die deutsch-deutschen Beziehungen, die u. a. im Editionsprojekt „Dokumente zur Deutschlandpolitik" gut dokumentiert sind.[58] Inzwischen liegen auch ein Dokumentenband sowie Untersuchungen für die „besonderen Bemühungen" zur Lösung humanitärer Fragen vor.[59] Doch bleiben hier wie für manche Politikfelder noch Desiderata. Recht gut Bescheid wissen wir über die Beziehungen seit Beginn der Brandtschen Vertragspolitik, auch über die ständigen Verhandlungen nach dem Grundlagenvertrag und über die wachsende Abhängigkeit der DDR von der Bundesrepublik, wobei sich die verschiedenen Bereiche noch genauer ausleuchten lassen.[60]

Christoph Kleßmann hat im Hinblick auf die deutsche Nachkriegsgeschichte von einer asymmetrisch verflochtenen Parallelgeschichte der beiden deutschen Staaten gesprochen.[61] Tatsächlich ist die gegenseitige Wahrnehmungs- und Verflechtungsgeschichte nur in Teilen geschrieben.[62] Erinnert sei nur an die besondere Rolle der Westmedien in der DDR,[63] an die Bedeutung des 17. Juni 1953 in beiden Staaten, die Beziehungen von Verwandten, an besondere kirchliche Beziehungen

---

58 Das 1961 begonnene große Editionsprojekt, in dem bislang 33 Bände erschienen sind, schließt die VI. Reihe (1969–1982) ab. Seinen Abschluss wird das Editionsprojekt mit der VII. Reihe (Ära Kohl) finden.
59 Siehe Dokumente zur Deutschlandpolitik „Besondere Bemühungen der Bundesrepublik" Bd. I: 1962 bis 1969. Häftlingsfreikauf, Familienzusammenführung, Agentenaustausch, bearbeitet von Else-Ursel Hammer, München 2012; Jan Philipp Wölbern, Der Häftlingsfreikauf aus der DDR 1962/63–1989. Zwischen Menschenhandel und humanitären Aktionen, Göttingen 2014; Alexander Koch, Der Häftlingsfreikauf. Eine deutsch-deutsche Beziehungsgeschichte, München 2014.
60 Siehe die Bände der Dokumente zur Deutschlandpolitik. Zu den deutsch-deutschen Beziehungen siehe auch Heinrich Potthoff, Im Schatten der Mauer. Deutschlandpolitik 1961 bis 1990, Berlin 1999; ders., Bonn und Ost-Berlin 1969–1982. Dialog auf höchster Ebene und vertrauliche Kanäle. Darstellung und Dokumente, Bonn 1997; ders., Die „Koalition der Vernunft". Deutschlandpolitik in den 80er Jahren, München 1995.
61 Christoph Kleßmann, Verflechtung und Abgrenzung. Aspekte der geteilten und zusammengehörigen deutschen Nachkriegsgeschichte, in: Aus Politik und Zeitgeschichte (1993), Bd. 29–30, S. 30–41. Vgl. Bernd Faulenbach/Franz-Josef Jelich (Hrsg.), „Asymmetrisch verflochtene Parallelgeschichte?" Die Geschichte der Bundesrepublik und der DDR in Ausstellungen, Museen, Gedenkstätten, Essen 2005.
62 Vgl. Dierk Hoffmann/Michael Schwarz/Hermann Wentker, Geschichte der DDR und des geteilten Deutschland. Desiderata und Perspektiven der Forschung, in: Ulrich Mählert (Hrsg.), Die DDR als Chance. Neue Perspektiven auf ein altes Thema, Berlin 2016.
63 In diesem Zusammenhang kam den Medien eine besondere Bedeutung zu, die deshalb Gegenstand vielfältiger Untersuchungen geworden sind. Siehe z. B. Günter Holzweißig, DDR-Medien und Medienpolitik, in: Eppelmann/Faulenbach/Mählert (Hrsg.), Bilanz und Perspektiven der DDR-Forschung, S. 113–116; Christian Chmel, Die DDR-Berichterstattung bundesdeutscher Massenmedien und die Reaktionen der SED (1972–1989), Berlin 2009.

oder auch an die Rolle Berlins. Zwar war die Sowjetunion die offizielle Referenzgesellschaft der DDR („Von der Sowjetunion lernen heißt siegen lernen"), doch hat die Bevölkerung (und mehr oder weniger haben auch die Kader) die DDR mit der Bundesrepublik verglichen, nicht zum Vorteil der DDR. Der Westen übte in den 1980er-Jahren tendenziell wieder eine wachsende Magnetwirkung auf die Menschen in der DDR aus, die mit der nachlassenden Attraktivität des Sozialismus und seiner Verheißungen zu tun hatte.

Selbstverständlich hat auch eine vergleichende Betrachtung von DDR und Bundesrepublik Sinn, etwa unter der Frage der Modernisierung in den 1960er-Jahren. Ausländische Beobachter sahen in der DDR den „deutscheren" der beiden deutschen Staaten, was der Erklärung bedarf und die Frage nach gelungener Verwestlichung und misslungener Sowjetisierung aufwirft.[64]

Recht gut erforscht sind inzwischen die Beziehungen der DDR zu einer ganzen Reihe von Ländern, doch bleiben noch Desiderata.[65] Das teilweise positive Bild der DDR in Teilen der französischen und italienischen Öffentlichkeit verlangt nicht nur die Einbeziehung der politischen Strukturen und Prozesse der westlichen Länder, sondern auch der Rolle der Bundesrepublik Deutschland im Westen, die teilweise seit den 1970er-Jahren als dominant in Europa empfunden wurde und Reflexe zugunsten der DDR förderte.

Die Umwälzung 1989/90 und ihre Folgen als zeithistorische Themen

Die Umwälzung 1989/90 war nicht nur seit den 1990er-Jahren Ausgangspunkt für kritische Analysen der Geschichte der DDR, sondern wurde zugleich auch selbst zum Gegenstand zeithistorischer Interpretationen und zeithistorischer Forschungen. Das Geschehen wurde nicht nur durch eine reflektierende Publizistik begleitet, bald erschienen auch Zeitzeugenberichte und eine erste Sonderedition des Bundesarchivs zur Wiedervereinigung auf der Basis von Akten des Kanzleramtes.[66]

---

64 Vgl. Konrad Jarausch/Hannes Sigrist (Hrsg.), Amerikanisierung und Westernisierung in Deutschland 1945–1970, Frankfurt a. M./New York 1997.
65 Siehe Ulrich Pfeil (Hrsg.), Die DDR und der Westen. Transnationale Beziehungen 1949–1989, Berlin 2001; Eppelmann/Faulenbach/Mählert (Hrsg.), Bilanz und Perspektiven der DDR-Forschung, S. 318–326; Joachim Scholtyseck, Die Außenpolitik der DDR, München 2003. Beispielhaft für eine bilaterale Studie Ulrich Pfeil, Die „anderen" deutsch-französischen Beziehungen. Die DDR und Frankreich 1949–1990, Köln/Weimar/Wien 2004. Zu den Desiderata gehören z. B. die deutsch-kubanischen Beziehungen.
66 Dokumente zur Deutschlandpolitik. Deutsche Einheit. Sonderedition aus den Akten des Bundeskanzleramtes 1989/90. Bearbeitet von Hanns Jürgen Küsters und Daniel Hofmann, München 1998.

Die zeithistorische Forschung fragt bis heute nach den Ursachen des Scheiterns der DDR, dabei spielen die veränderten Rahmenbedingungen, die zunehmende wirtschaftliche Schwäche der Sowjetunion, auch die Reformpolitik Gorbatschows und die oppositionellen und reformkommunistischen Bestrebungen in Osteuropa eine Rolle. Zu Recht sind aber auch der ökonomische Niedergang der DDR und die Herausbildung einer finalen Krise der DDR thematisiert worden, deren Ursache teils im Wirtschaftssystem und einer neuen Stufe der technologischen Entwicklung, teils in der Starrheit des politischen Systems begründet war und für die es vielfältige Symptome, nicht zuletzt die Verschuldung gab.[67]

Dennoch ist fraglich, ob der Begriff der „Implosion" passt, denn das System wurde doch auch von einem Übersiedlerstrom und mehr noch von einer wachsenden Opposition und von protestierenden Massen gestürzt, sodass schon während des Geschehens der von Egon Krenz verwendete Begriff kritisiert wurde und die Begriffe „Revolution" bzw. „Friedliche Revolution" diskutiert wurden. Letzterer hat sich im wissenschaftlichen Raum inzwischen überwiegend durchgesetzt. Vonseiten der auf grundlegenden Wandel drängenden Kräfte wurde keine Gewalt angewandt. Gerade in den gewaltfreien, auf Proteste und zivilen Ungehorsam setzenden Kampfformen weicht die Revolution von früheren Revolutionen ab; Charles Maier hat deshalb von einer „Revolution neuen Typs" gesprochen.[68]

Was den Inhalt der Revolution angeht, so hat Jürgen Habermas von einer „nachholenden Revolution" gesprochen, sie holte gleichsam die Realisierung der Menschen- und Bürgerrechte, von Gewaltenteilung und Demokratie nach;[69] die Zukunft von „1917" war „1789" – wie der französische Historiker François Furet meinte.[70] Manche haben diesen Begriff abgelehnt und auf das utopische Potenzial dieser Revolution verwiesen, das in basisdemokratischen Konzepten gelegen habe, die nicht zum Zuge gekommen seien.

Verstärkt ist in den letzten Jahren der europäische Zusammenhang der Friedlichen Revolution von 1989 in der DDR betont worden. In der Tat war die Friedliche Revolution in der DDR eine wichtige Etappe eines scheinbar nach dem Domino-Effekt ablaufenden Geschehens, in dem sich nationale und internationale Prozesse überlagerten, sodass man von einer „transnationalen" Revolution in Europa

---

67 Vgl. Klaus-Dietmar Henke (Hrsg.), Revolution und Vereinigung 1989/90. Als in Deutschland die Realität die Phantasie überholte, München 2009.
68 Charles Maier, Essay: Die ostdeutsche Revolution, in: Henke (Hrsg.), Revolution und Vereinigung 1989/90, S. 553–575.
69 Jürgen Habermas, Die nachholende Revolution, Frankfurt a. M. 1990.
70 François Furet, Das außerordentliche Ereignis, das wir gegenwärtig miterleben, ist, dass wir 1917 beerdigen unter der Fahne von 1789. Gespräch mit François Furet, in: Die Neue Gesellschaft/Frankfurter Hefte 36 (1989) 7, S. 619–626.

sprechen kann.⁷¹ Das Geschehen 1989/90/91 erinnert in seiner europäischen Dimension an die Revolutionen von 1848/49 und nach dem Ersten Weltkrieg.

In der deutschen Diskussion fällt auf, dass manche Historiker die Revolution 1989, andere aber die Wiedervereinigung in den Mittelpunkt ihrer Sicht stellen. Wichtige Arbeiten zur Revolution 1989/90 haben zwei „ostdeutsche" Historiker, Ilko-Sascha Kowalczuk und Ehrhart Neubert, vorgelegt,⁷² während das Gesamtgeschehen von dem „westdeutschen" Historiker Andreas Rödder unter dem Begriff „Wiedervereinigung" subsumiert wird.⁷³ Andere kombinieren beide Begriffe „Revolution und Vereinigung" 1989/90,⁷⁴ wohl um einen Kontext herzustellen, was vielleicht den Gesamtzusammenhang unterschätzt.

Der 3. Oktober, der Tag der Vereinigung, ist zwar zum Nationalfeiertag erhoben worden, doch hat sich in Deutschland ein Mythos 1989/90 bislang nur in Ansätzen herausgebildet.⁷⁵ Dies dürfte teilweise auf den für die Ostdeutschen schwierigen und schmerzhaften Transformationsprozess zurückzuführen sein, der erst in jüngster Zeit zum Thema für die Zeitgeschichtsforschung geworden ist. Lange Zeit war diese „Nachgeschichte" der DDR nur so etwas wie ein Appendix zu der Geschichtsschreibung der Umwälzung 1989/90. Der meist verwandte Begriff „Transformationsprozess" hebt auf den Tatbestand ab, dass die Gesellschaft der DDR im vereinten Deutschland innerhalb weniger Jahre grundlegend verändert, d. h. an die Entwicklung des Westens angepasst wurde. Der Prozess wurde vereinzelt als Kolonialisierungsprozess,⁷⁶ doch von der seriösen Wissenschaft durchweg als Modernisierungsprozess aufgefasst. In jüngster Zeit hat Jürgen Danyel den Begriff „Übergangsgesellschaft" für die 1990er-Jahre ins Gespräch gebracht.⁷⁷ Der Begriff

---

71 Jürgen Kocka, 1989. Eine transnationale Revolution, in: Die Neue Gesellschaft/Frankfurter Hefte (2008) 5, S. 46–49. Vgl. Bernd Faulenbach, Die europäische Umwälzung von 1789 und ihre Bedeutung für die nationalen Erinnerungskulturen, in: „Wir sind das Volk". Freiheitsbewegungen in der DDR 1949–1969. Wiss. Kolloquium 26./27. November 2009 in der Erinnerungsstätte für die Freiheitsbewegungen in der deutschen Geschichte, Rastatt o. J., S. 77–84.
72 Ehrhart Neubert, Unsere Revolution. Die Geschichte der Jahre 1989/90, München 2008; Ilko-Sascha Kowalczuk, Endspiel. Die Revolution von 1989 in der DDR, München 2009.
73 Andreas Rödder, Deutschland einig Vaterland. Die Geschichte der Wiedervereinigung, München 2009.
74 Henke (Hrsg.), Revolution und Vereinigung 1989/90.
75 Vgl. dazu Bernd Faulenbach, Was ist zwanzig Jahre danach zu feiern? Zur Bedeutung von 1989 in der deutschen Geschichte und Gegenwart, in: Vorgänge 48 (2009) 1, S. 26–30.
76 Wolfgang Dümcke/Fritz Vilmar (Hrsg.), Kolonialisierung der DDR. Kritische Analysen und Alternativen des Einigungsprozesses, Münster 1995.
77 Jürgen Danyel, Alltag Einheit: Ein Fall fürs Museum, in: Aus Politik und Zeitgeschichte (2015), Bd, 65, B 33–34, S. 26–35, insbes. S. 30. Zum sozialwissenschaftlichen Forschungsstand vgl. Astrid Lorenz (Hrsg.), Ostdeutschland und die Sozialwissenschaften. Bilanz und Perspektiven 20 Jahre nach der Wiedervereinigung, Opladen u. a. 2011.

ist etwas offener als der der Transformation, da er die schrittweise Auflösung der wirtschaftlichen, sozialen und kulturellen Institutionen und ihre Ersetzung durch Strukturen, die an der alten Bundesrepublik orientiert sind, gleichermaßen betonen möchte.

Im Zentrum dieser zeithistorischen Forschung muss der wirtschaftliche Prozess in den neuen Ländern stehen, der eng mit dem des Westens verschränkt ist. Dazu sind dringend die Arbeit und Rolle der Treuhand zeithistorisch aufzuarbeiten.[78] Es geht nicht nur um ihre reale Rolle, sondern auch um die Treuhand als Projektionsfläche der Vorstellungen über die Transformation. Mit dem wirtschaftlichen Prozess war ein tief greifender sozialer Wandel verbunden, der samt seiner Schattenseiten genauer zu untersuchen ist – dabei ist wie im ökonomischen Bereich nicht nur eine Destruktion von Bestehendem zu betrachten, sondern auch die Konstruktion von Neuem, das sich teilweise doch auch von der alten Bundesrepublik unterschieden und Bedeutung für diese hat.

Ein besonderes Thema ist der Prozess der Aufarbeitung von Geschichte und Folgen der SED-Diktatur im Kontext der deutschen Aufarbeitungs- und Erinnerungslandschaft.[79] Die Asymmetrie der deutsch-deutschen Beziehungen wird auch bei diesem Thema deutlich; sie macht den deutschen zu einem besonderen Fall. Zugleich jedoch gibt es ebenso Parallelen zwischen der DDR und den ostmitteleuropäischen Ländern.[80]

Der gesamte Transformationsprozess wie auch bestimmte Aspekte sollten in eine vergleichende Perspektive vor allem mit den anderen „realsozialistischen" Ländern gerückt werden, was deutsche Spezifika der Transformation zeigt: Einerseits trug „der große Bruder" alte Bundesländer wesentlich zu Investitionen in die Infrastruktur und zur raschen Umgestaltung der Lebensverhältnisse in den neuen Ländern bei. Andererseits machte die damit zwangsläufig gegebene deutsche Asymmetrie die Akzeptanz des Prozesses im Osten schwierig, zumal die Entwicklung stets an den Verhältnissen in Westdeutschland gemessen wurde.

---

78 Siehe dazu die Bochumer Dissertation von Marcus Böick, Manager, Beamte und Kader in einer Arena des Übergangs. Eine Ideen-, Organisations- und Erfahrungsgeschichte der Treuhandanstalt und ihres Personals 1980–1994, Göttingen 2018 (i. E.). Zum „Transformationsprozess" vgl. Thomas Großbölting/Christoph Lorke (Hrsg.), Deutschland seit 1990. Wege in die Vereinigungsgesellschaft, Stuttgart 2017.
79 Vgl. Bernd Faulenbach, Diktaturerfahrung und demokratische Erinnerungskultur in Deutschland, in: Annette Kaminsky (Hrsg.), Orte des Erinnerns. Gedenkzeichen, Gedenkstätten und Museen zur Diktatur in SBZ und DDR, Leipzig 2004, S. 18–30; Carola S. Rudnick, Die andere Hälfte der Erinnerung. Die DDR in der deutschen Geschichtspolitik nach 1989, Bielefeld 2011.
80 Bernd Faulenbach/Franz-Josef Jelich, „Transformationen" der Erinnerungskulturen in Europa nach 1989, Essen 2006.

„Ausgeforschte" DDR?

Thomas Lindenberger hat kürzlich in einem Aufsatz gefragt: „Ist die DDR ausgeforscht?"[81] Archivrevolution und Übertragung des westdeutschen Wissenschaftsbetriebes auf Ostdeutschland, die deutsche Historikerzunft in ihrer ganzen Breite, „von konservativ-liberal über SPD-nah bis linksliberal-alternativ" hätten „binnen eines Jahrzehnts zusammen mit der internationalen scientific community [...] die SBZ/DDR zu einer, wenn nicht der am dichtesten und gründlichsten erforschten Region der Weltgeschichte" gemacht.[82] Nun ist gewiss zutreffend, dass bereits im ersten Jahrzehnt nach 1989 viele grundlegende Arbeiten zur DDR-Geschichte erschienen und heute kaum völlig unbearbeitete Felder zu finden sind.[83] Andererseits aber lassen sich durchaus noch Desiderata benennen[84] – einige sind auch in dieser Skizze sichtbar geworden. Vor allem aber wird wissenschaftlicher Fortschritt mindestens ebenso durch die Auswertung von neuen Materialien wie durch neue Fragestellungen und Methoden konstituiert, die sowohl aus neuen Zeiterfahrungen als auch aus der wissenschaftlichen Diskussion resultieren. Auch ist es offensichtlich – zumal angesichts stark divergierender Zeitzeugeneinschätzungen – bislang nicht gelungen, so etwas wie einen Konsens der Urteile über die DDR zu erreichen, der über die Feststellung hinausgeht, dass die DDR eine Diktatur war; die Diskussion geht also weiter. Von besonderem Interesse könnte die DDR-Geschichte als „Fall" künftig auch deshalb sein, weil sich in ihr eine ganze Reihe von Tendenzen des 20. Jahrhunderts überlagert hat, die diese Geschichte mit anderen Geschichten verklammern.[85] Forschungen und Diskussionen über die DDR werden jedenfalls weitergehen.

---

81 Lindenberger, Ist die DDR ausgeforscht?
82 Ebenda, S. 103.
83 Einen recht guten systematischen Überblick zum Forschungsstand Anfang des 21. Jahrhunderts zur DDR bietet immer noch der Band Eppelmann/Faulenbach/Mählert (Hrsg.), Bilanz und Perspektiven der DDR-Forschung.
84 Siehe Hoffmann/Schwarz/Wentker, Geschichte der DDR und des geteilten Deutschland.
85 Faulenbach, Tendenzen, Verflechtungen und Kontexte der SED-Diktatur – Wieso die DDR-Geschichte ein bedeutsames Thema bleibt, in: Mählert (Hrsg.), Die DDR als Chance, S. 79–87. Ein ähnlicher Gedanke bei Lindenberger: Ist die DDR ausgeforscht?, S. 109 ff.

Dierk Hoffmann · Michael Schwartz · Hermann Wentker

Die DDR als Chance
Desiderate und Perspektiven künftiger Forschung¹

25 Jahre nach der Wiedervereinigung wird intensiv über die „alte" Bundesrepublik geforscht, ohne dass die Historiker einem ständigen Legitimierungszwang ausgesetzt sind. Doch Forscher, die sich vornehmlich dem ostdeutschen Teilstaat widmen, können dies nicht mit der gleichen Selbstverständlichkeit tun. Seit der Bilanz Jürgen Kockas von 2003, der zufolge die Geschichte der DDR weitgehend erforscht sei und im Übrigen zu sehr im eigenen Saft schmore,² erscheint die weitere Erforschung der Geschichte des ostdeutschen Teilstaats vielen lediglich als Angelegenheit einiger Spezialisten, die auch die letzten weißen Fleckchen auf einer gut bekannten Landkarte noch kolorieren wollen. Vor diesem Hintergrund wird auch die wissenschaftliche Beschäftigung mit der DDR-Geschichte für eine universitäre Karriere meist nicht als besonders förderlich angesehen.

Jedoch ist ein Thema jemals vollständig erforscht, „ausgeforscht" oder gar „überforscht"? Letztlich erfolgt die Entwicklung der Geschichtswissenschaft vor allem dadurch, dass immer wieder neue Fragen an einen historischen Gegenstand gestellt werden. Im Fall der DDR-Geschichte sind es auch neue Quellen, die zeithistorische Forschungen nicht nur möglich, sondern auch nötig machen.

Dabei ist DDR-Geschichte ein umkämpftes Gebiet, bei dem es durchaus „um forschungspolitische Konkurrenz und Einfluss sowie um zu verteilende Gelder"³ geht. Jedoch handelte es sich immer auch um eine inhaltliche Auseinandersetzung. Denn unterschiedliche Bewertungen haben weiterhin Bestand und müssen weiter diskutiert werden. So ist die für die DDR zentrale Frage nach dem Gewicht

---

1 Bei dem Beitrag handelt es sich um eine gekürzte Fassung des gleichnamigen Aufsatzes in: Ulrich Mählert (Hrsg.), Die DDR als Chance. Neue Perspektiven auf ein altes Thema, Berlin 2016, S. 23–70.
2 Jürgen Kocka, Der Blick über den Tellerrand fehlt, in: Frankfurter Rundschau, 22. 8. 2003; ähnlich ders., Bilanz und Perspektiven der DDR-Forschung, in: Deutschland Archiv 36 (2003), S. 764–769. Vgl. dazu die nachfolgende Debatte, abgedruckt in: Frank Möller/Ulrich Mählert (Hrsg.), Abgrenzung und Verflechtung. Das geteilte Deutschland in der zeithistorischen Debatte, Berlin 2008, S. 123–201.
3 So Manuel Becker, Geschichtspolitik in der „Berliner Republik". Konzeptionen und Kontroversen, Wiesbaden 2013, S. 376.

diktatorischer Steuerung und gesellschaftlicher Eigendynamik noch lange nicht abschließend beantwortet. Die Eigensinnigkeit der Menschen und die Eigendynamik gesellschaftlicher Entwicklungen in der DDR dürfen von der Forschung nicht verkannt werden; es gilt jedoch, diese Dimensionen mit dem diktatorischen Herrschaftssystem in Beziehung zu setzen, statt Letzteres als eine „kommode Diktatur" (Günter Grass) zu verharmlosen. Die Erforschung der DDR-Geschichte ist dabei nicht nur weiterhin notwendig und sinnvoll. Sie bietet auch Chancen, neue Zugangsweisen zur Erforschung der Nachkriegsgeschichte insgesamt zu erproben. Dies wird im Folgenden anhand von fünf großen Themengebieten aufgezeigt.

Die DDR als eigenständiges Forschungsfeld

Die „diktaturbedingte Dominanz des Politischen in der DDR"[4] macht das politische System und einzelne Politikfelder nach wie vor zu zentralen Themengebieten. Hinzu kommt die Wiederentdeckung der „Akteure" in der Geschichtswissenschaft, die sich nicht mehr auf führende Politiker oder Manager beschränken. Nun hat es bei der Erforschung des politischen Systems der DDR in den vergangenen 25 Jahren zweifellos große Fortschritte gegeben; gleichwohl blieb lange wichtigen Akteuren die nötige Aufmerksamkeit versagt. So war bis vor Kurzem die Geschichte der SED als eines zentralen institutionellen Akteurs zwar für deren Frühphase vergleichsweise gut erforscht, nicht aber für die Zeit zwischen Mauerbau und Mauerfall. Hier hat erst ein von der Bundesstiftung zur Aufarbeitung der SED-Diktatur finanziertes Forschungsprojekt Abhilfe geschaffen.[5]

Doch nicht nur die Staatspartei, auch wichtige staatliche Einrichtungen der DDR harren noch der eingehenden Erforschung. So liegen zwar zum Ministerium für Staatssicherheit (MfS)[6] sowie für die Frühzeit des außenpolitischen und justiziellen Apparats Untersuchungen vor,[7] nicht aber zu Behörden von solch zentraler

---

4 Henrik Bispinck u. a., Die Zukunft der DDR-Geschichte. Potentiale und Probleme zeithistorischer Forschung, in: Vierteljahrshefte für Zeitgeschichte 53 (2005) 4, S. 200.
5 Vgl. als erstes Ergebnis Andreas Malycha, Die SED in der Ära Honecker. Machtstrukturen, Entscheidungsmechanismen und Konfliktfelder in der Staatspartei 1971 bis 1989, München 2014.
6 Vgl. Jens Gieseke, Die Stasi 1945–1990, München 2011 (Überblicksdarstellung); BStU (Hrsg.), Anatomie der Staatssicherheit. Geschichte – Struktur – Methoden. MfS-Handbuch in 27 Lieferungen, Berlin 1995–2012. Eine Überarbeitung der älteren Lieferungen und die Publikation in einem mehrbändigen Werk wären allerdings dringend erforderlich.
7 Ingrid Muth, Die DDR-Außenpolitik 1949–1972. Inhalte, Strukturen, Mechanismen, Berlin 2000; Hermann Wentker, Justiz in der SBZ/DDR 1945–1953. Transformation und Rolle ihrer zentralen Institutionen, München 2001.

Bedeutung wie der Staatlichen Plankommission (SPK) und dem DDR-Innenministerium (MdI). Während die SPK und ihre Vorgängereinrichtungen das Herz der ostdeutschen Planwirtschaft darstellten, handelte es sich beim MdI um das „Staatsgründungsministerium" der DDR, das zentrale Verwaltungsfunktionen und die Zuständigkeit für die Polizei innehatte. Den Anstoß zu deren Untersuchung gab die ministerielle Auftragsforschung, die vornehmlich nach den NS-Kontinuitäten der Bundesministerien und den diesen nachgeordneten Behörden in der Bundesrepublik Deutschland nach 1949 fragt. Allein die vom Bundesministerium für Wirtschaft und Energie (BMWi) sowie vom Bundesministerium des Innern (BMI) in Auftrag gegebenen Forschungen berücksichtigen neben der bundesdeutschen Ministerialbürokratie auch entsprechende Parallelen in der DDR. Daneben richtet sich der Blick auf die Blockparteien und Massenorganisationen, die inzwischen für die 1940er- und 1950er-Jahre gut erforscht sind. In Einzelfällen sollten die Forschungen aber auf die Zeit danach ausgeweitet werden, um etwa die These vom Gegensatz zwischen der SED-hörigen Parteispitze und dem eigen-sinnigen, einfachen Parteimitglied zu überprüfen. Hier fällt auf, dass seit der Studie von Dietrich Staritz zur Geschichte der National-Demokratischen Partei der DDR[8] noch keine neuere, aktengestützte Monografie zu diesem Thema erschienen ist. Dabei könnte eine solche Untersuchung auch zur Beantwortung der Frage nach der Integration ehemaliger Nationalsozialisten und Wehrmachtsoffiziere in die DDR-Gesellschaft beitragen.

Intensiv bearbeitet ist die Geschichte der Repressionen und des Repressionsapparats: Die sowjetischen Speziallager in der SBZ, Staatssicherheit, Polizei, politische Justiz, Strafvollzug und Zentrale Kontrollkommission sind alles Themen, zu denen zahlreiche Studien vorliegen, die kaum Wünsche offenlassen. Gleichwohl sind auf diesem Gebiet immer wieder wichtige, quellenfundierte Neuerscheinungen zu registrieren, sei es zur „Täterforschung" in der zentralen Stasi-Untersuchungshaftanstalt Berlin-Hohenschönhausen, sei es zu einem Spezialthema wie den Entführungen von West-Berlinern und Bundesbürgern durch das MfS.[9] Viel Potenzial hat auch ein Forschungsthema der Abteilung Bildung und Forschung des Bundesbeauftragten für die Unterlagen des Staatssicherheitsdienstes der ehemaligen DDR (BStU), das sich dem Komplex MfS und Gesellschaft am Beispiel der regionalen Strukturen im Kreis Halberstadt zwischen 1945/49 bis 1989 widmet. Hier könnte wirklich erprobt

---

8   Dietrich Staritz, Die National-Demokratische Partei Deutschlands 1948–1953. Ein Beitrag zur Untersuchung des Parteiensystems der DDR, Diss., Berlin 1968.
9   Elisabeth Martin, „Ich habe mich nur an das geltende Recht gehalten". Herkunft, Arbeitsweise und Mentalität der Wärter und Vernehmer der Stasi-Untersuchungshaftanstalt Berlin-Hohenschönhausen, Baden-Baden 2014; Susanne Muhle, Auftrag: Menschenraub. Entführungen von Westberlinern und Bundesbürgern durch das Ministerium für Staatssicherheit der DDR, Göttingen 2015.

werden, was „Herrschaft als soziale Praxis" konkret bedeutet. Allerdings ist die Studie, die 2006 konzipiert wurde, immer noch in Bearbeitung.[10]

Was die Gesellschaftsgeschichte betrifft, so sind Arbeiten zu sozialen Schichten und Berufsgruppen in der DDR, insbesondere für die Zeit nach 1961, eher dünn gesät. Dies gilt angesichts der umfassenden Bände von Christoph Kleßmann und Peter Hübner zwar nicht mehr für die Arbeiterschaft.[11] Doch wie verhielt es sich mit dem bürgerlichen Milieu? Bis Mitte der 1960er-Jahre brach durch die sozioökonomische Umwälzung auf der einen und die Flucht vieler Betroffener auf der anderen Seite die wirtschaftliche und gesellschaftliche Basis des Bürgertums weitgehend weg. Doch was trat an die Stelle des bürgerlichen Milieus? Mit der Beantwortung dieser Frage könnten Bilder, wie die, etwa in Uwe Tellkamps „Der Turm", die Fortexistenz eines bürgerlichen Milieus im sozialistischen Gewand suggerieren, auf ihren Realitätsgehalt überprüft werden. Trotz vielversprechender Ansätze von Christoph Kleßmann[12] ist auch das protestantische Milieu noch nicht zum Gegenstand einer sozialgeschichtlichen Analyse gemacht worden. Ebenso bemerkenswert ist, dass die Berufsgruppe, die durch die Politik der DDR wohl am meisten Zulauf fand, noch keiner intensiven sozialgeschichtlichen Untersuchung unterzogen wurde: die sozialistischen Staatsangestellten in der staatlichen Verwaltung und in der Wirtschaftsbürokratie.

Auch die ländliche Gesellschaft war staatlichen Eingriffen wie der Bodenreform von 1945 und der Kollektivierung ausgesetzt, an deren Ende 1961 die private bäuerliche Wirtschaft erfolgreich beseitigt wurde. Welche Auswirkungen dies auf die ländliche Gesellschaft in den 1950er- und 1960er-Jahren hatte, ist schon eingehend thematisiert worden. Doch ab den 1960er-Jahren folgte mit der industriemäßigen Umgestaltung der Landwirtschaft sowie der radikalen Trennung von Tier- und Pflanzenproduktion eine dritte agrarwirtschaftliche Revolution in der DDR. Sowohl diese Umstellung als auch deren soziale Folgen sind bisher erst in einer Regionalstudie untersucht worden.[13]

10 Vgl. den Problemaufriss von Roger Engelmann, Eine Regionalstudie zu Herrschaft und Alltag im Staatssozialismus, in: Jens Gieseke (Hrsg.), Staatssicherheit und Gesellschaft. Studien zum Herrschaftsalltag in der DDR, Göttingen 2007, S. 167–186.
11 Christoph Kleßmann, Arbeiter im „Arbeiterstaat" DDR. Deutsche Traditionen, sowjetisches Modell, westdeutsches Magnetfeld (1945 bis 1971), Bonn 2007; Peter Hübner, Arbeit, Arbeiter und Technik in der DDR 1971 bis 1989. Zwischen Fordismus und digitaler Revolution, Bonn 2014.
12 Vgl. Christoph Kleßmann, Zur Sozialgeschichte des protestantischen Milieus in der DDR, in: Geschichte und Gesellschaft 19 (1993), S. 29–53; ders., Kinder der Opposition. Berichte aus Pfarrhäusern in der DDR, Gütersloh 1993.
13 Michael Heinz, Von Mähdreschern und Musterdörfern. Industrialisierung der DDR-Landwirtschaft und die Wandlung des ländlichen Lebens am Beispiel der Nordbezirke, Berlin 2011.

Im Hinblick auf soziale Randgruppen in der DDR ist zwar die Bekämpfung sogenannter „Asozialer" und „Parasiten" thematisiert worden – darunter wurden insbesondere kriminelle und verwahrloste Jugendliche sowie Prostituierte verstanden; doch sind solche und andere gesellschaftliche Randgruppen bisher kaum sozialgeschichtlich analysiert worden. Genannt seien zum einen männliche und weibliche Homosexuelle und zum anderen die Gruppen, die am Rande der ostdeutschen „Arbeitsgesellschaft" standen (Rentner, Behinderte und Arbeitsunfähige). Im Rahmen der umfassend angelegten „Geschichte der Sozialpolitik in Deutschland seit 1945" gibt es zwar Kapitel zur Sozialpolitik gegenüber den zuletzt genannten Gruppen;[14] monografische Untersuchungen zu deren sozialer Lage stehen jedoch noch weitgehend aus.

Zwar ist der Alltag der DDR nicht nur in populären, sondern auch in wissenschaftlichen Studien thematisiert worden. Der Ansatz, „Herrschaft als soziale Praxis" zu analysieren und dabei den „Eigen-Sinn" der DDR-Bürger einzubeziehen,[15] ist sicher weiterführend; jedoch ist er letztlich bisher zu wenig auf seine Tragfähigkeit hin überprüft worden. Inwieweit der DDR-Alltag von Aushandlungsprozessen zwischen „Herrschern" und „Beherrschten" bestimmt war und der soziale Nahbereich wirklich Chancen zur Partizipation bot, müsste durch Lokal- oder Milieustudien weiter untersucht werden.

Die Wirtschaftsgeschichte der DDR hat zwar einige Aufmerksamkeit auf sich gezogen. Freilich bleibt auch hier noch genügend Raum für weitere Studien. So ist hinsichtlich der Binnenwirtschaft der DDR eine Konzentration auf die Schwerindustrie und, in geringerem Ausmaß, auf die Leichtindustrie (insbesondere die Textilwirtschaft) erkennbar. Andere Wirtschaftssektoren sind hingegen noch unterbelichtet, wie etwa Handel und Verkehr,[16] aber auch der große Komplex der

---

14 Geschichte der Sozialpolitik in Deutschland seit 1945, Bd. 8: 1949–1961. Deutsche Demokratische Republik. Im Zeichen des Aufbaus des Sozialismus, hrsg. von Dierk Hoffmann/Michael Schwartz, Baden-Baden 2004; Bd. 9: 1961–1971. Deutsche Demokratische Republik. Politische Stabilisierung und wirtschaftliche Modernisierung, hrsg. von Christoph Kleßmann, Baden-Baden 2006; Bd. 10: 1971–1989. Deutsche Demokratische Republik. Bewegung in der Sozialpolitik, Erstarrung und Niedergang, hrsg. von Christoph Boyer/Klaus-Dietmar Henke/Peter Skyba, Baden-Baden 2008. Die neue Untersuchung von Christoph Lorke, Armut im geteilten Deutschland. Die Wahrnehmung sozialer Randlagen in der Bundesrepublik und in der DDR, Frankfurt a. M. 2015, ist mehr eine Wahrnehmungs- als eine Sozialgeschichte.

15 Vgl. Thomas Lindenberger, Die Diktatur der Grenzen. Zur Einleitung, in: ders. (Hrsg.), Herrschaft und Eigensinn in der Diktatur. Studien zur Gesellschaftsgeschichte der DDR; Köln u. a. 1999, S. 13–44.

16 Lediglich zur Reichsbahn liegt eine Studie vor: Ralph Kaschka, Auf dem falschen Gleis. Infrastrukturpolitik und -entwicklung der DDR am Beispiel der Deutschen Reichsbahn 1949–1989, Frankfurt a. M. 2011.

Energiewirtschaft. Überdies existieren zwar Studien zu Einzelaspekten von MfS-Aktivitäten in der DDR-Wirtschaft; doch welche Relevanz das MfS für die zentrale Wirtschaftslenkung insgesamt besaß, ist immer noch ungeklärt.

Neben der Binnen- ist auch die Außenwirtschaft der DDR beileibe nicht hinreichend erforscht. Abgesehen von der wegweisenden Studie von Ralf Ahrens zur Verflechtung der DDR mit dem Ostblock im Rahmen des RGW für die Jahre 1963 bis 1976[17] sind Handel und Wirtschaftskooperation der SBZ/DDR mit den anderen Ostblockstaaten noch nicht umfassend untersucht worden. Einen ähnlichen Befund ergibt ein Blick auf die Erforschung des deutsch-deutschen Handels.

Deutsch-deutsche Wahrnehmungs- und Verflechtungsgeschichte

Die von Christoph Kleßmann mit Blick auf beide deutsche Staaten und Gesellschaften zwischen 1949 und 1989 formulierte Forschungsperspektive einer „asymmetrisch verflochtenen Parallelgeschichte"[18] hat sich in den vergangenen zehn Jahren in Forschung und Bildungsarbeit zunehmend durchgesetzt. Überdies hat 2008 ein programmatischer Sammelband des Instituts für Zeitgeschichte (IfZ) über das „doppelte Deutschland" diesen Ansatz etabliert.[19] Seither fand dieses vielversprechende Konzept nicht nur grundsätzliche Zustimmung, es folgten auch erste Umsetzungsversuche. So untersucht ein jüngst von Frank Bösch herausgegebener Band zur „geteilten Geschichte" Ost- und Westdeutschlands Entwicklungen seit den 1970er-Jahren und überschreitet die Zäsur von 1989/90.[20]

Echte verflechtungsgeschichtliche Studien sind nach wie vor eine Rarität. Ausnahmen sind Arbeiten zu „deutsch-deutschen medienhistorischen Verflechtungen" sowie zu „Armut im geteilten Deutschland".[21] Daher stellt eine integrierte deutsch-deutsche Geschichte zwischen 1945 und 1989/90 nach wie vor ein grundlegendes Desiderat dar. Man kann hoffen, dass die in Arbeit befindliche Darstel-

---

17 Ralf Ahrens, Gegenseitige Wirtschaftshilfe? Die DDR im RGW – Strukturen und handelspolitische Strategien 1963–1976, Köln 2000.
18 Christoph Kleßmann, Spaltung und Verflechtung. Ein Konzept zur integrierten Nachkriegsgeschichte 1945 bis 1990, in: ders./Peter Lautzas (Hrsg.), Teilung und Integration, Schwalbach/Ts. 2005, S. 20–36.
19 Udo Wengst/Hermann Wentker (Hrsg.), Das doppelte Deutschland. 40 Jahre Systemkonkurrenz, Berlin 2008.
20 Frank Bösch (Hrsg.), Geteilte Geschichte. Ost- und Westdeutschland 1970–2000, Göttingen 2015.
21 Alina Laura Tiews, Egon Günther als Grenzgänger. Deutsch-deutsche medienhistorische Verflechtungen am Beispiel des Falls Feuchtwanger, in: Rundfunk und Geschichte 40 (2014), S. 62–70; Lorke, Armut im geteilten Deutschland, S. 111 und 221.

Die DDR als Chance 45

lung der IfZ-Historikerin Petra Weber ein erstmals überzeugendes Ergebnis bringen wird.

Das Fehlen von integrierten, Tendenzen der Abgrenzung und der Verflechtung sorgfältig gewichtenden Gesamtdarstellungen zur Geschichte des „doppelten Deutschland" ist nicht nur ein wissenschaftsinternes, sondern auch ein die deutsche Gegenwartsgesellschaft betreffendes Problem. Indem Gesamtdarstellungen – etwa über die Bundeszentrale für politische Bildung – erhebliche Breitenwirkung erzielen, werden darin transportierte separate „Parallelgeschichten" popularisiert. Damit werden Geschichtsbilder befördert, die für die Epoche zwischen 1945 bis 1989 eher auf Kontrast- denn auf Perzeptions- und Verflechtungsgeschichte abheben und der eigenständigen Bedeutung der DDR-Gesellschaftsentwicklung nicht gerecht werden. Das hat zur Folge, dass die heute naheliegende Frage nach der Weiterwirkung von DDR-Entwicklungslinien in Politik und Gesellschaft des vereinigten Deutschlands nicht angemessen formuliert, geschweige denn beantwortet werden kann.

Weiterführend ist es, nach Parallelen zwischen DDR-Dissidenten und neuen sozialen Bewegungen in der Bundesrepublik zu fragen.[22] Dem steht die Suche nach Trennendem gegenüber. Bei der Untersuchung konfrontativer Abgrenzungsstrategien erscheinen neue Analysen zur Rolle des Antikommunismus in der frühen Bundesrepublik bzw. zu West-Feindbildern in der DDR weiterführend.[23] Ein verflechtungsgeschichtlicher Ansatz könnte hier in Zukunft stärker Korrespondenzen und Wechselwirkungen der beidseitigen Abgrenzungsstrategien herausarbeiten – und damit quasi nach der Verflechtung in der Abgrenzung fragen.

Das Erbe des Nationalsozialismus war für beide Nachkriegsgesellschaften ebenso eine verbindende Gemeinsamkeit wie ein hochpolemisches Streitobjekt. Verflechtungsgeschichtlich interessant sind auch die jüngst erforschten Einflussnahmen der DDR und der Volksrepublik Polen auf die Auseinandersetzungen um die NS-Belastung führender Vertriebenenpolitiker der Bundesrepublik in den 1960er-Jahren.[24]

---

22 Arnd Bauerkämper, Bürgerschaftliches Engagement zwischen Erneuerung und Abbruch. Die Entwicklung in der Bundesrepublik Deutschland und in der DDR in vergleichender Perspektive, in: Thomas Olk (Hrsg.), Engagementpolitik. Die Entwicklung der Zivilgesellschaft als politische Aufgabe, Wiesbaden 2010, S. 97–122.
23 Stefan Creuzberger/Dierk Hoffmann (Hrsg.), „Geistige Gefahr" und „Immunisierung der Gesellschaft". Antikommunismus und politische Kultur in der frühen Bundesrepublik, München 2014; Silke Satjukow/Rainer Gries (Hrsg.), Unsere Feinde. Konstruktionen des Anderen im Sozialismus, Leipzig 2004.
24 Michael Schwartz, Funktionäre mit Vergangenheit. Das Gründungspräsidium des Bundes der Vertriebenen und das „Dritte Reich", München 2013, insbes. S. 1–82.

Die innerdeutsche Grenze und Grenzüberschreitungen sind in der Forschung schon mehrfach thematisiert worden. Dazu zählen der beidseitige Grenztourismus, aber auch die Maueropfer, Flucht und Übersiedlung aus der DDR sowie jüngst der Häftlingsfreikauf und die Herstellung von „Knastware" für westdeutsche Firmen. Außerdem entstanden vereinzelte lokalgeschichtliche Studien zur geteilten „Frontstadt" Berlin, die jedoch bisher nur wenige zeitliche und thematische Schwerpunkte entwickelt haben.[25] Gerade bei west-östlichen Vergleichsstudien zum geteilten Berlin tun sich jedoch ungleich größere Dimensionen innovativer Forschungen zu Parallelen, Perzeptionen und etwaigen Verflechtungen auf.

Ein vielversprechendes neues Forschungsfeld hat sich in ersten vergleichenden oder gar verflechtungsgeschichtlichen Arbeiten zur Mediengeschichte eröffnet.[26] Ein soeben abgeschlossenes Dissertationsprojekt von Alina Laura Tiews zur medialen Deutung von Flucht und Vertreibung sowie der Integrationsproblematik in Fernseh- und Spielfilmen beider deutscher Nachkriegsgesellschaften, das den Gesamtzeitraum von 1945 bis 1990 im Auge hat, verdeutlicht das hier zu erschließende Forschungspotenzial.

Beziehungsgeschichtliche Studien zu Literaturaustausch und Literaturexil haben erste Ergänzungen um mediale Wechselwirkungen im Bereich Popmusik erfahren, die weiter verfolgt werden sollten. Ähnliches gilt für die mediengeschichtliche Ergänzung der deutsch-deutschen Sportgeschichte. Künstlerische oder wissenschaftliche Grenzgänger zwischen beiden deutschen Staaten wurden vereinzelt zu Objekten biografischer oder rezeptionshistorischer Annäherungen (Heiner Müller, Reiner Kunze).

Ein wichtiges Themenfeld stellen die wechselseitigen Einflussnahmen auf die jeweils andere Gesellschaft dar. Jenseits unmittelbarer Spionagetätigkeit gibt es erste Ansätze zur Rolle des Westfernsehens und westdeutscher Korrespondenten in der DDR,[27] die vertieft werden sollten. Studien zu DDR-Einflüssen in der Bundesrepublik konzentrieren sich allzu sehr auf die Aktivitäten der Stasi, etwa im spektakulären Fall Ohnesorg/Kurras 1967.

---

25 Philip Broadbent/Sabine Hake (Hrsg.), Berlin. Divided City, 1945–1989, New York u. a. 2010; Melanie Arndt, Gesundheitspolitik im geteilten Berlin 1948 bis 1961, Köln u. a. 2009.
26 Christin Niemeyer, Der deutsche Film im Kalten Krieg, Brüssel u. a. 2014; Claudia Dittmar, Feindliches Fernsehen. Das DDR-Fernsehen und seine Strategien im Umgang mit dem westdeutschen Fernsehen, Bielefeld 2010.
27 Denis Fengler, Westdeutsche Korrespondenten in der DDR. Vom Abschluss des Grundlagenvertrages 1972 bis zur Wiedervereinigung 1990, in: Jürgen Wilke (Hrsg.), Journalisten und Journalismus in der DDR. Berufsorganisation, Westkorrespondenten, „Der schwarze Kanal", Köln u. a. 2007, S. 79–216.

Vergleichende Arbeiten zur Sozialstaatlichkeit müssen sich in Zukunft viel stärker diesen beiderseitigen Perzeptionen und Wechselwirkungen widmen. Die bisher vorherrschende Ansicht, dass die Bundesrepublik für die meisten DDR-Bürger „unablässig als Vergleichsgesellschaft" fungierte, während die „bisher aber nur punktuell nachgewiesene Bedeutung der Systemkonkurrenz [mit der DDR] für die Ausgestaltung des Bonner Sozialstaates […] im Wesentlichen [nur] in den fünfziger Jahren" zu verorten sei,[28] ist zu überprüfen. Selbst auf dem intensiv beackerten Feld der Sozialpolitik ergeben sich folglich durch perzeptions- und verflechtungsgeschichtliche Ansätze neue, vielversprechende Forschungshorizonte.

Die DDR und das sowjetisch beherrschte Osteuropa

Im letzten Jahrzehnt haben sich Forschungen der zentralen Zäsuren der kommunistischen Herrschaftsphase in Osteuropa angenommen und die Entwicklungen in der DDR mit jenen in anderen Ostblockstaaten verglichen. Dabei trat neben deutsch-polnische oder deutsch-tschechoslowakische Vergleiche des Krisenjahres 1989 die Frage nach den Wirkungen der DDR-„Implosion" auf deren ostmitteleuropäische Nachbarstaaten und -gesellschaften. Auch die Krisen von 1953, 1956 und 1968 haben – meist in Form von Sammelbänden – Arbeiten zu deren Ort in der Geschichte des Ostblocks im Allgemeinen und der der DDR im Besonderen hervorgebracht. Zudem wurde die klassische Frage nach dem Grad des sowjetischen Einflusses auf die DDR weiterverfolgt.

Bei ostdeutsch-polnischen Analysen wird – jenseits der Untersuchung von propagandistischen Feindbildern – das Augenmerk auf die inoffiziellen Bürgerkontakte gelegt[29] und vor allem auf die Solidarność-Phase der 1980er-Jahre konzentriert.[30] Demgegenüber erscheinen die 1960er- und 1970er-Jahre als weitgehendes Brachland, wenn man von einzelnen vergleichenden Analysen zu Sozialpolitik und Arbeitsgesellschaft absieht.[31] In jüngster Zeit haben vergleichende Studien zu jugendlichen Subkulturen neue Erkenntnisse gebracht.[32]

---

28 Hans Günter Hockerts, Der deutsche Sozialstaat. Entfaltung und Gefährdung seit 1945, Göttingen 2012, S. 259 und 222.

29 Włodzimierz Borodziej u. a. (Hrsg.), „Schleichwege". Inoffizielle Begegnungen sozialistischer Staatsbürger zwischen 1956 und 1989, Köln u. a. 2010.

30 Vgl. u. a. Konstantin Hermann (Hrsg.), Die DDR und die Solidarność. Ausgewählte Aspekte einer Beziehung, Dresden 2013.

31 Peter Hübner/Christa Hübner, Sozialismus als soziale Frage. Sozialpolitik in der DDR und Polen, 1968–1976. Mit einem Beitrag von Christoph Boyer zur Tschechoslowakei, Köln u. a. 2008.

32 Axel Strasser, Zwerge und Punks. Jugendliche Protestkulturen in Polen und in der DDR während der achtziger Jahre, Berlin 2015.

Auch die Untersuchung der Beziehungsgeschichte zwischen DDR und Tschechoslowakei steht noch „am Anfang".[33] Einige Phasen dieser „sozialistische[n] Freundschaft im Wandel" wurden eingehender untersucht, neben der Nachkriegszeit vor allem die 1960er-Jahre.[34] Doch bereits zur repressiven „Normalisierung" nach 1968 gibt es nur wenig, und die 1970er- und 1980er-Jahre sind völlig unzureichend erforscht. Mittlerweile existieren erste vergleichende Ansätze zu den kommunistischen Parteiapparaten, zur Zusammenarbeit der Sicherheitsapparate, aber auch zur Konstruktion verbindender gemeinsamer Geschichtsbilder.[35] Alltagsgeschichtlich vergleichende Ansätze sind ebenso rar wie Untersuchungen zu gesellschaftspolitischen Parallelentwicklungen. Vereinzelte Ansätze gibt es mittlerweile zur Erforschung der Kriminalitätsbekämpfung – einschließlich jugendlicher „Hooligans" – und der Strafvollzugssysteme.[36]

Noch beklagenswerter erscheint, dass vergleichende oder beziehungsgeschichtliche Studien zur DDR und weiteren ehemaligen Ostblockstaaten fast völlig fehlen. Das gilt insbesondere mit Blick auf Ungarn und Bulgarien, aber auch für Rumänien, wo lediglich innovative Forschungen zur „automobile[n] Konsumkultur" sowie zu den Kulturbeziehungen zur DDR unter Einbeziehung der Bundesrepublik bemerkenswertes Neuland betreten haben.[37]

Die DDR im historischen Längsschnitt

Die Frage nach dem historischen Ort der DDR in der deutschen Geschichte des 20. Jahrhunderts ist nach wie vor von zentraler Relevanz für die wissenschaftliche und öffentliche Debatte. Weder für die Bundesrepublik Deutschland noch für die DDR gab es eine „Stunde Null". Die beiden deutschen Teilstaaten haben vielmehr

---

33 Miloš Řezník/Katja Rosenbaum (Hrsg.), DDR und ČS(S)R 1949–1989. Eine Beziehungsgeschichte am Anfang, München 2012.
34 Volker Zimmermann, Eine sozialistische Freundschaft im Wandel. Die Beziehungen zwischen der SBZ/DDR und der Tschechoslowakei (1945–1969), Essen 2010.
35 Vgl. Miloš Řezník/Katja Rosenbaum (Hrsg.), Die ČSSR und die DDR im historischen Vergleich. Gemeinsamkeiten und Unterschiede zweier staatssozialistischer Systeme in Mitteleuropa, Leipzig u. a. 2013.
36 Volker Zimmermann/Michal Pullmann (Hrsg.), Ordnung und Sicherheit, Devianz und Kriminalität im Staatssozialismus. Tschechoslowakei und DDR 1948/49–1989, Göttingen 2014.
37 Luminita Gatejel, Warten, hoffen und endlich fahren. Auto und Sozialismus in der Sowjetunion, in Rumänien und der DDR (1956–1989/91), Frankfurt a. M. u. a. 2014; Peter Ulrich Weiß, Kulturarbeit als diplomatischer Zankapfel. Die kulturellen Auslandsbeziehungen im Dreiecksverhältnis der beiden deutschen Staaten und Rumäniens von 1950 bis 1972, München 2010.

Traditionslinien aufgegriffen, die bis in die Weimarer Republik, teilweise sogar bis ins Kaiserreich zurückreichen. Sie im historischen Längsschnitt zu untersuchen, bietet Erkenntnischancen sowohl für die Analyse der zweiten deutschen Diktatur selbst als auch für die Beschäftigung mit der deutschen Geschichte seit dem Ende des 19. Jahrhunderts. Das Plädoyer, die DDR in diesen größeren Kontext einzubetten, zielt auch auf eine Historisierung der DDR. Erste Vorarbeiten liegen bereits vor. Das vor wenigen Jahren am IfZ erfolgreich durchgeführte Projekt zur Geschichte Mecklenburgs und Vorpommerns verdeutlicht den Erkenntnisgewinn dieses Forschungsansatzes eindrucksvoll.[38] Damit rücken Determinanten ins Blickfeld, deren spezifisches und zuweilen spannungsreiches Mischungsverhältnis die Entwicklung der SED-Diktatur wesentlich prägten, so z. B. das sowjetische Modell, die Perzeptionen und Traditionen der kommunistischen Arbeiterbewegung des ersten Drittels des 20. Jahrhunderts sowie die älteren strukturellen und gesellschaftlichen Traditionsüberhänge.

Längsschnittuntersuchungen liegen häufig quer zur weitverbreiteten Segmentierung der Forschungen zum 20. Jahrhundert in „ältere" Zeitgeschichte vor 1945, „neuere" Zeitgeschichte 1945–1989 und „neueste" Zeitgeschichte nach 1989.[39] Sie hinterfragen in produktiver Weise die Tiefenwirkung solcher Zäsuren und beugen dem Risiko vor, Kontinuitätsstränge zu unterschätzen. Als Untersuchungsobjekte eignen sich beispielsweise Betriebe, Regionen, Kommunen oder Milieus.

Auch der biografische Zugang eröffnet vielfältige Chancen für historische Längsschnittstudien über Epochengrenzen hinweg. Am Beispiel eines Politikers bzw. einer Politikerin, eines Wissenschaftlers bzw. einer Wissenschaftlerin etc. können ebenfalls Brüche und Kontinuitäten untersucht werden. In der DDR-Forschung wird diese Methode jedoch nach wie vor zu selten genutzt. In den vergangenen Jahren sind nur wenige quellengesättigte Studien erschienen, etwa zu Walter Ulbricht, Otto Grotewohl und Erich Mielke.[40] Das gilt auch für Politiker aus der zweiten Reihe oder andere Prominente aus der DDR. Biografien zu Wilhelm

---

38 Vgl. Detlev Brunner, Stralsund. Eine Stadt im Systemwandel vom Ende des Kaiserreichs bis in die 1960er Jahre, München 2010; Henrik Bispinck, Bildungsbürger in Demokratie und Diktatur. Lehrer an Höheren Schulen in Mecklenburg 1918 bis 1961, München 2011; Susanne Raillard, Die See- und Küstenfischerei Mecklenburgs und Vorpommerns 1918 bis 1960. Traditionelles Gewerbe unter ökonomischem und politischem Wandlungsdruck, München 2012.
39 Hans-Peter Schwarz, Die neueste Zeitgeschichte. Muß der Begriff Zeitgeschichte neu definiert werden?, in: Vierteljahrshefte für Zeitgeschichte 51 (2003), S. 5–28, hier S. 25 und Editorial der Herausgeber und der Redaktion, in: Zeithistorische Forschungen 1 (2004), S. 4–6.
40 Vgl. Mario Frank, Walter Ulbricht. Eine deutsche Biografie, Berlin 2001; Dierk Hoffmann, Otto Grotewohl 1894–1964. Eine politische Biographie, München 2009; Wilfriede Otto, Erich Mielke – Biographie. Aufstieg und Fall eines Tschekisten, Berlin 2000.

Pieck und Erich Honecker befinden sich erst in der Bearbeitung.[41] Im Vergleich zur DDR-Geschichte liegt für andere Abschnitte der Geschichte Deutschlands im 20. Jahrhundert eine Fülle an qualitativ gehaltvollen Biografien vor – diese Feststellung gilt für die Geschichte der Weimarer Republik, des „Dritten Reiches" und der Bundesrepublik gleichermaßen. Für diese Teilepochen wird allein schon quantitativ das Ausmaß der seit über 20 Jahren andauernden Konjunktur der Biografieforschung und deren Potenzial deutlich.

Transformationsforschung: Vom Niedergang der DDR zum vereinigten Deutschland

Mit dem 3. Oktober 1990 endete zwar die staatliche Existenz der DDR; ihre Geschichte ging indes in mancher Hinsicht weiter. Gegen eine „Stunde Null" spricht etwa die tief greifende gesellschaftsverändernde Prägekraft der Sozialpolitik gegenüber sozialen Strukturen und kulturellen Werthaltungen, deren Nachwirkungen weit über 1989/90 hinausreichen. Deshalb sollte die DDR-Sozialpolitik nicht nur vom Untergang der SED-Herrschaft her bewertet werden: Eine ambivalente Beurteilung erscheint ungleich angemessener und produktiver als das Verdikt von der „DDR als gescheitertem Sozialstaat" (Jürgen Kocka). Gescheitert ist zweifellos dessen ökonomische Fundierung, die mit der mangelnden Effizienz der ostdeutschen Zentralverwaltungswirtschaft zusammenhängt. Gescheitert ist letztlich auch die angestrebte Herrschaftslegitimation durch Lebensstandardsteigerung. Dennoch prägten die „sozialen Errungenschaften" der SED die Erwartungshaltungen der Bevölkerung über das Jahr 1989/90 hinaus. Allem Anschein nach favorisierte eine große Mehrheit der ostdeutschen Bevölkerung einen starken, d. h. fürsorgenden Staat, der die Ausgestaltung der sozialen Lebenswirklichkeit nicht den Tarifparteien (Recht auf Arbeit) oder den Marktkräften (Recht auf Wohnraum) überlässt.

Die DDR-Forschung hat sich mit den tief greifenden sozioökonomischen Wandlungsprozessen, die Ende der 1980er-Jahre einsetzten und teilweise bis in die Gegenwart andauern, bis jetzt nicht eingehend beschäftigt. Die sogenannte Transformationsforschung, die den dramatischen Umbruch von der zentralen Planwirtschaft zur sozialen Marktwirtschaft und dessen gesellschaftliche Folgen behandelt, wird nach wie vor von Soziologen, Sozialwissenschaftlern und Ökonomen dominiert. Dagegen gibt es kaum fundierte, quellengesättigte Studien von Historikern

---

41 Marcus Schönewald verfasst z. Zt. eine Biografie über Wilhelm Pieck; Martin Sabrow erarbeitet eine umfassende Biografie über Erich Honecker, deren erster Band (Erich Honecker. Das Leben davor. 1912–1945, München 2016) erschienen ist.

bzw. Politologen.[42] Dabei hat die Privatisierung der ostdeutschen Wirtschaft nach 1990 die Eigentumsordnung und die Produktionsstrukturen auf dem Gebiet der früheren DDR radikal verändert. Die Veräußerung von öffentlichem bzw. staatlichem Eigentum ist nahezu beispiellos in der Geschichte moderner Industriegesellschaften. In diesem Zusammenhang nahm die Treuhandanstalt (THA) eine wichtige, aber noch kaum erforschte Rolle ein.

Zu den wenig bearbeiteten Themenfeldern gehört auch der Elitenwechsel ab 1989/90. Was wurde aus der politischen Funktionselite der untergegangenen DDR im vereinten Deutschland? Bisher liegen zu Mitgliedern des ehemaligen SED-Repressionsapparates nur sehr vereinzelt Studien zu solchen Fragestellungen vor, wobei häufig die Hauptamtlichen bzw. Inoffiziellen Mitarbeiter des Ministeriums für Staatssicherheit (MfS) im Mittelpunkt stehen.[43] Dabei drängt sich die Frage auf, ob es beim Elitenwechsel länderspezifische Sonderwege gegeben hat.[44] Dazu bieten sich nicht nur Studien zu einzelnen Berufsgruppen, sondern auch Regional- oder Lokalstudien an, um das Fortwirken von Netzwerken in einem begrenzten Raum über Systembrüche hinweg untersuchen zu können.

Zwischen dem Mauerfall am 9. November 1989 und der Volkskammerwahl am 18. März 1990 war das politische Leben in der DDR durch einen „prekären Dualismus von überkommenen und neuen Machtzentren geprägt".[45] Neben die Institutionen des SED-Regimes traten neue Akteure und Gremien, wie etwa die „Runden Tische", in denen Vertreter der alten Eliten und organisierte Repräsentanten der Bürgerbewegung über den Übergang zur Demokratie berieten. Zum Zentralen Runden Tisch liegt zwar eine umfangreiche Dokumentation vor, und zu den Runden Tischen auf bezirklicher Ebene gibt es eine erste Untersuchung.[46]

42 Einige Ausnahmen sind: Dieter Grosser, Das Wagnis der Währungs-, Wirtschafts- und Sozialunion. Politische Zwänge im Konflikt mit ökonomischen Regeln, Stuttgart 1998; Gerhard A. Ritter, Der Preis der deutschen Einheit. Die Wiedervereinigung und die Krise des Sozialstaates, München 2006; ders. (Hrsg.), Geschichte der Sozialpolitik in Deutschland seit 1945, Bd. 11: Bundesrepublik Deutschland 1989–1994. Sozialpolitik im Zeichen der Vereinigung, Baden-Baden 2007.
43 Vgl. Francesca Weil, „Mein Bestes für das Gesundheitswesen". Ehemalige IM-Ärzte als Abgeordnete der letzten Volkskammer (1990), in: Deutschland Archiv 39 (2006), S. 853–864.
44 Vgl. Burghard Ciesla, Arglistige Täuschung. Ehemalige Stasi-Mitarbeiter in der Polizei des Landes Brandenburg nach 1990, Berlin 2015.
45 Thomas Lindenberger, Der lange Sommer einer kurzen Demokratie. Die DDR zwischen „Wende" und Vereinigung, in: Klaus-Dietmar Henke (Hrsg.), Revolution und Vereinigung 1989/90. Als in Deutschland die Realität die Phantasie überholte, München 2009, S. 343–352, hier S. 343.
46 Uwe Thaysen (Hrsg.), Der Zentrale Runde Tisch der DDR. Wortprotokolle und Dokumente, 5 Bde., Wiesbaden 2000; Francesca Weil, Verhandelte Demokratisierung. Die Runden Tische der Bezirke 1989/90 in der DDR, Göttingen 2011.

Dagegen sind die Zukunftserwartungen und -entwürfe, die Demokratievorstellungen sowie das Einüben von parlamentarisch-demokratischen Praktiken noch nicht richtig Gegenstand der Forschung geworden.[47] Ausgehend von der prinzipiellen Offenheit historischer Prozesse sollte diese kurze Zeitspanne zwischen Herbst 1989 und Frühjahr 1990 als eigenständige Phase, die nicht auf eine Vorstufe der deutschen Wiedervereinigung zu reduzieren ist, eingehender untersucht werden.

Bei der in Zukunft zu intensivierenden Transformationsforschung ginge es auch darum, nach Kontinuitäten und Brüchen zu fragen und die längerfristigen Folgen des Einigungsprozesses für die Bundesrepublik in den 1990er- und 2000er-Jahren zu analysieren. Während die Erinnerungspolitik und -kultur bereits als vergleichsweise gut erforscht gelten kann,[48] sollten nicht nur die sozioökonomischen Umwälzungen untersucht werden, sondern auch nach der Beharrungskraft von generationellen Einstellungen und kulturellen Mentalitäten in der ehemaligen DDR und deren Prägekraft auf die gesamtdeutsche Gesellschaft gefragt werden.

DDR-Geschichte ernst nehmen:
Intensivierung von Forschung und Vermittlung

Wissen über die DDR, ihr diktatorisches Herrschaftssystem und ihre gesellschaftliche Entwicklung ist keine irrelevante Randzone im Halbdunkel deutscher Geschichte des 20. Jahrhunderts. Vielmehr kann Wissen über die DDR eine echte Chance sein: nicht nur zum Verständnis deutscher Politik- und Gesellschaftsgeschichte seit der Wiedervereinigung, sondern auch als Erprobungsfeld für neue Forschungsmethoden und -perspektiven.

Im Gegensatz dazu hat die seit 2003 vorherrschende Einschätzung, die DDR sei mittlerweile „überforscht", den gegenteiligen Trend zu Forschungsreduzierung und thematischer Ausblendung befördert. Insofern verwundert es kaum, dass die Wissensvermittlung über die Geschichte der DDR an den deutschen Schulen äußerst unbefriedigend geblieben ist. Was in der Lehrerausbildung kaum noch vorkommt, wird im Schulunterricht ebenfalls nur geringe Chancen zur Thematisierung er-

---

47 Vgl. dazu die Arbeit von Bettina Tüffers, Die 10. Volkskammer der DDR. Ein Parlament im Umbruch. Selbstwahrnehmung, Selbstparlamentarisierung, Selbstauflösung, Düsseldorf 2016.
48 Vgl. Hermann Wentker, Zwischen Aufarbeitung und Identitätsstiftung. Der öffentliche Umgang mit DDR-Vergangenheit und Wiedervereinigung in der Berliner Republik, in: Michael C. Bienert u. a. (Hrsg.), Die Berliner Republik. Beiträge zur deutschen Zeitgeschichte seit 1990, Berlin 2013, S. 225–260.

halten, zumal der Trend zur Reduktion historischer Wissensvermittlung hier zusätzliche strukturelle Kontextprobleme schafft.[49]

In der politischen Bildungsarbeit hat die DDR-Geschichte nach wie vor einen relativ hohen Stellenwert, allerdings vor allem in Berlin und in den fünf neuen Bundesländern. In den übrigen Bundesländern scheint sie eine eher untergeordnete Rolle zu spielen. Vermittlung von DDR-Geschichte findet jedoch auch in zahlreichen zeithistorischen Museen und Gedenkstätten statt, die sich eines wachsenden Zuspruchs erfreuen. Das belegen etwa die ständig zunehmenden Besucherzahlen der Gedenkstätte Berliner Mauer oder der Gedenkstätte in der ehemaligen Stasi-Untersuchungshaftanstalt Berlin-Hohenschönhausen. Oftmals ging die Einrichtung solcher Museen und Gedenkorte auf bürgerschaftliches Engagement zurück. Mit dem Bestreben, die gegründete Einrichtung zu verstetigen, ging meist eine Professionalisierung einer – nicht nur hinsichtlich der Ausstattung und Präsentation, sondern auch hinsichtlich der zeithistorischen Aufarbeitung. Dazu bedarf es gesicherter Kenntnisse und dort, wo diese nicht vorhanden sind, weiterer Forschung. Da Gedenkstätten nicht nur an das Leid der Opfer erinnern, sondern auch aufklärend wirken sollen, müssen sie in die Lage versetzt werden, Fragen der interessierten Öffentlichkeit kompetent zu beantworten. Ohne eine lebendige DDR-Forschung wird dies nicht zu leisten sein.

Auch die Anerkennung von Opfern der SED-Diktatur, insbesondere von ehemaligen Stasi-Opfern, wäre ohne eine intensive Forschung über Verhörpraktiken und Haftbedingungen letztlich nicht möglich. Dabei beschränkt sich Opferanerkennung nicht nur auf die Zahlung einer Haftentschädigung oder einer Opferrente – die mitunter schwer zu erlangen sind. Es geht dabei auch um eine gesellschaftliche Sensibilisierung für die Opfer, die etwa berufliche oder gesellschaftliche Nachteile in Kauf nehmen mussten, für die ihnen keine Entschädigung zusteht. Solche Opfer haben bisweilen in der öffentlichen Auseinandersetzung einen schweren Stand. Auch um deren Stellung in der gesellschaftlichen Debatte zu stärken, muss gesichertes Wissen über die DDR zur Verfügung gestellt werden, was erneut die Notwendigkeit historischer Forschung über den untergegangenen zweiten deutschen Staat unterstreicht.

---

49 Was Schüler über die DDR wissen. DDR-Geschichte im Unterricht, MDR v. 18. 6. 2009; zit. nach: http://www.mdr.de/damals/archiv/artikel94012.html [6. 5. 2015].

Anna Kaminsky

DDR-Geschichte als Kommunismusgeschichte begreifen
Plädoyer für eine Perspektiverweiterung[1]

Mehr als 25 Jahre nach der Friedlichen Revolution hat sich im vereinten Deutschland eine hochdifferenzierte „Aufarbeitungslandschaft" herausgebildet. Vielerorts informieren Museen und Gedenkstätten über Opposition und Repression im SED-Staat sowie über das DDR-Grenzregime. Im Gegensatz dazu ist die Forschung zur DDR-Geschichte nach einem Boom in den 1990er-Jahren jedoch stark rückläufig. Dies hat unmittelbare Auswirkungen auf die Hochschullehre, die stets ein Spiegelbild aktueller Forschungsinteressen ist. Mittel- und langfristig wird diese Entwicklung auch Konsequenzen für den Schulunterricht haben: In dem Maße, in dem Lehrangebote zur SED-Diktatur abnehmen, steigt die Zahl der angehenden Geschichtslehrerinnen und -lehrer, die die Universitäten verlassen, ohne mit dem Thema in der eigenen akademischen Ausbildung in Berührung gekommen zu sein. Ein solcher Trend könnte die in den letzten Jahren zu verzeichnenden Bemühungen der Kultusverwaltungen konterkarieren, der SED-Diktatur im Schulunterricht mehr Aufmerksamkeit zu verschaffen.

Positiv wirkt sich die dennoch anhaltende Präsenz des Themas in den Medien, in Dokumentar- und Spielfilmen, aber auch auf dem Buchmarkt aus. Dies spiegelt sich nicht nur in zunehmenden Besucherzahlen der einschlägigen Museen und Gedenkstätten wider, sondern auch in der Nachfrage nach Zeitzeugenangeboten und Lehrerfortbildungen, etwa der Bundesstiftung zur Aufarbeitung der SED-Diktatur. Auch niedrigschwellige Angebote wie die zeithistorischen Ausstellungen in Plakatform, die die Bundesstiftung seit 2009 regelmäßig anbietet, belegen das wachsende Interesse an der jüngsten deutschen Geschichte. So wurde 2014 eine Ausstellung zur Geschichte von Diktatur und Demokratie in Europa im 20. Jahrhundert bundesweit in über 1000 Kommunen gezeigt und vielerorts von Veranstaltungen begleitet.

Während in den 1990er-Jahren Verantwortliche der SED-Diktatur in den Medien und insbesondere in Talkshows viel Raum zur Selbstdarstellung erhielten, sind es mittlerweile ehemalige Oppositionelle und Opfer der Diktatur, die mehr

---

[1] Dieser Beitrag ist eine leicht veränderte Fassung des Aufsatzes, der 2015 im Jahrbuch für Historische Kommunismusforschung, S. 271–277, erschien.

und mehr öffentliche Aufmerksamkeit erfahren. Dazu haben nicht zuletzt die seit 2003 von wachsendem öffentlichen Interesse begleiteten Jahrestage des 17. Juni 1953, des Mauerbaus, der Friedlichen Revolution sowie der deutschen Einheit beigetragen. Obwohl die Opfer der SED-Diktatur und deren Verbände heute mehr Gehör finden, gibt es im Bereich der Anerkennung von Haftfolgeschäden und damit der Entschädigung weiterhin beklagenswerte Defizite.

Dass sich der Prozess der Aufarbeitung der SED-Diktatur nach der deutschen Einheit insgesamt positiv entwickelt hat, ist nicht zuletzt dem Bund zu verdanken. Seit 1990 erfreut sich eine immer größere Zahl an Gedenkstätten und Museen zur NS- wie auch zur SED-Diktatur einer institutionellen Förderung des Bundes, der damit, gemeinsam mit den Ländern, wesentlich zur Ausgestaltung der gesamtdeutschen Erinnerungskultur beiträgt. Durch die Arbeit der Stasi-Unterlagenbehörde gelang es in den 1990er-Jahren, die geheimen Zuträger des Regimes zu identifizieren, auf Antrag Auskunft zu erhalten, ob und in welchem Maße das Ministerium für Staatssicherheit (MfS) auf das eigene Leben Einfluss genommen hat, sowie die Rolle des MfS in der DDR zu erforschen und zu dokumentieren. Schließlich leitete die Gründung der Bundesstiftung zur Aufarbeitung der SED-Diktatur 1998 eine neue Etappe ein: Einerseits bekräftigte der Bundestag mit der Stiftungsgründung die andauernde gesellschaftliche Relevanz des Themas. Andererseits hatten schon die beiden Enquete-Kommissionen des Bundestages zwischen 1992 und 1998 öffentlich dokumentiert, dass sich die Geschichte der DDR nicht auf deren Geheimpolizei reduzieren lässt. Diesen von den Enquete-Kommissionen begonnenen Weg der umfassenden Aufklärung setzt die Stiftung bis heute fort.

Auftrag der Bundesstiftung Aufarbeitung ist es, die umfassende Auseinandersetzung mit den Ursachen, der Geschichte und den Folgen der SED-Diktatur und der deutschen Teilung zu fördern. Mit bislang fast drei Millionen Euro an alljährlich bewilligten Projektmitteln ist die Bundesstiftung die wichtigste Fördermittelgeberin für eine bundesweite, multiperspektivische und vor allem dezentrale Aufarbeitung der DDR-Geschichte. Zu den Akteuren auf diesem Gebiet gehören darüber hinaus die Bundes- und Landeszentralen für politische Bildung, die Stasi-Landesbeauftragten, die parteinahen Stiftungen, die großen Museen und Gedenkstätten des Bundes und der Länder sowie vielfältige Träger der außerschulischen Bildungsarbeit. Daneben leisten die Archive, Gedenk- und Geschichtswerkstätten, die in den 1990er-Jahren von DDR-Bürgerrechtlern gegründet wurden, wichtige Beiträge zur politischen Bildungsarbeit.

Aber auch Defizite und Fehlentwicklungen müssen benannt werden. Die Aufarbeitung konzentrierte sich in den Jahren nach 1989/90 aus guten Gründen vor allem auf die Geschichte des Regimes, das von ihm begangene politische Unrecht, dessen Opfer sowie auf jene, die Widerstand leisteten oder in der Opposition aktiv waren. Der Horizont der Aufarbeitung war zeitlich auf die Jahre zwischen 1945 und 1990 und geografisch auf die SBZ/DDR beschränkt. Die im doppelten Wortsinn geteilte deutsche Nachkriegsgeschichte geriet allenfalls bei den Themen Deutschlandpolitik und SED-Grenzregime in den Blick. Eine gesamtdeutsche Perspektive auf die Nachkriegsentwicklung, wie sie etwa Christoph Kleßmann konzipierte, bleibt in Forschung und historischer Bildung bis heute die Ausnahme – die Teilungsgeschichte setzt sich in der Geschichtsschreibung fort. Noch schlechter bestellt ist es um die Einordnung der Diktatur in SBZ und DDR in die großen Linien des 20. Jahrhunderts einerseits sowie in die Entwicklung Nachkriegseuropas andererseits. Weder in Forschung und Hochschullehre noch in der historisch-politischen Bildung gibt es nennenswerte Angebote, die SED-Diktatur im „Zeitalter der Extreme" im Allgemeinen oder in der Geschichte des Ostblocks im Besonderen einzuordnen. Nicht minder problematisch ist der Umstand, dass die bis heute spürbaren Folgen der Diktatur in Ostdeutschland nur selten Thema der Aufarbeitung sind.

Die thematische Engführung schränkt sowohl die Forschung als auch die historisch-politische Bildung in ihren Erkenntnismöglichkeiten ein. Mit der Einordnung der DDR-Geschichte in ihre (größeren) historischen Kontexte kann gleichermaßen Tendenzen der Verharmlosung als auch der Dämonisierung des SED-Regimes vorgebeugt werden. Denn wer etwa Aussagen über den repressiven Umgang des SED-Regimes mit politisch Andersdenkenden treffen will, mit sozial unangepassten Kindern und Jugendlichen, Heimkindern, Alten oder politischen Häftlingen, gewinnt an Urteilskraft, wenn der Blick mindestens die jeweilige zeitgenössische Praxis in der Bundesrepublik berücksichtigt. Nur so können zeittypische Handlungsweisen von systembedingter Praxis unterschieden werden. Aber auch die vergleichende europäische Perspektive, die etwa Polen oder die Tschechoslowakei oder andere Staaten des Ostblocks in den Blick nimmt, würde Gemeinsamkeiten und Unterschiede kenntlich machen, die bislang ausgeblendet werden. Letzteres verweist auf ein Kardinalproblem der DDR-Aufarbeitung. Diese wird, von wenigen Ausnahmen abgesehen, zu wenig als Teil einer notwendigen Aufarbeitung der kommunistischen Nachkriegsdiktaturen verstanden: Es ist einer Mischung aus fehlender Zuordnung der DDR zum sowjetischen Machtbereich und den Staaten Mittel- und Osteuropas, mangelndem Interesse sowie Sprachbarrieren geschuldet, dass die Geschichte der ostmitteleuropäischen Volksdemokratien (von der Geschichte einiger Aufstände bzw. sowjetischer Interventionen abgesehen) bislang kaum zum Thema gemacht geworden ist.

Die Engführung der Perspektive spiegelt sich auch in der Begrifflichkeit „SED-Aufarbeitung" wider. Diese entstand Anfang der 1990er-Jahre während des Vereinigungsprozesses und sollte auch dazu beitragen, deutlich zu machen, dass es eine Unterscheidung zwischen Regime und Gesellschaft gibt. Inhaltlich lässt der Begriff jedoch vergleichsweise viel Raum für Interpretation, was denn eigentlich genau hier aufgearbeitet werden soll. Anders verhält es sich in den ostmitteleuropäischen Staaten. Dort käme niemand auf die Idee, von der Notwendigkeit zu sprechen, sich mit der Geschichte der PVAP-Diktatur in Polen oder der KPTsch-Diktatur in der Tschechoslowakei auseinanderzusetzen. Hier ist mit einer großen Selbstverständlichkeit von der Aufarbeitung der kommunistischen Diktaturen die Rede.

Eine solche nicht nur sprachliche Einordnung der DDR-Diktatur in die Kommunismusgeschichte des 20. Jahrhunderts ist auch für die deutsche Aufarbeitungsdebatte erforderlich. Wer von der kommunistischen Diktatur in Deutschland spricht, wird gerne belehrt, dass sich Ulbricht und Honecker allenfalls auf dem Weg zum Kommunismus wähnten und man daher doch besser etwa von parteidiktatorischen Regimen sowjetischen Typs sprechen sollte. Oder es steht der Vorwurf im Raum, man würde rein ideologisch, weil antikommunistisch argumentieren. Hier wirken auch politische Kontroversen nach, die seit den 1930er- und 1940er-Jahren virulent sind. Diese haben dazu geführt, dass in Deutschland die Geschichte des Kommunismus im 20. Jahrhundert bislang nur unzureichend diskutiert und bewertet worden ist.

Vor dem Hintergrund der nationalsozialistischen Diktatur und dem verbrecherischen Eroberungs- und Vernichtungskrieg hatte Thomas Mann den Antikommunismus 1943 im US-amerikanischen Exil zur „Grundtorheit unserer Epoche" erklärt. Zu diesem Zeitpunkt war es auf dem europäischen Kontinent vor allem die Sowjetunion, die sich unter unvorstellbaren Verlusten dem unaufhaltsam scheinenden Vormarsch der Wehrmacht und dem nationalsozialsozialistischen Deutschland entgegenstellte. So gesehen erschienen die Verbrechen nachrangig, die das sowjetische Regime in den 1920er- und 1930er-Jahren im eigenen Land begangen hatte. Der antifaschistische Abwehrkampf der Sowjetunion verhalf ihren Parteigängern, die die nationalsozialistischen Lager und Gefängnisse überlebt hatten, in den ersten Nachkriegsjahren zu einem moralischen Kredit. Auch wenn sie den als Vasallen sowjetischer Macht- und Sicherheitspolitik alsbald wieder verspielten, wurde der „Große Vaterländische Krieg" zum Mythos, der bis heute selbst in Westeuropa fortwirkt. So erinnert z. B. die Rue de Stalingrad in Paris daran, dass sowjetische Soldaten auch für die Befreiung Frankreichs von deutscher Besatzung gestorben sind. Die Rede vom „Großen Vaterländischen Krieg" suggeriert, die Menschen in der Sowjetunion hätten damals weniger ums nackte Überleben als vielmehr für Stalin und die kommunistische Ideologie gekämpft. Der Anteil der deutschen Kommunisten an der Instabilität und am Untergang der Weimarer Demokratie, die politischen Massenverbrechen in der Sowjetunion der 1930er-Jahre, der Hitler-Stalin-Pakt und seine Folgen wie auch die Verbrechen, die die Rote Armee auf ihrem Vormarsch nach Berlin und nach ihrem Sieg begangen hatte, werden dagegen bis heute kaum thematisiert.

Vor allem in den 1970er-Jahren hatten Publikationen Konjunktur, in denen die im Ersten Weltkrieg entstandene Spartakus-Bewegung verklärt und die Sozialdemokratie diskreditiert wurde. Die Rolle der KPD in der Revolution von 1918 und der Weimarer Republik wurde romantisiert und deren Beitrag zum Untergang der Weimarer Demokratie negiert. Besondere Aufmerksamkeit fand nun auch der kommunistische Widerstand gegen den Nationalsozialismus, der in der Bundesrepublik wegen seiner antidemokratischen Intention lange Zeit aus der Geschichte ausgegrenzt und gering geschätzt wurde. Dieser Trend wurde aus Ost-Berlin nach Kräften befördert. Kritische Kommunismusforscher wie der Mannheimer Historiker Hermann Weber sahen sich in dieser Zeit dem Vorwurf ausgesetzt, den Antikommunismus zu stärken. Damals bildete sich eine lange Zeit gültige „Arbeitsteilung" heraus, in der die Auseinandersetzung mit dem Nationalsozialismus vor allem von politisch links denkenden Menschen und die Kommunismuskritik vor allem von konservativen Gruppen betrieben wurde. Wer diese Logik durchbrach und sich als Linker für die ostmitteleuropäische Dissidenz einsetzte, stieß in beiden Lagern auf Misstrauen, wenn nicht auf Feindseligkeit. Autoren wie Aleksandr Solženicyn, die die sowjetischen Massenverbrechen thematisierten, wurden von Konservativen gefeiert und von vielen Linken ignoriert.

Der Historikerstreit in den 1980er-Jahren verhärtete die Fronten. Die These Ernst Noltes, der sowjetische Terror und die Bedrohung durch den Kommunismus seien ursächlich für den nationalsozialistischen Judenmord und den von Deutschland entfesselten Rassen- und Vernichtungskrieg gewesen, wurde zu Recht zurückgewiesen. Gleichwohl zementierte die Debatte eine Hierarchisierung des historischen Gedenkens, das neben der erklärten Singularität des Holocaust aus Furcht vor dem Vorwurf der Relativierung der NS-Verbrechen kaum Raum für die sowjetischen Massenverbrechen ließ. Daran änderte auch die Debatte um das „Schwarzbuch des Kommunismus" nichts, die Ende der 1990er-Jahre im vereinten Deutschland kurz, aber heftig geführt wurde. Rasch wurde den Autoren des Buches unterstellt, sie würden die Gleichsetzung von Kommunismus und Nationalsozialismus betreiben und Letzteren relativieren. Damit einher ging der Vorwurf, die Diktatur in der DDR werde dämonisiert. Deren Aufarbeitung hatte damals einen ersten Höhepunkt erreicht und zu einem erinnerungskulturellen Konflikt geführt, der oft verkürzt mit dem Begriff der „Opferkonkurrenz" beschrieben wurde. Der Bochumer Historiker Bernd Faulenbach hat im Rahmen der Debatten bei den Enquete-Kommissionen des Deutschen Bundestages zur DDR-Aufarbeitung eine Formel geprägt, die den Konsens in der Kommission im Hinblick auf die Behandlung beider Diktaturen aufgreift und mittlerweile den größten gemeinsamen Nenner der beiden Aufarbeitungslandschaften beschreibt: „Die NS-Verbrechen dürfen nicht mit Hinweis auf das Nachkriegsunrecht relativiert, dieses Unrecht darf aber auch nicht angesichts der NS-Verbrechen bagatellisiert werden."

Erstaunlicherweise war es der Streit um die SED-Diktatur nach 1990, der die NS-Aufarbeitung in die Mitte der Gesellschaft rückte. Heute zählt die Erinnerung an die NS-Diktatur und deren Opfer zum Konsens der Demokraten. Dafür steht symbolisch der von Roman Herzog 1996 proklamierte „Tag des Gedenkens an die Opfer des Nationalsozialismus" am 27. Januar und materiell die Förderung der NS-Gedenkstätten durch den Bund, an die vor der Wiedervereinigung nicht zu denken war.

Zwischenzeitlich hat sich nun auch in Bezug auf die SED-Diktatur ein mit unterschiedlicher Empathie getragener Konsens herausgebildet. Die eingangs beschriebene Aufarbeitungslandschaft sowie die Ausgestaltung herausragender Jahrestage sind dafür beredtes Beispiel. Diesem Konsens war die hier konstatierte Engführung der Perspektive sogar dienlich. Die Loslösung der SED-Diktatur aus dem historischen Kontext des Jahrhunderts der Diktaturen im Allgemeinen und der Kommunismusgeschichte im Besonderen wurde zum kleinsten gemeinsamen Nenner der gesamtdeutschen Erinnerungskultur. Dieser bietet selbst im erinnerungskulturellen Milieu der Postkommunisten Anschlussmöglichkeiten. So können dort die verinnerlichten Klischees von der guten kommunistischen Bewegung, die tragischerweise zeitweilig von Stalinisten usurpiert worden war, weiter gepflegt und entwickelt werden. Sie entfalten eine Wirkungsmacht, die weit über dieses Milieu hinausreicht.

So kommt es zu Bonmots der Art, dass die NS-Diktatur „Leichenberge", die SED-Diktatur indes nur „Aktenberge" (Egon Bahr) hinterlassen habe. Solche Reduktionen befördern die Schwierigkeiten, die nicht nur junge Menschen haben, die SED-Diktatur zu bewerten. Ihnen sollte nicht dadurch begegnet werden, indem vor allem die Gemeinsamkeiten mit der NS-Diktatur beschworen werden. Diese sind in einigen Bereichen offenkundig und bieten dort sowohl für die Forschung als auch für die historisch-politische Bildung Potenzial. Mit einem weitaus größeren Erkenntnisgewinn wäre die Verortung der SED-Diktatur in der Geschichte des Kommunismus im 20. Jahrhundert verbunden. Doch diese Geschichte wird in der historischen Forschung sowie in der schulischen und außerschulischen Bildungsarbeit stiefmütterlich behandelt. Auch heute noch wird die Geschichte des Kommunismus nicht selten mit bewussten oder unbewussten politischen Zielstellungen thematisiert. Auf der einen Seite zur Delegitimierung dieser Bewegung und auf der anderen Seite zur eigenen historischen Legitimation. Es ist bemerkenswert, dass derzeit die meisten Forschungen zur Geschichte etwa der KPD oder ihrer Protagonisten von Autoren verfasst werden, die im weitesten Sinne dem Umfeld der Linkspartei zuzuordnen sind. Einen besonderen Stellenwert haben dabei Forschungen zu Protagonisten der Bewegung, die in Konflikt zur Parteilinie geraten waren oder dritte Wege beschreiten wollten. Hier zeichnet sich eine neue Tradition ab, die sich vom Stalinismus abgrenzt und nach den „guten Anfängen" im Kommunismus sucht. In der Mitte der Forschungslandschaft werden diese Themen – nach einem kurzen Boom in den 1990er-Jahren – kaum noch aufgegriffen.

Im 27. Jahr der deutschen Einheit ist es an der Zeit, die SED-Diktatur aus einer doppelten Perspektive zu betrachten: für die Zeit nach 1945 als Teil der deutschen und europäischen Teilungsgeschichte sowie als Teil der Kommunismusgeschichte. Eine solche Erweiterung der Perspektive wird den Blick nicht nur auf das gesamte 20. Jahrhundert, sondern auch über die Grenzen der SBZ/DDR hinaus lenken. Wer Aufbau und Charakter der kommunistischen Diktatur in Ostdeutschland begreifen will, darf erstens das Jahr 1945 nicht als Zäsur behandeln, an der Forschungsinteressen enden oder beginnen. Die SED-Diktatur war von Menschen aufgebaut worden, die in der KPD Weimars, im Widerstand, in NS-Zuchthäusern und Konzentrationslagern oder als Emigranten von den stalinistischen Säuberungen in der Sowjetunion geprägt worden waren. Diese Säuberungen hatten auch jene Besatzungsoffiziere verinnerlicht, die nach 1945 die Errichtung der kommunistischen Diktaturen sowjetischen Typs in ganz Ostmitteleuropa angeleitet hatten.

Schon in den 1960er-Jahren hat Hermann Weber die Betrachtung der KPD und der kommunistischen Bewegung insgesamt in zwei Phasen unterteilt: die KPD ohne staatliche Macht und die KPD als Staatspartei. So gilt es zweitens, die DDR als Teil dieser Diktaturen zu verstehen, deren politische und soziale Geschichte in Deutschland weithin unbekannt ist. Eine vergleichende Perspektive auf die DDR und Ostmitteleuropa erfordert somit zunächst einmal die Beschäftigung etwa mit der Geschichte Volkspolens oder der ČSSR, was aus Gründen der guten Nachbarschaft schon längst hätte passieren müssen. Schließlich muss die Geschichte der SED-Diktatur drittens mehr denn je mit der der Bundesrepublik in Beziehung gesetzt werden. Eine solche gesamtdeutsche Perspektive würde zeigen, wie die kommunistische Diktatur der DDR und die demokratische Bundesrepublik auf die sich wandelnden politischen, wirtschaftlichen, kulturellen und gesellschaftlichen Herausforderungen der Nachkriegsjahrzehnte reagierten. Diese Herausforderungen waren trotz Mauer und Stacheldraht vielfach dieselben. Auf diese Weise könnten die Unterschiede zwischen einem demokratischen und einem diktatorischen System weitaus deutlicher herausgearbeitet werden, als wenn die SED-Diktatur weiterhin allein Gegenstand der Betrachtung bliebe.

Der Bund und die Länder, aber ebenso die Wissenschaft sowie die Institutionen der historisch-politischen Bildung sind aufgefordert, einen solchen Perspektivwechsel einzuleiten und die dafür notwendigen Mittel zur Verfügung zu stellen. Die Zeit drängt. Denn die Oktoberrevolution jährt sich zum 100. Mal. Es ist absehbar, dass dieses Ereignis viel Aufmerksamkeit finden wird. Es wäre eine vertane Chance, wenn dieser Jahrestag den Blick vor allem auf das Ereignis selbst und nicht auf dessen Folgen lenken würde. Und es wäre höchst bedauerlich, wenn 2017 vor allem zu postkommunistischen Vergangenheitskonstruktionen einerseits sowie einem neuen politischen Lagerkampf andererseits führen würde. Das Jahr 2017 sollte Anstoß dafür sein, mit der Kommunismusgeschichte endlich ein zentrales, bislang stark vernachlässigtes Kapitel der deutschen, europäischen und internationalen Geschichte des 20. Jahrhunderts in den Blick zu nehmen; mit langem Atem und über 2017 hinaus.

Die zentralen Akteure:
Was wissen Schüler über Zeitgeschichte?
Was sollten sie lernen?

Josef Kraus

Wider den fortschreitenden historischen Analphabetismus

„Das Leben wird zwar nach vorwärts gelebt, aber nur nach rückwärts verstanden."[1] Diese Einsicht Kierkegaards scheint heute nicht mehr gefragt. Der Mensch meint, alles aus dem Hier und Jetzt verstehen zu können. Damit aber lebt er quasi in einer ewigen Gegenwart. Geschichte wird eher als Fessel empfunden, man will sie sich je nach Gemütslage ständig neu erfinden. Das ist wohl ein maßgeblicher Grund, warum Geschichte bei Ideologen in keinem besonders guten Ruf steht. Geschichte ist unbequem, weil sie – ohne Klitterung betrieben – Skepsis gegen Utopien zu vermitteln vermag.

Darum hat der Archivar Winston Smith in George Orwells 1984er-Wahrheitsministerium die Aufgabe, Geschichte ständig umzuschreiben, damit sie sich den jeweils aktuellen politischen Wünschen fügt. Geschichtspolitik nennt man so etwas: „1984" als ein Beispiel für totalitäre Geschichtspolitik. Geschichtspolitik findet aber in allen Nationen und Gesellschaften statt. Kein Gemeinwesen bzw. kein Staatswesen verzichtet auf Geschichtspolitik, das heißt auf bestimmte Vorgaben zur „richtigen" Interpretation der Geschichte. Eine oft historisch hergeleitete Staatsräson gilt zumindest als allgemeines Orientierungs- und Handlungsprinzip bzw. als oberster Maßstab staatlichen Handelns. Manche meinen zum Beispiel, alleiniger Kernbestand deutscher Staatsräson müsse der Holocaust sein.[2]

Geschichtspolitik wirkt sich in jedem Fall auf Bildungspolitik aus. In der Folge ist speziell der Geschichtsunterricht immer zugleich verlängerter Arm von Geschichtspolitik. Welche Schwerpunkte hier curricular gesetzt werden, wie viele

---

1   Dieser Aphorismus wird – wie hier – verschiedentlich verkürzt zitiert. In den von Theodor Haecker im Jahr 1923 herausgegebenen Kierkegaard'schen „Tagebüchern 1834–1855" lautet er wie folgt: „Es ist ganz wahr, was die Philosophie sagt, dass das Leben rückwärts verstanden werden muss. Aber darüber vergisst man den anderen Satz, dass vorwärts gelebt werden muss." Sören Kierkegaard, Die Tagebücher 1834–1855. Auswahl und Übertragung von Theodor Haecker, Innsbruck 1923, S. 203.
2   Die Verantwortung für Auschwitz müsse die deutsche Staatsräson bestimmen, so der spätere Außenminister Joschka Fischer bereits zum 40. Jahrestag des Kriegsendes am 8. Mai 1985. Es gebe keine deutsche Identität ohne Auschwitz, sagte Bundespräsident Joachim Gauck am 27. Januar 2016, dem Gedenktag für die Opfer des Nationalsozialismus.

Stunden dieses Fach in welchen Jahrgangsstufen unterrichtet wird, ob es überhaupt ein eigenes Fach Geschichte oder nur integriert in Gemeinschaftskunde gibt, das alles ist auch eine Frage der Geschichtspolitik. Solche Politik ist mit am besten daran erkennbar, welche Inhalte und Themen besonders intensiv, welche nicht und welche nur sehr ausgedünnt vorkommen.

Ausgedünnte Lehrpläne

Leider haben wir es heutzutage eher mit einem Ausdünnen der Curricula zu tun. In der Folge greift ein historischer Analphabetismus um sich. Dieser Analphabetismus wird sich zukünftig noch verschärfen, denn derzeit grassiert die Vokabel von der angeblich notwendigen Entrümpelung der Lehrpläne. Ganze Epochen wurden aus den Lehrplänen entsorgt. Teile der Öffentlichkeit hören das gern. Insofern ist die Entrümpelungsstrategie der hohen Politik durchaus populistisch. Wer hat schließlich als Ex-Schüler kein Beispiel aus Fächern wie Biologie, Geschichte oder Geografie parat, mit dem er nicht stringent glaubt beweisen zu können, welches „Gerümpel" man in den Schulen lernen muss: Würmer beispielsweise oder Schmetterlinge, Erbfolgekriege, angebliches Stadt-Land-Fluss-Wissen.

Stattdessen ist im Zuge der grassierenden Erleichterungs- und Gefälligkeitspädagogik[3] exemplarisches Wissen angesagt. Aber heißt das ein Weltkrieg statt zwei, eine Revolution exemplarisch für fünf? Zwei Revolutionen würden reichen, meint sogar ein Lehrervertreter, um im gleichen Atemzug zu monieren, dass es doch keine fünf sein sollten. Welche der Revolutionen aber lassen wir dann weg? 1789, 1848, 1917, 1918/1919, 1989? Jetzt ist der letzte Schrei eine Kompetenzenpädagogik, mit der aus Lehrplänen Leerpläne gemacht werden. Im Fach Geschichte enthalten die Lehrpläne in manchen deutschen Ländern schon keine Jahreszahlen, Epochenbegriffe, historischen Namen mehr.

Ein Beispiel für die Folgen ist etwa: Preußen kommt de facto nicht mehr vor. Die Geschichte Brandenburg-Preußens ist curriculare *Tabula rasa*. Napoleons geringschätzende Bemerkung von 1806, Preußen sei „nur eine Episode", findet in deutschen Lehrplänen ihre Bestätigung: Der Aufstieg Preußens zur europäischen

---

3   Gemeint ist mit Erleichterungs- und Gefälligkeitspädagogik unter anderem die Inflation an Bestnoten, die Absenkung der Abituransprüche, ferner in manchen deutschen Ländern die Abschaffung des Sitzenbleibens und der Noten bis in höhere Jahrgangsstufen hinauf, der Verzicht auf Auswendiglernen, die „Entrümpelung" von Lehrplänen (auch und gerade im Fach Geschichte). Siehe dazu Josef Kraus, Spaßpädagogik – Sackgassen deutscher Schulpolitik, München 1998 und ders., Wie man eine Bildungsnation an die Wand fährt, München 2017.

Großmacht, die Rolle des größten Territorialstaates im Reich („von Aachen bis Königsberg"), Preußens aufgeklärter Absolutismus, die Reformen nach 1806/07, der Dualismus zwischen Preußen und Österreich, die Stellung Preußens im Kaiserreich – diese Themen bleiben auf der Strecke.

Wenn überhaupt, dann bleibt oft nur eine recht eingeschränkte Interpretation eines einzigen Ereignisses übrig: die Zerschlagung des (Frei-)Staates Preußen durch das Kontrollratsgesetz Nr. 46 vom 25. Februar 1947 und die förmliche Auflösung Preußens zugunsten der Länder Brandenburg, Mecklenburg-Vorpommern und Sachsen-Anhalt am 24. Juli 1947. Indirekt kommt damit auch die Geschichtsperspektive der sowjetischen und DDR-Geschichtsschreibung zum Tragen, der zufolge „Preußen als Hort des Militarismus und Träger der Reaktion" anzusehen sei.

Völlig unterbelichtet ist auch die Repräsentanz der Geschichte Mittelost- und Osteuropas in den Lehrplänen der deutschen Länder: die Ostsiedlung im 12./14./17. Jahrhundert; die Geschichte konkreter mittel- und osteuropäischer Staaten, z. B. Polens; die Vertreibung nach 1945; die Situation deutscher Volksgruppen und die Integration von Aussiedlern in Deutschland. All diese ostgeschichtlich relevanten Themen sind in den insgesamt rund 300 Geschichtslehrplänen aller Bundesländer, aller Schulformen und aller Jahrgangsstufen in insgesamt defizitärer Weise repräsentiert. Zahlreiche ostgeschichtlich relevante Namen und Begriffe kommen nicht vor: Baltikum, Donauschwaben, Königsberg, Pommern, Schlesien, Sudetenland usw. Jörg-Dieter Gauger, lange Jahre führender Bildungsexperte der Konrad-Adenauer-Stiftung, hat dazu 2001 und 2007 umfassende Studien vorgestellt. Kein Wunder, dass unsere jungen Leute gerade auch „ostkundliche Analphabeten" sind, wie Gauger im November 2011 bei der Tagung „Polen im deutschen Schulunterricht – Zwischen Wunsch und Realität" des Georg-Eckert-Instituts für internationale Schulbuchforschung feststellte.[4]

Das (Un-)Wissen um deutsche Zeitgeschichte

Geradezu skandalös unterbelichtet ist rund ein Vierteljahrhundert nach dem Mauerfall die Behandlung des Themas DDR im Geschichtsunterricht. Laut Studien des „Forschungsverbunds SED-Staat" der Freien Universität Berlin unter Leitung von

---

4   Siehe Jörg-Dieter Gauger, Der historische deutsche Osten im Unterricht. Diachrone Analyse von Richtlinien und Schulbüchern im Fach Geschichte von 1949 bis zur Gegenwart, Hamburg 2001; ders., Deutsche und Polen im Unterricht. Eine Untersuchung aktueller Lehrpläne/Richtlinien und Schulbücher für Geschichte, Schwalbach/Ts. 2007.

Professor Klaus Schroeder ist das Wissen deutscher Schüler um die Zustände in der DDR höchst defizitär.[5]

Jedes einzelne Detailergebnis der Studien von Schroeder aus den Jahren 2008 und 2012 ist für sich bedrückend. Zum Beispiel:
- Bayerische Schüler können die Verhältnisse in der DDR – auf niedrigem Niveau – noch am ehesten einschätzen.
- Bayerische Hauptschüler wissen über die DDR sogar mehr als Brandenburgs Gymnasiasten.
- In Brandenburg und in Ost-Berlin dagegen findet geradezu eine Verklärung der DDR statt.

Und auch sonst herrscht zeitgeschichtlicher Analphabetismus vor:
- Mehr als die Hälfte der Schüler kennt das Jahr des Mauerbaus nicht.
- Nur jeder Dritte weiß, dass die DDR die Mauer gebaut hat.
- Ebenfalls jeder dritte Schüler hält Konrad Adenauer und Willy Brandt für DDR-Politiker, und Honecker ist angeblich demokratisch legitimiert gewesen.
- Die Stasi sei ein ganz normaler Geheimdienst gewesen.
- Schüler aus Ost-Berlin sehen die DDR mit einem Anteil von 48 % nicht als eine Diktatur.
- Nur 27,1 % der west- und 17,2 % der ostdeutschen Schüler hatten Kenntnis von der Todesstrafe.
- 71 % aller Schüler finden es gut, dass in der DDR jeder einen Arbeitsplatz hatte.
- Zudem sei es den Rentnern dort besser als in der Bundesrepublik gegangen, und selbst die Umwelt sei in der DDR sauberer gewesen als in der Bundesrepublik.
- Den allermeisten Schülern ist nicht präsent, dass die Bundesrepublik der Jahre 1949 bis 1989 ein freiheitlicher demokratischer Rechtsstaat war, ohne dessen Ausstrahlung es „1989/90" nicht gegeben hätte.
- Zudem fiel erneut auf, dass es ein erhebliches innerdeutsches Gefälle gibt. Bayerische Schüler schnitten am besten, Schüler aus Nordrhein-Westfalen am schlechtesten ab.

Besonders erschreckend scheint deshalb: Das höchst defizitäre Wissen schlägt sich auch in den Urteilen nieder. Fast die Hälfte der Schüler kann nicht zwischen den Merkmalen von demokratischen und diktatorischen Systemen unterscheiden. Die Autoren der Studie stellen deshalb nicht zu Unrecht die Frage: „Später Sieg der Diktaturen?"

---

5   Klaus Schroeder/Monika Deutz-Schroeder, Soziales Paradies oder Stasi-Staat? Das DDR-Bild von Schülern – ein Ost-West-Vergleich, München 2008; Klaus Schroeder u. a., Später Sieg der Diktaturen? Zeitgeschichtliche Kenntnisse und Urteile von Jugendlichen, Frankfurt a. M. u. a. 2012. Alle folgenden Beispiele sind daraus entnommen.

Die erbärmliche Vorgeschichte des Unwissens

Dieser Skandal hat eine Vorgeschichte, die fast 40 Jahre zurückreicht. Rekapitulieren wir: Am 23. November 1978 hatte die Kultusministerkonferenz (KMK) ihren Beschluss „Die Deutsche Frage im Unterricht" gefasst. Dort heißt es: „Das Bewusstsein von der deutschen Einheit und der Wille zur Wiedervereinigung in Frieden und Freiheit ist wachzuhalten und zu entwickeln [...]. Im Rahmen dieser umfassenden Aufgabe haben die Bildungseinrichtungen, vor allem die Schulen, einen besonderen Beitrag zu leisten."[6] Dieser KMK-Beschluss ist seinerzeit aus einer bestimmten politischen Ecke heftigst kritisiert worden. Es war die Rede von „Deutschtümelei" und Schlimmerem. Dabei hatte dieser Beschluss nur vollzogen, was Gebot des Grundgesetzes war, nämlich – so die damalige Präambel – dass das gesamte deutsche Volk aufgefordert bleibt, „in freier Selbstbestimmung die Einheit und Freiheit Deutschlands zu vollenden".[7]

Zehn Jahre später, 1988, galt es, erstmals Bilanz zu ziehen. Über das Ergebnis musste man bedrückt sein: ein Vakuum an deutschlandpolitischem Bewusstsein und an deutschlandpolitischen Kenntnissen unter Jugendlichen. Damaligen Untersuchungen[8] zufolge war

- nur noch ein Viertel der Jugendlichen der Auffassung, dass beide Staaten in Deutschland eine Nation darstellten.
- Die Hälfte der Jugendlichen hielt die DDR gar für Ausland.
- 60 % hatten keine Vorstellung vom Unterschied etwa zwischen einem Volkskammer- und einem Bundestagsabgeordneten.
- 70 % konnten keine Aussage über den unterschiedlichen Umgang der Bundesrepublik und der DDR mit der Menschenwürde machen.

Damit rächte sich, dass der KMK-Beschluss von 1978 nur auf dem Papier existierte. Manchem damaligen SPD-Kultusminister war die unterrichtliche Behandlung der Zweistaatlichkeit und der Verletzungen der Menschenrechte in Südamerika oder in Südafrika wichtiger als die Einheit der Nation oder als Menschenrechtsverletzungen in der DDR. Hinzu kam: Nicht nur ein guter Teil der bundesdeutschen Medien, sondern auch viele Schulbücher zeichneten sich durch ein schöngefärbtes Bild der

---

6 Clemens Lessing, Zum Beschluss der Kultusministerkonferenz vom 23.11.1978 „Die Deutsche Frage im Unterricht", in: Kurt Gerhard Fischer/ders. (Hrsg.), Deutsche Fragen in Geschichte, Politik und Politischer Bildung, Stuttgart 1982, S. 13–19.

7 Siehe Heike Schmoll, Mangelnde DDR-Kenntnisse. Die Mitschuld der Kultusminister, in: FAZ, 28.7.2008, http://www.faz.net/aktuell/politik/inland/mangelnde-ddr-kenntnisse-die-mitschuld-der-kultusminister-1667138.html [14.1.2017]. Siehe auch Kraus, Ist die Bildung noch zu retten?; hier insbesondere das Kapitel 8: „Historische korrekte Bildung", S. 83–102.

8 Siehe Schüler über Deutschland ahnungslos, in: Süddeutsche Zeitung, 23.11.1988.

DDR aus. In manchen Schulbüchern SPD-regierter Länder wurde die DDR mit Glacéhandschuhen angefasst, zugleich wurde der demokratische Verfassungsstaat der Bundesrepublik unzureichend, ja gar höchst „systemkritisch" dargestellt.[9]

Die Folge solcher Schulbuchproduktionen war, dass manch wache ostdeutsche Schule nach der Wende gerade in den Fächern Geschichte und Sozialkunde/Politik einen westdeutschen Schulbuch-Import nicht haben wollte und so manches gespendete Buch zurückschickte. Wundern musste man sich darüber nicht, hatte die SPD doch in einem am 27. August 1987 veröffentlichten gemeinsamen Papier ihrer Grundwertekommission und der Akademie für Gesellschaftswissenschaften beim SED-Zentralkomitee (Titel: „Der Streit der Ideologien und die gemeinsame Sicherheit") festgehalten: „Keine Seite darf der anderen die Existenzberechtigung absprechen. Unsere Hoffnungen richten sich nicht darauf, dass ein System das andere abschafft. Sie richtet sich darauf, dass beide Systeme reformfähig sind und der Wettbewerb der Systeme den Willen zur Reform der beiden Seiten stärkt."[10]

Ende September 1995, fünf Jahre nach der deutschen Einigung, hätten die Kultusminister bzw. die KMK erneut die Chance gehabt, sich als deutschlandpolitisch mündig zu erweisen. Die KMK konnte sich aber auf ihrer Sitzung vom 28./29. September 1995 in Halle/Saale nicht auf die Verabschiedung einer Empfehlung mit dem Titel „Darstellung Deutschlands im Unterricht" verständigen. Der vierzehnseitige Entwurf dazu, der ein Jahr nach der Einigung im Oktober 1991 in Auftrag gegeben und danach ohnehin reichlich rundgeschliffen worden war, wurde von der KMK nur „zur Kenntnis genommen".[11]

Flankiert war das Nicht-Zustandekommen eines KMK-Beschlusses unter anderem von Äußerungen Reinhard Höppners, des damaligen SPD-Ministerpräsidenten Sachsen-Anhalts, dass die Ex-DDR im KMK-Entwurf zu schlecht weg-

---

9   Olaf Baale schreibt dazu: „So gab es im Frühjahr 1990 ein böses Erwachsen, resümierte Jens Hacker am 14. 9. 1992 auf einer Tagung des Realschullehrerverbandes Nordrhein-Westfalen, als sich die Bundesregierung entschloss, 30 Millionen Mark bereitzustellen, um die in der DDR nach der gewaltlosen Revolution untauglich gewordenen Schulbücher durch bundesdeutsche zu ersetzen. [...] Doch die westdeutschen Schulbücher sorgten im Osten für großes Erstaunen. Denn aus den DDR-Lektionen der westdeutschen Unterrichtsmaterialien lernen die Schüler nicht selten, wie schön es noch gestern im real existierenden Sozialismus war.", in: Olaf Baale, Abbau Ost, München 2008, S. 296.
10 Grundwertekommission der SPD/Akademie für Gesellschaftswissenschaften beim ZK der SED, Der Streit der Ideologien und die gemeinsame Sicherheit, in: Politik Informationsdienst der SPD Nr. 3, 3. August 1987, S. 53–72, hier S. 58; http://library.fes.de/library/netzquelle/ddr/politik/pdf/verfemte_4.pdf [14. 1. 2017].
11 In der Terminologie der KMK bedeutet „zur Kenntnis genommen", dass keine Beschlussfassung erfolgte, weil die für KMK-Beschlüsse notwendige Einstimmigkeit nicht hergestellt werden konnte.

komme und die KMK es versäumt habe, „das Recht der Ostdeutschen auf ihre Selbstdarstellung zu fördern". Ja mehr noch: Die PDS meinte gar, verlauten lassen zu müssen, dass „eine Beschäftigung mit Diktaturen künftig kein Schwerpunkt im Geschichtsunterricht" sein solle.[12] Letztlich ist das KMK-Papier also am Widerstand der PDS-geduldeten Minderheitsregierung von Sachsen-Anhalt gescheitert. Der dort zu dieser Zeit amtierende Kultusminister Heinz Reck (SPD) erklärte, die neuen Länder könnten sich in diesem Papier nicht wiederfinden. Es passte Reck nicht, dass in dem KMK-Entwurf ein Blick auf das Unrecht in der DDR, auf die Verfolgung in der DDR und auf die Massenflucht aus der DDR geworfen wurde. Das KMK-Papier, so Reck, erinnere ihn an „SED-Propaganda, nur mit veränderten Vorzeichen", und er verwahre sich dagegen, dass die DDR darin als „System politischer Unfreiheit" bezeichnet werde.[13]

Zurück zur Studie der Freien Universität Berlin: Deren Ergebnis kann vor dem Hintergrund des dargestellten Versagens zahlreicher Kultusminister nicht überraschen. Überraschen kann da auch nicht, wenn die Zahlen junger ostdeutscher Besucher in Gedenkstätten des DDR-Unrechts rückläufig sind. Was steckt dahinter? Die einfachste Erklärung für dieses Desaster ist noch, dass nicht wenige junge Leute ihr „Wissen" um die DDR aus lustigen Filmen über die DDR beziehen. Vater Staat DDR war ja angeblich ein Staat der Geborgenheit.

Damit ist aber nur ein kleines Stückchen Legende erklärt. Außer dass die Kultusminister bereits in den zurückliegenden 1990er-Jahren versagt haben, spielt aktuelle Geschichtspolitik bzw. Geschichtsklitterung führender Politiker eine Rolle. Der seit Dezember 2014 amtierende Ministerpräsident von Thüringen Bodo Ramelow (Die LINKE) verwahrte sich im Jahr 2009 – damals noch Kandidat, im Amt als Ministerpräsident revidierte er diese Auffassung – gegen die Bezeichnung der DDR als Unrechtsstaat; er bezweifelte öffentlich, dass es einen schriftlichen Befehl zur gezielten Tötung an der Grenze gab.[14] Der Ministerpräsident von Mecklenburg-Vorpommern (Erwin Sellering, SPD, wie Ramelow ebenfalls Westimport) fand es im Frühjahr 2009 falsch, die DDR als totalen Unrechtsstaat zu verdammen.[15] Für

12 Siehe auch Heike Schmoll, Mangelnde DDR-Kenntnisse. Die Mitschuld der Kultusminister, in: FAZ, 28. 7. 2008.
13 Ebenda.
14 Siehe Veit Medick, Linke-Politiker Ramelow provoziert mit Zweifel an Schießbefehl, in: Spiegel Online, 26. 2. 2009, http://www.spiegel.de/politik/deutschland/ddr-geschichte-linke-politiker-ramelow-provoziert-mit-zweifel-an-schiessbefehl-a-610170.html [14. 1. 2017].
15 Siehe Frank Pergande/Markus Wehner, Erwin Sellering im Gespräch. „DDR war kein totaler Unrechtsstaat", in: FAZ, 22. 3. 2009, http://www.faz.net/aktuell/politik/inland/erwin-sellering-im-gespraech-ddr-war-kein-totaler-unrechtsstaat-1924072.html [14. 1. 2017]: „Die DDR war gewiss kein Rechtsstaat. Ich verwahre mich aber dagegen, die DDR als den totalen Unrechtsstaat zu verdammen, in dem es nicht das kleinste bisschen Gutes gab."

Wolfgang Thierse, den ehemaligen Bundestagspräsidenten (SPD), sind die Kindergärten, die Schulen und das Gesundheitswesen die „sympathischen Elemente" der DDR.[16]

Dazu passt (und damit ist man wieder bei Geschichtspolitik, wenn nicht gar bei einem Geschichtsrevisionismus angelangt), dass selbst enttarnte ehemalige Spitzel ein Recht auf Vergessen reklamieren, dass in Berlin die Todesmauer fast restlos abgebaut wurde, dass es immer noch nicht in allen ostdeutschen Schulen einen Pflichtbesuch in einem Stasi-Gefängnis gibt. Dass die DDR ein Staat hinter Gittern war, dass an der Grenze zwischen Deutschland und Deutschland eintausend Menschen ihr Leben lassen mussten, dass DDR-Billigarbeiterinnen aus Vietnam und Mosambik unter Abtreibungszwang standen – all dies hält den Nobelpreisträger Günter Grass nicht davon ab, die DDR als eine „kommode[...] Diktatur"[17] zu bezeichnen, hält den Geschichtswissenschaftler Professor Martin Sabrow nicht davon ab, die DDR zur „Konsensdiktatur"[18] zu deklarieren. Die Bürgerrechtlerin Freya Klier schreibt dazu: Seit dem Abgesang der Diktatur vergehe kein Jahr, in dem die DDR nicht in einem noch milderen Licht erscheine als im Jahr zuvor. Wörtlich: „Die DDR ist wieder da – und schöner noch als einst."[19] Das scheint in der Retrospektive vieler bewegter Schulpolitiker und „Bildungs"-Ideologen auch für die „Wahr"-Nehmung des DDR-Schulsystems zu gelten. Seit PISA tun manche sogar so, als habe Finnland hier deshalb so gut abgeschnitten, weil es in den 1970er-Jahren das DDR-Schulsystem nachgebaut habe.

Nicht nur Zweifel sind hier angebracht, denn DDR-Schule, das hieß:
- Durchideologisierung der literarischen, historischen, politischen Inhalte,
- gezieltes „Ausbremsen" von Kindern aus „bürgerlichen" Häusern,
- geschönte Notenbilanzen,
- nur schwache Kenntnisse der Schüler in puncto Fremdsprachen, denn das Russische wurde monopolisiert; andere Fremdsprachen führten ein Randdasein,

---

16 Siehe Thierse stärkt Sellering den Rücken, in: Berliner Morgenpost, 24. 3. 2009. Thierse wird dort mit folgenden Worten zitiert: „Zugleich habe es in der DDR durchaus ‚ein paar sympathische Elemente' wie die Versorgung mit Kinderkrippen und Kindergärten, den polytechnischen Unterricht und die Gesundheitsversorgung gegeben: ‚Die Erinnerung daran ist nicht verboten.'"
17 Siehe Günter Grass, Ein weites Feld, Göttingen 1995. Dort sagt die Hauptfigur Fonty über die DDR in einem Gespräch mit seiner Frau: „Wir lebten in einer kommoden Diktatur." S. 324 f.
18 Siehe Martin Sabrow, Der Konkurs der Konsensdiktatur. Überlegungen zum inneren Zerfall der DDR aus kulturgeschichtlicher Perspektive, in: Konrad H. Jarausch/Martin Sabrow (Hrsg.), Weg in den Untergang. Der innere Zerfall der DDR, Göttingen 1999, S. 83–116.
19 Vgl. Freya Klier, „Die DDR ist wieder da – und schöner noch als einst" (Sozialistische Märchenstunde), http://www.freya-klier.de/texte/2008_Sozialistische_Maerchenstunde.pdf [15. 3. 2016].

- Schulabbrecher-Quote von ca. 14 % vor Erreichen der 10. Klasse,
- noch Ende der 1980er-Jahre eine Abiturientenquote von allenfalls 12 %.

Nun: Politische Mündigkeit hat viel mit geschichtlicher Wahrheit zu tun. Wer mündige Bürger möchte, der muss ihnen eine Menge historisches Wissens beibringen und abverlangen. Oder will man den wissensmäßig entrümpelten Bürger deshalb, weil George Orwells Big Brother als einen seiner Leitsprüche hatte: „Unwissenheit ist Stärke." Stärke für die Machthaber?

Gegen solche Trends müssen alle Bildungsinstitutionen angehen. Die Jugend muss immunisiert werden gegen das, was nach Hermann Lübbe (1987) die Merkmale totalitärer Systeme sind: die Durchpolitisierung aller Lebensbereiche, der privilegierte Status gewöhnlicher Verbrecher gegenüber politischen „Verbrechern", die öffentliche Verpflichtung zur Demonstration von Begeisterung, die propagandistische Omnipräsenz des Feindes und die Rolle des Hasses als Politkitt, die Familie als „Objekt politischen Argwohns".[20]

Zukunft ist Herkunft, hat Martin Heidegger einmal gesagt. Auf Erziehung und Bildung gewendet heißt das: Eine Erziehung und Bildung *ohne* Tradition und *ohne* historisch-narrative bzw. biografisch-narrative Elemente, eine Bildung und Erziehung der bloßen Daseinsgefräßigkeit, gar eine Schulbildung ohne grundsoliden Geschichtsunterricht wären eine Verweigerung von Zukunft und eine Verweigerung von Orientierung. Ideelle Orientierung und politische Mündigkeit erwachsen schließlich in erster Linie aus der Teilhabe am kulturellen Gedächtnis. Das ist übrigens der Grund, warum totalitäre Systeme über bestimmte Epochen der Geschichte gerne den Mantel des Vergessens ausbreiten und zur Proklamation einer ewigen Gegenwart neigen. Denn ein Er-Innern ist die Chance des Widerstands und der befreienden Kraft gegen Indoktrination.

Was Schüler erfahren und behalten sollen

Konkret heißt das: Jeder Schulabgänger in Deutschland sollte aus der deutschen Geschichte nach 1945 folgende Daten, Fakten und Zusammenhänge parat haben:
- das Ende des Zweiten Weltkrieges in Europa am 8./9. Mai 1945,
- die Potsdamer Konferenz von 1945 und die Aufteilung Deutschlands in vier Besatzungszonen,
- die Währungsreformen 1948,
- die Berlin-Blockade (erste Berlinkrise) 1948/49,

---

20 Vgl. Hermann Lübbe, Politischer Moralismus. Der Triumph der Gesinnung über die Urteilskraft, Berlin 1987, S. X.

- die Gründung der Bundesrepublik Deutschland am 23. Mai 1949 mit dem Inkrafttreten des Grundgesetzes und der Deutschen Demokratischen Republik am 7. Oktober 1949,
- der NATO-Pakt 1949 und der Warschauer Pakt 1955,
- der Aufstand in der DDR am 17. Juni 1953, die Niederschlagung des Aufstands 1956 in Ungarn und der Reformbewegung 1968 in der Tschechoslowakei,
- die volle Souveränität der Bundesrepublik und die Aufnahme der Bundesrepublik in die NATO 1955,
- die Gründung der EWG 1957 mit der Bundesrepublik als Gründungsmitglied,
- die zweite Berlinkrise 1958,
- die Errichtung der Mauer am 13. August 1961; die Zahl der Mauertoten, der aus politischen Gründen Inhaftierten und der „Republikflüchtlinge" in den Jahren bis 1989,
- die letzte gemeinsame deutsche Olympia-Mannschaft 1964,
- die Ostverträge von 1970 bis 1973 und die Helsinki-Konvention 1974,
- die oppositionellen Kräfte in der DDR ab 1980,
- die polnische Gewerkschaft Solidarność ab 1980 und die Wahl des polnischen Papstes Johannes Paul II. 1978,
- der Fall der Mauer am 9. November 1989,
- die Vereinigung Deutschlands am 3. Oktober 1990,
- die Namen wichtiger Politiker der Bundesrepublik, der DDR und der Alliierten,
- den Unterschied zwischen dem Rechts- bzw. Unrechtssystem in einem demokratischen Rechtsstaat und in einer Diktatur.

Diese Daten, Fakten und Zusammenhänge nachhaltig zu vermitteln ist Aufgabe der Geschichts- und Politiklehrer der Schulen. Zu deren entsprechendem Unterricht gehört für jeden Schüler mindestens einmal in der Schullaufbahn nicht nur ein Besuch einer Gedenkstätte zur Erinnerung an die Zeit des Nationalsozialismus (KZ-Besuch, Besuch der Gedenkstätte Deutscher Widerstand), sondern auch ein Besuch einer Gedenkstätte auf dem Gebiet der ehemaligen DDR (z. B. Bautzen, Hohenschönhausen). Und noch anschaulicher wird dieser Unterricht, wenn es den Schulen gelingt, Zeitzeugen aus der Bürgerrechtsbewegung der damaligen DDR einzuladen.

CHRISTOPH HAMANN

Die „staubige Straße der Chronologie"
Ein Plädoyer für eine stärkere Subjekt- und Kompetenzorientierung des historischen Lernens

Historisches Wissen

Die Ergebnisse wirkten für die Öffentlichkeit alarmierend: Nachdem Monika Deutz-Schroeder und Klaus Schroeder 2008 ihre empirische Studie „Soziales Paradies oder Stasi-Staat?" über „Das DDR-Bild von Schülern – ein Ost-West-Vergleich" veröffentlicht hatten, entbrannte in den Medien wie in der Bildungspolitik und der Wissenschaft eine breite Debatte.[1] Im Mittelpunkt standen die mangelhaften historischen Kenntnisse von Schülerinnen und Schülern über die SED-Diktatur, die Thesen über die daraus resultierende Anfälligkeit für eine Verklärung der DDR und damit über das Versagen des schulischen Geschichtsunterrichts. Kritische Stellungnahmen aus der Geschichtswissenschaft über die Studie wurden von den Medien weitgehend nicht zur Kenntnis genommen.[2] Dessen ungeachtet ist unbestritten: Die historischen Kenntnisse von Heranwachsenden sind gering.

Indes: Diese Erkenntnis ist weder neu, noch kann sie allein auf die Themen der deutsch-deutschen Nachkriegsgeschichte und der SED-Diktatur bezogen werden. Sie wurde und wird vielmehr immer wieder durch Untersuchungen bestätigt. Ein 1967 durchgeführter Test zum sogenannten Faktenwissen von Erstsemestern im Studienfach Geschichte, einer Personengruppe, der man große Motivation unter-

---

1   Monika Deutz-Schroeder/Klaus Schroeder, Soziales Paradies oder Stasi-Staat? Das DDR-Bild von Schülern – ein Ost-West-Vergleich, Stamsried 2008; vgl. auch Ulrich Arnswald, Schülerbefragung 2005 zur DDR-Geschichte, in: ders./Ulrich Bongertmann/Ulrich Mählert, DDR-Geschichte im Unterricht. Schulbuchanalyse – Schülerbefragung – Modellcurriculum, Berlin 2006, S. 107–176.
2   Bodo von Borries, Zwischen „Katastrophenmeldungen" und „Alltagsernüchterungen"? Empirische Studien und programmatische Überlegungen zur Verarbeitung der DDR-(BRD-)Geschichte, in: Deutschland Archiv 42 (2009) 4, S. 665–677; Sabine Moller, Rezension von: Monika Deutz-Schroeder/Klaus Schroeder, Soziales Paradies oder Stasi-Staat? Das DDR-Bild von Schülern – ein Ost-West-Vergleich, Stamsried 2008, in: Zeitschrift für Geschichtsdidaktik 8 (2009), S. 264–267; Martin Sabrow, Wie, der Schüler kennt den Dicken mit der Zigarre nicht?, in: FAZ, 4. 2. 2009.

stellen kann, mündete in dem Urteil: „Das Ergebnis war erschreckend."[3] Eine Untersuchung aus dem Jahr 1969 über die Kenntnisse von Abiturientinnen und Abiturienten in Baden-Württemberg zur Alten und Mittelalterlichen Geschichte urteilte: „ ... meist sind die Kenntnisse sehr dürftig", und resümierte schließlich, dass die schulische Praxis „keineswegs die gewünschten Erfolge bringt".[4] Eine bayerische Studie von 1973 stellte fest: „Geschichte: mangelhaft."[5] Der „Bossmann-Schock" Mitte der 1970er-Jahre machte deutlich, dass auch die Schülerkenntnisse zum Nationalsozialismus bescheiden waren.[6] 1991 urteilte eine weitere empirische Untersuchung, dass „der Geschichtsunterricht erheblich weniger wirksam ist als wünschenswert wäre",[7] und ein Jahr später konstatierte Bodo von Borries „hohe Ausfälle an Wissen".[8] Dieser bestätigt in der Folge diese Befunde in immer neuen Untersuchungen.[9]

Der internationale Vergleich mit den USA ergibt ähnliche Ergebnisse: Eine US-amerikanische Studie aus dem Jahr 1994 zeigte, dass Lernende nach einer Unterrichtseinheit über die amerikanische Unabhängigkeitserklärung kaum in der Lage waren, eine sinnhafte Erzählung darüber zu bilden. Und dies selbst dann nicht, wenn dieses Thema nach einem Abstand von drei Jahren zum zweiten Mal in ihrer

---

3   Reinhard Mielitz, Das Faktenwissen der Studienanfänger, in: ders. (Hrsg.), Das Lehren der Geschichte. Methoden des Geschichtsunterrichts in Schule und Universität, Göttingen 1969, S. 99.
4   Hans Oehler, Geschichtswissen und Geschichtsbild von Abiturienten, in: Mielitz (Hrsg.), Lehren, S. 46, 48, 51.
5   Karl Filser, Geschichte: mangelhaft. Zur Krise eines Unterrichtsfaches in der Volksschule, München 1973.
6   Dieter Bossmann, Was ich über Adolf Hitler gehört habe ...". Folgen eines Tabus, Frankfurt a. M. 1977; vgl. auch Meik Zülsdorf-Kersting, Sechzig Jahre danach: Jugendliche und Holocaust. Eine Studie zur geschichtskulturellen Sozialisation, Münster 2007.
7   Jürgen Mirow, Geschichtswissen durch Geschichtsunterricht? Historische Kenntnisse und ihr Erwerb innerhalb und außerhalb der Schule. Eine empirische Untersuchung, in: Bodo von Borries/Hans-Jürgen Pandel/Jörn Rüsen (Hrsg.), Geschichtsbewusstsein empirisch, Pfaffenweiler 1991, S. 53–109, hier S. 87.
8   Bodo von Borries, Kindlich-jugendliche Geschichtsverarbeitung in West- und Ostdeutschland 1990. Ein empirischer Vergleich, Pfaffenweiler 1992, S. 160.
9   Bodo von Borries, Das Geschichtsbewusstsein Jugendlicher. Erste repräsentative Untersuchung über Vergangenheitsdeutungen, Gegenwartswahrnehmungen und Zukunftserwartungen von Schülerinnen und Schülern in Ost- und Westdeutschland, Weinheim/München 1995; Magne Angvik/Bodo von Borries (Hrsg.), Youth and History. An comparative European Survey on Historical Consciousness and Political Attitudes among Adolescents. Volume A: Descriptions. Volume B: Documentation, Hamburg 1997; vgl. auch Bernd Schönemann/Holger Thünemann/Meik Zülsdorf-Kersting, Was können Abiturienten? Zugleich ein Beitrag über Kompetenzen und Standards im Fach Geschichte, Münster 2010.

Schulzeit Gegenstand des Unterrichts war.[10] In pointierter Zuspitzung urteilte der Geschichtsdidaktiker Sam Wineburg 2001, alle US-amerikanischen Befragungen über die historischen Kenntnisse der Schülerinnen und Schüler seit 1917 würden die „historische Stabilität des Unwissens" bestätigen. „Die ganze Welt hat sich in den letzten 80 Jahren völlig verändert, nur eines ist gleich geblieben: Schüler haben keine Ahnung von Geschichte."[11] Diese Bewertung untermauert im Grundsatz auch das repräsentative U. S. History Assessment aus dem Jahr 2014. Nur 18 Prozent der Lernenden aus dem 8. Jahrgang lagen mit ihren Kenntnissen im Bereich der Niveaustufe „kompetent" oder knapp darüber (proficient/advanced); 53 Prozent dagegen wiesen allenfalls basale Kenntnisse nach (basic), 29 Prozent nicht einmal diese (below basic).[12]

Was kann daraus geschlossen werden? Der dia- und synchrone Vergleich von empirischen Studien macht erstens deutlich, dass der Geschichtsunterricht für die Mehrheit der Lernenden wenig nachhaltig ist. Er wird in seinen Möglichkeiten von der Öffentlichkeit wie von Lehrkräften deutlich überschätzt.[13] Zwischen den normativen Ansprüchen der Curricula und den gesellschaftlichen Erwartungen an den Geschichtsunterricht einerseits und dessen faktischen Ergebnissen andererseits klafft eine breite Lücke. Der Vergleich ergibt zugleich zweitens, dass dafür weder föderale Unterschiede in Deutschland noch internationale Unterschiede z. B. in den Schulstrukturen verantwortlich zu machen sind. Drittens kann auch die seit der Jahrtausendwende vorgenommene Orientierung des Unterrichts an Kompetenzen und Standards nicht ursächlich für die geringen historischen Kenntnisse der Lernenden in Rechnung gestellt werden – denn diese wurden eben schon zu Zeiten eines primär stofforientierten Unterrichts festgestellt. Schließlich zeigt vor allem der öffentliche Diskurs über derlei Studien immer wieder eine gesellschaftlich dominante Vorstellung über einen erfolgreichen Geschichtsunterricht.[14] Gelungen sei

---

10 Isabel L. Beck/Margaret G. McKweon, Outcomes of History Instruction: Paste-up Accounts, in: Mario Carretero/James F. Voss (Hrsg.), Cognitive and Instructional Processes in History and the Social Sciences, Hillsdale 1994, S. 237–256.
11 Sam Wineburg, Sinn machen: Wie Erinnerung zwischen den Generationen gebildet wird, in: Harald Welzer (Hrsg.), Das soziale Gedächtnis. Geschichte, Erinnerung, Tradierung, Hamburg 2001, S. 179–204, hier S. 180.
12 National Assessment of Educational Progress (NAEP) 2014; U. S. History Assessment, in: www.nationsreportcard.gov/hgc_2014/#history (8. 6. 2017).
13 Internationale Studien legen nahe, „dass 70 % aller menschlichen Lernprozesse außerhalb der Bildungsinstitutionen stattfinden". Günther Dohmen, Das informelle Lernen, Bonn 2001, S. 7, zitiert nach: Peter Gautschi, Guter Geschichtsunterricht. Grundlagen, Erkenntnisse, Hinweise, Schwalbach/Ts. 2009, S. 272.
14 Vgl. exemplarisch Ariane Bemmer, Das Internet ist eine andere Geschichte. Warum das Lernen von Jahreszahlen in die Schule gehört, in: Der Tagesspiegel, 10. 11. 2014, S. 6.

dieser demnach dann, wenn die Lernenden möglichst viele Namen, Daten und Ereignisse reproduzieren und in der richtigen chronologischen Folge ordnen können. Ziel eines guten Geschichtsunterrichts sei es, sich mit dieser Art von (deklarativem) Wissen in der Vergangenheit orientieren zu können (Orientierung in der Vergangenheit, knowing what). Zugrunde liegt alldem der Anspruch, die jungen Lernenden müssten mit einem „Überblickswissen" oder einem „Basiswissen" ausgestattet werden. Dieser Anspruch geht von der Vorstellung aus, es gebe *die* Geschichte mit einem allgemeingültig definierten Bestand an Wissen, aus dem durch den Schritt der Reduktion Akzidenzielles von Wesentlichem zu trennen sei. Doch *die* Geschichte gibt es nicht, denn, so schon Ranke, die „Masse der Tatsachen" der Vergangenheit ist „unübersehbar".[15]

Die Trennung des historisch Belangvollen vom Belanglosen kann nur auf Grundlage eines normativ begründeten Konzepts gelingen, aus dem dann ein Kanon abgeleitet wird. Der heute konventionelle Kanon wird in aller Regel wenig hinterfragt, sondern für *die* Geschichte gehalten und mit einem essentialistischen Geschichtsverständnis unterlegt.[16] Und nicht selten wird der eigene, in quantitativer und qualitativer Hinsicht wie auch immer profilierte Vorrat an historischen Kenntnissen für das „Basiswissen" gehalten. Geschichte ist aber notwendig eine retrospektive, immer wieder neu und anders zu gestaltende Konstruktion, die eine begrenzte Anzahl von historischen Tatsachen auswählt und diese sinnbildend narrativ verknüpft. Geschichte wird immer wieder neu und von verschiedenen Menschen verschieden geschrieben. Zusammenfassend: Die Annahme der natürlichen Existenz eines „Basiswissens" geht erstens erkenntnistheoretisch von einem Fehlschluss aus. Wie gezeigt, wurde zweitens ein solches „Basiswissen" bisher bei Lernenden nie entwickelt.[17] Es ist also im doppelten Sinne ein bloßer Mythos.[18]

---

15 Leopold von Ranke, Vorlesungseinleitungen, München 1975, S. 185.
16 Zu den Widersprüchen der Kanon-Argumentation („Das muss man wissen", „Das fehlt", „Das ist Voraussetzung") vgl. Hans-Jürgen Pandel, Geschichtsunterricht nach PISA. Kompetenzen, Bildungsstandards und Kerncurricula, Schwalbach/Ts. 2005, S. 68–71.
17 Bodo von Borries, Lebendiges Geschichtslernen. Bausteine zu Theorie und Pragmatik, Theorie und Normfrage, Schwalbach/Ts. 2004, S. 139: „Der versprochene zuverlässige Überblick über die Hauptdaten der deutschen Geschichte, der dann später ein Problematisieren und Spezialisieren erlauben würde, ist schon vor 1969 bei doppeltem Durchgang in den Sekundarstufen I und II und für die winzige Elite der Studenten (damals nur etwa 10 % des Altersjahrganges) gescheitert."
18 Vgl. Klaus Bergmann, Der Gegenwartsbezug im Geschichtsunterricht, 3. Aufl., Schwalbach/Ts. 2012, S. 158; vgl. auch: Markus Bernhardt/Ulrich Mayer/Peter Gautschi, Historisches Wissen – was ist das eigentlich?, in: Christoph Kühberger (Hrsg.), Historisches Wissen. Geschichtsdidaktische Erkundung zu Art, Tiefe und Umgang für das historische Lernen, Schwabach/Ts. 2012, S. 103–117, hier S. 106 ff.

Historische Kompetenzen

In Goethes Roman „Die Wahlverwandtschaften" (1809) formuliert einer der Protagonisten eine bemerkenswerte zeitkritische Diagnose: „Es ist schlimm genug, dass man jetzt nichts mehr für sein ganzes Leben lernen kann. Unsere Vorfahren hielten sich an den Unterricht, den sie in ihrer Jugend empfangen; wir aber müssen jetzt alle fünf Jahre umlernen, wenn wir nicht ganz aus der Mode kommen wollen."[19] Diese literarische Quelle ist ein Beleg für eine frühe Wahrnehmung des zunehmenden und zunehmend sich beschleunigenden historischen Wandels.[20] Für eine Argumentation zum historischen Lernen lässt sie sich zweifach interpretieren. Erstens im Sinne der These von der sinkenden Halbwertzeit von Wissen seit dem neuzeitlichen Auseinanderdriften von Erfahrungsraum und Erwartungshorizont.[21] Das „Veraltungstempo wächst".[22]

Drei Beispiele aus der Zeitgeschichtsforschung mögen dies illustrieren: Mit dem Fall der Mauer, der Friedlichen Revolution und der Öffnung der DDR-Archive wurde die DDR-Historiografie zu einem ausgesprochen „dynamischen Forschungszweig",[23] der die Wissenschaft zur „Überprüfung ihrer bisherigen Sichtweisen"[24] zwang und die DDR-Aufarbeitung binnen weniger Jahre zu einem Erfolg führte. Im Vergleich dazu setzte nach 1945 die NS-Forschung erst verzögert ein. So verblüfft zum Beispiel aus heutiger Perspektive die Anekdote des renommierten Holocaust-Historikers Christopher Browning, sein Doktorvater habe ihm in den 1970er-Jahren abgeraten, über den Holocaust zu promovieren. Er solle bedenken, dass dieses Thema „no professional future" habe.[25] Ein weiteres Beispiel: Im Jahr 2010 sollte

---

19 Johann Wolfgang von Goethe, Die Wahlverwandtschaften, in: Waltraud Wielthöfer (Hrsg.), Sämtliche Werke. Briefe, Tagebücher und Gespräch, Bd. 8, Frankfurt a. M. 1994, S. 300.
20 Reinhart Koselleck, Zeitschichten. Studien zur Historik, Frankfurt a. M. 2000; Hartmut Rosa, Beschleunigung. Die Veränderung der Zeitstrukturen in der Moderne, Frankfurt a. M. 2005.
21 Reinhart Koselleck, Vergangene Zukunft. Zur Semantik geschichtlicher Zeiten, Frankfurt a. M. 1979, S. 349–375.
22 Odo Marquard, Zukunft braucht Herkunft, Stuttgart 2015, S. 237.
23 Saskia Handro/Thomas Schaarschmidt, Einleitung, in: dies. (Hrsg.), Aufarbeitung der Aufarbeitung. Die DDR im geschichtskulturellen Diskurs, Schwalbach/Ts. 2011, S. 5.
24 Bernd Faulenbach, Die DDR als Gegenstand der Geschichtswissenschaft, in: Jens Hüttmann/Ulrich Mählert/Peer Pasternack (Hrsg.), DDR-Geschichte vermitteln. Ansätze und Erfahrungen in Unterricht, Hochschullehre und politischer Bildung, Berlin 2004, S. 74. Zur bundesdeutschen DDR-Geschichtsschreibung vgl. Jens Hüttmann, DDR-Geschichte und ihre Forscher. Akteure und Konjunkturen der bundesdeutschen DDR-Forschung, Berlin 2008, insbes. S. 295–387.
25 Christopher Browning, Diskussionsbeitrag, in: Norbert Frei/Wulf Kansteiner (Hrsg.), Den Holocaust erzählen. Historiographie zwischen wissenschaftlicher Empirie und narrativer Kreativität, Göttingen 2013, S. 245.

der Osteuropa-Historiker Jörg Baberowski eine englische Übersetzung seiner Arbeit über den Stalinismus aus dem Jahr 2003 besorgen. Das Ergebnis war ein vollkommen neues Buch, denn „unter keinen Umständen wollte ich wiederholen, was ich 2003 gesagt hatte, denn vieles von dem, was ich einmal für richtig gehalten habe, erschien mir sieben Jahre später als Unfug".[26]

Angesichts der Entwertung bislang anerkannter wie auch der Entwicklung neuer Wissensbestände in der Informations- und Wissensgesellschaft des 20./21. Jahrhunderts ist eine Vorstellung vormodern, man könne junge Menschen heute mit historischen Kenntnissen und Interpretationen wie mit einem Lunchpaket ausstatten, das für die zukünftigen Jahrzehnte ihres Lebens reichen könne.

„Aus der Mode kommen" – dies verweist zweitens auch auf die Relevanzbestimmung der Inhalte des Lernens. Themen, die gestern didaktisch wie gesellschaftlich und wissenschaftlich für bedeutsam gehalten wurden, erscheinen heute als wenig relevant. Und das heute für wissenswert Erachtete kann morgen lebensweltlich dysfunktional sein und dann nur noch antiquarischen Wert haben. Die schulische Auseinandersetzung mit der Vergangenheit ist aber legitimiert wie auch motiviert durch die Orientierungsbedürfnisse der jeweiligen Gegenwart. Denn „der Gegenwarts- und Lebensweltbezug [stellt] eine *conditio sine qua non* für das Initiieren nachhaltiger Lernprozesse dar".[27] Zwar lassen sich die Orientierungsbedürfnisse zukünftiger Schulabgänger nur schwer antizipieren. Und sicher ist auch, dass der beschleunigte Wandel immer neue Orientierungsherausforderungen generiert – und dies in immer kürzeren Intervallen. Dennoch aber bleibt der Gegenwartsbezug die Bedingung der Möglichkeit eines erfolgreichen historischen Lernens.

Zentral ist die Folgerung aus den vorliegenden Befunden: Historisches Lernen kann deshalb nicht allein vom deklarativen Wissen her konzipiert werden, sondern muss v. a. auch das Können, die Kompetenzen im Fach beschreiben (prozedurales Wissen, knowing how).[28] Eine Kompetenz kann definiert werden als die Fähigkeit, Fertigkeit und Bereitschaft, fachliche Probleme zu lösen – zusammengefasst für das historische Lernen: Die jungen Menschen sollen lernen, historisch zu denken.[29]

---

26 Jörg Baberowski, Verbrannte Erde. Stalins Herrschaft der Gewalt, München 2012, S. 10.
27 Nicola Brauch, Geschichtsdidaktik, Berlin/Boston 2015, S. 58 (Hervorhebung im Original).
28 Hilke Günther-Arndt, Historisches Lernen und Wissenserwerb, in: dies. (Hrsg.), Geschichtsdidaktik. Praxishandbuch für die Sekundarstufe I und II, Berlin 2003, S. 38 f.
29 Vgl. Bodo von Borries, Historisch Denken Lernen – Welterschließung statt Epochenüberblick, Opladen/Farmington Hills 2008, S. 5; Eckhard Klieme, Zur Entwicklung nationaler Bildungsstandards. Eine Expertise, Berlin 2003, S. 14 ff. Nach Weinert versteht man unter Kompetenzen die „bei Individuen verfügbaren oder durch sie erlernbaren kognitiven Fähigkeiten und Fertigkeiten, um bestimmte Probleme zu lösen, sowie die damit verbundenen motivationalen, volitionalen und sozialen Bereitschaften und Fähigkeiten, um die Problemlösungen in variablen Situationen erfolgreich und verantwortungsvoll nutzen zu können."

Damit wird das Wissen nicht entwertet, denn die Entwicklung und Förderung von historischem Denken ist ohne historisches Wissen nicht möglich. Die geläufige Metapher vom Stricken zeigt dies: Dafür benötigt man Wolle, Stricknadeln und eine Stricktechnik. Analog dazu lässt sich sagen: Ohne Wissen (Wolle) ist historisches Denken nicht möglich – selbstverständlich: Ohne fachliche Methoden und Regeln ist das historische Denken, Argumentieren und Darstellen (Nadeln, Technik) aber auch nicht möglich.[30] Die Wissenschaftsorientierung wird durch die Kompetenzorientierung vielmehr gefördert, denn „Wissenschaften beruhen nicht auf einer Ansammlung von Wissen, sondern sind eine bestimmte Weise des Denkens. Sie sind grundlegende Denkmethoden, Weisen der Welterfassung".[31] Der Paradigmenwechsel ist – wenn auch noch nicht umfassend im Schulalltag, so doch zumindest normativ – mit der curricularen Orientierung des historischen Lernens auf prozessbezogene Kompetenzen (und Standards) vollzogen worden. Flankiert und gestützt wurde diese Wende zur Output-Orientierung durch die Ergebnisse der internationalen Leistungsmessungen PISA und TIMSS, in denen gerade diejenigen Länder überdurchschnittlich in den Bereichen Lesekompetenz, Mathematik und Naturwissenschaften abgeschnitten haben, deren Unterricht kompetenzorientiert war.[32]

Kompetenzorientierung – was heißt dies im Kern? Zum Kern des Fachs Geschichte gehören die Kompetenz der Rekonstruktion von Vergangenheit durch die triftige Quellenkritik, die plausible Narrativierung der quellengestützten Tatsachen in einer historischen Darstellung, die Transparenz der Darstellungsabsichten und die reflektierte (Sach-, Wert-)Urteilsbildung. Schließlich auch die Fähigkeit, das Gelernte für die eigene Orientierung in der Gegenwart wie für die Zukunft zu nutzen. Zum Kern des Fachs ist auch die Fähigkeit zur Dekonstruktion von Geschichte(n) zu zählen, denn die historischen Sachverhalte und deren Interpretation sind nicht objektiv zu haben: Die Quellen sagen uns nicht, wie die Vergangenheit zu interpretieren ist.[33] Die notwendig retrospektive und selektive Auswahl von Tatsachen aus der unendlichen Empirie des Historischen, deren

---

30 Vgl. Bodo von Borries, Zwischen „Ekel" und „Genuss". Ästhetik und Emotionalität als konstitutive Moment historischen Lernens, Schwachbach/Ts. 2014, S. 20.
31 Hans-Jürgen Pandel, Geschichte lernen – Perspektiven für das 21. Jahrhundert, Suhl 2013, S. 7; vgl. www.bundesstiftung-aufarbeitung.de/uploads/geschichtsmesse/2013-vortrag_pandel.pdf [8. 6. 2017].
32 Vgl. http://www.oecd.org/berlin/themen/pisa-internationaleschulleistungsstudiederoecd. htm; http://www.kmk.org/bildung-schule/qualitaetssicherung-in-schulen/bildungsmonitoring/internationale-schulleistungsvergleiche/timss.html [8. 6. 2017]. Zu den Kompetenzen im Fach Geschichte wurden keine Vergleichstests durchgeführt.
33 Reinhart Koselleck, Vom Sinn und Unsinn der Geschichte, Berlin 2010, S. 74–79.

temporale und kausale Verknüpfung und Narrativierung – all dies ist notwendig standortbezogen und unvermeidbar mit einer Deutung verbunden.[34] In pluralen Gesellschaften und Demokratien können im staatlichen Unterricht jedoch keine Geschichtsbilder verordnet werden – dies war und ist vielmehr ein Kennzeichen von Diktaturen. Historische Interpretationen gibt es in Demokratien wissen- wie gesellschaftlich in der Regel nur im Plural und nicht selten im Widerspruch zueinander (Kontroversität). Informationen über die SED-Diktatur und deren Interpretationen gibt es zum Beispiel auch im Internet. Diese geschichtskulturellen Angebote sind für junge Menschen niedrigschwellig erreichbar und können seriöser bis faktenwidrig-ideologischer Natur sein. Lernende können dies in aller Regel nicht auf den ersten Blick unterscheiden. Entwickelt werden muss in der Schule deshalb der analytische Umgang mit den unterschiedlichen historischen Deutungen und deren (zuweilen normativen) Orientierungsangeboten (Pluralität).

Die deutschsprachige Geschichtsdidaktik konnte bislang noch keinen Konsens über ein Kompetenz*struktur*modell erzielen – die diskutierten Modelle haben letztlich jedoch große Schnittmengen.[35] Die weitaus drängendere Herausforderung ist die durch empirische Forschungen fundierte Einwicklung eines Kompetenz*entwicklungs*modells zu der Frage, welche in Schwierigkeitsgraden steigenden Kompetenzanforderungen (Progression) an Lernende realistisch gestellt werden können. Durch eine empirisch abgesicherte, transparente sowie durch konkrete Arbeitsaufgaben im Unterricht zuverlässig messbare Kompetenz*progression* müssen Konzepte für die Unterrichtspragmatik des Schulalltags entwickelt werden. Erst mit deren Hilfe kann das (auch) an historischen Kompetenzen orientierte historische Lernen zielorientiert geplant werden.

Historische Orientierung

Das historische Lernen ist mit einer Reihe von Handicaps belastet, die in der Natur des Gegenstands liegen. Dazu gehört erstens, dass die Domäne Geschichte schwach strukturiert ist. Kontingenz ist eine zentrale Eigenschaft des Historischen. Diese macht es schwer, fachliche Basiskonzepte zu entwickeln, mit denen die Vielfalt und

---

34 Chris Lorenz, Konstruktion der Vergangenheit, Köln/Weimar/Wien 1997, S. 17–34.
35 Andreas Körber/Waltraud Schreiber/Alexander Schöner, Kompetenzen historischen Denkens. Ein Strukturmodell als Beitrag zur Kompetenzorientierung in der Geschichtsdidaktik, Neuried 2007; Michele Barricelli/Peter Gautschi/Andreas Körber, Historische Kompetenzen und Kompetenzmodelle, in: Michele Barricelli/Martin Lücke (Hrsg.), Handbuch Praxis des Geschichtsunterrichts, Bd. 1, Schwalbach/Ts. 2012, S. 207–235.

Unendlichkeit historischer Empirie strukturiert werden können. Vor allem auf der Grundlage solcher Konzepte können didaktische Modelle entwickelt werden, die eine Voraussetzung für nachhaltiges Lernen sind.[36]

Auch die Thesen und Ergebnisse der empirischen Forschung aus der Kognitions- und Lernpsychologie zum „trägen Wissen" (Whitehead) und zum „situierten Lernen" (Lave/Wenger) verweisen auf erschwerende Ausgangsbedingungen.[37] Lernen hat dann die Chance nachhaltig zu sein, wenn das Wissen einen Anwendungsbezug hat, die Lernenden ihren eigenen Lernweg reflektieren und erkennen, in welchem Kontext das Gelernte genutzt werden kann (metakognitives Wissen, knowing why). Eine Anforderung an guten Geschichtsunterricht lautet deshalb: „Schülerinnen und Schüler sollen eine Vorstellung aufbauen, was historisches Lernen ist, *wozu es dient* und wie man es erfolgreich praktiziert."[38] Wenn es nicht gelingt, die „Lebensdienlichkeit"[39] und Identitätsrelevanz von Geschichte deutlich zu machen,[40] bleibt Wissen „träges Wissen", und die Gefahr des Vergessens ist groß. Die strukturelle Herausforderung des historischen Lernens ist offenkundig: Die Vergangenheit ist vergangen, dies ist ihre zentrale Eigenschaft. Darin unterscheidet sich der historische Unterricht von anderen Unterrichtsfächern. Geschichte besitzt also zweitens „unvermeidlich eine verminderte Realität und eine unmögliche Erreichbarkeit".[41]

Historisches Wissen hat im Gegensatz zu Gegenständen anderer Unterrichtsfächer zudem drittens außerschulisch nur implizite Anwendungsbezüge. Und diese Bezüge sind umso schwächer, je weniger Bedeutung der Gegenstand des Lernens in der Gegenwart und Lebenswelt der Lernenden und ihren Belangen hat. Vor dem Hintergrund dieser lernpsychologischen Voraussetzungen erscheint gerade ein genetisch-chronologischer Unterricht dem nachhaltigen historischen Lernen nicht förderlich. „‚Chronologie' hindert statt fördert die Hauptaufgabe des Geschichtslernens. Wenn [...] die Gegenwartserklärung erst für das Ende der Chronologie erwartet – und daher allenfalls am Ende oder nie erreicht – wird, darf man sich über Misserfolge nicht wundern."[42] Zusammengefasst: Der Gegenstand des historischen Wissens ist in sich schwach strukturiert und hat für die Lernenden per se zunächst einen geringen Lebenswelt- und Anwendungsbezug.

---

36 Vgl. Kühberger, Historisches Wissen.
37 Alexander Renkl, Träges Wissen: Wenn Erlerntes nicht genutzt wird, in: Psychologische Rundschau 47 (1996), S. 78–92.
38 Gautschi, Guter Geschichtsunterricht, S. 267, Hervorhebung durch den Autor.
39 Jörn Rüsen, Historik. Theorie der Gesichtswissenschaft, Köln/Weimar/Wien 2013, S. 62.
40 Vgl. ebenda, S. 41 f.
41 Von Borries, Historisch Denken Lernen, S. 77.
42 Von Borries, Lebendiges Geschichtslernen, S. 163.

Welche Konsequenzen müssen aus dieser Ausgangslage gezogen werden? Für die Lernmotivation und für ein nachhaltiges historisches Lernen ist gerade das Interesse an den Lerninhalten und deren Bedeutung für das eigene Leben ein „überragender Faktor".[43] Die Subjektorientierung des Lernens rückt von daher immer stärker in den Fokus des geschichtsdidaktischen Diskurses.[44] Zu Recht folgert Peter Gautschi von daher, dass Lehrende im „Geschichtsunterricht das Thema auf die Situation auf die Lernenden beziehen" sollen.[45] Doch dies allein reicht nicht aus: Zugleich sollten auch die Themen selbst einen Lebensweltbezug zu den Lernenden aufweisen. „Nur wenn eine biografisch empfundene Bedeutung des Lerngegenstandes hergestellt wird, ist ein Lern- und gegebenenfalls Bildungsprozess zu konstatieren."[46]

Wie ein solcher Lebenswelt- und Gegenwartsbezug historischen Lernens[47] curricular und unterrichtspragmatisch konzipiert werden kann, soll abschließend an zwei Beispielen skizziert werden. Ausgangspunkt des historischen Lernens sollten die drängenden Fragen der Gegenwart sein, denn, so der Berliner Geschichtsdidaktiker Thomas Sandkühler, „von der Gegenwart her [kommen] die interessantesten Impulse" für den Geschichtsunterricht.[48] Daraus ergibt sich eine Schwerpunktsetzung für den Unterricht. Dieser liegt themenorientiert auf den gegenwärtig aktuellen Schlüsselproblemen menschlichen Zusammenlebens statt auf einem historischen Epochenüberblick. Inhalte wie zum Beispiel „Migration" oder „Juden, Christen und Muslime" greifen diskutierte Probleme der Gegenwart auf, die gerade auch in ethnisch und kulturell heterogenen Lerngemeinschaften Interesse wecken und Geschichte(n) lebensdienlich werden lassen. Die Thematisierung solcher historischer Sachverhalte lässt eine Auseinandersetzung mit verschiedenen Epochen und Zeiten ebenso zu wie eine Auseinandersetzung mit verschiedenen Räumen – globalhistorische Perspektiven werden so eröffnet. Gerade Letzteres erscheint angesichts der zunehmend ethnisch und kulturell heterogenen Lerngruppen von Bedeutung zu sein. Ausgangspunkt des Unterrichts beim Thema „Migration" ist die Gegenwart – zum Zeitpunkt der Abfassung dieses Textes dominieren zum Beispiel die Bürger-

---

43 Günther-Arndt, Historisches Lernen, S. 33; vgl. auch Gerhard Roth, Warum sind Lehren und Lernen so schwierig?, in: Zeitschrift für Pädagogik 50 (2004) 4, S. 496–506, hier S. 503 ff.
44 Heinrich Ammerer/Thomas Hellmich/Christoph Kühberger (Hrsg.), Subjektorientierte Geschichtsdidaktik, Schwalbach/Ts. 2015.
45 Gautschi, Guter Geschichtsunterricht, S. 270.
46 Johannes Meyer-Hamme, Subjektorientierte historische Bildung, in: http://www.bpb.de/geschichte/zeitgeschichte/deutschlandarchiv/139259/subjektorientierte-historische-bildung?p=all [10. 7. 2015].
47 Vgl. Bergmann, Gegenwartsbezug.
48 Thomas Sandkühler, Diskussionsbeitrag, in: Was soll Geschichtsunterricht leisten? Rundfunkdiskussion des Radios Berlin-Brandenburg (RBB) am 27. 10. 2014.

kriegs- und Armutsflüchtlinge aus dem Nahen Osten und aus Afrika die öffentliche Diskussion. Die daran ansetzenden fachdidaktischen Fragen, welche Menschen, warum und wie mit welchen Zielen wohin ziehen, können die Leitfragen für eine historische Tiefenbohrung sein. Dies kann zum Beispiel bei der Völkerwanderung ansetzen, die mittelalterlichen Ostkolonisation aufgreifen, kann dann die verschiedenen frühneuzeitlichen Wanderungen aus politischen, religiösen und wirtschaftlichen Motiven thematisieren, um schließlich im 20. Jahrhundert Exil und Emigration nach 1933, Flucht und Vertreibung nach 1945 oder auch die Flucht aus der DDR zum Gegenstand des Unterrichts machen. Die Auseinandersetzung mit den Motiven, mit den Herausforderungen, Chancen und Problemen der Migrationen in der Geschichte kann Unterschiede oder Ähnlichkeiten der Phänomene der Vergangenheit und der Gegenwart deutlich machen. Um verkürzende Gleichsetzung zu vermeiden, ist der Fokus auf die andersartige Eigenheit des Historischen zu setzen (Alterität). Für den Geschichtsunterricht zentral ist die Analyse der *Veränderung* in der Zeit und die Sinnbildung darüber – denn eine Identität zwischen Vergangenheit und Gegenwart ist nie gegeben.

Im Geschichtsunterricht Deutschlands steht methodisch seit den 1970er-Jahren die Quelleninterpretation beziehungsweise die quellenorientierte Rekonstruktion von Vergangenheit im Mittelpunkt. Nach dem Abschluss ihrer Schulzeit werden die Schülerinnen und Schüler in aller Regel jedoch nicht Quellensammlungen lesen, sondern in ihrem Alltag vielmehr geschichtskulturellen Darstellungen der Geschichte unterschiedlichster medialer Art begegnen. Zu den Leitmedien der Geschichtskultur gehört der Film. Dies zeigt eine europaweite Untersuchung über Jugend und Geschichte. Von den Geschichtsmedien ist bei Schülerinnen und Schülern der Spielfilm am beliebtesten, geht es aber um das Vertrauen in den Spielfilm als Medium der Vermittlung von Geschichte, dann rangieren Film und Fernsehen an letzter Stelle.[49] Dieser Widerspruch lässt eine kritisch-reflektierte Haltung dem Medium Spielfilm gegenüber vermuten. Jedoch: Trotz aller Vorbehalte gegenüber dem Film als Geschichtsmedium belegen empirische Studien deren starken Einfluss auf das Geschichtsbild junger Menschen.[50] So haben insbesondere historische Spielfilme für die Art und Weise der Rezeption der deutschen Nachkriegsgeschichte und der SED-Diktatur eine besondere Bedeutung. Die jungen Menschen halten Filme wie „Sonnenallee" und „Good By Lenin" für eine „objektive Informationsquelle".

---

49 Vgl. Bodo von Borries, Jugend und Geschichte. Ein europäischer Kulturvergleich aus deutscher Sicht, Opladen 1999, S. 52–59, Übersicht S. 52. Zur Beliebtheit von Filmen bei Schülern vgl. die Befragung bei Christian K. Tischner, Historische Reden im Geschichtsunterricht, Schwalbach/Ts. 2008, S. 51.
50 Vgl. Wineburg, Sinn machen, S. 189–204.

„Eine breite Mehrheit von 80 % kennt Filme über die DDR und bezieht daraus anscheinend – mehr oder weniger unbewusst – ihr ‚Wissen' über diesen deutschen Teilstaat."[51] In einer anderen Untersuchung heißt es ähnlich: „Bei der Frage nach den prägenden Quellen für ihr DDR-Bild geben die Schüler an erster Stelle Filme und Fernsehbeiträge an, erst dann folgt der schulische Unterricht."[52] Der große Einfluss von Spielfilmen über die DDR auf das Geschichtsbewusstsein Jugendlicher wurde auch in einer empirischen Studie Sabine Mollers nachgewiesen.[53]

Der Schule erwächst aus diesen Befunden ein Bildungsauftrag. Denn sie ist die einzige Institution, in der die Heranwachsenden systematisch, dauerhaft und fachlich fundiert lernen können, sich mit solchen Medien- und deren Deutungen analytisch auseinanderzusetzen. Das Filmnarrativ und dessen genrespezifische Umsetzung werden wie auch der historische Sachverhalt gleichermaßen Thema des Unterrichts. Die analytische Auseinandersetzung mit Filmen wie „Sonnenallee" oder „Das Leben der Anderen" muss im Unterricht notwendig gekoppelt sein mit der Thematisierung der Geschichte der Berliner Mauer und der Mauertoten beziehungsweise der Funktion des Ministeriums für Staatssicherheit im Herrschaftsapparat der SED-Diktatur.[54] Fazit: Die Auseinandersetzung mit den verschiedenen Formaten der geschichtskulturellen Thematisierung der Vergangenheit in der Gegenwart (z. B. Film, Denkmal, Straßennamen, Comic, Ausstellung, Internet, die geschichtspolitische Kontroverse u. a.) ist zwar curricular vielfach verankert, sollte aber ein stärkeres Gewicht im Unterricht erhalten.

Schlussbetrachtung

Schülerinnen und Schüler sind seit vielen Jahrzehnten gehalten, die „staubige Straße der chronologischen Folge entlang zu trotten"[55] – so eine bildhafte Kritik von Arno Koselleck aus dem Jahr 1960. Der Unterricht ist thematisch in aller

---

51 Monika Deutz-Schroeder/Klaus Schroeder, Das DDR-Bild von Schülern in Berlin, Berlin 2007 (Arbeitspapiere des Forschungsverbundes SED-Staat Nr. 38/2007), S. 68.
52 Arnswald, Schülerbefragung, S. 175.
53 Sabine Moller, Diktatur und Familiengedächtnis. Anmerkungen zu Widersprüchen im Geschichtsbewusstsein von Schülern, in: Handro/Schaarschmidt (Hrsg.), Aufarbeitung der Aufarbeitung, S. 140–154. Dazu grundlegend: Sabine Moller, Zeitgeschichte sehen. Die Aneignung der Vergangenheit durch Filme und ihre Zuschauer, in: Deep Focus 27, Berlin 2017.
54 Christoph Hamann, Fakten und Fiktionen. Spielfilme als Medien des historischen Lernens, in: Jan Hofmann (Hrsg.), Die DDR im (DEFA-)Film, Ludwigsfelde 2010, S. 9–15.
55 Arno Koselleck, Zur Didaktik des Geschichtsunterrichts, in: Zeitschrift für Pädagogik 6 (1960), 2. Beiheft, S. 64.

Regel andro-, ethno- sowie europazentrisch und politikgeschichtlich dominiert (in Deutschland curricular meist vom Frankenreich um 800 bis zur Deutschen Einheit 1989/90). Der Verband der Geschichtslehrer hält den genetisch-chronologischen Geschichtsunterricht – den eingangs zitierten Untersuchungen wie den vielen Schulerfahrungen von Lehrkräften[56] zum Trotz – auch heute noch für „traditionell bewährt".[57] Dabei waren schon vor nahezu 200 Jahren kritische Stimmen zu hören: „Denn so wie der, welcher mit Eilpferden auf der Straße durch eine Gegend hindurch fährt, gewiss kein anschauliches Bild von derselben gewinnt, und selbst die flüchtige Vorstellung, die in ihm während des Vorüberreisens entstand, sich bald wieder verdunkeln wird, ebenso wird dem Jünglinge, der auf der Straße der Chronologie durch die Geschichte hindurch gejagt wird, von ihr selbst nur eine schwankende, und sehr bald in sich wieder zerfließende Vorstellung bekommen."[58]

Mit der von den Lernenden nicht selten empfundenen Langeweile wird heute nach wie vor in der Schule der historische Zeit-Raum chronologisch durcheilt. Das Ergebnis ist paradox: In dem Unterrichtsfach, in dessen Mittelpunkt die Veränderung in der (historischen) Zeit steht, bleibt den jungen Menschen selbst (gegenwärtig) keine Zeit für Veränderung der eigenen kognitiven Konzepte. Zeit fehlt für die individuelle historische Sinnbildung. Auch erhellt sich den Lernenden in der Regel nicht, warum sie sich mit Geschichte befassen sollten. Geschichte kann für sie so keinen individuellen Sinn machen – die Speicherung von chronikalischen „sinn-losen" „Datenfriedhöfen"[59] misslingt, ja, lernpsychologisch gesehen muss das Gelernte sogar vergessen werden. Historisches Lernen hat nur dann eine Chance nachhaltig zu sein, wenn neben dem Wissen gleichrangig auch die Kompetenzen und vor allem aber die Lernenden selbst im Zentrum stehen.

---

56 So z. B. folgendes Resümee aus der schulischen Praxis: „Der chronologische Geschichtsunterricht reißt auseinander, was in den Köpfen der Schüler ganz natürlich zusammengehört." Christian Schmidt, Verkürzte Geschichtsbilder, in: FAZ, 23./24. 12. 2014.
57 Verband der Geschichtslehrer Deutschlands e. V.; Landesverband Brandenburg: Presseinformation vom 4. November 2014. Zu den Bildungsstandards des Geschichtslehrerverbands vgl. Barricelli/Gautschi/Körber, Historische Kompetenzen, S. 226–228. Vgl. dazu von Borries, Lebendiges Geschichtslernen, S. 311: „Es ist erstaunlich, wie fest die Überzeugung von der Notwendigkeit des einen chronologischen Durchgangs bei vielen sitzt, obwohl kaum legitimatorische Gesichtspunkte dazu vorgetragen werden. Lernpsychologisch ist die Chronologie ausgesprochen ungünstig, da sie, vor allem für die wichtigen neueren Epochen, eine Wiederholung und Festigung ausschließt – repetitio mater studiorum – und zudem gegen das Spiralprinzip verstößt."
58 August Spilleke, Gesammelte Schriften, Berlin/Landsberg a. d. W. 1825, S. 49.
59 Bergmann, Gegenwartsbezug, S. 158.

Kathrin Klausmeier

Die DDR war keine Diktatur!?
Ergebnisse einer empirischen Studie zu den Vorstellungen Jugendlicher von der DDR

Auch nach dem 25. Jubiläum der deutschen Einheit hält die intensive Beschäftigung mit der DDR-Geschichte in Wissenschaft, Politik und Öffentlichkeit weiter an. In den unterschiedlichen Diskursen offenbaren sich dabei recht heterogene Deutungen der SED-Diktatur, die sich vor allem dann zuzuspitzen scheinen, wenn es um die Frage der Weitergabe der DDR-Geschichte an die nachfolgenden Generationen geht. Mit Blick auf die Lehrpläne ist relativ leicht festzustellen, welche Kompetenzen, Sachinhalte und mitunter auch Interpretationen durch Geschichtsunterricht in den Bundesländern vermittelt werden sollen. Die Überprüfung dieser Intentionen ist dagegen weitaus komplizierter. Das mediale Echo auf die „Schroeder-Studien",[1] in denen vermeintlich defizitäres Wissen und nostalgische Verklärung der DDR durch Jugendliche festgestellt wurden, zeigt aber, dass genau hier ein zentrales Interesse von Öffentlichkeit, Politik und Wissenschaft liegt. Ist es tatsächlich so, dass sich Jugendliche die DDR als „witziges, skurriles Land"[2] vorstellen und ihren Diktaturcharakter sowie die gewaltsamen Machterhaltungsstrategien ausblenden? Was hindert sie an einer Einordnung als Diktatur? Und inwieweit führen Divergenzen in den DDR-Narrativen von Schule und Familie zu Irritationen?

Diese Fragen sollen im vorliegenden Beitrag am Beispiel thüringischer Schülerinnen und Schüler beantwortet werden. Er bietet einen Ausschnitt aus einem empirischen Forschungsprojekt, das anhand von historischen Vorstellungen eine Bestandsaufnahme jener Bedingungen schafft, mit denen es das Lernen von DDR-Geschichte zu tun hat. Dazu wurden 700 thüringische Abiturientinnen und Abiturienten in einem repräsentativen Setting mithilfe eines Fragebogens untersucht, sodass generalisierbare Aussagen getroffen werden können. Um sowohl in Breite und

---

1   Klaus Schroeder/Monika Deutz-Schroeder/Rita Quasten u. a., Später Sieg der Diktaturen? Zeitgeschichtliche Kenntnisse und Urteile von Jugendlichen, Frankfurt a. M. u. a. 2012; Monika Deutz-Schroeder/Klaus Schroeder, Soziales Paradies oder Stasi-Staat? Das DDR-Bild von Schülern – ein Ost-West-Vergleich, Stamsried 2008.
2   „Ein ärmliches, skurriles und witziges Land." Was Schüler über die DDR wissen, in: Süddeutsche Zeitung, 21. 5. 2010, http://www.sueddeutsche.de/karriere/was-schueler-ueber-die-ddr-wissen-ein-aermliches-skurriles-und-witziges-land-1.789248 [14. 1. 2017].

Tiefe den historischen Vorstellungen der Jugendlichen gerecht zu werden, reagiert das Projekt auf die erkenntnistheoretischen Grenzen einer Fragebogenerhebung, indem komplementär zu der repräsentativen Erhebung explorative Einzelinterviews durchgeführt wurden.[3] Insbesondere soll im Folgenden dargestellt werden, ob und warum die Jugendlichen die DDR als Diktatur einordnen oder nicht. Dieser Frage kommt eine herausragende Bedeutung zu, da die Diktatur als Herrschaftskonzept zu den zentralen lehrplanrelevanten Begriffen gehört und sich in der historisch-politischen Einordnung der DDR sowohl bildungspolitische, fachwissenschaftliche als auch gesellschaftliche Ansprüche manifestieren. Nicht zuletzt wird das darin deutlich, dass sich die öffentliche Debatte zu den „DDR-Bildern" Jugendlicher oft allein darauf reduziert, ob die Schüler die DDR als ein diktatorisches System bezeichnen oder nicht. Die Nicht-Einordnung der DDR als Diktatur wird dabei gemeinhin als Verklärung oder Verharmlosung ihres Unrechtscharakters interpretiert.

Was man über die DDR wissen muss!? Normative Setzungen in Politik, Öffentlichkeit und Wissenschaft

Aus fachwissenschaftlicher Perspektive existiert ein Wertekonsens, die DDR als Diktatur zu bezeichnen, wenngleich die Charakterisierung als „totalitär" wissenschaftlich hoch kontrovers ist.[4] Das liegt nicht zuletzt an der Frage, wie das „ambivalente Beziehungsverhältnis zwischen Herrschaft und Beherrschten adäquat zu charakterisieren"[5] sei, und an den unterschiedlichen fachwissenschaftlichen Akzentsetzungen auf Ideologie, Sozial- oder Wirtschaftspolitik. Im Speziellen kommt hinzu, dass der Begriff der „Diktatur" selbst historisch ist und konzeptuell divergierend ge-

---

3   Zum Potenzial von qualitativen Verfahren in der geschichtsdidaktischen Forschung siehe Bodo von Borries, Lehr-/Lernforschung in europäischen Nachbarländern – ein Stimulus für die deutschsprachige Geschichtsdidaktik?, in: Saskia Handro/Bernd Schönemann (Hrsg.), Methoden geschichtsdidaktischer Forschung, Münster 2002, S. 13–51. Allerdings sei an dieser Stelle erwähnt, dass sowohl qualitative als auch quantitative Forschungen nur begrenzte Erkenntnismöglichkeiten zulassen. Im Bewusstsein der unterschiedlichen erkenntnistheoretischen Möglichkeiten werden beide Zugänge als einander ergänzende methodische Ansätze mit je eigenem Erkenntnispotenzial verstanden. Weiterführend dazu: Uwe Flick, Triangulation, 3. Aufl., Wiesbaden 2011, insbes. S. 75–96.
4   Siehe dazu: Martin Sabrow, Macht und Herrschaft, in: Helga Schultz/Hans-Jürgen Wagener (Hrsg.), Die DDR im Rückblick. Politik, Wirtschaft, Gesellschaft, Kultur, Berlin 2007, S. 28–48.
5   Günther Heydemann, Die Innenpolitik der DDR. München 2003, S. 63; siehe auch: Jens Gieseke, Herrschaft und Repression in der DDR-Gesellschaft, in: Heidi Behrens/Paul Ciupke/Norbert Reichling (Hrsg.), Lernfeld DDR-Geschichte. Ein Handbuch für die politische Jugend- und Erwachsenenbildung, Schwalbach/Ts. 2009, S. 79–89, hier S. 85.

füllt sein kann.⁶ Daraus resultiert eine Bandbreite unterschiedlicher Bezeichnungen wie „Fürsorgediktatur"⁷ (Konrad Jarausch) oder „participatory dictatorship"⁸ (Mary Fulbrook), mit denen verschiedene Interpretationsangebote einhergehen.⁹

Die offizielle Geschichtskultur folgt jener Deutung der DDR, die Martin Sabrow als „Diktatur-Gedächtnis"¹⁰ bezeichnet hat. Eine entsprechende normative Vereinnahmung der DDR-Geschichte zeigt sich in den curricularen Vorgaben des Geschichtsunterrichts. Sie soll hier am Beispiel des Thüringer Lehrplans kurz skizziert werden, der die bildungspolitische Vorgabe der befragten Untersuchungsgruppe war.¹¹ Eine eigene historische Betrachtung der DDR ist dort nicht vorgesehen, sondern die Auseinandersetzung erfolgt vor dem Hintergrund des Vergleichs und damit der Abgrenzung zwischen den „totalitären Strukturen der DDR mit den demokratischen Strukturen der BRD".¹² Sie wird dadurch an demokratischen Maßstäben gemessen und erscheint als Negativfolie eines Systems, das letztlich Grundlage für die heutige Bundesrepublik und damit der Lebenswelt der Jugendlichen wurde. DDR und Bundesrepublik werden kategorial unterschieden und laufen Gefahr, durch die Dichotomie der Erfolgsgeschichte Bundesrepublik als Pendant zum Misserfolg DDR simplifiziert und enthistorisiert zu werden.

Grundsätzlich basiert historisches Lernen in Deutschland auf demokratischen Werten und möchte in diesem Sinne Orientierungswissen vermitteln.¹³ Der

---

6   Ernst Nolte, Diktatur, in: Otto Brunner/Werner Conze/Reinhart Koselleck (Hrsg.), Geschichtliche Grundbegriffe. Historisches Lexikon zur politisch-sozialen Sprache in Deutschland, 8 Bde., Stuttgart 1972, Band 1 (A-D), S. 900–924; Einen Überblick zur Begriffsgeschichte bietet Jan C. Behrends, Politische Führung in der Diktatur, in: Aus Politik und Zeitgeschichte (2010) 2-3, S. 40–46.
7   Konrad H. Jarausch, Realer Sozialismus als Fürsorgediktatur. Zur begrifflichen Einordnung der DDR, in: Aus Politik und Zeitgeschichte 20 (1998), S. 33–46.
8   Mary Fulbrook, The People's State. East German Society from Hitler to Honecker, Bury St Edmunds 2005, S. 12.
9   Ich folge hier dem Forschungsbericht von Heydemann, der zwar ebenso historisch-strukturelle Definitionen aufzeigt, die auf die Verwendung des Diktaturbegriffs verzichten, die dadurch aber „essenzielle Grundlagen" des zweiten deutschen Staates weitgehend ausblenden, „so etwa die von Beginn an mangelnde demokratische Legitimation des KPD-/SED-Regimes und dessen ebenso permanente Nichtbeachtung von Menschen- und Bürgerrechten, einschließlich der fortwährend praktizierten Überwachung, Kontrolle und Repression der Bevölkerung." Heydemann, Innenpolitik, S. 62.
10 Martin Sabrow, Die DDR erinnern, in: ders. (Hrsg.), Erinnerungsorte der DDR, Bonn 2010, S. 9–27.
11 Thüringer Kultusministerium (Hrsg.), Lehrplan für das Gymnasium – Geschichte, Saalfeld 1999.
12 Ebenda, S. 31.
13 Sabine Moller, Are Family Recollections an Obstacle to History Education? How German Students Make Sense of the East German Dictatorship, in: Mario Carretero/Mikel Asensio/

Thüringer Lehrplan steht aber durch seine Ausrichtung im Verdacht, affirmatives Demokratielernen durch sozial erwünschte Formeln und konventionelle Urteile konzeptionell zu stützen. Die Schülerinnen und Schüler reproduzieren auf diese Weise eher Deutungen als die Fähigkeit zu erlangen, eigenständig zu deuten. Letztlich verbirgt sich dahinter jene lern- und geschichtstheoretische Naivität, wie sie Henke-Bockschatz in Bezug auf den „Holocaust" als Thema im Geschichtsunterricht formuliert hat, wenn davon ausgegangen wird, dass allzu einfach aus Erfahrungen früherer Generationen gelernt werden könne, sodass einstige Fehler wie das Fassen auf eine heiße Herdplatte vermieden und geglückte Vorhaben wiederholt werden können.[14]

Die Problematik des normativen Systemvergleichs lässt sich noch weiter zuspitzen, wenn man bedenkt, dass die Jugendlichen die Bundesrepublik als ihre eigene demokratische Kultur mit jener Negativfolie vergleichen, die gleichzeitig der Staat ihrer Eltern war. Grautöne, narrative Weichzeichnungen oder gar Idealisierungen, die ihnen in den Erzählungen ihrer Eltern möglicherweise begegnen, werden durch das zugrunde liegende Totalitarismuskonzept nicht berücksichtigt. So sehr die Einordnung der DDR als Diktatur zutrifft, ist es doch fragwürdig, die Informationsauswahl zum System durch das Schlüsselloch der vorgefertigten Klassifizierung zu wählen. Eine Brücke zur Lebensgeschichte der Eltern der Heranwachsenden wird dementsprechend nicht geschlagen, womit nicht nur die lernpsychologische Chance des Lebensweltbezugs ungenutzt bleibt, sondern auch die Lernvoraussetzungen sträflich vernachlässigt werden. Unter der Beachtung der *Conceptual-Change*-Forschung und den Befunden einiger empirischer Studien muss davon ausgegangen werden, dass die Vorstellungen der Lernenden wesentlich in ihrer Alltagswelt geprägt werden und dementsprechend durchformt sind.[15] Hier würde es sich anbieten, unterschiedliche „DDR-Gedächtnisse"[16] zu diskutieren

---

Maria Rodriguez-Moneo (Hrsg.), History Education and the Construction of National Identities, Charlotte 2003, S. 281–295, S. 291.

14 Gerhard Henke-Bockschatz, Der „Holocaust" als Thema im Geschichtsunterricht. Kritische Anmerkungen, in: Wolfgang Meseth/Matthias Proske/Frank-Olaf Radtke (Hrsg.), Schule und Nationalsozialismus. Anspruch und Grenzen des Geschichtsunterrichts, Frankfurt a. M. 2004, S. 298–322, hier, S. 299–302.

15 Hilke Günther-Arndt, Conceptual-Change-Forschung: Eine Aufgabe für die Geschichtsdidaktik?, in: Hilke Günther-Arndt/Michael Sauer (Hrsg.), Geschichtsdidaktik empirisch. Untersuchungen zum historischen Denken und Lernen, Berlin 2006, S. 251–277; Ola Halldén, Conceptual Change and the Learning of History, in: International Journal of Historical Learning, Teaching and Research 27 (1997), S. 201–210. Exemplarisch für empirische Studien zu zeitgeschichtlichen Vorstellungen von Lernenden: Meik Zülsdorf-Kersting, Sechzig Jahre danach: Jugendliche und Holocaust. Eine Studie zur geschichtskulturellen Sozialisation, Berlin 2007.

16 Sabrow, DDR erinnern.

und damit gleichzeitig die Brücke zur fachwissenschaftlichen Debatte zu schlagen. Die im Lehrplan vorgegebene dezidierte Deutung der DDR als totalitäres System steht den im Familiengedächtnis tradierten Alltagserinnerungen oft unverbunden gegenüber. Dadurch besteht die Gefahr, dass eher die Autorität von Schule infrage gestellt wird, als dass Unterricht den kritischen Umgang mit Geschichte fördert.[17]

Empirische Befunde

Doch wie sehen die Vorstellungen der Jugendlichen aus? Welche Deutungen und Sinnstiftungen werden vollzogen und inwieweit spiegeln sich die normativen Setzungen in ihnen wider? Dazu wurden im Fragebogen mehrere Statements zu den Dimensionen von Repression vorgegeben, zu denen sich die Jugendlichen positionieren mussten.[18] Ihre Zustimmung zu den Statements wurde auf einer fünfstufigen Likert-Skala von „trifft absolut zu" bis „trifft überhaupt nicht zu" mit zusätzlicher „weiß-nicht"-Kategorie erhoben. Die Statements sind in unterschiedlichen Richtungen formuliert und wurden im Anschluss an die Erhebung so gepolt, dass Werte im negativen Bereich (bis -2) eine Kennzeichnung als diktatorischer und repressiver Staat verdeutlichen. Umgepolte Statements sind grafisch hervorgehoben. Werte im positiven Bereich (bis +2) signalisieren ein Ausblenden diktatorischer und repressiver Dimensionen.

Im Kontext der „Ostalgie"-Debatten wurde immer wieder der Vorwurf laut, dass die repressiven und diktatorischen Elemente des SED-Staates ausgeblendet würden, um die Leiterzählung vom „sozialen Paradies"[19] nicht zu gefährden. Von einem Ausblenden des Unrechtscharakters der DDR kann aber – so lässt sich schließen – im Allgemeinen keine Rede sein, wie die folgende Tabelle der Mittelwerte und Standardabweichungen darlegt.[20] Beim Blick auf die zentralen Tendenzen kann bereits konstatiert werden, dass der DDR ganz deutlich diktatorische und repressive Aspekte zugeschrieben werden.

---

17 Siehe ausführlich dazu den Aufsatz von Norbert Hanisch in diesem Band.
18 Diese Statements orientieren sich zum Teil an den „Schroeder-Studien", um deren Befunde in regionaler Perspektive und in einem repräsentativen Zuschnitt zu überprüfen: Schroeder/Deutz-Schroeder/Quasten, Später Sieg; Deutz-Schroeder/Schroeder, Soziales Paradies.
19 Deutz-Schroeder/Schroeder, Soziales Paradies.
20 Das widerspricht der These der ersten Schroeder-Studie. Allerdings wurde der Vorwurf, der Unrechtscharakter werde ausgeblendet, in der zweiten Schroeder-Studie zumindest für die thüringischen Schülerinnen und Schüler revidiert, die die demokratische Legitimation der DDR häufiger verneinen als ihre Altersgenossinnen und Altersgenossen in den alten Ländern. Schroeder/Deutz-Schroeder/Quasten, Später Sieg, S. 351.

Skala „Diktatur und Repression"

	M	SD
Wer sich in der DDR nicht konform verhielt, musste damit rechnen, politisch verfolgt zu werden	-1,52	,71
In der DDR gab es freie Wahlen (Ablehnung)	-1,33	,97
Die Bürger der BRD hatten mehr Rechte als die Menschen in der DDR	-1,29	,74
Die Menschen in der DDR wurden vom Staat unterdrückt	-1,23	,77
In der DDR wurden die Menschenrechte verletzt	-1,12	,84
Die DDR war eine Diktatur	-,66	1,31

Die deutlichste Zustimmung wurde bei dem Statement „Wer sich in der DDR nicht konform verhielt, musste damit rechnen, politisch verfolgt zu werden", gemessen. Hier sind es 93,3 %, die der Aussage zustimmen. Die geringe Standardabweichung unterstreicht das einhellige Votum der Jugendlichen. Fast ebenso entschieden beurteilen die Jugendlichen die Wahlen in der DDR als Scheinwahlen: 80,8 % verneinen das Vorhandensein von Wahlfreiheit. Aus der Perspektive der Jugendlichen scheint es zugleich unstrittig zu sein, dass in der DDR als repressivem System Menschen unterdrückt (87,0 % Zustimmung) und Menschenrechte damit verletzt wurden (80,1 % Zustimmung). Auf diese Weise kennzeichnen sie die DDR klar mehrheitlich sowohl als repressives als auch undemokratisches System und erfüllen damit die Zielvorgaben des Lehrplans. Das Statement „Die Bürger der BRD hatten mehr Rechte als die Menschen in der DDR" nimmt die DDR im Vergleich zur Bundesrepublik in den Fokus und rekurriert damit auf den normativen Systemvergleich, wie er im Lehrplan vorgegeben ist. Mit 81,1 % entsprechen die meisten Schülerinnen und Schüler den bildungspolitischen Vorgaben und attestieren den Bürgern in der damaligen Bundesrepublik mehr Rechte als den Menschen im anderen deutschen Teilstaat, in dem keine unabhängige Justiz existierte. An dieser Stelle darf nicht unerwähnt bleiben, dass bei dem Vergleich der Rechtsstaatlichkeit von Bundesrepublik und DDR dennoch eine große Unsicherheit zu herrschen scheint: Mehr als jede/r zehnte angehende Abiturient/in (10,9 %) traut sich eine Bewertung der Menschen- und Bürgerrechte in der DDR und Bundesrepublik nicht zu („weiß nicht").

"Die DDR war eine Diktatur."					
trifft absolut zu	trifft eher zu	weder noch	trifft eher nicht zu	trifft überhaupt nicht zu	weiß nicht
30,4	29,9	9,7	13,5	8,2	7,1

Vergleicht man die Mittelwerte der Antworten miteinander, sticht ein Statement besonders heraus: Obschon die Jugendlichen mit breiter Mehrheit die DDR als repressives System kennzeichnen, fällt die historisch-politische Einordnung als Diktatur deutlich weniger entschieden aus. Nicht nur, dass der Mittelwert mitunter fast einen ganzen Skalenpunkt hinter den anderen liegt, sondern auch die hohe Standardabweichung signalisiert eine Unentschiedenheit bzw. Unsicherheit. Zwar bezeichnet die Mehrheit von 60,3 % die DDR als Diktatur, weshalb von einem Ausblenden des Diktaturcharakters der DDR grundsätzlich nicht die Rede sein kann.[21] Allerdings sind es nicht unerhebliche 21,7 %, die die Bezeichnung als Diktatur verneinen, und 7,1 %, die es nicht wissen oder sich nicht festlegen wollen („weiß nicht").

Von diesen 21,7 %, die den Diktaturbegriff ablehnen, bestreiten gleichzeitig 67,7 %, dass es in der DDR freie Wahlen gegeben habe. Fehlende Wahlfreiheit ist nachgerade ein klassisches Merkmal autoritärer und totalitärer Diktaturen. Das bedeutet, die Mehrheit der Jugendlichen, die die DDR nicht als Diktatur charakterisieren, weiß um die Scheinwahlen in der DDR und benennt damit das Demokratie-Defizit. Das Antwortverhalten erscheint zunächst nicht plausibel. Warum schreiben die Jugendlichen mehrheitlich dem SED-Staat wesentliche Merkmale diktatorischer Systeme zu, wenn viele von ihnen Schwierigkeiten bei der Einordnung als Diktatur haben? Das provoziert die Frage, wie die Jugendlichen die Staatsform der DDR alternativ denn kennzeichnen, wenn sie sie nicht als Diktatur definieren. Interessanterweise sind von diesen 21,7 %, die den Diktaturcharakter der DDR explizit verneinen, nur 18,8 % der Auffassung, dass die DDR demokratisch gewesen sei.[22] Es ist augenscheinlich, dass das Problem um die Einordnung der DDR als Diktatur anders gelagert und komplexer sein muss, als es eine Subsumierung unter dem Schlagwort DDR-Verharmlosung suggeriert.

21 In der ersten Schroeder-Studie gab es keine Aufschlüsselung, wie viele der Gymnasiast(inn)en der Neuen Länder die DDR als Diktatur bezeichnen; bei allen Befragten der Neuen Länder waren es 48,6 %. Bei den Gymnasiastinnen und Gymnasiasten aller befragten Länder ähneln sich die Daten, da „nur knapp zwei Drittel der Gymnasiasten" den diktatorischen Charakter erkennen: Deutz-Schroeder/Schroeder, Soziales Paradies. S. 352 f.
22 Das geht aus der Antworten-Verteilung auf das Statement „Die DDR war demokratisch" hervor.

Ein Interviewbeispiel

Aus dieser Problemlage ergab sich weiteres Forschungsinteresse, sodass im Anschluss an die quantitative Untersuchung Einzelinterviews durchgeführt wurden, in deren Fokus die historisch-politische Einordnung der DDR und damit die Beurteilung ihrer Staatsform standen. Auf der Basis der Fragestellung, die sich aus den quantitativen Daten ergab, schien es folglich sinnvoll, die Jugendlichen sowohl nach der Verwendung des Begriffs „Diktatur" im konkreten historischen Zusammenhang als auch nach ihrem Begriffsverständnis zu fragen.

Im Folgenden wird eine Sequenz aus dem Interview mit Ben angeführt.[23] Ben hat ambivalente Vorstellungen von der DDR. Auf der einen Seite zeigt er sich durchaus DDR-kritisch, indem er beispielsweise den Überwachungsapparat, fehlende Individualität und die Planwirtschaft kritisiert. Auf der anderen Seite ist er prosozialistisch eingestellt, was sich etwa in deutlicher Kapitalismuskritik äußert. Auch er charakterisiert die DDR mit Merkmalen diktatorischer Systeme, verweigert aber die Bezeichnung als Diktatur.

I: Einige sagen, dass die DDR eine Diktatur war und andere sagen, das war keine. Was denkst du? War das eine Diktatur oder war das keine Diktatur?
Ben: (…) Ja (5). Das ist schwer zu sagen. Also (4), mh (4), da muss ich mal überlegen. Also ich denke nicht, dass es unbedingt, also wirklich eine richtige Diktatur ist, also wie man es jetzt kennt von einem (..) von einem praktisch Alleinherrscher, der die Gesetze macht. So denke ich, ist schon nicht, aber es ist schon auffällig, dass diese, die Partei, die SED hatte eigentlich schon, es gab, es war ja wie so eine vorgegaukelte Demokratie. (4) Es gab ja auch Wahlen und so, aber wer gewinnt, war ja so und so klar. (..) Und in der, es hatte schon diktatorische Züge, aber ich glaube nicht, also mit einer richtigen Diktatur würde ich es nicht gleichsetzen, wie jetzt zum Beispiel (.) zur NS-Zeit oder (.) in Italien Mussolini oder so. Also, das nicht. […] Weil die Diktatur ja meistens auf einen bezo/ also auf eine Person bezogen ist, ganz oft. Und das gab es in der DDR eigentlich nicht. Also ich weiß nicht, Erich Honecker ist zwar (lacht) also man kann nicht Honecker mit Mussolini oder Hitler oder so gleichsetzen. Das auf jeden Fall nicht. Ich denk, das ist schon der Unterschied. Dass es nicht so personenfixiert ist. (.)[24]

---

23 Der Name ist ein Pseudonym.
24 Interview mit Ben, aufgenommen am 18.3.2013 an einem Thüringer Gymnasium, Zeile 490–516.

In Bens Interview zeigt sich ein Antwortmuster, das sich auch in anderen Interviews nachzeichnen lässt und das die quantitativen Befunde plausibilisieren kann. Es wird deutlich, dass Lernende wie Ben über ein semantisch verengtes, ahistorisches Begriffskonzept von einer „Diktatur" verfügen, das wesentlich an eine Einpersonenherrschaft geknüpft ist. Ihr Begriffsverständnis ist vom Führerkult des 20. Jahrhunderts geprägt, für den Mussolini und insbesondere Hitler konventionell wirkmächtig sind. Dahinter verbirgt sich unter anderem das mehrfach empirisch nachgewiesene Problem, dass Geschichte personalisiert wird, indem ausschließlich historische Figuren („Caesar") oder vermenschlichte Institutionen („die Kirche") als historische Akteure erfasst werden – in Bezug auf die NS-Herrschaft benannt als Phänomen der „Hitlerisierung".[25] Der Nationalsozialismus steht für rassistisch begründeten, systematischen Massenmord, Angriffskrieg und Völkermord und gilt damit als Urkatastrophe deutscher Geschichte. Die Jugendlichen schaffen es nicht, ihr Begriffskonzept von der NS-Zeit zu abstrahieren, sodass ein Transfer nicht gelingen kann. Vielmehr verfügen sie über einen ideologisch aufgeladenen Diktaturbegriff, bei dem der Nationalsozialismus und damit auch die mit ihm verbundenen Gräueltaten zum Referenzobjekt und damit zum Maßstab werden. Vor diesem Hintergrund müssen sich die Jugendlichen fast gegen den Diktaturbegriff in Bezug auf die DDR stellen, da in der DDR Elemente ihrer „Beispieldiktatur" fehlen. Zudem würde das bedeuten, dass ihre Eltern in einem NS-ähnlichen System gelebt hätten. Von ihren Eltern hören sie jedoch vielfach unpolitische Geschichten eines unauffälligen Alltags in der DDR.[26] Würden sie die DDR als Diktatur bezeichnen, käme das für die Jugendlichen einem Gleichsetzen des NS-Systems mit der DDR gleich.

Familiengedächtnis und Beurteilung des Diktaturcharakters

Dass gerade das Familiengedächtnis eine enorme Bedeutung für die Deutung von Zeitgeschichte hat, ist in mehreren Untersuchungen empirisch nachgewiesen worden.[27] Dabei wurde auch deutlich, dass die Tradierung historischer Erinnerungen

---

25 Im Kontext des Nationalsozialismus hat die Personalisierung eine entlastende Funktion, weil die „Hitlerisierung" die gesamte Bevölkerung des Deutschen Reiches von der Verantwortung für die Verbrechen während der NS-Zeit freispricht. Siehe: Zülsdorf-Kersting, Sechzig Jahre, S. 161.

26 Mary Fulbrook, Ein ganz normales Leben. Alltag und Gesellschaft in der DDR, Darmstadt 2008.

27 In Bezug auf die DDR-Geschichte siehe vor allem Sabine Moller, Recollections; dies., Diktatur und Familiengedächtnis. Anmerkungen zu Widersprüchen im Geschichtsbewusstsein von Schülern, in: Saskia Handro/Thomas Schaarschmidt (Hrsg.), Aufarbeitung der Aufarbeitung. Die DDR im geschichtskulturellen Diskurs, Schwalbach/Ts. 2011, S. 140–154.

zwischen den Generationen komplexer ist als eine einfache Blaupause.[28] Im vorliegenden Projekt wurden verschiedene Daten zur familiären Erinnerungspraxis und den Erfahrungen in der DDR erhoben. Schließlich haben nur 9,3 % der Befragten keinen eigenen biografischen Zugang zur DDR über ihre Eltern. Ihre Bedeutung für die Jugendlichen wurde durch deskriptionsstatistische Analyse eruiert. In Bezug auf die Skala „Diktatur und Repression" wurden von allen möglichen Variablen (bspw. der Geschichtsnote, geschichtskulturellen Vorlieben oder Medienrezeption) die stärksten Zusammenhänge hinsichtlich des Familiengedächtnisses gemessen.[29] So besteht eine positive Korrelation zwischen dem Familiengedächtnis und der Skala „Diktatur und Repression" [$r(668)=.24$, $p<.001$]. Als zentrales Ergebnis kann konstatiert werden: Je kritischer die Jugendlichen die DDR-Erinnerungen ihrer Familien beschrieben, desto stärker betonen sie selbst Diktatur und Repression als Wesensmerkmale der DDR. Von einer euphemistischen Sicht auf die DDR kann aber auch bei Jugendlichen aus Familien mit (überwiegend) positiven DDR-Erinnerungen keine Rede sein, allerdings zeichnen sie sie durchaus weicher nach, wie eine Varianzanalyse darlegt [ANOVA $F(4,665) = 0.98$, $p <.001$].[30] Ein Effekt konnte auch im Hinblick auf die sogenannten Wende-Erfahrungen der Familien nachgewiesen werden [$r(649)=.29$, $p<.001$]: Je bejahender die Familien den revolutionären Ereignissen 1989/90 gegenüberstanden, desto kritischer beurteilen die Jugendlichen die diktatorischen und repressiven Strukturen der DDR. Gleiches gilt für die Bedeutung der Erfahrungen, die die Familien nach 1989/90 gemacht haben: Je positiver die Jugendlichen die Bewältigung der Transformationsphase innerhalb der Familie wahrnehmen, desto kritischer beurteilen sie die fehlende demokratische Mitbestimmung und die Unterdrückung in der DDR. Aus den vorliegenden Daten geht auch hervor, dass die Jugendlichen, die die familiären Folgen des Zusammenbruchs der DDR „eher negativ" einschätzen, weniger kritisch über den Unrechts- und Diktaturcharakter urteilen. Das hängt ursächlich mit der Ambivalenz des Systemwechsels zusammen, der bei allem Zugewinn an

---

28   Harald Welzer/Sabine Moller/Karoline Tschuggnall, „Opa war kein Nazi". Nationalsozialismus und Holocaust im Familiengedächtnis, 7. Aufl., Frankfurt a. M. 2010.
29   Zur Prüfung der Zusammenhangsstärke wurde der Pearson Korrelationskoeffizient verwendet.
30   Ein Post-Hoc-Test unter Verwendung der Scheffé-Prozedur konnte zeigen, dass sich Jugendliche aus Familien mit „überwiegend negativer" DDR-Erinnerung (M=-1.41; SD=0.48) signifikant von Jugendlichen aus Elternhäusern mit gemischten Erinnerungen („teils-teils"; M=-1.18; SD=0.55) und „überwiegend positiven" DDR-Erinnerungen (M=-1.02; SD=0.86) unterscheiden. Da die Zellengrößen hier recht unterschiedlich verteilt sind, wurde ergänzend ein Kruskal-Wallis-Test gerechnet, der die signifikanten Unterschiede in der zentralen Tendenz bestätigt X [2 (4, N=667)=39.89, p<.001].

politischer und persönlicher Freiheit für nicht wenige kurz- und zum Teil auch mittelfristig schwerwiegende soziale Nachteile mit sich brachte.[31]

Fazit und Ausblick

In diesem Beitrag wurde deutlich, dass die diktatorischen und repressiven Dimensionen der DDR Eingang in den Erinnerungsprozess der thüringischen Jugendlichen gefunden haben. Die politische Verfolgung und Unterdrückung werden ebenso erinnert wie das Demokratie-Defizit des SED-Staates. Darüber hinaus konnte die Bedeutung der familialen Erinnerung und des kommunikativen Gedächtnisses für die historischen Vorstellungen der Jugendlichen durch die empirischen Befunde unterstrichen werden. Hier zeigt sich, dass Befragte aus DDR-kritischen Familien zwar stärker diktatorische und repressive Eigenschaften betonen, Jugendliche aus Familien mit positiven Erinnerungen diese aber auch nicht ausblenden. Für politisches Unbehagen und Fehlinterpretationen könnte die Tatsache sorgen, dass etwa jede/r Fünfte den Diktaturcharakter verneint. Die Ursache dafür liegt jedoch nicht in einer Idealisierung der DDR begründet, sondern vielmehr in mangelnder Begriffskompetenz der Lernenden, deren Diktaturbegriff wesentlich durch die NS-Zeit geprägt ist. Diese Tatsache gilt es unbedingt im Geschichtsunterricht zu berücksichtigen. Eine Reduzierung auf eine totalitäre Deutung, wie sie der Thüringer Lehrplan vorsieht, beinhaltet offenbar begriffliche Irritationen bei den Lernenden. Offensichtlich weigern sich viele Lernende, den Diktaturbegriff aus dem unterrichtlich früheren und begriffsprägenden Zusammenhang des Nationalsozialismus auf die DDR zu übertragen. Zielt unterrichtliches Handeln stärker darauf ab, eine dezidierte Deutung zu vermitteln, als den Konstruktcharakter von Geschichte und die unterschiedlichen „DDR-Gedächtnisse" zu problematisieren, kann das Abwehr oder Skepsis gegenüber dem Geschichtsunterricht wecken, statt den reflektierten Umgang der Schülerinnen und Schüler mit der DDR-Geschichte und verschiedenen Herrschaftskonzepten zu fördern.[32] Die skizzierten Befunde

---

31 Ausführlich: Dieter Segert, Transformationen in Osteuropa im 20. Jahrhundert, Bonn 2014, S. 213.
32 Hier lässt der neue Lehrplan hoffen, der seit dem Schuljahr 2013/2014 sukzessive eingeführt wurde. Der Wertebezug historischen Lernens ist dort deutlich vorsichtiger formuliert, sodass Demokratie und Diktatur zwar als unterschiedliche Herrschaftsformen thematisiert werden, jedoch ohne die DDR und die BRD auf historische Gegensatzpaare zu reduzieren und damit auf die Topoi von Erfolgs- und Misserfolgsgeschichte zurückzugreifen. Vielmehr folgt er Kleßmanns Konzept einer integrierten Nachkriegsgeschichte. Die Geschichte von Bundesrepublik und DDR erscheinen als gemeinsame Nationalgeschichte, bei der zwar die

illustrieren die weitreichenden Konsequenzen einer politikgeschichtlichen Engführung der doppelten deutschen Diktaturgeschichte auf Aspekte der Repression und Herrschaft für die historisch-politische Bildungsarbeit. Eine entsprechende Ausrichtung der Geschichtsvermittlung ist nur begrenzt fähig, Orientierungswissen zu vermitteln, da Handlungsspielräume, stabilisierende Faktoren und Bindungskräfte innerhalb der Systeme unbeachtet bleiben. Gerade diese Aspekte sind aber wichtig, um gegenwärtige Systeme wie die Türkei, China oder Russland differenziert beurteilen zu können.

Verschiedenheiten und Abgrenzungen, aber auch wechselseitige Einflüsse und Verquickungen beider Staaten im zeitlichen Nebeneinander herausgearbeitet werden. Die Auseinandersetzung mit Diktatur und Demokratie erfolgt losgelöst von einem Vergleich zwischen DDR und Bundesrepublik, sondern geschieht auf einer begrifflich-konzeptuellen Ebene durch den Vergleich unterschiedlicher Herrschaftsformen mit Fokus auf der Herrschaftslegitimation, den Herrschaftsstrukturen sowie der Herrschaftsinszenierung. Siehe Thüringer Ministerium für Bildung, Wissenschaft und Kultur (Hrsg.), Lehrplan für den Erwerb der allgemeinen Hochschulreife – Geschichte, 2012; Christoph Kleßmann, Spaltung und Verflechtung – Ein Konzept zur integrierten Nachkriegsgeschichte 1945 bis 1990, in: Christoph Kleßmann/ Peter Lautzas (Hrsg.), Teilung und Integration. Die doppelte deutsche Nachkriegsgeschichte als wissenschaftliches und didaktisches Problem. Schwalbach/Ts. 2006, S. 20–37.

Norbert Hanisch

„In der Familie hört man es halt richtig, wie sie es selber erlebt haben ..."
Überlegungen zum Verhältnis von Familie, Unterricht und dem DDR-Bild sächsischer Schüler[1]

Ausgangslage

„Müssen wir hier jetzt richtig Fakten wissen?", lautete die etwas bange Frage eines Schülers, mit dem ich im Rahmen meines Promotionsprojektes gesprochen habe. Wenngleich freilich ungewollt, liefert er damit eine überaus treffende Beschreibung für jene Form der wissenschaftlichen Beschäftigung mit DDR-Bildern junger Menschen in Deutschland, die weite Teile der öffentlichen bzw. medialen Debatte prägt.[2] In erster Linie inspiriert von den Ergebnissen der Fragebogenstudien Klaus Schroeders[3] geht es dort um geringe politikgeschichtliche Kenntnisstände über die DDR und darum, dass vor allem in den neuen Bundesländern Lernende aufgrund geschönter familiärer Sichtweisen soziale und alltagsweltliche Aspekte dieses Staates hervorheben. An der dagegen nur sehr begrenzten Berücksichtigung politisch-normativer Facetten könne auch der Geschichtsunterricht im Wesentlichen nichts ändern[4] Diese hier knapp skizzierte Argumentationslinie umfasst zweifelsohne bedeutsame Aspekte – allerdings in einer simplifizierenden Art und Weise, die zuvorderst den Herausforderungen ostdeutscher Lernender

---

1 Die folgenden Ausführungen basieren auf meinem politikwissenschaftlichen Promotionsprojekt an der TU Dresden.
2 Vgl. hierzu auch Kathi Bromberger/Bert Pampel/Matthias Rosendahl, „Jetzt haben wir auch mal die schlechten Seiten der DDR gesehen." Eine empirische Studie zu Schulklassenbesuchen in der Gedenkstätte Bautzen, in: Deutschland Archiv 42 (2009) 5, S. 863–873, hier S. 867.
3 Vgl. Klaus Schroeder/Monika Deutz-Schroeder/Rita Quasten u. a., Später Sieg der Diktaturen? Zeitgeschichtliche Kenntnisse und Urteile von Jugendlichen, Frankfurt a. M. 2012; Monika Deutz-Schroeder/Klaus Schroeder, Soziales Paradies oder Stasi-Staat? Das DDR-Bild von Schülern – ein Ost-West-Vergleich, Stamsried 2008.
4 Vgl. Schroeder/Deutz-Schroeder/Quasten u. a., Später Sieg, S. 534 f.; Deutz-Schroeder/Schroeder, Soziales Paradies, S. 603–607.

im Umgang mit DDR-Geschichte nicht gerecht wird.[5] Was verleitet mich zu dieser Annahme?

Zu Verständniskontext und Erkenntnisinteresse meiner Arbeit

Jenseits der eben skizzierten „Katastrophenmeldungen"[6] ist der Befund lückenhafter politikgeschichtlicher Kenntnisstände bei Schülern weder neu noch auf DDR-Geschichte beschränkt.[7] Ebenso wenig unbekannt sind Überlegungen, diese Feststellung nicht als eine relativierende zu begreifen, sondern im Sinne eines lohnenden Hinweises auf den Nutzen weiterführender Betrachtungen des Zusammenhangs von Kenntnissen und geschichtlichen Vorstellungen. Ohne die Relevanz Ersterer für ein differenziertes DDR-Bild infrage zu stellen, sind Zweifel durchaus berechtigt, ob allein das Wissen um politikgeschichtliche Fakten und Zusammenhänge eine kritische Sicht auf die DDR evoziert.[8] So werden in der Fachdidaktik für die Genese individueller Sichtweisen zuvorderst jene subjektiven Theorien und Denkfiguren als konstitutiv erachtet, welche die jungen Menschen bereits in institutionalisierte Lernstrukturen und -prozesse „mitbringen".[9] Hieran anknüpfend bleibt fest-

---

5   Schon angesichts der auch innerhalb der neuen Bundesländer vielfältigen Erinnerungen kann von den ostdeutschen Familienerzählungen ohnehin nicht die Rede sein.
6   Bodo von Borries, Zwischen „Katastrophenmeldungen" und „Alltagsernüchterungen"? Empirische Studien und pragmatische Überlegungen zur Verarbeitung der DDR-(BRD-)Geschichte, in: Saskia Handro/Thomas Schaarschmidt (Hrsg.), Aufarbeitung der Aufarbeitung. Die DDR im geschichtskulturellen Diskurs, Schwalbach/Ts. 2011, S. 121–139, hier S. 121.
7   Vgl. Sabine Moller, Zeitzeugen und Geschichtsbewusstsein. Familienerinnerungen als historische Quelle?, in: Christian Ernst (Hrsg.), Geschichte im Dialog? „DDR-Zeitzeugen" in Geschichtskultur und Bildungspraxis, Schwalbach/Ts. 2014, S. 108–115, hier S. 110; Borries, „Katastrophenmeldungen", S. 125–129; Ulrich Arnswald, Schülerbefragung zur DDR-Geschichte, in: ders./Ulrich Bongertmann/Ulrich Mählert (Hrsg.), DDR-Geschichte im Unterricht. Schulbuchanalyse – Schülerbefragung – Modellcurriculum, Berlin 2006, S. 174.
8   Vgl. Michael Fröhlich, Zeitgeschichte, Konstanz 2009, S. 13. Die von Schroeder stark gemachte Kausalität „Je höher der Kenntnisstand, desto kritischer das DDR-Bild" verliert jenseits der isolierten bivariaten statistischen Berechnung, auf der sie fußt, schnell an Aussagekraft. So besitzen etwa Befragte aus ostdeutschen Schulen und Elternhäusern trotz ihres besseren politikgeschichtlichen Kenntnisstandes öfter ein positives DDR-Bild als westdeutsche Schüler bzw. Kinder westdeutscher Eltern. Vgl. Schroeder/Deutz-Schroeder/Quasten u. a., Später Sieg, S. 305, S. 414 ff. und S. 428.
9   Vgl. hierzu pars pro toto Dirk Lange: Konzepte als Grundlage der politischen Bildung. Lerntheoretische und fachdidaktische Überlegungen, in: Autorengruppe Fachdidaktik (Hrsg.), Konzepte der politischen Bildung. Eine Streitschrift, Bonn 2011, S. 95–109; Wolfgang Sander, Wissen: Basiskonzepte der Politischen Bildung, http://www.politischebildung.com/pdfs/30_sander.pdf [2.8.2015].

zuhalten, dass für die Schüler der „Stellenwert von bewusst gemachter Geschichte [...] sehr begrenzt"[10] bzw. die DDR als „Gegenstand *historischen* Interesses [...] weit weg"[11] ist, weshalb einiges dafür spricht, dass sie sich selbige in einer solchen Form sinnhaft und plausibel machen, die aus fachwissenschaftlicher Perspektive nur sehr selten als triftig oder elaboriert erscheint.[12] Während sich die Schroeder-Studien und weite Teile ihrer medialen Rezeption nicht zu Unrecht darauf zuspitzen lassen, es gäbe „Experten [...], die im Besitz der einzigen Wahrheit sind, mit der sie Schüler überwältigen und ihr ‚falsches' Wissen durch ‚richtiges' ersetzen können",[13] ist es andernorts mittlerweile *common sense*, dass es in Lernprozessen nicht eines „Wissensaustausches", sondern eines „systematischen In-Beziehung-Setzens von lebensweltlichen [...] und fachlich geklärten Vorstellungen"[14] bedarf.

Hieraus ergeben sich die für meine Arbeit relevanten erkenntnistheoretischen Fragen: Was ist davon zu halten, ostdeutschen Schülern zu suggerieren, ihre Eltern und Großeltern erzählen ihnen irgendwie nicht das „Richtige" über die DDR? Müsste nicht, gerade auch angesichts eines reflektierten Geschichtsbewusstseins als dem proklamierten Kernziel des Geschichtsunterrichts, das Augenmerk viel stärker darauf liegen, dass die jungen Menschen anscheinend kaum dazu in der Lage sind, familiäre Überlieferungen in einen größeren, normativen Kontext einzubetten? Und schließlich: Ist hier in der Tat von einem Mehr an wertbezogenen politikgeschichtlichen Kenntnissen und einem stärkeren Insistieren auf dem Diktaturcharakter der DDR Besserung zu erwarten?[15] Fragen wie diese definieren das primäre Ziel meiner Arbeit, anhand eines qualitativen Forschungsansatzes exemplarisch jene Herausforderungen und Gegebenheiten nachzuzeichnen, mit denen sich junge Menschen aus den neuen Bundesländern bei der Beschäftigung mit DDR-Geschichte konfrontiert sehen. Hierfür habe ich 16 Gruppendiskussionen

10 Borries, „Katastrophenmeldungen", S. 138–139.
11 Dorothea Höck/Jürgen Reifarth, DDR-Geschichte in der politischen Bildung mit Jugendlichen, in: Heidi Behrens/Paul Ciupke/Norbert Reichling (Hrsg.), Lernfeld DDR-Geschichte. Ein Handbuch für die politische Jugend- und Erwachsenenbildung, Schwalbach/Ts. 2009, S. 43–60, hier S. 45 (Hervorhebung im Original).
12 Vgl. Sam Wineburg, Sinn machen. Wie Erinnerung zwischen den Generationen gebildet wird, in: Harald Welzer (Hrsg.), Das soziale Gedächtnis. Geschichte, Erinnerung, Tradierung, Hamburg 2001, S. 179–204, hier S. 181.
13 Sabine Moller, Diktatur und Familiengedächtnis. Anmerkungen zu Widersprüchen im Geschichtsbewusstsein von Schülern, in: Handro/Schaarschmidt, Aufarbeitung der Aufarbeitung, S. 140–151, hier S. 151.
14 Sibylle Reinfried/Christian Mathis/Ulrich Kattmann, Das Modell der Didaktischen Rekonstruktion – eine innovative Methode zur fachdidaktischen Erforschung und Entwicklung von Unterricht, in: Beiträge zur Lehrerbildung 27 (2009) 3, S. 404–414, hier S. 405.
15 Vgl. zu diesen Forderungen Schroeder/Deutz-Schroeder/Quasten u. a., Später Sieg, S. 546.

mit insgesamt 81 DDR-geschichtsinteressierten Schülern der achten, zehnten und zwölften Klassen an sächsischen Oberschulen und Gymnasien durchgeführt.[16]

Schlaglichter

Mit dem Fokus darauf, wie sie die Wahrnehmung von und den Umgang mit den von ihnen als relevant für ihr eigenes DDR-Bild[17] erachteten Darstellungen beschreiben, werden nun einige Befunde aus den Diskussionsrunden mit Oberschülern aus Klasse zehn skizziert.[18]

Die Gruppendiskussionen begannen mit der Frage, was denn den jungen Menschen spontan zur DDR in den Sinn kommt. Dabei nannten sie als „Quelle" ihrer überwiegend negativen Assoziationen rund um Mauer, Stasi und Mangelversorgung zuvorderst familiäre Erzählungen und den Schulunterricht.[19] Daran anschließend sollten die Befragten in eigenen Worten beschreiben, wie sich die von ihnen genannten Darstellungen der DDR unterscheiden:

Michael: Also ich find, im Geschichtsunterricht wird das nicht immer eigentlich-/ das ran genommen, was wirklich interessant ist, so wie zum Beispiel die Menschen da gelebt haben, also wie es den Menschen gegangen ist, also das erfährt man eigentlich mehr von den Eltern.

---

16 Es handelt sich um eine nicht repräsentative, weil dahingehend bewusste Auswahl, als dass ich auf Kontakte zu Lehrern bzw. Schulleitern rekurrieren konnte, die aus anderweitigen Zusammenhängen bestanden und bei denen ich mir eine begründete Hoffnung auf die nötige Aufgeschlossenheit gegenüber schulexternen Projekten machen konnte. Ergänzt wurde die Erhebung durch vier Lehrerinterviews.

17 Mit „DDR-Bild" sind dabei im Sinne narrativer Abrufbarkeit relativ stabile Vorstellungen über die DDR gemeint. Vgl. Marko Demantowsky, Geschichtsbild, in: Ulrich Mayer/Hans-Jürgen Pandel/Gerhard Schneider u. a. (Hrsg.), Wörterbuch Geschichtsdidaktik, 2., überarb. u. erw. Aufl., Schwalbach/Ts. 2009, S. 82 f.

18 Ein zweiter, hier allerdings nicht näher auszuführender Fokus lag auf den Sichtweisen der Befragten, ob und warum sie die DDR (nicht) als Diktatur klassifizieren. Vgl. hierzu den Beitrag von Kathrin Klausmeier in diesem Band.

19 TV-Produktionen (die Serie „Weißensee" und der Spielfilm „Das Leben der Anderen") spielen in zwei Gruppendiskussionen für die Ansichten der Befragten über das MfS eine Rolle. Dabei erweist sich ihre Rezeption als dahingehend selektiv, als dass sie nicht auf das Wirken der Stasi oder dessen Einordnung abhebt, sondern auf die jeweiligen personalisierten und emotionalisierten Handlungsstränge. Demnach besteht diesbezüglich eine – wie noch zu zeigen ist – ganz ähnliche Herausforderung wie im Umgang mit familiären Erzählungen: Die Notwendigkeit, für das eigene DDR-Bild von einer schlichten Reproduktion subjekt- und gefühlsorientierter Darstellungen durch das Hinzuziehen normativer bzw. struktureller Perspektiven zu abstrahieren.

Madelaine: na, aber es ging ja auch um die Politik und
Jens: es wird zu ungenau beschrieben
Michael: Genau, es ist mehr so ver-/ verallgemeinert, und deswegen ist es dann im Geschichtsunterricht eher bisschen langweilig als wenn die Eltern jetzt erzählen „Ja, das war so, und da hat uns die Stasi verfolgt", und das ist dann mehr interessant, nu.[20]
Doreen: In der Familie hört man's dann halt richtig, wie sie's selber erlebt haben und bei Schule erzäh-/ also wird's dann allgemein erzählt.[21]
Natalie: Wenn man bei Familie reinhört, dann ist eben geteilte Meinung, mal war's-/ fanden sie's nicht ganz so gut teilweise, manches fanden sie besser und ist eben so teils gut und teils schlecht. Und Geschichtsunterricht wird eben der Großteil schlecht dargestellt und (.) dass eben gar nichts gut gewesen war und dass es im Osten allen ganz schlecht gegangen ist, dass alle gehungert haben.[22]

In aller Regel artikulieren die Schüler in Bezug auf familiäre und unterrichtliche Darstellungen einen deutlichen Kontrast, den sie mit „eigene Erfahrungen und Gefühle vs. allgemeine Daten und Fakten" umschreiben und der von ihnen unterschiedlich bewertet wird. Die dabei weniger wohlwollenden Ansichten lauten, dass in der Schule nur um die „schlechten" Seiten der DDR ginge bzw. hier persönliche Erfahrungen und Schicksale zu kurz kämen, die doch das eigentlich Spannende seien. Demgegenüber meinen andere, was in der Schule behandelt wird, komme zu Hause meist nicht zur Sprache und sei deshalb eine gute Ergänzung. Auch würde dies zum Allgemeinwissen gehören und etwa in Bewerbungsgesprächen abgefragt – ein Argument, das meines Erachtens ein verschiedentlich zu beobachtendes gegenständliches Geschichtsverständnis widerspiegelt, in dem Daten und Fakten vor allem in chronologischer Reihenfolge zur Einordnung wichtiger Ereignisse eine Rolle spielen. Deutungszuschreibungen zu selbigen bzw. deren Einbettung in spezifische Sinnzusammenhänge sind hingegen für die Schüler nicht von Belang:
Julia: Man sollte wenigstens wissen wie der Ablauf sag ich mal ist, dass es den Ersten Weltkrieg gab, dann Zweiten Weltkrieg, dann und so weiter halt, dass man so bissl ne Reihenfolge wenigstens hat.[23]

---

20 Transkript Großenhain (1), 6. 12. 2012, Z. 55–66. Alle verwendeten Namen sind Pseudonyme.
21 Transkript Weinböhla, 8. 11. 2012, Z. 148–150.
22 Transkript Großenhain (2), 1. 3. 2013, Z. 155–160.
23 Transkript Weinböhla, Z. 684–686.

Was in der obigen Sequenz darüber hinaus anklingt und immer wieder auftaucht, ist ein subjekt- und gefühlsorientiert ausgerichtetes Zugreifen auf Geschichte.[24] Da es für die jungen Menschen eine große Rolle spielt, nachvollziehen zu können, wie bestimmte Ereignisse und Gegebenheiten im Leben der Menschen – und besonders in dem ihrer Eltern, Großeltern und Verwandten – spürbar waren, entfalten die familiären Überlieferungen als Bezugspunkt eine spezifische Relevanz. Denn neben der genuinen emotionalen Wirkmächtigkeit bedienen sie qua ihres unmittelbar lebensweltlichen Bezugs sehr stark das auf Personen und Emotionen abzielende Geschichtsverständnis der Schüler. Aus Sicht politisch-historischer Bildung fordert die von ihnen gelobte Anschaulichkeit der (groß-)elterlichen Erzählungen allerdings jenen Tribut, dass hierin politikgeschichtliche Bezüge bzw. strukturelle oder normative Betrachtungen keinen Platz finden – jedoch werden diese auch von den Schülern selbst nicht in Ansatz gebracht.

Marie: Eigentlich finde ich das mit am wichtigsten was die Eltern erzählen, weil das macht vielleicht, also bei mir selber am meisten Eindruck sag ich jetzt mal, weil man da ja am nächsten dran ist. (*schmunzelt*)

Anton: Es ist halt glaube ich auch anschaulicher, Geschichtsunterricht klar haben wir jetzt die Bücher und die Lehrer erzählen uns was, aber bei unseren Lehrern sind wir halt-/ äh bei unseren Eltern sind wir halt ja-/ oder Familie insgesamt, sind wir glaub doch näher, also wir sind ja sowieso näher zu den-/ zu unseren Eltern als zu den Lehrern und dass wir das dann auch mehr verstehen oder uns das mehr erklärt wird und ja.

Pascal: Es ist nachvollziehbarer, wenn einem das die Eltern erklären

Anton: ja genau

I: Ok, warum nachvollziehbarer? Könnt ihr mal versuchen(?)

Pascal: weil man sich das dann besser vorstellen kann, wenn's einem die Eltern halt so erklären ‚Ja hier ich mit der hier Tante nochwas, sind wir dahingegangen, da haben wir das gesehen' und so weiter, da kann man sich das dann visuell auch besser vorstellen.[25]

Richard: An dem und dem Tag ist das passiert und das passiert, das lernt man eben in Geschichte, die erzählen eben so wie sie sich gefühlt haben dort, wie denen das alles vorgekommen ist.[26]

---

24 Vgl. hierzu auch Matthias Martens: Implizites Wissen und kompetentes Handeln. Die empirische Rekonstruktion von Kompetenzen historischen Verstehens im Umgang mit Darstellungen von Geschichte, Göttingen 2010, S. 311; Hilke Günther-Arndt, Historisches Lernen und Wissenserwerb, in: dies. (Hrsg.), Geschichts-Didaktik. Praxishandbuch für die Sekundarstufe I und II, 4. Aufl., Berlin 2009, S. 23–47, hier S. 28/29.
25 Transkript Zittau, 6.11.2013, Z. 209–228.
26 Transkript Weinböhla, Z. 705–708.

Im Hinblick auf den Umgang mit familiären und schulischen Darstellungen kommt zum Tragen, dass sich die befragten Oberschüler die unterschiedlichen Betrachtungen von DDR-Geschichte nur unzureichend erklären können. Im Grunde ist ihre Antwort auf das „Wie" der Unterschiede auch ihre Erklärung für das „Warum" – hier geht es um eigenes Erleben, dort um Fakten bzw. „allgemeine" Sichtweisen:

Martin: Na in der Familie würd ich denken bringt man die Gefühle noch mit rein, weil man das ja richtig selber erlebt hat alles und in der Geschichte ist äh was wir in der Schule machen ist das dann Fakten, Fakten, Fakten, also wird alles runtergerasselt und keine Emotion noch mit reingepackt, würd ich jetzt so denken.[27]

Ein aus fachwissenschaftlicher Sicht angemessener Umgang mit verschiedenen Darstellungen von DDR-Geschichte bestünde zuvorderst in deren Dekonstruktion, also im Herausstellen und Hinterfragen der jeweils zugrunde liegenden Vergangenheitspartikel sowie der enthaltenen Deutungs- und Sinnzusammenhänge.[28] Demgegenüber tragen die Befragten an ebenjene die Annahme bzw. Erwartung heran, hierin „fertige" historische Wirklichkeiten vorzufinden, die sie dann – im Sinne ihres zweifelsohne erkennbaren Bemühens um ein komplexes Verstehen – gleichsam additiv zu ihrem DDR-Bild zusammensetzen:[29]

Jens: Ja, und es ist halt wichtig, denke ich auch gerade zu fragen und sich verschiedene Meinungen zu bilden von-/ von mehreren (.) von Geschichtslehrern, von Eltern, von allen.[30]

Ines: Ich denk auch, dass es halt-/ dass beide Seiten so wichtig sind, weil man halt mehreres erzählt bekommt, dass man sich nicht nur auf eine Sache versteift.[31]

Für die Schüler selbst entfaltet dieses Vorgehen solange keine Virulenz, wie sie zueinander nicht widersprüchlichen Darstellungen begegnen. Tauchen allerdings Differenzen oder Gegensätzlichkeiten auf – und zwar in Bezug auf die (groß-)elterlichen Erzählungen als Referenz –, sehen sich die Lernenden ob des Fehlens eines multi- oder mehrperspektivischen Zugriffs auf Geschichte dazu angehalten, diese Unterschiede in den Kategorien „richtig" und „weniger richtig" bzw. qua einer Gewichtung von Glaubwürdigkeit zu verarbeiten. Als je weniger ausschlaggebend

---

27 Transkript Großenhain (2), Z. 186–189.
28 Vgl. Andreas Körber/Waltraud Schreiber/Alexander Schöner (Hrsg.), Kompetenzen historischen Denkens. Ein Strukturmodell als Beitrag zur Kompetenzorientierung in der Geschichtsdidaktik, Neuried 2007.
29 Vgl. hierzu auch Martens, Implizites Wissen, S. 291.
30 Transkript Großenhain (1), Z. 587–599.
31 Transkript Weinböhla, Z. 307–309.

die Unterrichtsinhalte für das eigene DDR-Bild erachtet werden bzw. je größer die Wirkmächtigkeit der familiären Erzählungen ausfällt, desto leichter scheint ein solcher Entschluss zu sein – wobei es sich hier jedoch um keine den Schülern in diesem Sinne bewusste Entscheidung handelt:

Michael: Aber im Geschichtsunterricht wird eigentlich nicht immer so das besprochen, was wirklich wichtig war (.) und ich glaub auch nicht, dass da immer so die hundertprozentige Wahrheit dabei ist als wenn man jetzt mit den Eltern darüber redet, die da wirklich im Geschehen drin waren, die zum Beispiel auch den Mauerfall live erlebt haben.[32]

Doreen: Man hört's im Geschichtsunterricht, da war's so und so, und die and-/ Eltern sind komplett vom Gegenteil überzeugt, und erzählen das so und so und dass dann halt ähm (.) was nun wirklich richtig oder falsch ist, ist dann für uns (.) also eher zu Geschichtsunterricht, aber natürlich glauben wir auch unseren Eltern und das ist dann, das sind so Gegensätze, die die für uns vielleicht auch dann noch schwerer zu verstehen sind.[33]

Diese Form des Verarbeitens der Differenzen[34] mündet auch darin, dass „Ungenauigkeiten" des Geschichtsunterrichts anhand familiärer Erzählungen herausgestellt, angemahnt und „korrigiert" werden. So weiß etwa Jens zu berichten, dass entgegen anderslautender und ihm bekannter Darstellungen nicht jeder, der über die Mauer wollte, sofort erschossen worden sei. Dieser (in der Tat sachlich nicht korrekten) Wahrnehmung stellt er die Erzählungen seines Vaters entgegen, der bei den Grenztruppen stationiert war. Allerdings spielen für ihn wie auch für seine Mitdiskutanten im Zuge dieser „Korrektur" normative Erwägungen keine Rolle: Was ist denn angesichts der Motive und Umstände des Mauerbaus überhaupt von Existenz und Wirken der Grenztruppen zu halten? Während ein solcher Bezugsrahmen im kulturellen Gedächtnis evident ist, ergibt sich für Jens, der hier die Schilderungen seines Vaters schlicht reproduziert, ein vollkommen anderer – nämlich jener der Schwierigkeit, die Flüchtenden aus großer Entfernung ins Bein zu treffen, wie schmunzelnd (!) festgestellt wird:

Jens: Weil vieles ja erzählt wird, wie über die Mauer, dass jeder sofort erschossen wurde, der da hinkam. Ich kenn's bloß von meinem Vati, der war bei den Grenztruppen in ner Einheit und der wusste ganz genau was da Ba-/ äh Befehle abgingen

---

32 Transkript Großenhain (1), Z. 87–91.
33 Transkript Weinböhla, Z. 322–327.
34 Unterschiedliche Darstellungen aus dem familiären Umfeld können sich die Schüler noch halbwegs plausibel mit unterschiedlichen sozialen oder beruflichen Werdegängen erklären. Innerhalb des kommunikativen Gedächtnisses geht es jedoch um keine strukturell verschiedenen Zugriffe.

(...) äh und da wurde nicht jeder erschossen. Da hieß es zum Beispiel erstmal, dass man äh einen Warnschuss geben muss, dass man ruft (.) dass Signale abgefeuert werden, und wenn man dann nicht gehört hat, dann sollte man auf's Bein schießen. Aber von 30 Meter Entfernung auf'n Bein schießen (...) muss man erstmal treffen. (*Schmunzeln*)
Michael: Das stimmt.[35]

Schlussfolgerungen

Was den geneigten Leser kaum überrascht, sei dennoch erwähnt: Die Behauptung, ostdeutsche Schüler wüssten wenig über die DDR, führt in die Irre. Angemessener ist die Diagnose, dass deren Vorstellungen auffällig begrenzte Schnittmengen mit dem Bild des „Arbeiter- und Bauernstaates" im öffentlichen Erinnern aufweisen[36] – wobei es sich bei dieser semantischen Neujustierung um mehr als nur Verbalkosmetik handelt. Fraglos und unbedingt gilt es zu problematisieren, dass die Schüler in ihren Darstellungen der DDR nur selten jene kritisch-normative Erwägungen in Ansatz bringen, wie sie im kulturellen Gedächtnis vorherrschen. Nichtsdestoweniger ist es unzulässig, diese Diskrepanz zwischen privater und öffentlicher Erinnerung damit gleichzusetzen, die jungen Menschen wüssten nur wenig über die DDR. Einerseits suggeriert eine solche Argumentation, man könne ein „falsches" DDR-Bild durch ein „richtiges" ersetzen, womit sie sich „über pädagogische wie geschichtsdidaktische Einsichten und Theorien nonchalant hinweg[setzt]".[37]

Als aufschlussreich erweist sich zudem die Wahrnehmung der Lernenden: In der Regel empfinden sie die Kombination von (groß-)elterlichen Erzählungen und schulischen Inhalten, mithin von lebensweltlichen Schilderungen und politischen Zusammenhängen, als Informationsvorteil gegenüber Schülern aus nicht DDR-sozialisierten Elternhäusern. Allerdings legen die Lernenden diesen in einem rein quantitativen Sinne eines größeren Wissens aus – Überlegungen, dass hierbei zwei strukturell verschiedene Zugriffe auf DDR-Geschichte zum Tragen kommen, stellen sie nicht an. Dieses fehlende bzw. durch den Unterricht nicht evozierte Verständnis von Perspektivität kristallisiert sich dann darin, dass widersprüchliche Darstellungen qua einer Gewichtung von Glaubwürdigkeit aufgelöst werden, wobei

---

35 Transkript Großenhain (1), Z. 128–137.
36 Vgl. auch Moller, Anmerkungen, S. 140.
37 Heidi Behrens, Zu komplex, zu kontrovers, zu fern? Leerstellen und Perspektiven außerschulischer Bildung an Orten der DDR-Geschichte, in: Handro/Schaarschmidt, Aufarbeitung der Aufarbeitung, S. 71–83, hier S. 82.

den jungen Menschen die für sie wirkmächtigen familiären Überlieferungen als Referenz gelten. Auch die abschließende Betrachtung ist mitnichten neu, soll hier jedoch mit Blick auf meine Befunde und angesichts der Simplifizierungen in der öffentlichen Debatte á la „Verklärung statt Geschichtswissen"[38] nochmals dezidiert akzentuiert werden: Solange es im Zuge von Vermittlungsprozessen nicht gelingt, das seitens der Lernenden „mitgebrachte", stark subjekt- und gefühlsorientiert ausgerichtete Geschichtsverständnis derart auszudifferenzieren bzw. zu modifizieren, dass es sinnhaft an normative Betrachtungsweisen anschlussfähig wird – und umgekehrt! –, bringt ein Mehr an politikgeschichtlichen Inhalten wenig. Ohne Zweifel sind diese einem differenzierten DDR-Bild nicht abträglich, zumal wenn, wie mehrfach zu beobachten, die Schüler auch jene Daten kaum kennen, die sie selbst als wichtig erachten. Doch solange es an einem Bewusstsein von Perspektivität bzw. für den Konstruktcharakter von Geschichte als jenem Rahmen fehlt, in den diese Kenntnisse eingebettet werden könnten, wird sich die ohnehin wahrgenommene Diskrepanz zwischen familiären und schulischen Darstellungen nur noch weiter manifestieren. Diesbezüglich war zudem mein Eindruck, dass die von den Schülern geschilderten Widersprüche anderweitig noch nicht, oder zumindest nicht nachhaltig, thematisiert und erörtert worden wären.[39] Dabei böte doch gerade der Geschichtsunterricht jenen Ort, an dem „die Vernetzungen und Divergenzen zwischen geschichtswissenschaftlichen Deutungen, geschichtskulturellen Interpretationen und den Geschichten der Mitlebenden als Lernchance und nicht als Lernhemmnis"[40] aufgegriffen und „diese Deutungen in *exemplarischen* Zugriffen zusammengeführt und aufeinander bezogen werden können".[41]

---

38 Vgl. http://www.erziehungstrends.net/Ostdeutsche/Geschichte/Wissen [2. 8. 2015].
39 Vgl. auch Moller, Anmerkungen, S. 150.
40 Saskia Handro, Die „richtige" Geschichte der DDR. Überlegungen zum Verhältnis von Zeigeschichte und historischem Lernen, hier S. 17, bildungsserver.berlin.brandenburg.de/fileadmin/bbb/unterricht/faecher/gesellschaftswissenschaften/geschichte/pdf/Realitaet_ueberholt_Phantasie.pdf [2. 8. 2015].
41 Ebenda (Hervorhebung im Original).

Rahmenbedingungen des zeithistorischen Lernens

Heidi Behrens · Norbert Reichling

Anschauung – Unmittelbarkeit – Irritation
Außerschulisches Lernen an Orten deutscher Zeitgeschichte nach 1945

„Das kulturelle Gedächtnis, das für die Zukunft gesichert wird, ruht nicht nur in Bibliotheken, Museen und Archiven, es ist auch in Orten verankert […] man muss reisen, um diese Qualität des Gedächtnisses – im Wortsinne – zu erfahren."[1] Die Annahme, solche Orte leiteten „ihre besondere Bedeutung aus ihrem topografischen Authentizitätscharakter und ihrem historischen Gewicht als Täter- bzw. Opferorte ab",[2] ist populär; sie findet Eingang in Curricula, Gedenkreden und professionelle Reflexionen. Außerschulisches Lernen, auf das wir uns hier konzentrieren, nutzt und reflektiert diese „Authentizität" auf vielerlei Weisen.

Wir nehmen einen nicht nur quantitativ erheblichen Bildungsbereich außerhalb der Schule in den Blick, das heißt die plural organisierte politische Jugend- und Erwachsenenbildung, die – insbesondere wenn es um Geschichtsvermittlung geht – nicht nur mit Schulen und Ausbildungsstätten, sondern ebenso mit den öffentlich oder bürgerschaftlich getragenen Erinnerungsorten kooperiert.

Entstehung, Formgebung und Wirkung möglicher Lernorte können höchst divers sein: Tatorte historischer Großverbrechen, Trauerorte, Schauplätze der (Zeit-)Geschichte, Orte, an denen sich Machtstrukturen oder epochale Weichenstellungen vergegenständlichen, Museen, Originalbauten und Rekonstruktionen, mehrfach überschriebene, durch Ausstellungen und Kommentar gedeutete, auratische und nüchterne Orte, Orte der „Doppelgeschichte" (NS- und SED-Diktatur). Auch mit begrifflicher Vielfalt ist umzugehen: Die Handelnden sprechen nicht nur von Lernorten, sondern ebenso von Gedenkstätten, Geschichtsorten, Dokumentationsstätten, Museen, Erinnerungsorten usw.[3]

---

1 Aleida Assmann, Der lange Schatten der Vergangenheit, München 2006, S. 217.
2 Empfehlungen der Expertenkommission zur Schaffung eines Geschichtsverbundes „Aufarbeitung der SED-Diktatur", 15. 5. 2006, S. 12: http://www.zeitgeschichte-online.de/material/empfehlungen-der-expertenkommission-zur-schaffung-eines-geschichtsverbundes-%E2%80%9Eaufarbeitung [5. 2. 2017].
3 Zur Begrifflichkeit Ulrich Borsdorf/Heinrich Theodor Grütter (Hrsg.), Orte der Erinnerung. Denkmal, Gedenkstätte, Museum, Frankfurt a. M. 1999.

Multifunktional: Einige Zuschreibungen

Dies unterstreicht: Lernorte sind sehr verschiedenen Logiken ausgesetzt; sie folgen geschichtspolitischen, pädagogischen bzw. andragogischen, zivilgesellschaftlichen Impulsen. Die Gedenkstättenpädagogik etwa hat sich seit dem nachholend-aufklärenden Mahnen der 1980er-Jahre zu teilnehmer/innen-orientierten, multiperspektivischen und partizipativen Lernarrangements weiterentwickelt, in denen mediale Prägungen, Familiengeschichten, Vorwissen, forschendes Lernen anhand eigener Fragen eine große Rolle spielen. Ungeachtet des in den Institutionen zumeist waltenden pädagogischen Realismus sieht sich diese Profession wiederholt mit der Erwartung konfrontiert, ein „eindrucksvoller" Gedenkstättenbesuch könne für sich genommen schon grundstürzende Erkenntnisse und Verhaltensänderungen auslösen.

Als Bündnispartnerin differenzierterer Sichten kann die Geschichtsdidaktik gelten: Sie insistiert einerseits auf planmäßigen Lernprozessen (einschl. Vor- und Nachbereitung) und fragt andererseits nach dem Spezifischen der Ortserkundung: „Multisensorische Lernorte" bieten motivierende Zugänge, aber nicht etwa zu „Ursprünglichem" und „Authentischem", sondern zu neuen Fragen, insbesondere an weitere Quellensorten. Damit können Lernorte unter anderem zur Entwicklung von Methodenkompetenzen genutzt werden.[4] Experimente der außerschulischen Bildungsarbeit haben hier häufig Schrittmacherfunktion für die schulische Arbeit, und Kooperationen werden inzwischen auch von den Bildungsministern der Länder für nützlich erachtet.[5] Für Erwachsenenbildung an Lernorten gilt, dass Vorwissen und Vormeinungen eine größere Rolle spielen, dass also die „Meta-Information" über Entstehung und Veränderung solcher Lernumgebungen bedeutsamer sein können, dass außerdem Freiwilligkeit und flanierendem Lernen ein höherer Stellenwert als bei jüngeren Lerngruppen zugeschrieben wird.

Ausschlaggebend für erweiterte Perspektiven auf geschichtliche Lernorte waren die Geschichts- und Kulturwissenschaften: Sie haben mit dem Konzept der „Erinnerungsorte" darauf hingewiesen, wie neben materiellen Überresten der Geschichte kulturelle Zeichen und Formeln zu Speichern unserer Geschichtsverständnisse geworden sind. Charakteristisch für diese Diskussionen ist ein konstruktivistischer, von Deutungsvarianzen bestimmter Blick auf die Entstehung und Überformung

---

4 Vgl. Christian Kuchler, Historische Orte im Geschichtsunterricht, Schwalbach/Ts. 2012, S. 32 ff.
5 „Eine regelmäßige Zusammenarbeit mit außerschulischen Partnern fördert vertieftes Lernen", siehe Ständige Konferenz der Kultusminister der Länder in der Bundesrepublik Deutschland, Erinnern für die Zukunft. Empfehlungen zur Erinnerungskultur als Gegenstand historisch-politischer Bildung in der Schule (Beschluss der KMK vom 11. 12. 2014), S. 6, http://www.kmk.org/fileadmin/pdf/PresseUndAktuelles/2014/2014-12-11-Empfehlung_Erinnern_fuer_die_Zukunft.pdf [5. 2. 2017].

unserer Geschichtsbilder, unterschieden werden zudem Verläufe – von der individuellen Erinnerung über das kommunikative, noch halbwegs fluide zum kulturellen Gedächtnis[6] einer Epoche. Solche Ansätze akzentuieren die schlichte Wahrheit: Jedes räumliche Zeugnis der Vergangenheit muss als „Palimpsest" gelesen werden.

Bildungs- und Geschichtspolitik sind aus ihren Rollen heraus mehr als andere Akteure auf klare normative und menschenrechtliche Lehren aus „der" Geschichte orientiert. Diese geben eine Legitimation, Lernorte zu unterhalten und zu fördern; die Produktion von Ungewissheiten wird in dieser Sphäre trotz differenzierter Bekundungen[7] weniger geschätzt.

Galt es vor ein bis zwei Jahrzehnten noch als Tabu, Touristinnen und Touristen als Nutzer dieser Orte zu berücksichtigen, so spielen sie an manchen Hotspots der Geschichtskultur (wie in Berlin), wo sie auch in großer Zahl „Schattenorte"[8] besuchen, inzwischen eine nicht zu übersehende Rolle. Erlebnis, Sichtbarkeit, autonome Aneignung können als ihre spezifischen Erwartungen angesehen werden.

Bildungsaktivitäten außerhalb der „Klassenräume" sind in der Regel von einer reformpädagogischen Idee grundiert, andere, lebendigere Formen der Realitätsaneignung sowie didaktische Vielfalt zu ermöglichen. Verschiedene Etiketten für solche Unterfangen verweisen auf diese Implikationen: Mit dem Terminus „Erkundung" etwa wird das die Lernenden aktivierende Moment unterstrichen, „entdeckendes" und „forschendes Lernen" betonen die Prozesshaftigkeit. Die Formel „Lernen vor Ort" macht deutlich, dass es um Anschauung und direktere Zugänge gehen soll, das „Lernen am anderen Ort" deutet den Ortswechsel als „Erlebnisqualität" an. Der schulrechtliche Begriff des „Unterrichtsgangs" betont die enge Verbindung mit dem formalen Lernen.[9]

In den Lerntheorien der Erwachsenenbildung begegnet uns die Hoffnung auf ein Lernen *en passant* – das betont Beiläufigkeit und Mühelosigkeit der angestrebten Lernprozesse. Die in diesem Rahmen unternommenen Studienreisen mit historischem Schwerpunkt legen im Kontrast zu Erholungsreisen Wert auf einen ernsthaften Lehr-Lern-Prozess, auf Dialog und Auseinandersetzung „vor Ort".

---

6   Dieser Singular ist insofern missverständlich, als er Vorstellungen eines einheitlichen Verständnisses evozieren kann und zudem unberücksichtigt lässt, dass im Fall der DDR kommunikatives und kulturelles Gedächtnis zeitgleich existieren.
7   KMK, Erinnern für die Zukunft, S. 7 f.
8   Hanno Hochmuth, Die Attraktion der Schattenorte, in: Der Tagesspiegel, 13. 2. 2015; Reflexionen dazu auch in Justus H. Ulbricht, Schwierige Orte. Regionale Erinnerung, Gedenkstätten, Museen, Halle 2013.
9   Diese Begriffe und Praktiken sind in einem weiten Spektrum von formell organisierten, non-formalen und informellen Bildungsaktivitäten angesiedelt, wir konzentrieren uns eher auf die sogenannten non-formalen, aber durchaus intentionalen Seiten.

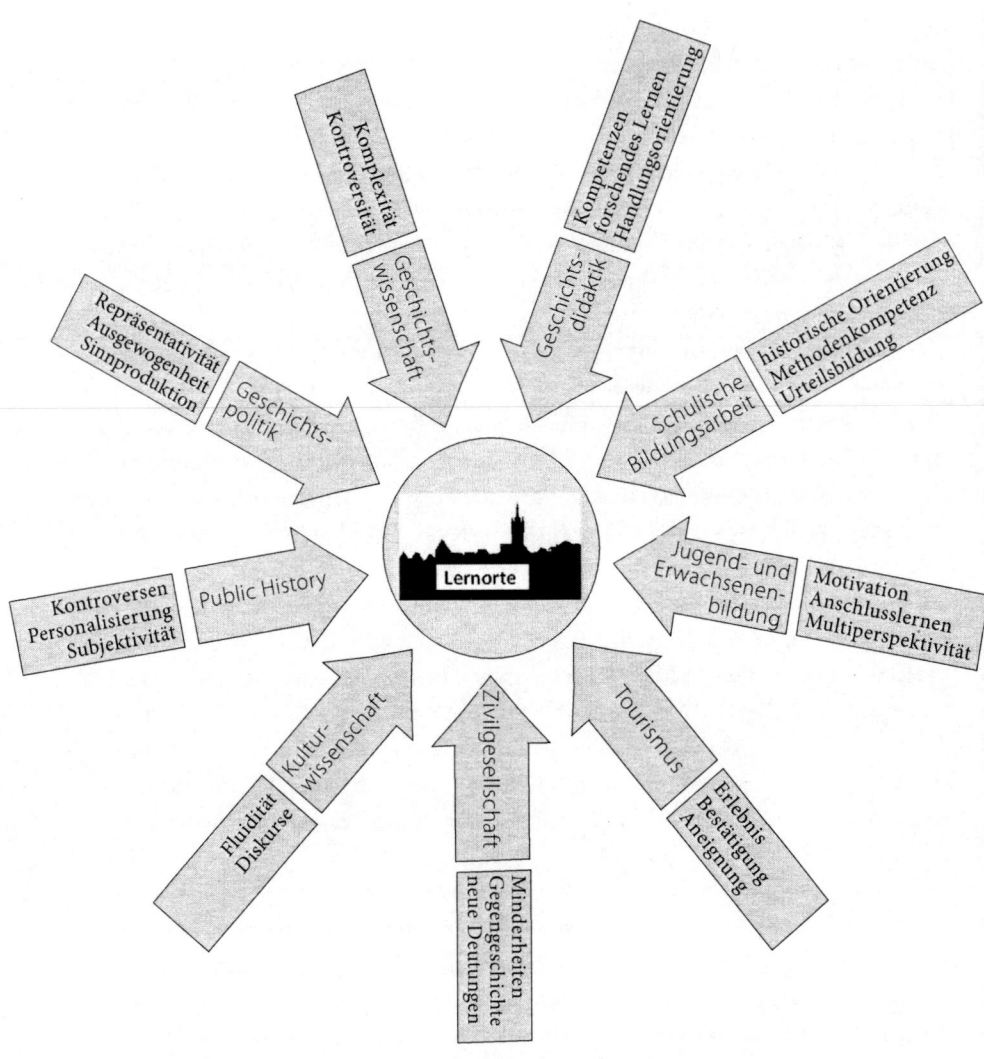

Fachlliche und gesellschaftliche Impulse und Zuschreibungen für Lernorte

Umstritten: Ein Rückblick auf Geschichts-Lernorte

Geschichts-Lernorte zur NS-Zeit, die über Gedenkzeichen hinausgehen, also Orte mit Ausstellungen und Personal, waren in der frühen Bundesrepublik wie in der frühen DDR dünn gesät: Um 1960 begannen erste Etablierungen in beiden deutschen Staaten. Vielfältiger gestaltete sich das Bild seit den 1980er-Jahren, insbesondere im Westen. Im Gefolge geschichtswissenschaftlicher und politischer Blickerweiterungen kam es zu einem neuen Interesse an verschütteten Traditionen der deutschen Geschichte, also an Marksteinen demokratischer Entwicklung. Dieser Gegengeschichte „von unten", im Kontext der Neuen Sozialen Bewegungen situiert, gelang es in den 1980er- und 1990er-Jahren zugleich, NS-Gedenkstätten in vielen Regionen der Bundesrepublik durchzusetzen. Alltag, Biografie und Oral History wurden in dieser Phase langsam zu anerkannten museologischen und Gedenkstätten-Perspektiven. Die seit 1982 „von oben" betriebene Gründung eines Bonner „Hauses der Geschichte der Bundesrepublik" und seit 1987 eines Deutschen Historischen Museums in Berlin galt vielen Beobachtern lange als Kontrollversuch der Regierung Kohl und Symbol einer „positiven", Verbrechen relativierenden nationalen Traditionsbildung.[10]

Mit dem Ende der DDR stellten sich gänzlich neue Fragen: zum einen die nach der Umgestaltung der dort betriebenen NS-Gedenkstätten, zum anderen aber nach den Orten, an denen über den Charakter der SED-Diktatur aufgeklärt werden kann. Die Lernorte zur DDR-Geschichte sind wiederum anfangs zumeist aus bürgerschaftlichem Engagement entstanden, an ehemaligen Haftorten und Stätten der Repression zumal. Mit diesen Funktionen waren die Orte auf relativ strikte Botschaften festgelegt; sie bewegten sich überdies – insbesondere an Stätten aufeinanderfolgender Geschichte von NS- und DDR-Repression – in einer Konkurrenz zum Gedenken an die Opfer des Nazi-Terrors. Die Landschaft dieser Lernorte in den östlichen Bundesländern hat seither eine enorme Ausdifferenzierung erfahren, viele der Stätten haben sich pädagogisch, wissenschaftlich und ausstellungsdidaktisch professionalisiert – hin zum Typus der „arbeitenden Gedenkstätte", die, wie andere Gedenkstätten zuvor, der widersprüchlichen Vielfalt ihrer Funktionen gerecht wird. Doch im Großen und Ganzen blieben sie (mit großer politischer Unterstützung) ein „Gegengedächtnis" zum gesellschaftlich-mehrheitlichen Diskurs in Ostdeutschland, sprich zum „Arrangementgedächtnis",[11] das Skepsis zeigt

---

10 Vgl. z. B. Edgar Wolfrum, Geschichtspolitik in der Bundesrepublik Deutschland 1949–1989, in: Petra Bock/ders., Umkämpfte Vergangenheit, Göttingen 1999, S. 55–81, hier S. 73 ff.
11 Das Arrangementgedächtnis „teilt mit dem Diktaturgedächtnis viele Orte, aber es verknüpft zugleich andere Erinnerungen mit ihnen". Martin Sabrow, Die DDR erinnern, in: ders. (Hrsg.), Erinnerungsorte der DDR, München 2009, S. 19.

gegenüber den Kategorisierungen der Erinnerungslandschaft. Als Ergebnis kann mancherorts eine arbeitsteilige Institutionenszene beobachtet werden, die außerordentlich differenziertes Lernen im Horizont von Alltag und Herrschaft erlaubt.

Noch zu wenig diskutiert wurden in dieser Entwicklung die Folgen für das pädagogische Handeln: Ist das Indoktrinationsversuche abwehrende Überwältigungsverbot an Stätten des Staatsterrors uneingeschränkt gültig? Und mit der öffentlichen Förderung vieler Geschichtsorte intensivierte sich diese Problematik: Welchen Raum erhalten Kontroversen um die Legitimität politischer Verdikte wie „Unrechtsstaat", sollten diese Orte und die dort Arbeitenden ambivalente oder ignorante Urteile unter der Maxime der Ergebnisoffenheit tolerieren?

Man kann konstatieren, dass zwei „Gegenerzählungen" – die der „alten BRD" und die der frühen Berliner Republik – wirksam wurden: im ersten Fall mit der Folge einer allmählichen Etablierung des „negativen Gedenkens" in der Mitte der Gesellschaft, im zweiten als noch andauernde Kontroverse um ein DDR-Gedächtnis in Bewegung, „das täglich neu verhandelt wird".[12] Der Pluralismus der Forschungen und Deutungen lässt eine ausschließlich oppositionelle Verortung nicht mehr zu, alle Wissensspeicher sind der Frage nach ihren spezifischen Beiträgen ausgesetzt.[13]

Anspruchsvoll: Pädagogische Potenziale von Lernorten

Die außerschulische Bildung lässt sich, was das praktische Entfalten von Lernpotenzialen an historischen Orten betrifft, nicht nur von der (schulischen) Geschichts- und der Politikdidaktik leiten. Unterstützend wirken die langjährigen Erfahrungen des außerschulischen Feldes selbst, also Anregungen beispielsweise aus dem Arbeitskreis deutscher Bildungsstätten und anderer Dachverbände. Impulse gehen auch von der Gedenkstätten- und der Museumspädagogik aus sowie von einigen Landeszentralen und der Bundeszentrale für politische Bildung, von der Bundesstiftung zur Aufarbeitung der SED-Diktatur, dem Bundesbeauftragten und den Landesbeauftragten für die Stasi-Unterlagen.

---

12 Sabrow, Die DDR erinnern, S. 20.
13 Ausführlicher zu diesen Prozessen: Martin Sabrow/Rainer Eckert/Monika Flacke (Hrsg.), Wohin treibt die DDR-Erinnerung?, Göttingen 2007; Bert Pampel, Gedenkstätten zur Erinnerung an die Opfer politischer Gewaltherrschaft und die Erweiterung des Gedenkstättenbegriffs in der Gegenwart, in: Anne Bohnenkamp/Constanze Breuer/Paul Kahn u. a. (Hrsg.), Häuser der Erinnerung, Leipzig 2015, S. 305–331; siehe auch „Aufarbeitung und Geschichtsdebatten" auf einer Website des Bildungswerks der Humanistischen Union: http://www.ddr-geschichte-vermitteln.de/aufarbeitung-und-geschichtsdebatten/.

Zu den Themen DDR- und deutsche Nachkriegsgeschichte hat dieser Bildungsbereich, häufig im Rahmen von eigens finanzierten Projekten anlässlich wichtiger Jahrestage, zahlreiche pädagogisch einfallsreiche Zugänge entwickelt. In Ankündigungen und Berichten kann man das Experimentieren mit forschendem und selbsttätigem Lernen an „Gedächtnisorten", im Stadtraum oder an „wilden" Orten wie den Bunkern des Kalten Krieges wahrnehmen.[14] Die beteiligten Multiplikatorinnen und Multiplikatoren setzen im Sinne der oben skizzierten Zuschreibungen auf „auratische" Effekte, und sie gestalten vielfach werkstattähnliche Arrangements. Jugendliche und erwachsene Lernende erleben sich darin in wechselnden Rollen, als Experte, Beobachter, Forscher, Handelnder, Diskursteilnehmer und anderes mehr.[15]

Die außerschulische Bildung folgt dabei spezifischen Konditionen: Ihre Teilnehmenden müssen ausdrücklich eingeworben oder, im Fall von Schulkooperationen, vor Ort mit interessanten Settings, mit Medien und Fragestellungen „gewonnen" werden. Lernende suchen außerschulische Orte mit bestimmten Erwartungen auf, die nicht nur in der Einstiegssituation relevant werden: Sie möchten Geschichte am Ort des Geschehens „nachempfinden", Anschaulichkeit erfahren, die Sprache der steinernen Relikte verstehen, sie wollen angeregt und nicht zuletzt unterhalten werden. Pädagoginnen und Pädagogen berücksichtigen zum einen, was unterschiedliche Zielgruppen erhoffen, zum anderen, was diese an Vorwissen und familiär überlieferten Geschichtsbildern mitbringen. Sie sind aber gleichermaßen dem Lerngegenstand verpflichtet, an Orten der deutschen Teilung und der Repression besonders den dort repräsentierten (Leidens-)Erfahrungen. Pädagogisches Handeln setzt deren Kenntnis und die Bereitschaft zu ergebnisoffenen Lernwegen voraus. Denn historische Orte bieten verglichen mit schulischen Lernbedingungen einen ungleich größeren Vorrat an Auseinandersetzungsmöglichkeiten, an Formen der Vermittlung und der Aneignung. Eine immer wieder zu modifizierende *Passung* dieser Bedingungen – je nach Alter, Zielgruppe, Lernanlass, Thema, Ort, Zeitrahmen – gehört zu den professionellen Routinen der Bildne-

---

14 Unsere Anschauung beruht auf Veranstaltungen, Programmanalysen und Internetrecherchen seit ca. 2003, siehe u. a. Heidi Behrens/Andreas Wagner (Hrsg.), Deutsche Teilung, Repression und Alltagsleben. Erinnerungsorte der DDR-Geschichte, Leipzig 2004; Heidi Behrens/Paul Ciupke/Norbert Reichling (Hrsg.), Lernfeld DDR-Geschichte, Schwalbach/Ts. 2009, S. 347 ff.; Bildungswerk der HU/Zeitpfeil Studienwerk Berlin-Brandenburg: Zeitzeugenarbeit zur DDR-Geschichte, Essen 2012, S. 66 ff. Wir nehmen wahr, dass in Verbindung mit Jahrestagen initiierte Projekte weniger verstetigt wurden, als dass einzelne Themenaspekte und Lernformen in kontinuierliche Bildungsarbeit eingeflossen sind.
15 Vgl. Paul Ciupke, Lernform, außerschulische, in: Georg Weißeno u. a. (Hrsg.), Wörterbuch politische Bildung, Schwalbach/Ts. 2007, S. 206–214, hier S. 212.

rinnen und Bildner. Von diesen ist hier schließlich taktvoll-ernsthaftes Moderieren häufig schwieriger Diskussionen gefordert; ihr Auftreten wird von den Lernenden nämlich auch bewertet im Sinne glaubhafter demokratischer Geschichtsarbeit.

Historische Orte sind aufs Engste verbunden mit Möglichkeiten „multisensorischen" Lernens, das heißt dem Berühren und Erkunden des historischen Ortes als eigene Qualität; in geschichtsdidaktischer Terminologie wird über die Sinnesorgane die Wahrnehmungs- und zugleich die Erschließungskompetenz gefördert.[16] Eine haptische Annäherung an Orte hat sich auch ohne dezidierte Kompetenzorientierung als lernförderlich erwiesen; die Neugier auf Unbekanntes stellt sich bei Lerngruppen hauptsächlich über die Anmutung des Originalen her und zeigt wenig Abnutzung.

Ein weiterer sinnlicher Zugang ist, anknüpfend an die medialen Gewohnheiten jüngerer Adressatinnen und Adressaten, mit „begehbaren Hörspielen", mit Audioguides, Apps und Geocaching ins Repertoire der außerschulischen Bildung eingegangen. Beispielsweise kann das geheimdienstliche Handeln in beiden Teilen des Berliner Stadtraums crossmedial, teils individuell, teils in Gruppen wahrgenommen werden. Die Themenfelder lassen sich, etwa mittels Verknüpfungen zu anderen Ressourcen, fortwährend ergänzen: Vom Leben im ehemaligen Grenzgebiet, den Kristallisationspunkten des Widerstands gegen die Staatsgewalt bis hin zu architektonischen Zeugnissen der Lebenswelt rückt vieles auf attraktiv-anschauliche Weise näher. Diese Arrangements pointieren einmal mehr die Abkehr von der traditionellen Stoffvermittlung, sie setzen auf Selbsttätigkeit und Experimentierfreude, auf kulturelle wie soziale Fertigkeiten.[17]

Nach wie vor ist auch die Kombination von baulichen Überresten mit lebenden Zeugen der Zeit didaktisch nicht ausgeschöpft: Genaues Spurenlesen, zeitliche und andere Bestimmungen dreidimensionaler Relikte *und* mündliche Erzählungen – ergänzend, als Irritation einer „großen Erzählung" oder als konträre Perspektive – sind Etappen auf dem Weg zur Deutung der Vergangenheit. In die Erkundung eines früheren Schauplatzes können ferner Quellen, Akten, Fotos oder Tagebücher, einbezogen werden. Dass hier Recherchen im sozialen Umfeld, etwa einer ehemaligen Haftanstalt oder eines Jugendwerkhofs, sowohl zur Vervollständigung fragmentarischen Wissens als auch zu unerwarteten Fragestellungen anregen, bestätigt die Praxis. An solchen Lernorten geht es mit dem Anspruch von *doing history* nicht darum, Feststehendes weiterzugeben, vielmehr wird Imagination angeregt, werden widerstreitende und widersprüchliche Befunde zu sinnhaften

---

16 Kuchler, Orte, S. 34 ff.
17 Beispiele in Bildungswerk der HU/Zeitpfeil Studienwerk Berlin-Brandenburg, Zeitzeugenarbeit, S. 71.

Bildern zusammengesetzt und zur Diskussion gestellt. Dass alle Beteiligten dabei von Affekten beeinflusst werden, oder anders gesagt, dass sich ein „Spannungsfeld zwischen Kognition und Emotion"[18] eröffnet, unterstreicht noch, wie sehr mit Überraschendem zu rechnen ist.

Außerschulische Lernorte fungieren vor dem Hintergrund konkurrierender DDR-Gedächtnisse und der Forderung nach mehr integrierter Nachkriegsgeschichte als Laboratorien: Sie beglaubigen Vergangenheit auf mehrdeutige Weise; sie animieren zur Interpretation, und sie schaffen Gesprächsforen zum öffentlichen Umgang mit der Örtlichkeit, mit Nachnutzungen und Überformungen. In diesem Zusammenhang kann auch die „Diskrepanz zwischen offizieller Erinnerungskultur und kommunikativer Erinnerungspraxis"[19] debattiert werden – heterogene Familienüberlieferungen haben hier einen Ort.

Mehrdimensionales Lernen findet darüber hinaus in eher von Nüchternheit bestimmten Einrichtungen wie dem Deutschen Historischen Museum, den Häusern der Stiftung Haus der Geschichte der Bundesrepublik Deutschland (Leipzig, Bonn, Berlin) und den noch immer minimal ausgestatteten Archiven der DDR-Opposition statt. Hier geht die Anmutung vor allem von Objekten und schriftlichen wie fotografischen Quellen aus – diese transportieren Geschichte und müssen gleichwohl ausgelegt werden. Mit der Beteiligung von Zielgruppen an Präsentationen zeigt sich ein neues, aktives außerschulisches Feld: „Im Erlernen der Fähigkeit, historische Ausstellungen nicht nur passiv zu konsumieren, sondern aktiv zu analysieren, können Individuen dazu qualifiziert werden, historische Fragen als solche zu erkennen und selbst zu stellen."[20] Solche Bildungspotenziale der unterschiedlichen Erinnerungs- und Gedächtnisorte werden jedoch dort verkannt, wo Geschichtsarbeit linear ausgerichtet bleibt und auf Eindeutigkeit zielt.

---

18 Saskia Handro/Bernd Schönemann, Einführung, in: dies. (Hrsg.), Orte historischen Lernens, Münster 2008, S. 5.
19 Kathi Bromberger/Bert Pampel/Matthias Rosendahl, „Jetzt haben wir auch mal die schlechten Seiten der DDR gesehen." Eine empirische Studie zu Schulklassenbesuchen in der Gedenkstätte Bautzen, in: Deutschlandarchiv 42 (2009) 5, S. 863–873, hier S. 872.
20 Thomas Heese, „Hier reden die Steine". Können Steine reden? Museum und Erzählen, in: Michele Barricelli/Axel Becker/Christian Heuer (Hrsg.), Jede Gegenwart hat ihre Gründe. Geschichtsbewusstsein, historische Lebenswelten und Zukunftserwartung im frühen 21. Jahrhundert, Schwalbach/Ts. 2011, S. 140–152, hier S. 151.

Ergebnisoffen? Unzeitgemäßes und neue Perspektiven

Die außerschulische Bildung steht aber nicht nur für moderne, modellhafte Settings. Ein reflexives, das heißt tastendes, vorschnelle Urteile vermeidendes und Irritationen zulassendes Arbeitsverständnis wird nicht durchweg geteilt: Weiterhin gibt es die Praxis, Lernenden (geschichts-)politische Botschaften aufzudrängen, sie zu mahnen, sie gar mit Schreckensszenarien moralisch zu überwältigen. Dies stellt die Ansprüche von Demokratiebildung prinzipiell infrage, abgesehen davon, dass statt „richtiger" Einsichten und Haltungen Abwehr und Desinteresse erzeugt werden. Der Beutelsbacher Konsens, insbesondere das Kontroversitätsgebot und das Überwältigungsverbot, müssten, so Bodo von Borries, „gerade für das Thema BRD/DDR gelten".[21] Diese Übereinkunft westdeutscher politischer Bildner scheint im Fall der Aufarbeitung der SED-Diktatur (wie in der Anfangsphase der NS-Gedenkstätten in der Bundesrepublik) nicht generell akzeptiert zu sein: Selbst Profis nutzen immer wieder konfrontative Methoden zur Verdeutlichung des Diktatur-Charakters und setzen dafür unter anderem die Ausstrahlung „steinerner Zeugen" ein.

Die Ergebnisoffenheit, für die wir plädieren, stellt sich an überwachsenen oder „wilden" Geschichtsorten geradezu situativ her, etwa an verfallenen Grenzanlagen, früheren Betrieben oder Kulturhäusern. Neben einem Spektrum alltags-, sozial- und politikgeschichtlicher Fragestellungen drängt sich an diesen Orten auf herauszufinden, wodurch ein Schauplatz zu einem Erinnerungsort wird, und experimentell zu durchdenken, was andere hier lernen könnten.[22] Beiläufig vermag dies die nicht nur geschichtskulturelle Kompetenz zu fördern, sondern auch politisches und bürgerschaftliches Interesse.[23]

---

21 Bodo von Borries, Zwischen Katastrophenmeldungen und Alltagsernüchterungen? Empirische Studien und pragmatische Überlegungen zur Verarbeitung der DDR-(BRD-)Geschichte, in: Saskia Handro/Thomas Schaarschmidt (Hrsg.), Aufarbeitung der Aufarbeitung. Die DDR im geschichtskulturellen Diskurs, Schwalbach/Ts. 2011, S. 121–139, hier S. 136; siehe auch die Schwerpunktausgabe des Magazins Lernen aus der Geschichte vom 3. 10. 2013: http://lernen-aus-der-geschichte.de/sites/default/files/attach/lagmagazin_sonderausgabe_beutelsbacherkonsens.pdf [7. 6. 2017].
22 „Jugendliche entwickeln Bildungsmaterialien zur deutsch-deutschen Teilung" heißt es z. B. in dem Beitrag „Grenzspuren und Grenzerfahrungen", der ein komplexes Lernorte-Konzept abbildet, in: Deutscher Volkshochschul-Verband (Hrsg.), Einmischen und Mitreden. Modellkonzepte politischer Jugendbildung, Bonn 2013, S. 42–47, hier S. 43.
23 Über die kommunikative Rolle von Akteur/innen bei der Etablierung von (Gedächtnis-)Orten siehe Cornelia Siebeck, Verräumlichtes Gedächtnis. Gedenkstätten an historischen Orten: „Topolatrie" oder „Orte von Belang"?, in: Justus H. Ulbricht (Hrsg.), Schwierige Orte. Regionale Erinnerung, Gedenkstätten, Museen, Halle 2013, S. 25–42, hier S. 37.

Erinnerungs- und Geschichtsorte haben die Auseinandersetzung mit der DDR-Geschichte in den vergangenen Jahren außerordentlich belebt. Die historisch-politische Bildung konzentriert sich dabei auf Orte und Stätten in Ostdeutschland, während Lernorte in Westdeutschland in den Hintergrund treten oder völlig unbekannt sind. Ein Defizit an didaktischer Fantasie, wie die „verflochtene" deutsche Nachkriegsgeschichte einschließlich der Dimensionen des Alltäglichen zum Objekt des Interesses werden könnte, ist die Folge. Blickerweiterungen (auch in Richtung der sozialistischen „Bruderstaaten") erscheinen inzwischen als dringlich, weil das Befassen allein mit der DDR-Vergangenheit nicht selten als „schief" und „strukturell hierarchisch" (Ingrid Miethe) empfunden wird.

Veränderungen deuten sich beispielsweise in der Jugendarbeit zum Thema „Geschichtsbilder Ost-West" oder zum Umgang mit dem Nationalsozialismus in beiden deutschen Staaten (und darüber hinaus) an.[24] Besuche von Grenzmuseen erlauben naturgemäß „mehrfache" Blicke auf die Zeit der Teilung und lassen zunehmend Probleme der Transformation einschließlich gegenwärtiger, lebensweltlicher Entwicklungen nicht aus.[25]

Das DDR-Museum in Pforzheim trägt ohnehin durch seinen Standort im Südwesten zu Perspektivenverschränkungen bei. Die „geteilte" Nachkriegsgeschichte ist mehr oder weniger auch mitrepräsentiert in drei der fünf Politiker-Gedenkstätten des Bundes, und zwar in Rhöndorf, Stuttgart und Lübeck.[26] In den westlichen Bundesländern ermöglicht ferner eine Fülle von Denkzeichen im Stadtraum die erkundende Auseinandersetzung mit dem Ost-West-Verhältnis und der Zeit der Blockkonfrontation; Lernende können diese real oder virtuell aufsuchen und der

---

24 Siehe das Projekt des Bildungsteams Berlin-Brandenburg: http://bildungsteam.de/seminare/ost-west/ [7. 6. 2017] sowie Bianca Ely, Die innerdeutsche Differenzlinie Ost-West in der diversitätsbewussten Pädagogik – Beispiel internationale Jugendarbeit, in: Ansgar Drücker/Karin Reindlmeier/Ahmet Sinoplu u. a. (Hrsg.), Diversitätsbewusste (internationale) Jugendarbeit. Eine Handreichung, Düsseldorf 2015, S. 68–71.
25 Wir danken Sascha Rex, Referent für Gesellschaftspolitik und Grundsatzfragen beim DVV, für ein ausführliches Gespräch über (transformierte) Angebote zum Thema DDR-, deutsche und europäische Nachkriegsgeschichte [7. 7. 2015].
26 Ulf Morgenstern, Erinnern an Demokratie in Deutschland. Der Bericht zur Tagung der Politikergedenkstättenstiftungen des Bundes, 16. 12. 2014, http://www.willy-brandt.org/en/house-luebeck/aktuelles/archiv/meldung/erinnern-an-demokratie-in-deutschland.html [5. 2. 2017]; siehe auch das Hambacher Manifest der AG „Orte der Demokratiegeschichte" vom 1. 6. 2017, darin haben sich mehr als 30 Institutionen zusammengefunden – Frauke Kleine Wächter vom Willy-Brandt-Haus in Lübeck danken wir für die Information, wonach Workshops von ost- und westdeutschen Gruppen zu den Themen „Mauerbau – Mauerfall", Ostpolitik, politische Reden u. a. besucht werden; gemeinsame Fortbildungen für Lehrer/innen aus Schleswig-Holstein und Mecklenburg-Vorpommern finden seit 2015 statt, ebenso „grenzüberschreitende" Radtouren u. a. m. (Auskunft vom 8. 6. 2017).

alltäglichen wie kulturellen Rezeption von Zeichen und Denkmälern auf die Spur kommen.[27] Wegen des zeitlichen und finanziellen Aufwands bilden allerdings Exkursionen aus Ostdeutschland an Orte im Westen und Süden der Republik noch die Ausnahme. Und reisende Gruppen aus der alten Bundesrepublik scheinen nach wie vor auf (Ost-)Berlin als eine Art umfassendes „Open-Air-Museum" fixiert zu sein.[28]

Eine Leerstelle bleibt in diesem Zusammenhang das Thema Migration: Zwar erfährt man in einigen großen Museen etwas über „Gastarbeiter" in der Bundesrepublik und „Vertragsarbeiter" in der DDR, doch ein Museum der Migration wird in Westdeutschland erst geplant, und in Ostdeutschland warten die noch im kommunikativen Gedächtnis verankerten Stätten des Berufs- und Alltagslebens der Angeworbenen, sprich vor allem deren Wohnheime und die damit verknüpften Erinnerungen, auf ihre Erschließung in Bildungskontexten – ebenso wie die europäischen Dimensionen einerseits der Kommunismusgeschichte, andererseits der Demokratiegeschichte nach 1945.

„Selbstverständliche Orte historischen Lernens"?[29]

Das Lernen an Geschichtsorten ist, wenn man genauer hinsieht, nicht „selbstverständlich" und zweifellos „schwieriger, als die didaktische Literatur über außerschulische Lernorte oft suggeriert".[30] Ein Grund dafür mögen die teils ausgesprochenen, teils unausgesprochenen Erwartungen der Pädagoginnen und Pädagogen sein. Unter anderem die Bedeutung, die sie der Authentizität zuschreiben, kann auf ein im Ergebnis vorformuliertes „Lernen aus der Geschichte" hinauslaufen.[31]

---

27 Anna Kaminsky (Hrsg.), Orte des Erinnerns. Gedenkzeichen, Gedenkstätten und Museen zur Diktatur in SBZ und DDR, 2. Aufl., Leipzig 2007.
28 Siehe die Liste der Bundesstiftung Aufarbeitung zu Erinnerungsorten, Gedenkstätten und Museen: http://www.bundesstiftung-aufarbeitung.de/erinnerungsorte-1176.html [6. 2. 2017]; interessante, meist unbekannte Orte finden sich in Ingolf Kern/Stefan Locke, Geteilte Geschichte. 25 deutsch-deutsche Orte und was aus ihnen wurde, Berlin 2015.
29 Ulrich Mayer, Außerschulische Lernorte, in: ders. u. a. (Hrsg.), Wörterbuch Geschichtsdidaktik, Schwalbach/Ts. 2014, S. 27–29, hier S. 27.
30 Bert Pampel, Gedenkstätten als „außerschulische Lernorte". Theoretische Aspekte – empirische Befunde – praktische Herausforderungen, in: ders. (Hrsg.), Erschrecken – Mitgefühl – Distanz. Empirische Befunde über Schülerinnen und Schüler in Gedenkstätten und zeitgeschichtlichen Ausstellungen, Leipzig 2011, S. 11–58, hier S. 56.
31 Vgl. Verena Haug, Erlebniserwartung und Erwartungsproduktion. Zur kommunikativen Herstellung des „authentischen Ortes" in gedenkstättenpädagogischen Veranstaltungen, in: Beiträge zur Geschichte der nationalsozialistischen Verfolgung in Norddeutschland 16 (2015), S. 90–99, hier S. 91.

Aufmerksamkeit dafür, wie sehr die Aura von Geschehensorten Jugendliche (und Erwachsene) zu beeindrucken vermag und wann „gegengesteuert" werden sollte, damit nicht an die Stelle einer lebendigen Auseinandersetzung vieldeutiges Schweigen oder „erwünschtes Sprechen" tritt, bleibt zentral. Kommunikation über Diktatur und Demokratie gelingt selbstverständlich nur in angstfreier Atmosphäre, das heißt ohne Notendruck und ohne soziale Sanktionen.

Oftmals pointieren daher zunächst die Mittlerinnen und Mittler an den Geschichtsorten gegenüber den Multiplikatorinnen und Multiplikatoren aus den schulischen und außerschulischen Bildungseinrichtungen, welche ‚Einsichten' die verschiedenen Ebenen des Recherchierens und der Diskussion bereithalten und dass insbesondere subjektiv erlebte Geschichte und generationelle Tradierung zur Reflexion über Vergangenheit und Gegenwart dazugehören.[32]

Weithin unterstützt wird die These, Lernen an außerschulischen Orten verliere „nicht nur seine Attraktivität, sondern auch seinen Sinn, wenn dort schulischer Unterricht imitiert wird".[33] Dass sich hier ungewöhnliche Lernchancen auftun, haben Schulbehörden bekräftigt.[34] Doch welche Konzepte werden an den diversen Orten unterschiedlichen Lerngruppen gerecht? Entsteht ein komplexes Bild der Vergangenheit, und wie werden Gegenwartsbezüge in das Lernarrangement einbezogen? Aus den vielschichtigen Erfahrungen lassen sich professionelle Konsequenzen ziehen, zum Beispiel die eines verstärkten Austauschs unter Multiplikatorinnen und Multiplikatoren, es könnten professionelle Standards und Selbstverständigungen eingefordert werden – Stichworte wären eine Reformulierung des Beutelsbacher Konsenses, möglicher Fortbildungsbedarf und eine stärkere Verwissenschaftlichung.

Aber gerade in der „Unordnung" des außerschulischen Bildungsbereichs, um den es hier geht, auch in der Ungleichzeitigkeit mancher seiner Diskurse spiegelt sich sachangemessen die gesellschaftliche Stimmenvielfalt, und der Bereich stellt sogar selbst ein demokratisierendes Moment geschichtskultureller Abwägungen dar. Wegen dieses besonderen Umstands und einer bemerkenswerten didaktischen Freiheit sind unvorhergesehene, fantasievolle Entwicklungen weiterhin zu erwarten.

---

32 In diesem Sinn Gundula Klein, Unterschiedliche Erwartungen an eine Ausstellung am historischen Ort: Besucherinnen und Besucher des Tränenpalasts, in: LaG-Magazin, 3. 10. 2013; Pampel, Gedenkstätten als „außerschulische Lernorte", S. 55 ff.
33 Hans-Jürgen Pandel, Geschichtsdidaktik. Eine Theorie für die Praxis, Schwalbach/Ts. 2013, S. 268.
34 Siehe etwa Behörde für Schule und Berufsbildung der Freien Hansestadt Hamburg (Hrsg.), Rahmenvorgabe Lernen an außerschulischen Lernorten, Hamburg 2011, S. 4 ff.

David Clarke

Erinnerungspolitik und historisches Lernen: Der Fall DDR

Dass Staaten und andere Formen politischer Gemeinschaft ein Geschichtsbild entwerfen und verbreiten, das sinnstiftend Vergangenheit, Gegenwart und Zukunft verbindet, ist kein neues Phänomen. Allerdings ist die Herausbildung des modernen Nationalstaats eng mit der Enwicklung von neuen Medien der Erinnerung verbunden, die bis heute unsere Wahrnehmung der kollektiven Vergangenheit beeinflussen. Dazu gehört das Bildungssystem, dass durch die allgemeine Schulpflicht sowohl zur Vorausbedingung als auch zum Träger eines nationalen Geschichtsnarrativs wird.[1] Es bilden sich auch neue nationale Erinnerungsorte[2] oder „erfundene Traditionen" heraus,[3] die die Nationalgeschichte mit Affekten ausfüllen. Dies geschieht nicht zuletzt dadurch, dass solche Affekte auch mit performativen Elementen ausgestattet werden, wie etwa durch die körperliche Beteiligung an Gedenkritualen.[4] Bei solchen nationalen Erinnerungskulturen des 19. und des 20. Jahrhunderts stehen vor allem die Heldentaten der Nation im Vordergrund beziehungsweise die Niederlagen durch den Feind, die es noch zu rächen gilt.[5]

Im Schatten der Katastrophen des 20. Jahrhunderts ist dieses Modell nationalstaatlicher Erinnerungskultur zunehmend in die Kritik geraten. In der Bundesrepublik entwickelte sich ab Anfang der 1960er-Jahren eine „negative" Erinnerungskultur, in der die deutsche Verantwortung für den Holocaust und die Würdigung der Opfer des Nationalsozialismus in den Mittelpunkt rückten.[6] Seit

---

1 Benedict Anderson, Die Erfindung der Nation. Zur Karriere eines folgenreichen Konzepts, erw. Ausgabe, Berlin 1998, S. 106 f.
2 Pierre Nora, Between History and Memory: Les Lieux de Mémoire, in: Representations 26 (1989), S. 7–24.
3 Eric Hobsbawm, Mass-Producing Traditions. Europe, 1870–1914, in: ders./Terrence Ranger (Hrsg.), The Invention of Tradition, Cambridge 1983, S. 263–307.
4 Paul Connerton, How societies remember, Cambridge 1989.
5 Bernhard Giesen, Triumph and Tragedy, Boulder, Colorado 2004.
6 Reinhardt Koselleck, Formen und Traditionen des negativen Gedächtnisses, in: Volkhard Knigge/Norbert Frei (Hrsg.), Verbrechen erinnern. Die Auseinandersetzung mit Holocaust und Völkermord, München 2002, S. 21–32.

dem Zusammenbruch des SED-Staats stellt die Verfolgung von Andersdenkenden unter kommunistischer Herrschaft, mit der die Mehrheit der Bevölkerung sich ja arrangierte, eine weitere „negative" Vergangenheit dar. Die Funktion einer solchen Erinnerungskultur soll es sein, durch die Auseinandersetzung mit Verbrechen beider Systeme dem Wiederaufleben der mit ihnen verbundenen Ideologien entgegenzuwirken.

Wie Hartmut König bemerkt, ist die Erinnerungspolitik allerdings zusätzlich zum festen Bestandteil der politischen Tagesordnung geworden, die auch von Politikern bewusst als Möglichkeit der Einflussnahme auf die Entwicklung der Gesellschaft anerkannt wird.[7] Es ist dann unvermeidbar, dass Erinnerung auch politisiert wird, das heißt, dass sie wie jedes andere Politikfeld in die Parteien- und Ideologienkonkurrenz miteinbezogen wird.[8] In politischen Debatten um die richtige Vermittlung von Vergangenheit spielt Bildung sowohl im engeren Sinne der Schul- bzw. Hochschulbildung, als auch im Sinne der politischen Bildung durch Institutionen wie Museen und Gedenkstätten eine zentrale Rolle. Jedoch sind die Ergebnisse solcher Bildung, wie Pädagoginnen und Pädagogen immer wieder feststellen müssen, kaum voraussehbar. Das hängt nicht nur vom Engagement der Schülerinnen und Schüler beziehungsweise von den pädagogischen Fähigkeiten der Lehrkräfte und der Multiplikatorinnen und Multiplikatoren ab. Wenn wir etwa auf die erinnerungstheoretischen Ansätze von Maurice Halbwachs zurückgreifen, müssen wir erkennen, dass Bildungsinstitutionen nur einen aus einer ganzen Reihe von sinngebenden Rahmen darstellen, anhand derer sich der Einzelne ein Bild von der Vergangenheit macht.[9]

Heute ist zum Beispiel die Rolle der Massenmedien bei der Herausbildung solcher interpretativer Rahmen weitgehend anerkannt. Zwar können Medienprodukte wie etwa die amerikanische Fernsehserie „Holocaust" (1979) oder Steven Spielbergs Film „Schindlers Liste" (1993) eine wichtige aufklärerische Funktion ausüben, indem sie die Darstellung historischer Ereignisse mit einem menschlich bewegenden Identifkationsangebot verbinden, doch besteht stets die Gefahr, dass die emotionale „Wahrheit" des fiktiven Erzählens die historisch überlieferten Tatsachen überlagert. Aus eigener Erfahrung kann ich berichten, dass zum Beispiel die Studierenden, die bei mir einen Kurs zur DDR-Geschichte besuchen, die Darstellung des Ministeriums für Staatssicherheit im Film „Das Leben der Anderen" (2006) gerade deswegen überzeugend finden, weil ein Stasi-Mann im Mittelpunkt

---

7   Hartmut König, Politik und Gedächtnis, Weilerswist 2008, S. 109.
8   Aline Sierp, History, Memory and Trans-European Identity. Unifying Divisions, New York/London 2014, S. 29.
9   Maurice Halbwachs, Das Gedächtnis und seine sozialen Bedingungen, Frankfurt a. M. 1985.

steht, der in Wirklichkeit doch ein guter Mensch ist, der in seinem verkümmerten Dasein eigentlich selbst zum Opfer des DDR-Regimes wird. Die Tatsache, dass die historische Forschung keine Fälle überliefert, in denen Mitarbeiter des Ministeriums für Staatssicherheit (MfS) sich aus Sympathie für vermeintliche Verräter eingesetzt hätten, um dann geläutert aus der Erfahrung hervorzugehen, spielt da weniger eine Rolle.[10] Abgesehen von solchen Erzählmustern, die das historisch Geschehene für das Massenpublikum auf tröstende Art sinnvoll machen wollen, ist es eigentlich kein Wunder, dass solche medialen Darstellungen einen so großen Einfluss auf unser Geschichtsbild haben. Schließlich werden sich die meisten Menschen nur wenige Stunden ihres Lebens mit dem Thema Diktatur im Geschichtsunterricht oder beim Gedenkstättenbesuch beschäftigen, während die Darstellung der beiden deutschen Diktaturen des 20. Jahrhunderts in Film, Fernsehen und sogar jetzt im neuen Medium des Computerspiels allgegenwärtig ist.

Solche Medienprodukte tragen zur Bildung eines „kulturellen Gedächtnisses" bei, das bestimmte Erzählmuster priviligiert. Bildung konkurriert aber nicht nur mit den Produkten des kulturellen Gedächtnisses, sondern auch mit dem „kommuniktativen Gedächtnis", das in bestimmten Erinnerungsgemeinschaften gepflegt wird.[11] Vor allem spielen Erzählungen, die von Erlebnisgenerationen an Kinder und Enkelkinder tradiert werden, eine starke Rolle bei der Deutung von Vergangenheit. Solche Erzählungen sind sicherlich nicht nur aus dem Grund subjektiv überzeugend, weil sie von Erfahrungen von Menschen berichten, die dem Zuhörer nahe stehen, sondern auch weil Menschen dazu neigen, ihre eigene Lebensgeschichte mit der der Eltern und der Großeltern harmonisieren zu wollen.[12] Wie Beispiele von Kindern der Täter des Naziregimes deutlich zeigen, stellt die Wahrnehmung etwa eines Vaters als unmenschlichen Verbrecher eine große Herausforderung für die eigene Selbstfindung dar.[13] Auch bei nicht so stark belasteten Vorfahren ist die Tendenz verständlich, die angepasste Vergangenheit in der Diktatur eher milde zu deuten, was auch Folgen für die Wahrnehmung des jeweiligen Regimes haben kann.

Angesichts solcher Probleme beim Umgang mit schwierigen Vergangenheiten stellt sich die Frage, wie der Staat die Erinnerungskultur im Land durch Bildung beeinflussen kann. Seit Mitte des vergangenen Jahrzehnts steht das Bild des SED-Regimes bei Jugendlichen im Mittelpunkt solcher Diskussionen. Während

---

10 Jens Gieseke, Stasi Goes to Hollywood. Donnersmarcks „The Lives of Others" und die Grenzen der Authentizität, German Studies Review 31 (2008) 3, S. 580–588, hier S. 583–585.
11 Zum Unterschied zwischen kulturellem und kommunikativem Gedächtnis, vgl. Jan Assmann, Collective Memory and Cultural Identity, in: New German Critique 65 (1995), S. 125–133.
12 Harald Welzer, Das kommunikative Gedächtnis. Eine Theorie der Erinnerung, München 2005, S. 165.
13 Peter Sichrovsky, Schuldig geboren. Kinder aus Nazifamilien, Köln 1987.

die Debatten um die DDR-Vergangenheit in den frühen 1990er-Jahren sehr oft die möglichen Nachwirkungen der DDR-Sozialisation der neuen Bundesbürger auf die politische Kultur des wiedervereinigten Deutschland thematisierten,[14] wurde mit der zweiten Enquete-Kommission des Bundestags (1995–1998), aus der schließlich die Bundesstiftung zur Aufarbeitung der SED-Diktatur hervorging, die Erinnerung an den SED-Staat als erinnerungspolitische Priorität anerkannt.[15] Die „Zukunft der Erinnerung"[16] war auch Thema der „Sabrow-Kommission" in den Jahren 2005/2006, die Vorschläge darüber vorbereiten sollte, welchen Platz die Gedenkstätten zum Thema sowjetische Besatzung und SED-Herrschaft in der Gedenkstättenkonzeption des Bundes einnehmen sollten.[17] Mit der kontrovers ausgetragenden Debatte um das Geschichtsbewusstsein deutscher Schülerinnen und Schüler, die die Veröffentlichung einer Untersuchung von Monika Deutz-Schroeder und Klaus Schroeder vom Forschungsverbund SED-Staat an der Freien Universität Berlin 2008 auslöste,[18] war Bildung entgültig zum Schwerpunkt der Diskussion um die zukünftige Erinnerung an die DDR geworden.

In der Studie von Deutz-Schroeder und Schroeder ging es nicht mehr darum, wie Menschen, die in der DDR gelebt hatten, sich heute an diese Gesellschaft erinnern. Vielmehr wurden hier die Meinungen von jungen Menschen gefragt, die die Diktatur nicht mehr bewusst erlebt hatten. Die Tatsache, dass junge Menschen keine guten Kenntnisse über das politische System DDR vorweisen konnten und vor allem Probleme damit hatten, die DDR als nicht-demokratisches System zu erkennen, stellten Deutz-Schroeder und Schroeder als Beweis dafür dar, dass das familiäre kommunikative Gedächtnis im Widerspruch zur Vermittlung historischen Wissens stehen würde. Wenn die Schule nicht in der Lage wäre, die Tatsachen über den

---

14 David Clarke, Representations of the East German Character since Unification, Debatte, 10 (2002) 1, S. 51–71.

15 Bernd Faulenbach, Die Arbeit der Enquete-Kommissionen und die Geschichtsdebatte in Deutschland seit 1989, in: Peter Barker (Hrsg.), The GDR and its History. Rückblick und Revision. Die DDR im Spiegel der Enquete-Kommissionen, Amsterdam 1997, S. 21–33, hier S. 31.

16 Manuel Detholff/Gerhard Pickel/Susanne Pickel, Die Bewältigung der jüngeren deutschen Vergangenheit in Ostdeutschland und ihre Auswirkung auf die politische Kultur im Spiegel der öffentlichen Meinung, in: Siegmar Schmidt/Gert Pickel/Susanne Pickel (Hrsg.), Amnesie, Amnestie oder Aufarbeitung? Zum Umgang mit autoritären Vergangenheiten und Menschenrechtsverletzungen in der Demokratie im interkulturellen Vergleich, Wiesbaden 2009, S. 67–86.

17 Martin Sabrow/Rainer Eckert/Monika Flacke u. a. (Hrsg.), Wohin treibt die DDR-Erinnerung? Dokumentation einer Debatte, Göttingen 2007.

18 Monika Deutz-Schroeder/Klaus Schroeder, Soziales Paradies oder Stasi-Staat? Das DDR-Bild von Schülern – ein Ost-West-Vergleich, Stamsried 2008.

menschenverachtenden Charakter des Regimes zu vermitteln, würden junge Menschen die Erzählungen der Eltern und der Großeltern unhinterfragt übernehmen.[19]

In einer neuen Studie, die 2011 veröffentlicht wurde, fragten Deutz-Schroeder, Schroeder und ihr Forschungsteam nach dem historischen Wissen zu beiden deutschen Diktaturen, um ihre These zu belegen, dass junge Menschen den Staatsozialismus (und auch den Nationalsozialismus) ablehnen, wenn sie ausreichend darüber informiert sind. Die Autoren betonen, dass der Staat eine Pflicht habe, im Bildungssystem normativ die Voraussetzungen für eine gemeinsame Geschichtsinterpretation zu schaffen, die erstens die Funktion habe, die Identität der Gesellschaft zu stärken, und zweitens den Konsens für die bestehende politische Ordnung untermauere.[20]

Die Analyse, die in diesen beiden Studien vorgeführt wird, hat die Schwäche, historisches Wissen quantitiv verstehen zu wollen, das heißt, dass davon ausgegangen wird, dass es ein bestimmtes Volumen an historischem Wissen gibt, das man besitzen muss, um eine Epoche zwangsläufig nach dem richtigen Deutungsmuster verstehen zu müssen: Es gebe „ein[en] direkte[n] Zusammenhang zwischen dem Kenntnisgrad und den Urteilen".[21] Um ein extremes Gegenspiel zu nennen, kann man aber auf keinen Fall behaupten, dass die ehemaligen Träger des SED-Regimes, die versuchen, in ihren Publikationen eine Art Gegenöffentlichkeit zum Thema DDR zu schaffen, nicht sehr viel über die Diktatur wissen, die sie ja mittrugen. In dieser Gegenöffentlichkeit wird nicht geleugnet, dass zum Beispiel die Mauer von der SED gebaut wurde oder dass das MfS Gegner einsperrte. Diese Fakten werden aber im eigenen Interesse als Verdienst an der Verteidigung des Staatsozialismus gegen die feindlichen Umtriebe des Westens und der internen Feinde einer angeblich gerechteren Sozialordnung umgedeutet. Historische „Tatsachen" kann man nicht unabhängig von einem Deutungszusammenhang konsumieren, um schließlich auf die richtige Auslegung der Geschichte zu kommen, sondern es schwingt bei jeder Darstellung von Daten ein Interpretationsrahmen mit, ob bewusst oder unbewusst.

Letztendlich geht es Deutz-Schroeder und Schoeder auch gar nicht um die Quantität des Wissens von Schülerinnen und Schülern, sondern darum, dass ein bestimmtes Bild der DDR in der Bildung vermittelt wird, nämlich das eines dikta-

---

19 Monika Deutz-Schroeder/Klaus Schroeder, Oh, wie schön ist die DDR. Kommentare und Materialien zu den Ergebnissen einer Studie. Schwalbach/Ts. 2009, S. 29.
20 Klaus Schroeder/Monika Deutz-Schroeder/Rita Quasten u. a., Später Sieg der Diktaturen? Zeitgeschichtliche Kenntnisse und Urteile von Jugendlichen, Frankfurt a. M. 2012, S. 117.
21 Ebenda, S. 534; vgl. die Kritik von Martin Sabrow, Warum DDR-Geschichte im Unterricht?, S. 11 f., http://www.zzf-pdm.de/Portals/_Rainbow/Documents/Sabrow/08%20Warum%20 DDR-Geschichte%20im%20Unterricht.doc [21. 9. 2015].

torischen Systems, ohne angeblich positive soziale Aspekte, das im Systemwettbewerb mit der Bundesrepublik unterlag. Dies impliziert, dass das ostalgische Bild der DDR, dessen Quelle man im kommunikativen Gedächtnis der ostdeutschen Familien vermutet, mit den richtigen Gegeninformationen einfach zurückgedrängt werden kann. Leider deutet die Gedächtnisforschung darauf hin, wie oben besprochen, dass der individuelle Umgang mit den verschiedenen Geschichtsbildern, mit denen junge (und auch ältere) Menschen konfrontiert werden, viel komplexer ist.

In die Kritik ist der Ansatz dieser beiden Studien auch deswegen geraten, weil der Bildung hier eine Funktion zugeschrieben wurde, die mit dem sogenannten Beutelsbacher Konsens nicht zu vereinbaren sei.[22] Auch wenn Schroeder und Deutz-Schroeder vor allem linke Wissenschaftlerinnen und Wissenschaftler und Lehrende dafür kritisieren, die DDR nicht entschieden genug abzulehnen,[23] sollte man nicht vergessen, dass es die Angst von Elternvereinen vor einer Indoktrinierung ihrer Kinder gerade durch linke Lehrerinnen und Lehrer war, die zum Auslöser für die Debatte wurde, die zur Etablierung dieses Konsens im Jahre 1976 führte. Angesichts eines „Marsches durch die Institutionen" von links wollte man einem politisierten Unterricht vorbeugen, indem man einen Rahmen für die politische Bildung schuf, in dem junge Menschen die Gelegenheit bekommen sollten, die Argumente zu verschiedenen Themen vernünftig abzuwägen, um eine eigene Position zu formulieren.[24] Bei Deutz-Schroeder und Schroeder wird dieser Konsens infrage gestellt, weil seine Ergebnisoffenheit „den Spielraum einer pluralistischen Demokratie" nicht als Ausgang jeder Dikussion voraussetze.[25] Dies ist in der Tat ein problematischer Aspekt des Beutelsbacher Konsenses: Auf der einen Seite geht er davon aus, dass (junge) Bürgerinnen und Bürger die Verantwortung für die eigene Meinungsbildung übernehmen müssen, obwohl auf der anderen Seite klar ist, dass nicht jede Position im Kontext der liberalen Demokratie erwünscht ist.

---

22 Bodo von Borries: Zwischen Katastrophenmeldungen und Alltagsernüchterungen? Empirische Studien und pragmatische Überlegungen zur Verarbeitung der DDR-(BRD-)Geschichte, in: Saskio Handro/Thomas Schaarschmidt (Hrsg.), Aufarbeitung der Aufarbeitung. Die DDR im geschichtskulturellem Diskurs, Schwalbach/Ts. 2011, S. 121–139, hier S. 136–139; Sabrow, Warum DDR-Geschichte im Unterricht?, S. 13; Cornelia Siebeck, Später Sieg des Kalten Krieges?, in: Gedenkstättenrundbrief 169 (2013) 3, S. 44–54.
23 Schroeder/Deutz-Schroeder/Quasten u. a., Später Sieg, S. 80 f., 107 ff.
24 Walter Gagel, Der Beutelsbacher Konsens als historisches Ereignis. Eine Bestandaufnahme, in: Siegfried Schiele/Horst Schneider (Hrsg.), Reicht der Beutelsbacher Konsens?, Schwalbach/Ts. 1996, S. 14–28.
25 Schroeder/Deutz-Schroeder/Quasten u. a., Später Sieg, S. 544.

Im Grunde aber gibt es eine wichtige Gemeinsamkeit zwischen den beiden scheinbar sich widersprechenden Positionen zum Umgang mit der DDR-Vergangenheit in der Bildung. Schließlich entwerfen beide Seiten ein Idealbild der Bürgerin bzw. des Bürgers, die oder der in der Lage ist, die Demokratie der Bundesrepublik aufrechtzuerhalten. In der Analyse von Deutz-Schroeder und Schroeder sind Menschen besser in der Lage, diese Demokratie zu verteidigen, wenn sie mit dem Wissen um den diktatorischen Charakter der DDR und um die Überlegenheit des bundesdeutschen Systems ausgestattet sind. Dieser Konsens soll den Ausgangspunkt für jede weitere Diskussion bilden. Wissenschaftlerinnen und Wissenschaftler, die aber das Bild einer Bürgerin bzw. eines Bürgers vorziehen, die oder der zum eigenständigen Urteil über die Vergangenheit herangeführt wird, argumentieren, dass der kritische Sinn für die Analyse der Gegenwart dabei geschärft wird.[26] Für Peer Pasternack zum Beispiel hat die Auseinandersetzung mit der nicht-demokratischen Vergangenheit vor allem den Vorteil, die Menschen „nicht zuletzt auch zu souveräner Kritik an der heutigen Bundesrepublik, also zu demokratischer Mitwirkung zu befähigen".[27] Der Ansatz von Deutz-Schroeder und Schroeder richtet sich demgegenüber in erster Linie auf die Kritik am Vergangenen, die als Schritt zur Akzeptanz des heute Gegebenen dienen soll.

Ähnlich verlaufen Debatten um die richtige Darstellung der DDR-Vergangenheit in Gedenkstätten. Gedenkstätten haben eine herausragende Funktion als Institutionen der politischen Bildung, nicht nur für die Schulklassen, die eine wichtige Zielgruppe ihrer Bildungsarbeit sind, sondern auch für Erwachsene, die ansonsten höchstens durch die Massenmedien über das SED-Regime informiert werden. So wie Schroeder und Deutz-Schroeder die Verdeutlichung des Diktatur-Charakters des DDR-Regimes im Klassenzimmer betont sehen wollen, so plädieren vor allem Opfergruppen und einige sie unterstützende Wissenschaftlerinnen und Wissenschaftler für eine Schwerpunktsetzung in Gedenkstätten, die das Leiden der Opfer in den Vordergrund stellt. Dieser Wunsch ist insofern verständlich, da es die Opfergruppen selbst sind, die nach der Friedlichen Revolution in vielen Fällen auch jahrelang dafür gekämpft haben, dass aus dem ehemaligen Schauplatz ihres Leidens eine Gedenkstätte wird. Der Wunsch, dass die Darstellung ihrer Erlebnisse einen Beitrag dazu leisten soll, dass auch nachfolgende Generationen antidemokratische Ideologien ablehnen, ist durchaus nachvollziehbar, zumal ein solches Engagement

---

26 Vgl. Sabine Moller, Diktatur und Familiengedächtnis. Anmerkungen zu Widersprüchen im Geschichtsbild von Schülern, in: Handro/Schaarschmidt (Hrsg.), Aufarbeitung der Aufarbeitung, S. 140–151, hier S. 151.

27 Peer Pasternack, Wozu die DDR lehren?, in: Jens Hüttmann/Ulrich Mählert/Peer Pasternack (Hrsg.), DDR-Geschichte vermitteln. Ansätze und Erfahrungen in Unterricht, Hochschullehre und politischer Bildung, Berlin 2004, S. 163–184, hier S. 184.

den Opfern das Gefühl geben kann, dass ihre Erfahrung gesellschaftlich anerkannt wird.

Allerdings setzen Wissenschaftler und Wissenschaftlerinnen, die für die Gestaltung von Gedenkstätten die Verantwortung übernehmen, oft auf ein Bildungskonzept, das wieder an den Beutelsbacher Konsens anschließt. Ein anderes wichtiges Element dieses Konsenses ist das sogenannte „Überwältigungsverbot", laut dem politische Themen in der Bildung nicht mit Emotionen überfrachtet werden dürfen.[28] Unter Beachtung dieses Prinzips wird ein Darstellungsmodus propagiert, der wie etwa bei der Gedenkstätte im ehemaligen Stasi-Gefängnis in Bautzen[29] den historischen Kontext des Ortes beachtet, die Situation der Opfer betont sachlich darstellt, und auch Täter in die Darstellung einschließt. Darüber hinaus plädieren Wissenschaftlerinnen und Wissenschaftler, die sich mit der Gestaltung von Gedenkstätten zum Thema Nationalsozialismus wie auch zum Thema DDR beschäftigen, für eine multiperspektivistische Darstellung, die das Schicksal von unterschiedlichen Menschen an diesen Orten im Kontext der Zeit nachvollziehbar macht, ohne eine bestimmte Deutung vorzuschreiben. Dabei sollen Besucherinnen und Besucher nicht von direkten Darstellungen menschlichen Leidens überwältigt werden.[30] Hier schließt man auch an das Idealbild der Bürgerin bzw. des Bürgers an, wie es im Beutelsbacher Konsens seinen Ausdruck findet, nämlich: Das Ideal eines Menschen, der in der Lage ist, anhand von den ihm dargebotenen Informationen eine eigene, sachliche Meinung zum Geschehenem zu bilden.

Wenn diese unterschiedlichen Erinnerungskonzepte bei der Gestaltung von Gedenkstätten aufeinanderprallen, kann es zu heftigen Konflikten zwischen Opfergruppen und wissenschaftlichem Personal kommen, wie im Fall der Gedenk- und Begegnungsstätte Leistikowstraße in Potsdam. Hier sollte nach der Übernahme dieses ehemaligen Untersuchungsgefängnisses der sowjetischen Geheimdienste in die staatliche Förderung eine neue Ausstellung nach wissenschaftlichen Kriterien erstellt werden, die eine frühere Ausstellung (1997–2005) ersetzen sollte, die wiederum von Aktivistinnen und Aktivisten des deutschen Flügels der Menschenrechtsorganisation „Memorial" entworfen worden war. Bei der Ausstellung von „Memorial"

---

28 Carola S. Rudnik, Die andere Hälfte der Erinnerung: Die DDR in der deutschen Geschichtspolitik nach 1989, Bielefeld 2011, S. 731–741.
29 Marcel Thomas, Coming to Terms with the Stasi. History and Memory in the Bautzen Memorial, in: European Review of History. Revue europeenne d'histoire 20 (2013) 4, S. 697–716.
30 Lutz Thomas, Zwischen Vermittlungsanspruch und emotionaler Wahrnehmung. Die Gestaltung neuer Dauerausstellungen in Gedenkstätten für NS-Opfer in Deutschland und deren Bildungsanspruch, Diss., Technische Universität Berlin 2009, S. 205, 235, https://opus4.kobv.de/opus4-tuberlin/files/2386/lutz_thomas_text1.pdf [21. 9. 2015].

wurde die Geschichte des Ortes (auch wegen fehlendem Zugang zu wichtigen Dokumenten in russischen Archiven) vor allem anhand von Berichten ehemaliger Untersuchungshäftlinge dargestellt.[31] Dementsprechend spielten bei der Vermittlung der Geschichte dieses Ortes Berichte über die physischen und psychischen Belastungen der Haftzeit eine große Rolle, während die Funktionsweise der sowjetischen Geheimdienste und die sowjetische Besatzungspolitik nur insoweit erklärt wurde, wie sie den Kontext für diese Erfahrungen bildete.[32] Als aber ein wissenschaftliches Team die Anlage 2009 übernahm, wurde ein Ausstellungskonzept entwickelt, das, so Peter Jochen Winters, „Gedenkstätten (...) als offene Lernorte der Geschichte versteht".[33] Das heißt konkret, dass zwar in der neuen Ausstellung die Erlebnisse einiger deutscher Gefangener in den ehemaligen Zellen auf Video wiedergegeben werden, doch auch, dass die Geschichte der sowjetischen Geheimdienste breiten Raum einnimmt. Auch werden die Schicksale von Häftlingen besprochen, deren Opferstatus wegen ihrer Verstrickung ins NS-Regime infrage gestellt werden muss, wie etwa Heinrich Heindt, der in den Konzentrationslagern Buchenwald und Ravensbrück Mithäftlinge an die Nationalsozialisten verraten haben soll,[34] oder der Ingenieur Raphael Thiel, der durch seine Managertätigkeit möglicherweise an dem Tod von Zwangsarbeitern mitverantwortlich war.[35]

Bei der neuen Ausstellung in der Leistikowstraße ist also deutlich der Wunsch zu erkennen, den Besucherinnen und Besuchern eine so umfassende historische Darstellung des Ortes wie möglich zu bieten, damit sie selbst die Gelegenheit haben, eine eigene und auch differenzierte Deutung der historischen Ereignisse zu formulieren. Dabei wird die Erfahrung unschuldiger Opfer sowjetischer Paranoia aus der Mitte der Darstellung gerückt: Sie wird zu einem zwar wichtigen, nicht aber zum zentralen Element der historischen Darstellung. Aus der Perspektive vieler Opfergruppen sollten Gedenkstätten aber primär Orte der Opfer bleiben, das heißt, dass ihre Leidensgeschichte den Ausgangspunkt für die Interpretation des Ortes bleiben sollte.

---

31 Elke Fein, Vorwort, in: dies./Nina Leonhard/Jens Niederhut u. a., Von Potsdam nach Workuta. Das NKGB/MGB/KGB-Gefängnis Potsdam-Neuer Garten im Spiegel der Erinnerung deutscher und russischer Häftlinge, Potsdam 2002, S. 7–11, hier S. 7.
32 Diese Ausstellung kann heute noch im Internet besichtigt werden, http://www.von-potsdam-nach-workuta.de/index.php [3. 8. 2015].
33 Peter Jochen Winters, Der Streit um die Leitsikowstraße in Potsdam, in: Wolfgang Benz (Hrsg.), Ein Kampf um die Deutungshoheit: Politik, Opferinteressen und historische Forschung. Die Auseinandersetzung um die Gedenk- und Begegnungsstätte Leistikowstraße Potsdam, Berlin 2013, S. 37–63, hier S. 47.
34 Ines Reich/Maria Schultz (Hrsg.), Sowjetisches Untersuchungsgefängnis Leistikowstraße Potsdam, Berlin 2012, S. 109.
35 Ebenda, S. 122–125.

Inwiefern produzieren aber diese unterschiedlichen Ansätze das jeweils erwünschte Bildungsergebnis bei Gedenkstättenbesucherinnen und -besuchern? Sara Jones argumentiert in ihrer Analyse der Gedenkstätte Hohenschönhausen in Berlin, dass eine Darstellung der DDR, die ausschließlich anhand von Erfahrungen der Opfer des SED-Regimes erzählt wird, zwar eine emotionale Ablehnung dieses Regimes seitens der Besucherinnen und Besucher hervorrufen kann. Jedoch stellt Jones die Frage, ob Besucherinnen und Besucher angesichts der Darstellung des Schreckens möglicherweise eine bloß formelhafte Ablehnung des DDR-Regimes äußern, statt über die Komplexität der Verstrickungen der Bevölkerung mit dem Staat nachzudenken.[36] Darüber hinaus wittert Jones die Gefahr, dass diejenigen, die aus dem kommunikativen Gedächtnis des eigenen (ostdeutschen) Milieus ein anderes, positiveres Bild vom Leben in der DDR haben, kaum Anschluss an eine solche Darstellung finden. Durch die Überwältigung mit den schrecklichen Erlebnissen der Opfer öffne man keinen Raum, der Menschen mit ostdeutscher Herkunft in die Lage versetze, diese unterschiedlichen Erfahrungen gegeneinander abzuwägen.[37]

Obwohl die Besucherforschung, die die Erfahrungen von Besucherinnen und Besuchern mit Gedenkstätten untersucht, noch in den Kinderschuhen steckt, deutet die Analyse von Bert Pampel darauf hin, dass die Verarbeitung eines Gedenkstättenbesuchs sowieso nicht als isoliertes Phänomen betrachtet werden darf, das die Macht hätte, die Wahrnehmung einer vergangenen Epoche allein zu bestimmen. Vielmehr regt der Gedenkstättenbesuch an, sich mit einem Thema zu beschäftigen und ihm „Bedeutung für [die] eigene Lebenswirklichkeit" zuzumessen.[38] Gedenkstättenbesucherinnen und -besucher interpretieren die Gedenkstätte als Ort im Kontext von ihren anderen Erfahrungen historischen Lernens unterschiedlichster Art, über einen längeren Zeitraum hinweg.[39] Dies lässt auch vermuten, dass sich die Deutung der Vergangenheit nicht für immer vom Gedenkstättenbesuch festlegen lässt.

Zwei Gedenkstätten, die in den letzten Jahren entstanden sind, versuchen offenbar einen Mittelweg zwischen einer Darstellung der DDR-Vergangenheit zu finden, die ein opferzentriertes Bild vom SED-Staat als repressive Diktatur entwirft, und einem Darstellungsmodus, der Besucherinnen und Besucher dazu anregen soll, über die Bedeutung dieser Vergangenheit für den Umgang mit wichtigen politischen Fragen der Gegenwart nachzudenken.

---

36 Sara Jones, The Media of Testimony. Remembering the East German Stasi in the Berlin Republic. Basingstoke 2014, S. 121 ff.
37 Ebenda, S. 159 f.
38 Bert Pampel, „Mit eigenen Augen sehen, wozu der Mensch fähig ist." Zur Wirkung von Gedenkstätten auf die Besucher, Frankfurt a. M./New York 2007, S. 85.
39 Pampel, Mit eignen Augen sehen, S. 348 ff.

In der Gedenkstätte Jugendwerkhof Torgau, wo seit 2003 den Opfern repressiver Erziehungspraxis in der DDR in einer neuen Dauerausstellung gedacht wird, findet man zum Beispiel den Versuch, solche Formen der Unterdrückung nicht nur als Ausdruck der überwundenen Diktatur zu verstehen, sondern diese auch im Kontext des Umgangs mit Nichtangepassten in der westlichen Kultur allgemein zu erklären. Am Anfang der Ausstellung wird man in die Situation eines Jugendlichen versetzt, der die entwürdigenden Rituale der Aufnahme in den Jugendwerkhof über sich ergehen lassen muss. Obwohl diese Erfahrung zuerst im Kontext der sozialistischen Erziehungspraxis nach Marenko erläutert wird, zeigt die Ausstellung immer wieder Parallelen zu anderen Formen von autoritärer Erziehung auf, etwa in christlichen Ordensschulen, in der Heimerziehung der frühen Bundesrepublik, oder in den sogenannten „Boot Camps" für nichtangepasste US-amerikanische Teenager in den 1990er-Jahren. Im rot angestrichenen Flur der Gedenkstätte, durch den man Zugang zu allen anderen Räumen hat, liest man an der Wand nicht nur Informationen zur gesellschaftlichen Aufarbeitung der Heimerziehung in Ost und West, sondern auch offene Fragen, was den Umgang mit angeblich „schwer erziehbaren" Jugendlichen angeht. Hier sollen Besucherinnen und Besucher die Möglichkeit haben, das Gelernte mit der Gegenwart in Verbindung zu setzten. Es geht nicht nur darum, die Repression in der DDR-Gesellschaft zu kritisieren, obwohl dies sicherlich auch wichtig bleibt, sondern auch darum, die Frage zu stellen, ob der Umgang der demokratischen Gesellschaft mit Jugendlichen die richtigen Lehren aus der Vergangenheit gezogen hat. Hierzu werden keine fertigen Lösungen angeboten, sondern die Besuchenden sollen das Gefühl haben, in der Gegenwart auch selbst die Verantwortung für diese Themen zu übernehmen.

Ähnlich lädt die erst seit Dezember 2013 geöffnete Dauerausstellung im ehemaligen Zuchthaus Cottbus Besucherinnen und Besucher dazu ein, eine Brücke zu schlagen zwischen der Verfolgung von Andersdenkenden in den Jahren 1933 bis 1990 und gegenwärtigen Fragen der menschlichen Freiheit und der Gerechtigkeit in der Gesellschaft. In einem Raum am Anfang der Ausstellung findet man eine Reihe solcher gegenwartsbezogenen Fragen an die Wand gemalt, einige davon scheinbar ohne direkten Bezug zur historischen Erscheinung DDR. Dann wird man am Ende der Ausstellung über den weltweiten Kampf für Menschenrechte informiert, der den Hintergrund für den Kampf gegen politische Verfolgung in der DDR darstellen soll. Dazwischen befindet sich aber eine stark opferzentrierte Darstellung des Ortes, sowohl unter dem Nationalsozialismus als auch unter der SED-Herrschaft, bei der represssive Aspekte des DDR-Regimes anhand von einzelnen Schicksalen verdeutlicht werden und damit für Besucherinnen und Besucher emotional nachvollziehbar gemacht werden.

Was beide Ausstellungskonzepte verbindet, ist der Versuch, Opfererfahrung auch für die Gegenwart politisch produktiv zu machen, als Ressource, auf die man sich beziehen kann, wo es darum geht, Fragen der Freiheit und der gesellschaftlichen Kontrolle in der Gegenwart in Angriff zu nehmen. Obwohl das politische und gesellschaftliche System DDR ohne Zweifel stark kritisiert wird, ist es nicht primär das Ziel beider Gedenkstätten, eine bloße Ablehnung des Staatssozialismus durch emotionale „Überwältigung" bei den Besucherinnen und Besuchern zu erreichen, wie etwa Sara Jones befürchtet. Statt die DDR herabzuwerten, um die bundesrepublikanische Demokratie implizit aufzuwerten, wird der Versuch unternommen, den kritischen Sinn der Besucherinnen und Besucher durch eine Auseinandersetzung mit der DDR-Vergangenheit zu schärfen, damit sie in die Lage versetzt werden, an der Demokratie mitzuarbeiten. Insofern versuchen diese Gedenkstätten, die beide wohlbemerkt von Opfervereinen betrieben werden, den scheinbaren Gegensatz zwischen einem auf Betroffenheit zielenden Darstellungsmodus und der Förderung der Eigenverantwortung der Bürgerinnen und Bürger für die Einordnung der historischen Ereignisse mit Hinblick auf die Probleme der Gegenwart zu überwinden, was auch als Ziel politischer Bildung verstanden werden muss.

Christian Elben

„Man muß mit dem Urteil dazwischen kommen können."[1]
Diktatur und Demokratie im immersiven Geschichtsunterricht der Schweiz

Gegenstand der folgenden Überlegungen sind Erfahrungen mit dem Thema Diktatur und Demokratie aus einem besonderen Unterrichtskontext: dem deutschsprachigen Geschichtsunterricht in der französischsprachigen Schweiz. Sie eröffnen, aufgrund der immersiven Vermittlung der deutsch-deutschen Problematik in einer Fremdsprache, alternative Perspektiven auf die Thematik des vorliegenden Sammelbands.[2] Von besonderem Interesse ist dabei der Aspekt der Fremdheit. So handelt es sich bei der DDR um einen Unterrichtsgegenstand, der den westschweizer Schülern eindeutig fremder ist als den deutschen. Jene sind im Gegensatz zu diesen von der deutsch-deutschen Geschichte weder durch familiäre Zeitzeugenschaft geprägt noch schulisch vorbelastet.[3] Dass sie dem Thema deshalb ohne eigene Betroffenheit begegnen, heißt allerdings nicht, dass sie ihm neutral gegenüberstehen, auch wenn dies konstitutiver Teil ihres historischen Selbstverständnisses ist. Emotional verstrickt in die Geschichte der DDR sind die westschweizer Schüler nämlich auch. Allerdings nicht durch verhältnismäßige Nähe, sondern durch erhebliche Ferne zum Unterrichteten, mit dem sie sich zudem in einer Fremdsprache, auf Deutsch, auseinandersetzen müssen. In einer kurzen Beschreibung der Rahmenbedingungen, unter denen der Unterricht stattfindet, einigen skizzenhaften Prämissen seiner

---

1   Bertolt Brecht, „Kleines Organon für das Theater.", in: ders., Schriften zum Theater. Über eine nicht aristotelische Dramatik, Frankfurt a. M. 1976, S. 166.
2   Immersiver (lat. imergere: eintauchen) Unterricht verbindet Fachunterricht und Fremdsprache. Indem Inhalte eines Sachfaches, hier der Geschichte, in einer Fremdsprache, hier Deutsch, unterrichtet werden, sollen die Schülerinnen und Schüler gleichzeitig den im Lehrplan vorgesehenen Sachstoff und die Fremdsprache erlernen. Diese Form des „kombinierten Fach- und Sprachunterrichts" wird auch als Content and Language Integrated Learning (CLIL) bezeichnet.
3   Der westschweizer Geschichtsunterricht bis zum Ende der Sekundarstufe I (9. Klasse) konzentriert sich in erster Linie auf die nationale Geschichte sowie auf die Geschichte Frankreichs, was nicht zuletzt in der sprachlichen und geographischen Nähe begründet liegt. Die deutsche Geschichte kommt in den Lehrplänen hingegen nur am Rande vor.

Grundlagen und ihrer Illustration anhand einer konkreten Unterrichtssequenz sei dem Erkenntnispotenzial dieser Distanz in der Lern- und Lehrsituation im Folgenden nachgefragt: im Hinblick auf die Fremde des Unterrichtsgegenstands und der Unterrichtssprache.

Rahmenbedingungen des Unterrichts

Der immersive Geschichtsunterricht, in dem ich seit einigen Jahren die DDR im Rahmen der deutsch-deutschen Geschichte vom Beginn des Kalten Krieges bis in die Gegenwart behandle, ist Teil des bilingualen Abiturprogramms Französisch-Deutsch, an dem in den Gymnasien im Kanton Waadt pro Jahrgangsstufe in etwa 150 besonders gute und motivierte Schülerinnen und Schüler teilnehmen. Nach einem mehrmonatigen Schulaufenthalt im deutschsprachigen In- oder Ausland werden diese Jugendlichen in ihrem letzten und vorletzten Schuljahr in Mathematik und in Geschichte auf Deutsch unterrichtet, was für ihre große Mehrheit eine Fremdsprache ist.

Den Rahmen, in dem dieser Unterricht stattfindet, legt ein kantonaler Lehrplan fest, der als allgemeine Lernziele für Geschichte unter anderem folgende Kompetenzen nennt: „Der Geschichtsunterricht erlaubt den Schülern Einblicke in: die Existenz verschiedener Wertsysteme und verschiedener Kulturen; die Relativität von Werturteilen; ihre eigene Kulturgebundenheit (…). Der Geschichtsunterricht lehrt den Schülerinnen und Schülern: (…) selbständig zu urteilen, um sich eine reflektiert fundierte eigene Meinung zu bilden (…); eine respektvolle und offene Haltung Anderen gegenüber."[4] Was die Inhalte betrifft, anhand derer diese Kompetenzen zu vermitteln sind, empfiehlt der Lehrplan Themen, die es den Jugendlichen erlauben, sich kritisch mit der Welt, in der sie leben und der Rolle, die sie darin spielen wollen, auseinanderzusetzen. Explizit als Thema vorgeschlagen wird dabei unter anderem der Untergang des Kommunismus.[5]

Als eine Kernkompetenz, die der Geschichtsunterricht vermitteln soll, definiert der westschweizer Lehrplan also einen reflektierten Umgang mit Alterität: Die Schüler sollen lernen, differenziert mit Fremdem und Eigenem umzugehen. Bemerkenswert ist daran zunächst, dass der Lehrplan selbst dies nicht tut. Denn

---

4   Canton de Vaud, Département de le formation de la culture et de la jeunesse, Direction de l'enseignement postobligatoire: Ecole de maturité. Répartition horaire des disciplines, plan d'études et listes des examens écrits et oraux pour l'année scolaire 2015–2016, S. 123; Übersetzung C. Elben.
5   Ebenda, S. 125.

seine Richtlinien gelten undifferenziert sowohl für den Geschichtsunterricht in der Mutter-, als auch für den in der Fremdsprache. Diese Situation, die wohl der recht überschaubaren Anzahl von Lernenden im bilingualen Programm und der angespannten Finanzlage des Kantons geschuldet ist, sei hier als Ausgangspunkt genutzt, um der besonderen Lern- und Lehrsituation des fremdsprachlichen im Vergleich zum muttersprachlichen Geschichtsunterrichts nachzufragen.

Potenziale des Fremden

Naheliegend und sofort einleuchtend ist es dabei, zunächst auf die größere Schwierigkeit hinzuweisen, sich mit Geschichte in einer Fremdsprache auseinanderzusetzen. Zumal, wenn es sich, wie bei der hier zu diskutierenden deutschdeutschen Geschichte um ein Thema handelt, das den westschweizer Jugendlichen von Hause aus fremd ist. So steht außer Frage, dass die gesamte Organisation des Unterrichts von der Auswahl der zu behandelnden Aspekte über die der Quellen bis hin zu der von Arbeitsformen der außergewöhnlichen Unterrichtskonstellation Rechnung tragen muss, der es um die Erarbeitung eines kompetenten Umgangs mit Alterität in einer fremden Sprache zu tun ist. Besonders zu berücksichtigen ist dabei die begrenzte Fähigkeit der Schülerinnen und Schüler, konzentriert in einer Fremdsprache zu arbeiten und ihre damit einhergehende geringere Arbeitsgeschwindigkeit. Noch wichtiger als im muttersprachlichen Unterricht ist es so im bilingualen Zweig, die Lernenden mit variierenden Aktivitäten am Abschalten zu hindern. Von einer differenzierten Berücksichtigung der besonderen Rahmenbedingungen der Immersion, das zeigt meine Unterrichtserfahrung nicht immer schmerzlos, hängt es ab, ob der bilinguale Unterricht nur mehr zu einer oberflächlichen Streichversion seines muttersprachlichen Pendants wird, oder es ermöglicht, den fremden Blick auf die deutsch-deutsche Geschichte fruchtbar zu machen.

Dass dazu die Möglichkeit besteht, ist weniger evident, steht meines Erachtens aber außer Frage. Zunächst haben die Schülerinnen und Schüler des zweisprachigen Abiturs nämlich aufgrund ihres Aufenthalts im Deutschsprachigen einschlägige Erfahrungen im Umgang mit Fremdem. Sie bringen also eine größere Alteritätskompetenz in den immersiven Geschichtsunterricht mit, als die Jugendlichen des einsprachigen Zweigs in den muttersprachlichen. Und auch die fremde Unterrichtssprache ist nicht nur ein Handicap, sondern birgt, für Lehrende und Jugendliche, ein bedenkenswertes Erkenntnispotenzial. Sicher, der durch die Sprache verfremdete Blick auf die zu diskutierenden Gegenstände verlangsamt und kompliziert die Auseinandersetzung mit Fragestellungen, die in einer Klasse, die in der Muttersprache unterrichtet wird, rascher zu bearbeiten wären. Und immer wieder, nicht zuletzt in Diskussionen, besteht die Versuchung, auf das Französische zurückzugreifen, um schneller und direkter zur Sache zu kommen.

Andererseits aber ermöglicht es die Unmöglichkeit eines schnellen, vermeintlich direkten Zugangs auf die zu verhandelnden historischen Probleme, sich genauer mit ihnen auseinanderzusetzen. Der immersive Unterricht sorgt für eine Verfremdung seiner Gegenstände, wie Brecht sie für sein episches Theater entwickelt hat – eine Verfremdung, die es erlauben kann, der deutsch-deutschen Geschichte kritischer zu begegnen.[6] Denn die Fremdheit der Sprache, in der die Konfrontation mit Diktatur und Demokratie stattfindet, nimmt diesen ihre vermeintliche direkte Verständlichkeit, die in muttersprachlichen Klassen eine gründliche Auseinandersetzung gelegentlich zu verhindern droht. Aufseiten der Lernenden ist so eine zu selbstsichere Reaktion von Schülerinnen und Schülern im muttersprachlichen Unterricht, die nicht einmal die Oberfläche einer Quelle verstanden haben, etwa auf die Lektüre einer französischen Rede von Mitterand aus dem Kontext der deutschen Wiedervereinigung – „bon, on a compris, et où est le problème" –, in einer bilingualen Klasse, der man Ausschnitte aus einer Rede Honeckers zum 40. Jahrestag der DDR zu lesen gibt, von vornherein ausgeschlossen.

Soll es das angestrebte Verständnis dieser Quelle und der Geschichte der DDR nicht auch sein, gilt es allerdings, aufseiten der Unterrichtenden, die Schwierigkeiten der Jugendlichen des zweisprachigen Zweigs nicht als lästige Behinderung, sondern als Chance des immersiven Unterrichts wahrzunehmen. Das Wissen um die Probleme mit der fremden Sprache bringt uns Lehrende dann schon bei der Unterrichtsvorbereitung dazu, Wege und Möglichkeiten der Vermittlung des Stoffs genauer zu reflektieren, als wir es gemeinhin beim Unterricht in der Muttersprache tun. Eingeschränkt wird damit nicht zuletzt die Gefahr, den Gegenstand des Unterrichts als zu wenig fremd, als zu vertraut für die Lernenden einzuschätzen, was, zumindest bei mir, gelegentlich zu Geschichtsstunden in der Muttersprache führt, die sich im Nachhinein als viel zu kompliziert erweisen.

Nimmt man das skizzierte Potenzial des Fremden ernst, besteht bei der immersiven Bearbeitung der deutsch-deutschen Geschichte meines Erachtens die Möglichkeit, sich erfolgreich den Lernzielen des westschweizer Lehrplans zu stellen. Denn die Auseinandersetzung mit einem den Schülerinnen und Schülern fremden Thema in einer ihnen fremden Sprache fordert und fördert einen reflektierten Umgang mit Alterität, auch aufseiten der Unterrichtenden.

---

6 Zur Rolle der Verfremdung für ein kritisches Theater, vgl: Brecht, Schriften zum Theater.

Diktatur und Demokratie im Unterricht

Wie ein solcher Versuch, die Fremdheit des Stoffes und der Unterrichtssprache zu nutzen, konkret aussehen könnte, soll abschließend am Beispiel einer Unterrichtssequenz zur vergleichenden Analyse von Schulbüchern aus der Zeit des Kalten Krieges skizziert werden. Sie schließt in meinem immersiven Geschichtsunterricht an eine längere Bearbeitung der Blockbildung an, die sich insbesondere mit der Entstehung und Entwicklung der beiden deutschen Staaten beschäftigt.[7] Dabei geraten politische, wirtschaftliche und gesellschaftliche Unterschiede zwischen Diktatur und Demokratie in den Blick, die auch anhand von zentralen Ereignissen, wie dem Arbeiteraufstand vom 17. Juni 1953 und dem Bau der Mauer bearbeitet werden.

In der Hoffnung, die in dieser Unterrichtseinheit gemachten Einsichten in die deutsch-deutsche Geschichte und die Mechanismen des Kalten Krieges zu vertiefen, wird die Darstellung von Diktatur und Demokratie aus meinem Geschichtsunterricht in seiner Fortsetzung konfrontiert mit der Darstellung von Diktatur und Demokratie im Geschichtsunterricht während des Kalten Krieges. Damit soll die den Lernenden nun einigermaßen vertraute Thematik vor dem Hintergrund der oben formulierten Prämissen noch einmal im Sinne Brechts verfremdet werden. Konkret geschieht dies anhand einer Analyse von Kapiteln aus Geschichtsbüchern für die Oberstufe aus der DDR, der Bundesrepublik und der Schweiz, die sich mit der deutsch-deutschen Geschichte beschäftigen.[8]

Bei der Auseinandersetzung mit den Schulbuchseiten zum Arbeiteraufstand des 17. Juni 1953, auf die ich mich hier beschränke, machen die westschweizer Schülerinnen und Schüler zunächst die für viele von ihnen befremdliche Erfahrung, dass sich die Darstellungen der Ereignisse radikal voneinander unterscheiden. So lesen sie im Geschichtsbuch der DDR unter dem Titel „Das Scheitern des

---

[7] Auf den Aufbau dieser Unterrichtseinheit kann hier nicht genau eingegangen werden. Nur soviel: Da es in der Westschweiz keine gymnasialen Lehrmittel für Geschichte gibt, arbeite ich anhand eigens zusammengestellter Quellendossiers, die sich aufgrund der Sprachproblematik aus kurzen Texten und vielen Bildern und Filmen zusammensetzen. Ihre Bearbeitung geschieht während ca. zehn Wochen anhand möglichst vielfältiger Unterrichtsaktivitäten in den zur Verfügung stehenden zwei Wochenstunden. Die lange Dauer mag einen Einblick in die dabei nötige Verlangsamung der immersiven Vermittlung des fremden Themas geben.

[8] Bearbeitet werden dabei die einschlägigen Kapitel aus folgenden Büchern: Lehrbuch für Geschichte der 10. Klasse der Oberschule und der erweiterten Oberschule, Berlin (Ost) 1961, S. 316 f.; Zeiten und Menschen 4/II: Politik, Gesellschaft, Wirtschaft von 1945 bis zur Gegenwart. Paderborn 1986, S. 94; Helmut Meyer/Peter Schneebeli, Durch Geschichte zur Gegenwart 4, Zürich 1987, S. 58 f.; Neben dem 17. Juni bearbeite ich im Unterricht auch die Darstellung des Mauerbaus in den drei genannten Schulkontexten. Auf sie kann hier aus Platzgründen nicht eingegangen werden.

faschistischen Putschversuches 1953" vom Sieg „der Einheit zwischen der Partei der Arbeiterklasse, der Staatsmacht und den breiten Massen des Volkes" gegen reaktionäre „Imperialisten", denen es aus bloßem Machtinteresse um den gewaltsamen Sturz der „friedliebenden Kräfte (...)" der „Arbeiter-und-Bauern-Macht" zu tun gewesen sei. Unter Federführung „des amerikanischen Geheimdienstes" seien dabei „Rowdys aus halbfaschistischen Organisationen, arbeitsscheue und kriminelle Elemente (...) von den Berliner Westsektoren her in die DDR eingeschleust" worden, denen dank der „revolutionäre[n] Wachsamkeit" der „klassenbewußten Werktätigen" das Handwerk habe gelegt werden können.[9]

Das Geschichtsbuch aus der Bundesrepublik gibt die Ereignisse des 17. Juni dagegen als einen „spontane[n] Volksaufstand" zu lesen, der nach „Freiheit und nationaler Selbstbestimmung" gerufen habe und von einer „Parteidiktatur" „brutal niedergeschlagen" worden sei. Diese habe noch in Zeiten der Entstalinisierung an ihrem „strikt stalinistische[n] Kurs", an „stalinistische[m] Personenkult" und „stalinistische[r] Unterdrückung" festgehalten. Schließlich habe nur der unmenschliche Militäreinsatz der „sowjetischen Besatzungsmacht" gegen die Arbeiter, „deren Sachverwalter zu sein sie stets vorgegeben hatten", „die Stalinisten" vor dem Untergang bewahrt.[10]

Und wenn die Jugendlichen nach diesen sich widersprechenden Lektüren meinen, die Wahrheit liege in der Mitte und sei, für sie beruhigend genug, im Geschichtsbuch ihrer deutschschweizer Vorfahren nachzulesen, stellen sie fest, dass es mit der Neutralität im Kalten Krieg so eine Sache ist. Aus Zürich betrachtet lesen sich die Ereignisse des 17. Juni nämlich als Konsequenz des Konflikts zwischen der „politische[n] und wirtschaftliche[n] Stabilität des Westens" auf der einen und der „Entschlossenheit der Sowjetunion, ihren Machtbereich nicht preiszugeben" auf der anderen Seite. Dabei sei die im Vergleich zur Bundesrepublik schwächere DDR ihrer prekären Lage, „ihrer verstaatlichten Wirtschaft fehlten Rohstoffe, Geld und Initiative", nicht mit bitter nötigen Reformen, sondern nur mehr mit „einem umfangreichen Polizeiapparat" begegnet. Und selbst diesem sei es, als das Volk aufbegehrte, nur dank der Unterstützung durch die rücksichtslose Machtpolitik der UdSSR gelungen, Herr der Lage zu bleiben. „1953 konnte ein Arbeiteraufstand in Ost-Berlin nur mit sowjetischen Truppen niedergeworfen werden", ist zu lesen, neben einem Foto von fliehenden Menschen mit der Legende, „Sowjetische Panzer werfen einen Aufstand in Ost-Berlin nieder".[11]

9 Alle Zitate: Lehrbuch für Geschichte, S. 316 f.
10 Alle Zitate: Zeiten und Menschen 4/II, S. 94.
11 Alle Zitate: Meyer, Schneebeli, Durch Geschichte zur Gegenwart, S. 58 f. Ausgehend von dieser Bildunterschrift stellen Schüler immer wieder die Frage, wie viele solcher Aufstände es denn gegeben habe.

Die Ereignisse des 17. Juni erscheinen in den Schulbüchern aus dem Kalten Krieg also als Kampf zwischen Gut und Böse, mit je nach Kontext wechselnder Besetzung der Rollen: Einheit von Volk und Regierung gegen reaktionäre Faschisten – Volk mit der Forderung nach freier nationaler Selbstbestimmung gegen unbelehrbare Stalinisten – Arbeiter mit dem Wunsch nach westlicher Stabilität gegen kommunistische Unterdrücker. Zu lesen ist, wie die beiden deutschen Staaten sich im Geschichtsunterricht ihren heranwachsenden Bürgern darstellen: sich selbst als friedliebende zu unterstützende Demokratie und das andere Deutschland als aggressive zu verurteilende Diktatur. Die Schweiz verurteilt die DDR als Diktatur, um sich auf die Seite der Bundesrepublik als Demokratie zu stellen, für die die jungen Eidgenossen gewonnen werden sollen.

Und die westschweizer Schüler des immersiven Geschichtsunterrichts, die es inklusive meiner, ich hoffe etwas differenzierteren Darstellung aus der einführenden Unterrichtseinheit, nun mit vier Versionen der Ereignisse des 17. Juni zu tun haben? Was können sie über Diktatur und Demokratie im Unterricht lernen? Zunächst, dass nicht alles stimmt, was im Geschichtsunterricht vermittelt wird und, dass es sich bei historischer Wahrheitsfindung um einen Prozess handelt, der entscheidend von dem Kontext abhängt, in dem er stattfindet.[12] In der Auseinandersetzung mit der Geschichte der DDR gerät dabei zudem ein Umgang mit Alterität in den Blick, der für die deutsch-deutschen Beziehungen im Kalten Krieg nicht nur im Unterricht konstitutiv war: die undifferenzierte Auseinandersetzung mit dem Fremden in Feindbildern. Ihren Gründen und Mechanismen in der beschriebenen Art und Weise nachzufragen, soll es ermöglichen, einen alternativen, differenzierteren Umgang mit Anderem einzuüben, wie ihn der westschweizer Lehrplan fordert. Denn in der Unterrichtssequenz zum 17. Juni erhalten die Schülerinnen und Schüler Einblicke in Wertsysteme, die voneinander differieren. Und sie machen die Erfahrung, dass Werturteile, etwa was eine Diktatur und was eine Demokratie ist, von den politischen Kulturen abhängen, in denen sie getroffen werden und dass auch sie, die Lernenden, Teil einer solchen Kultur sind.

Mir scheint in der skizzierten Bearbeitung des Themas der DDR im immersiven Geschichtsunterricht liegt das Potenzial, die Schülerinnen und Schüler ein Stück weit zu einer selbständigen Meinungsbildung und zu einer reflektierten, verantwortungsbewussten Haltung Anderem gegenüber anzuleiten. Von nicht zu unterschätzender Bedeutung ist dabei die Fremdheit des Unterrichtsgegenstands und der Unterrichtssprache. Beide wirken als erkenntnisstiftende Verfremdungseffekte

---

12 Eine wichtige Rolle spielt im Unterricht dabei natürlich die Diskussion der Frage, was von den Darstellungen des 17. Juni in den Geschichtsbüchern nun stimmt und was nicht. Ein Frage, die hier nicht geklärt werden muss.

im Brechtschen Sinne, die dafür sorgen, dass auf der Bühne des immersiven Unterrichts „die Geschehnisse sich (…) nicht unmerklich folgen". Sie erschweren es Lernenden und Lehrenden, den Geschichtsunterricht als Routine hinzunehmen, „sich in die Fabel, wie in einen Fluß zu werfen, um sich hierin und dorthin unbestimmt treiben zu lassen". Und sie erlauben es, „mit dem Urteil dazwischen [zu] kommen".[13] Wenn dies gelingt, ist in der fremden Sprache eine Erfahrung zu machen, die zentraler Gegenstand des Unterrichts zu Diktatur und Demokratie sein sollte: der differenzierte Umgang mit Alterität.

---

13 Alle Zitate: Brecht, „Kleines Organon für das Theater", S. 166.

ANNA V. ARNIM-ROSENTHAL

DDR-Geschichte interkulturell vermitteln

Leerstelle: Der Fall DDR im interkulturellen Geschichtslernen

Das Unterrichtsfach Geschichte eignet sich in besonderer Weise, um interkulturelle Kompetenz zu vermitteln.[1] „Fremdverstehen" ist ein Ziel des historischen Lernens und gleichzeitig ist „Fremdverstehen per se interkulturell",[2] denn die Schülerinnen und Schüler haben es zwar mit der „eigenen" Geschichte zu tun, sie haben sie aber selbst nicht miterlebt. Historisches wie interkulturelles Lernen eint das Ziel, dass Jugendliche Meinungen, Perspektiven, Lebensweltentwürfe, Handlungen und Denkweisen verstehen, die von ihren eigenen abweichen. Es ist nicht bedeutsam, ob die Perspektiven und Denkweisen, die fremd erscheinen, in der Vergangenheit oder in der Gegenwart liegen.[3]

Die gemeinsamen Herausforderungen von historischem Lernen und interkulturellem Unterricht liegen im Perspektivenwechsel und in der notwendigen Multiperspektivität. Geht es beim historischen Lernen um das Verstehen von Ereignissen in der Vergangenheit und ein „historisches Denken als Orientierung in Zeit", steht beim interkulturellen Lernen das Verstehen von Kulturen im Zentrum. Beim *interkulturellen Geschichts*lernen schließlich zielt das Verstehen auf die kulturelle Vielfalt in der Vergangenheit und in der Gegenwart. Im Ergebnis sollen die Jugendlichen kulturelles Denken „als Orientierung in Vielfalt"[4] erlernen. Es geht um

---

1   Andreas Körber, Fremdverstehen und Perspektivität im Geschichtsunterricht, 2012, http://www.pedocs.de/volltexte/2012/5849/pdf/Koerber_2012_Fremdverstehen_und_Perspektivitaet_D_A.pdf [7.9.2015]; Bettina Alavai/Bodo von Borries, Geschichte, in: Hans H. Reich/Alfred Holzbrecher/Hans-Joachim Roth (Hrsg.), Fachdidaktik interkulturell. Ein Handbuch (Reihe Schule und Gesellschaft), Opladen 2000, S. 57–82.
2   Bodo von Borries/Lutz Tornow, Fremdverstehen durch systematische Einübung in Perspektivenwechsel? Von gelegentlich „multiperspektivischer" Quellenarbeit zu konsequent „kontroverser" Behandlung, in: Andreas Körber (Hrsg.), Interkulturelles Geschichtslernen. Geschichtsunterricht unter den Bedingungen von Einwanderung und Globalisierung. Konzeptionelle Überlegungen und praktische Ansätze, Novemberakademie Bd. 2, Münster 2001, S. 227–238.
3   Ausführlich dazu siehe Bettina Alavi, Von der Theorie zur Praxis interkulturellen Lernens. Problembereiche bei der Planung und Durchführung von Unterricht, in: Körber (Hrsg.), Interkulturelles Geschichtslernen, S. 102 f.
4   „Zweidimensionale Orientierungsleistung" des interkulturellen Geschichtslernens ausführlich bei Andreas Körber/Johannes Meyer-Hamme, „Interkulturelle historische Kompetenz?

die Frage, warum Menschen zur gleichen Zeit und am gleichen Ort, oder in Bezug auf ein bestimmtes Ereignis oder in einer spezifischen Situation unterschiedlich gehandelt haben oder handeln. Um dies zu erarbeiten, sind Kenntnisse über die Prägungen und die Kultur der Menschen sowie über die gesellschaftlichen und politischen Strukturen notwendig.

Die Geschichte der DDR ist aus mehreren Gründen hervorragend geeignet, interkulturell vermittelt zu werden. Erstens ist die DDR-Geschichte auch eine deutsch-deutsche und eine internationale Geschichte. Das bedeutet, die kulturelle Vielfalt ergibt sich aus einer Betrachtung der Abgrenzungs- und Verflechtungsgeschichte von DDR und Bundesrepublik sowie von der DDR zu anderen Ländern. Zweitens ist die deutsche Teilungsgeschichte die Geschichte von Menschen, die heute von ihrem Leben in einer Diktatur berichten können. Es ist möglich, ihre Handlungsräume zu untersuchen. Außerdem legt es die zeitliche Nähe zu den historischen Ereignissen nahe, an die Lebenswelten der Jugendlichen, an die Erinnerungen in ihren Familien und an gegenwärtige Prozesse anzuknüpfen.

Eine Voraussetzung dafür ist die Auseinandersetzung mit multiperspektivischen und kontroversen Quellen und Darstellungen. Anhand der methodischen Auswertung und Deutung des Materials wird der selbständige Umgang mit Informationen gefördert.[5] Es gelingt den Jugendlichen im Idealfall, fremde Aussagen und Perspektiven zu dekonstruieren und ein eigenes Geschichtsverständnis zu bilden. Die Chance von kontroversen Darstellungen ist, dass sie die Perspektivmöglichkeiten auf ein historisches Ereignis zeigen und damit auch die Notwendigkeit, jede einzelne Quelle zu hinterfragen. Erst wenn die Jugendlichen der Frage nachgehen, warum diese unterschiedlichen Perspektiven entstanden sind und auf

Zum Verhältnis von Interkulturalität und Kompetenzorientierung beim Geschichtslernen", in: Jan-Patrick Bauer/Johannes Meyer-Hamme/Andreas Körber (Hrsg.), Geschichtslernen – Innovationen und Reflexionen. Geschichtsdidaktik im Spannungsfeld von theoretischen Zuspitzungen, empirischen Erkundungen, normativen Überlegungen und pragmatischen Wendungen – Festschrift für Bodo von Borries zum 65. Geburtstag, Kenzingen, Centaurus (Reihe Geschichte 54), S. 307–334; Fremdverstehen bezieht sich nicht allein auf Chronologie, sondern auch auf Kulturen – ob in der Vergangenheit (diachroner Vergleich) oder in der Gegenwart (synchroner Vergleich), ausführlich zu den Bedingungen und Unterschieden der zwei Formen des Fremdverstehens siehe Körber, Fremdverstehen und Perspektivität.

5   Ohliger macht in der Einwanderungsgesellschaft neue Möglichkeiten der Multiperspektivität aus: Die Auswahl und die Perspektiven der Quellen werden ergänzt durch die Erfahrungen und historischen Erzählungen, die durch Migration und Menschen mit Migrationshintergrund eingebracht werden, Rainer Ohliger, „Am Anfang war ...": Multiperspektivische Geschichtsvermittlung in der Einwanderungsgesellschaft, in: Georgi/Ohliger, Crossover Geschichte, S. 109–131.

welchen Annahmen und Prägungen sie beruhen, beantworten sie neben „wie ist es gewesen" auch die Frage, „wie ist es für die Beteiligten gewesen".[6]

Aber wird der Anspruch der Interkulturalität bei der Vermittlung der deutsch-deutschen Geschichte auch verwirklicht? Eine Recherche zeigt, dass drei sehr verschiedene Angebote aus der historisch-politischen Bildungsarbeit eine Ausnahme bilden:

- Für ihre Publikation „Praktische Geschichtsvermittlung in der Migrationsgesellschaft" haben der Verein „Gegen Vergessen – Für Demokratie" und die Bundeszentrale für politische Bildung 46 Bausteine für die schulische und außerschulische historisch-politische Bildung entwickelt.[7] Bezüge zur deutsch-deutschen Teilung finden sich darin u. a. in den Themenfeldern „Deutsche Migrationsgeschichte" und „Erinnerungskultur"; explizit wird die DDR-Geschichte im Themenfeld „DDR – Staatsfeind, Fremder, Flüchtling" zum Gegenstand der Betrachtung. Den Autoren ist es wichtig, dass die Migrationsgeschichte nicht das einzige Thema bleibt, welches Geschichte in einer „multi-ethnischen Gesellschaft überhaupt vermitteln kann". Sie ermuntern dazu, weitere Themen und Inhalte für heterogene Gruppen didaktisch aufzubereiten und dabei stets die Realität der Lernen einzubeziehen.
- Die Internetseite www.ddr-geschichte-vermitteln.de des Bildungswerks der Humanistischen Union Nordrhein-Westfalen stellt Materialien zur Verfügung, die „Verflechtungen mit der westdeutschen Geschichte und mit europäischen Kontexten" berücksichtigen: Ein vielfältiger Fundus an Quellen, die sich nicht allein auf die DDR und die Bundesrepublik beziehen, sondern auch west- und osteuropäische Länder einbeziehen.
- Angebote zur interkulturellen Geschichtsvermittlung gibt es, als dritte Möglichkeit, vom „Interkulturellen Zeitzeugenportal Sachsen-Anhalt". Zeitzeugen geben Auskunft zu den Themen „Einwanderung ins geteilte und wiedervereinte Deutschland". Im Rahmen des Projekts „25 Jahre Mauerfall – 25 Jahre geteilte Geschichte. Migrant_innen aus Ost und West erinnern sich" haben sich Menschen mit Migrationsgeschichte, die den Mauerfall in Ost oder West erlebt haben, in Interviews an den 9. November 1989 erinnert.[8] Zeitzeugen stellen sich „als wichtige Quelle historischer Aufarbeitung deutsch-deutscher Geschichte" zur Verfügung.

---

6 Körber, Fremdverstehen und Perspektivität.
7 Praktische Geschichtsvermittlung in der Migrationsgesellschaft. 46 Bausteine für die schulische und außerschulische historisch-politische Bildung, hrsg. v. Gegen Vergessen – Für Demokratie e. V. und Bundeszentrale für politische Bildung, Bonn 2012.
8 Interviews auf www.zeitzeugen-interkulturell.de [24. 8. 2015].

Die drei Beispiele für eine interkulturelle Vermittlung von DDR-Geschichte machen das ganze Spektrum auf: Das interkulturelle Geschichtslernen resultiert entweder aus einer „Interkulturalität im Thema, in den Quellen oder im Lernprozess".[9]

Im Folgenden wird gefragt, welche Ansprüche an Themen und an Materialien gestellt werden sollten, um deutsch-deutsche Geschichte interkulturell zu vermitteln. Darüber hinaus werden die Lernziele und Kompetenzen der so gezeichneten Geschichtsvermittlung beschrieben. Schließlich werden beispielhaft vier Themen der deutschen Teilungsgeschichte für die interkulturelle Vermittlung skizziert.

Ausgangspunkt: Die Lebenswelten der Jugendlichen

Die interkulturelle Kompetenz ist eine Notwendigkeit nicht allein, weil Schulklassen heterogen zusammengesetzt sind und die Jugendlichen einen toleranten und respektvollen Umgang miteinander lernen müssen. Interkulturelle Kompetenz ist auch in jenen Schulklassen wichtig, in denen keine Jugendlichen sitzen, die oder deren (Groß-)Eltern aus einem anderen Land kommen. „Angst vor dem Fremden" meint im Wortsinn, dass Schülerinnen und Schülern „Fremde" nicht nur unbekannt sind, sondern sie ihnen eine Fremdheit zuschreiben. Diese Zuschreibung sollte reflektiert werden, kann sie doch auch außerhalb des Schulkontextes in mangelndem Verständnis und in intolerantem Verhalten münden.[10]

Für homogene Klassen und heterogene Gruppen gilt, dass die Interessen und Geschichten der Jugendlichen der Ausgangspunkt sind. Dabei kann nicht davon ausgegangen werden, dass ihre Herkunft für sie eine besondere Relevanz hat. Zu berücksichtigen ist, dass niemand auf ein Deutungsmuster festgelegt ist. Jeder „bastelt" sich aus den Geschichtsdeutungen und Verhaltensweisen, den Denkstrukturen und Wertesystemen der Familie, der (Sub-)kultur, den sozialen, religiösen und geschichtskulturellen Milieus, dem gesellschaftlichen Umfeld seine Identität. Jugendliche mit Vorfahren aus anderen Ländern können Bestandteile der Kultur des Herkunftslandes ihrer Eltern oder Großeltern übernehmen, aber

---

9   Ausfürchlich dazu siehe Körber (Hrsg.), Interkulturelles Geschichtslernen, S. 17–22.
10 Leipziger Forscherinnen und Forscher haben in einer mehrjährigen Studie belegt, dass personale Kontakte in Schulklassen eine größere Wirkung gegen rechtsextreme Einstellungen entwickeln können als das allgemeine Umfeld von Jugendlichen. Wo diese personalen Kontakte fehlen, sollte interkulturelle Kompetenz umso mehr auf dem Stundenplan stehen: „Mitte"-Studien der Universität Leipzig in Kooperation mit der Friedrich-Ebert-Stiftung, 2006–2012. Zudem resultieren Ressentiments gegenüber Ausländern nicht vorrangig aus tatsächlich erlebten Beeinträchtigungen durch sie.

genauso auch von der Kultur des Aufnahmelandes geprägt sein. Ihr Geschichtsbewusstsein ist immer eine individuelle und gleichzeitig durch Gesellschaft und (Sub-)Kultur geprägte Konstruktion. Die Schülerinnen und Schüler sind demnach nicht Vertreter einer Kultur oder eines Landes, zu dem sie – ob nach Zuschreibung oder tatsächlich – eine Verbindung haben bzw. „dem sie doch eben durch Abwanderung entgangen sind".[11] Wird automatisch die vermeintliche Herkunft der Schülerinnen und Schüler zur Grundlage, besteht die Gefahr einer „Kulturalisierungsfalle"[12]: Der Herkunft wird eine Relevanz zugewiesen, die sie bei den Jugendlichen möglicherweise nicht hat. Und dennoch: Wollen die Jugendlichen über ihre Herkunft oder (Sub-)Kultur sprechen, sollten sie dafür Möglichkeit und Raum bekommen.[13]

Der Geschichtsunterricht bietet den Jugendlichen den Raum, ihre Identitätskonstruktionen zu hinterfragen. Damit dies gelingt, wird an Geschichten angeknüpft, die für die Schülerinnen und Schüler persönlich relevant sind. Erkennen sie für sich einen Anwendungsbezug[14] des Unterrichtsstoffs und eine Reflektionsmöglichkeit ihrer eigenen Geschichten, erfahren sie für sich auch den praktischen Nutzen des neuen Wissens.[15]

Themen: Deutsch-deutsche Geschichte interkulturell

Zahlreiche Fragen und Probleme der deutschen Teilungsgeschichte bieten sich für eine interkulturelle Vermittlung an. Die Themen sollten folgenden Kriterien entsprechen, die es den Jugendlichen ermöglichen:
- eine eigene persönliche Relevanz zum Gegenstand zu entwickeln (Lebensweltbezug),
- Beispiele auszuwählen, um von diesen zu einer übergeordneten Kategorie zu gelangen (induktives Vorgehen),

---

11 Bodo v. Borries, Fallstricke interkulturellen Geschichtslernens: Opas Schulbuchunterricht ist tot, in: Georgi/Ohliger (Hrsg.), Crossover Geschichte, S. 29.
12 Bettina Alavi, Geschichtsunterricht in der multikulturellen Gesellschaft, Frankfurt a. M. 1998.
13 Im Projekt „Here's my story" reflektierten Jugendliche aus Mittelschulen und aus „Flüchtlingsklassen" an beruflichen Schulen ihre kulturelle und biografische Identität und ihre Lebensziele in multimedialen Clips, http://www.br.de/unternehmen/inhalt/bildungsprojekte/mystory-mittelschule-augsburg-128.html [25. 8. 2015].
14 Zum Anwendungsbezug des Geschichtsunterrichts siehe der Beitrag von Christoph Hamann in diesem Band.
15 Ebenda.

- die Beispiele nicht isoliert zu betrachten, sondern eingebettet in die Zeit, in das politische und rechtliche System, in die kulturelle, soziale und ggf. familiäre Prägung (Kontextualisieren),
- eine Gegenüberstellung oder Bezugnahme der Vergangenheit mit der Gegenwart oder aber von zwei verschiedenen Gruppen bzw. Nationen in der Vergangenheit herzustellen, z. B. die Verflechtung bzw. Abgrenzung von DDR und Bundesrepublik, DDR und Sowjetunion oder Polen, Ungarn etc., um die Spezifika der Perspektiven aufzuzeigen,
- sich zu orientieren an den (Konflikt-)bereichen des Zusammentreffens von Kulturen (Migration), den Reibungspunkten innerhalb von Gesellschaften (Minderheit – Mehrheit, Opposition – System, Unterdrückung – Freiheiten) und von Individuen (Identitätsbildung, Handlungsspielräume, Entscheidungswege),[16]
- multiperspektivische Quellen einzusetzen, die sich nicht allein auf die DDR beziehen, sondern auch aus dem Vergleichsland stammen.

Thema 1: Migration in die DDR

Die wenigen Eingewanderten, die aus dem Ausland in die DDR kamen, lassen sich in vier Gruppen einteilen.[17] Neben rund 300 000 sowjetischen Besatzungssoldaten lebten auch Ausländer in der DDR, die beispielsweise in diplomatischen Positionen waren. Die ausländischen Studierenden machten einen Anteil von etwa 6 bis 7 % an der Gesamtzahl der Studierenden in der DDR aus. Als dritte Gruppe lebten Asylsuchende in der DDR, über deren Aufenthalts- und Bleibeerlaubnis das SED-Politbüro entschied. Von ihnen wurde ein Bekenntnis zur DDR-Verfassung verlangt und damit unterschied sich das „Gesinnungsasyl" in der DDR maßgeblich vom „Verfolgungsasyl" in der Bundesrepublik. Um Asyl ersuchten vor allem Griechen, Spanier, Bürgerkriegsflüchtlinge aus Frankreich, Chilenen und Menschen aus Algerien und der Türkei. Die Gruppen sollten im öffentlichen Bild der DDR nicht auffallen, sich aber als gutes Beispiel eignen. Die vierte und größte Gruppe bildeten Vertragsarbeiter, die aus Polen, Ungarn, Vietnam, Mosambik, Angola, Kuba und Algerien in die DDR kamen. Ihre Anwerbung resultierte aus dem akuten Arbeits-

---

16 Bettina Alavi, Von der Theorie zur Praxis interkulturellen Lernens. Problembereiche bei der Planung und Durchführung von Unterricht, in: Körber, Interkulturelles Geschichtslernen, S. 97–104.
17 Im Folgenden und grundlegend hierzu: Patrice Poutrus, Ankunft – Alltag – Ausreise. Migration und interkulturelle Begegnungen in der DDR-Gesellschaft (mit Christian Th. Müller), Köln u. a. 2005 und Klaus J. Bade/Jan Oltmer, Migration, Ausländerbeschäftigung und Asylpolitik in der DDR, http://www.bpb.de/gesellschaft/migration/dossier-migration/56368/migrationspolitik-in-der-ddr?p=all.

kräftemangel. Sie wurden in bestimmten Wohngegenden untergebracht und mussten in Produktionsbereichen arbeiten, die deutsche Arbeiter wenig schätzten. Die Vertragsarbeiter machten circa 1 % an der erwerbstätigen Bevölkerung in der DDR aus. Die Alltagskontakte von Ausländern zu DDR-Bürgern sollten sich auf ein Minimum reduzieren. Eheschließungen zwischen ihnen waren nicht vorgesehen und wurden zum institutionellen Problem, erforderten sie doch die Zustimmung beider Länder und boten dem Ehepartner die Möglichkeit, einen Antrag auf Ausreise in das Herkunftsland des Ehepartners zu stellen.[18] Bei Schwangerschaften waren „Abtreibung oder Abschiebung" vorgesehen. In praktisch jeden Lebensbereich reichten die bilateralen Vereinbarungen kontrollierend hinein. Gab es Konflikte, drohten Abschiebung oder Einkommensabgaben.

Die vier Gruppen zeigen das Spektrum an Motiven auf, das eigene Land zu verlassen. Gleichzeitig verweisen sie auf die Abhängigkeit der Eingereisten vom Machtgefüge in der DDR. Die Pull- und Push-Faktoren spielen hier ebenso eine Rolle wie die sozialen, wirtschaftlichen, religiösen, familiären Bedingungen und kulturellen Prägungen der Menschen in ihren Herkunftsländern. Außerdem können die politischen und wirtschaftlichen Interessen des Aufnahme- und des Herkunftslandes kritisch untersucht werden. Ausgehend von einem Beispiel lassen sich in Anlehnung an Bettina Alavi[19] folgende Bereiche untersuchen: Die Handlungsräume der Menschen mit Migrationshintergrund in der DDR im Zusammenhang mit der „Ausländerpolitik" der SED-Regierung, die politische, gesellschaftliche und individuelle Vorbereitung einer Migrationssituation und das Zusammenleben der Bevölkerungsgruppen. Neben einer Darstellung der SED-Politik für Migranten können Zeitzeugen, z. B. ehemalige ausländische Studierende oder Vertragsarbeiter, von ihren Erfahrungen berichten.[20] Über www.zeitzeugen-interkulturell. de ist der Kontakt zu Migranten aus der früheren DDR möglich.[21] Den Zugang zu Zeitzeugenberichten von Gastarbeitern z. B. aus Vietnam[22] bietet www.ddr-geschichte-vermitteln.de. Hier sind darüber hinaus Dokumente eingestellt, beispielsweise ein Abkommen zwischen DDR und Vietnam über die Einreise ausländischer

---

18 Heidrun Budde, Willkür: Die Schattenseiten der DDR, Rostock 2002.
19 Alavi, Von der Theorie zur Praxis, in: Körber, Interkulturelles Geschichtslernen, S. 97–104.
20 „Honeckers Gastarbeiter – Fremde Freunde in der DDR", Film von Lutz Rentner und Tom Franke, eine Produktion von Armadafilm im Auftrag des RBB, gefördert mit Mitteln der Bundesstiftung zur Aufarbeitung der SED-Diktatur, 2015.
21 http://zeitzeugen-interkulturell.de/zeitzeugensteckbrief-razak-minhel/.
22 Z. B. „Willkommen im Bruderland. Als Gastarbeiter in der DDR", fluter. Magazin der Bundeszentrale für politische Bildung, http://www.fluter.de/de/DDR/thema/7555/; Ausschnitte aus Interviews, Deutsches Historisches Museum 2005, http://www.dhm.de/archiv/ausstellungen/zuwanderungsland-deutschland/migrationen/mp3/hs11.mp3.

Vertragsarbeiter von 1980,[23] und es finden sich Hinweise zu weiterführenden Materialien.[24]

Thema 2: Flucht und Fluchthilfe, Ausreise und Freikauf aus der DDR

Zwischen 1949 und 1989 flohen rund 3,5 Millionen Menschen aus der DDR. Ihre Gründe sind so individuell und vielfältig wie die Wege, die sie in den Westen fanden. Während bis zum Beginn der 1960er-Jahre hauptsächlich politische Motive und spezielle historische Ereignisse anlassgebend waren, formulierten Flüchtlinge in den späteren Jahren ihre Unzufriedenheit auch mit ihren persönlichen und beruflichen Entwicklungschancen, den Wunsch nach Reise- und Meinungsfreiheit oder nach Zusammenführung mit Freunden und Angehörigen auf der anderen Seite der Grenze. Flüchtlinge suchten trotz einer Professionalisierung des tief gestaffelten Grenzsystems und der Maßnahmen zur Verhinderung einer Flucht schon weit im Voraus ihrer Durchführung nach Wegen in den Westen. Die Fluchthilfe für DDR-Bürger wurde damit riskanter, kostspieliger und kommerzialisierte sich teilweise. Seit Mitte der 1970er-Jahre stellten DDR-Bürger Ausreiseanträge und nahmen politische Verfolgung und Repression in Kauf. Mehr als 35 000 politische Häftlinge, darunter viele Flüchtlinge, kaufte die Bundesrepublik aus den DDR-Gefängnissen frei. Die Gründe zu gehen, der Wandel der Fluchtwege, die Professionalisierung der Grenzsicherung, Schießbefehl und Überwachung, das Risiko bei der Flucht, die Biografien der Todesopfer, die Ankunft der Flüchtlinge im Westen, Notaufnahmeverfahren und Aufnahmebedingungen, die Hilfen bei der Eingliederung und die Reaktionen der Bundesregierung, die Fluchten über die Botschaften und die Massenfluchten im Herbst 1989 stecken den Rahmen der Geschichte der Flucht aus der DDR ab.[25]

---

23 http://germanhistorydocs.ghi-dc.org/sub_document.cfm?document_id=854.
24 Z. B. Wolfgang Seifert, Ausländerbeschäftigung in der DDR, http://www.bpb.de/politik/grundfragen/deutsche-verhaeltnisse-eine-sozialkunde/138013/auslaenderbeschaeftigung-in-der-ddr; Katja Illgen, „Zweite Heimat." Vietnamesen berichten über ihr Leben in Deutschland 1980–1995, Landeszentrale für politische Bildung Thüringen 2007; Elena Demke/Annegret Schüle (Hrsg.), „Ferne Freunde – Nahe Fremde. Ausländer in der DDR", Arbeitsheft und DVD mit Unterrichtsangeboten, Berlin 2006, http://www.bundesstiftung-aufarbeitung.de/unterrichtgestalten%3A-bildungskatalog-der-bundesstiftung-aufarbeitung-1346.html?dyn-time=1&dyn-topic=&dyn-level=&dyn-subject=&bk_search=&submit=1&ipp=20&start=0&id=16.
25 Im Folgenden und grundlegend hierzu: Marion Detjen, Ein Loch in der Mauer. Die Geschichte der Fluchthilfe im geteilten Deutschland 1961–1989, München 2005; Bettina Effner/Helge Heidemeyer (Hrsg.), Flucht in geteilten Deutschland, Berlin 2005; Anna v. Arnim-Rosenthal, Flucht und Ausreise aus der DDR, Erfurt 2016; Jan Philipp Wölbern, Der Häftlingsfreikauf aus der DDR 1962/62–1989. Zwischen Menschenhandel und humanitären Aktionen, Göttingen 2014.

Im Sinne eines verflechtungsgeschichtlichen Ansatzes könnten sich die Schülerinnen und Schüler mit den Ursachen und Folgen der Flucht für die DDR und für die Bundesrepublik beschäftigen und sie gleichzeitig als deutsch-deutsche Geschichte begreifen: Als deutsche Bürger wurden DDR-Flüchtlinge von der Bundesrepublik nicht zurück geschickt, das Bundesnotaufnahmegesetz regelte ihre Aufnahme und das Verfahren bei ihrer Ankunft.[26] Interessant sind die Maßnahmen des West-Berliner Senats und der Bundesregierung, mit denen der massive Flüchtlingsstrom vor dem Mauerbau geregelt werden sollte. Die „Politik der Erleichterungen" der sozialliberalen Koalition ab 1969 beeinflusste die Flucht(hilfe-)bewegung dabei ebenso stark wie das Streben der DDR nach internationaler Anerkennung. Während zum Beispiel der West-Berliner Senat die Fluchthelfer zu Beginn der 1960er-Jahre unterstütze, durfte 1963 das Passierscheinabkommen mit der DDR nicht durch die Aktionen der Fluchthelfer gefährdet werden. Und während der Freikauf der Bundesregierung vielen politischen Häftlingen aus dem Gefängnis und in den Westen verhalf, ermunterte er in den späteren Jahren auch DDR-Bürger, diesen (Aus-)Weg bewusst zu wählen. Das Erstarken der Ausreisebewegung resultierte auch aus den internationalen und deutsch-deutschen Vereinbarungen und Verträgen. Die Fluchtgeschichte aus der DDR ist nicht allein eine deutsch-deutsche. Menschen flohen aus Ost-Berlin nach West-Berlin zum Beispiel mit einem Umweg über Ungarn und die Tschechoslowakei, die unterschiedlich auf die Wanderungsbewegungen reagierten: Welche Politik ermöglichte diese Fluchtwege, welche Maßnahmen richteten die Regierungen ein, wie verhandelten sie mit der DDR über die Aufnahme oder Rückführung der Personen?

Bei der Vermittlung historischer Migration aus der DDR geht es auch um die Förderung von Empathie für heutige Geflohene. Eine Bezugnahme von der aktuellen Fluchtbewegung nach Europa auf die historische Flucht- und Ausreisebewegung knüpft an die Fragen an, die Jugendliche aktuell beschäftigen. Auf der einen Seite stehen dabei die Herkunftsländer und Kulturen der Geflohenen, die gegenwärtig nach Deutschland kommen, ihre Fluchtwege und die Fluchthilfe. Auf der anderen Seite geht es um die Grenzsicherungsmaßnahmen der EU, die wirtschaftlichen und politischen Interessen von Aufnahme- und Herkunftsländern, das Asylverfahren und die Bedingungen von Unterbringung und Versorgung in Deutschland. Die Herkunftsländer der Ankommenden sind dabei so vielfältig wie die Gesetze und Maßnahmen, die modifiziert und auf sie angewendet werden. Die Jugendlichen können von Biografien ausgehen, weil die Erfahrungen, Hoffnungen und Ängste von Menschen damals und heute sehr viel eher zusammen zu bringen sind, als dass sich politische und rechtliche Strukturen vergleichen ließen. Auf

---

26 Auch eine Ablehnung führte nicht zur Rückführung in die DDR.

www.zeitzeugenbuero.de stellen sich Zeitzeugen für Gespräche zur Verfügung, die aus der DDR geflohen sind.[27] Einen Einblick in das Leben von Menschen, die heute in die Bundesrepublik kommen, bieten die Video-Porträts von Familien aus Tschetschenien, Iran, Afghanistan und Syrien aus dem Übergangswohnheim Marienfelder Allee in Berlin.[28]

Thema 3: Jugendkulturen und Jugendopposition

Das Erziehungsziel der SED war es, dass die jungen Menschen „sozialistische Persönlichkeiten" werden. Mit dem Eintritt in die Schule erfolgte die Aufnahme in die „Pionierorganisation Ernst Thälmann", ab der 8. Klasse in die „Freie Deutsche Jugend". Wer nicht mitmachte, durfte nicht auf einen Platz an einer Erweiterten Oberschule und für das Abitur hoffen. Wer zum Studium zugelassen werden wollte, durfte nicht aus einem bürgerlichen, christlichen oder als intellektuell geltendem Elternhaus kommen. Wie viele Hochschulabsolventen in welcher Branche benötigt wurden, war festgelegt und die Berufswünsche wurden den wirtschaftlichen Erfordernissen untergeordnet.

Je größer die Kluft zwischen sozialistischer Propaganda und der Lebenswirklichkeit der Jugendlichen wurde, desto offener sagten sie sich von der staatlichen Bevormundung los. Sie suchten nach Freiräumen und alternativen Ausdrucksformen. In den 1960er-Jahren gelangte die Beat-Musik aus England und den USA in die DDR, später formierten sich die Punks, die Skinhead-Gruppen, die unpolitischen Skins und die Hooligans. Weil eine offene politische Opposition aufgrund der Macht der „Organe" nicht möglich war, bildeten sich Ende der 1970er-Jahre Kultur-, Friedens-, Menschenrechts- und Umweltgruppen. Die evangelische Kirche wurde für viele unangepasste Jugendliche zur Anlaufstelle und zum Treffpunkt.

Ausgehend von ihren eigenen Jugendkulturen und von Biografien[29] entdecken die Schülerinnen und Schüler die Handlungsräume und Entscheidungswege von

---

27 Hinweise zu Literatur, Dokumentarfilmen, Internetangeboten, Ausstellungen und Unterrichtsmaterialien im Themenbereich „Flucht, Fluchthilfe und Freikauf" auf www.zeitzeugenbuero.de.

28 „Nach der Flucht" und „Wie wir leben wollen", Ausstellungs- und Bildungsprojekte der Erinnerungsstätte Notaufnahmelager Marienfelde – Stiftung Berliner Mauer und des Übergangswohnheims Marienfelder Allee, Internationaler Bund Berlin-Brandenburg gGmbH, http://www.notaufnahmelager-berlin.de/de/nach-der-flucht-972.html. Kontakt zwischen Geflohenen und Jugendlichen im Rahmen der Projekte von „Schüler treffen Flüchtlinge e.V.", www.sftberlin.de.

29 Zeitzeugen zum Thema „Jugend in der SED-Diktatur" sowie Hinweise zu Literatur, Dokumentarfilmen, Internetangeboten und Unterrichtsmaterialien im Themenbereich auf www.zeitzeugenbuero.de.

Einzelnen und können sich fragen: Aus welchen Gründen hat sich jemand mit welcher sozialen, religiösen, politischen und kulturellen Prägung für was entschieden und welche Konsequenzen hatte diese konkrete Entscheidung? Im Vergleich mit der Gegenwart stellen sie fest, welche Bedürfnisse, welche Entscheidungs- und Handlungsfreiheiten sie selbst haben und welche strukturellen Grenzen ihnen gesetzt sind. Sie können sich zum Beispiel fragen, welche Kommunikations- und Verbreitungswege die Jugendopposition in der DDR gefunden hat und wie sich Kommunikation heute für Jugendliche gestaltet. Mit dem Wissen um mühsam beschaffte und versteckte Druckmaschinen und die Überwachungsmethoden[30] der Stasi können die Jugendlichen ihr Verhalten in sozialen Medien und das Bedrohungspotenzial einer staatlichen Überwachung in Deutschland reflektieren.

Eine weitere Möglichkeit ist es, die Entwicklungen von Jugendkulturen, z. B. der Punks oder Skinheads in der DDR, in der Bundesrepublik oder in einem anderen Land gegenüber zu stellen und die Transfers, Verflechtungen, Adaptionen auszumachen.[31] In welcher Hinsicht unterschieden sich die Rahmenbedingungen, die politischen und kulturellen Systeme, die Handlungsfelder? Eine Auseinandersetzung mit jugendlichen Oppositionellen kann in gleicher Weise auf alle Länder bezogen werden. Zudem ist auch hier eine Betrachtung der Jugendopposition als deutsch-deutsche Geschichte interessant; erleichterte doch zum Beispiel der Grundlagenvertrag seit 1972 die Unterstützung der DDR-Opposition durch Journalisten im Westen.

Thema 4: Mauerfall und deutsche Einheit

Der Fall der Mauer am 9. November 1989 stand am Ende einer Entwicklung, für die DDR-eigene, westdeutsche und internationale Faktoren relevant waren. Als immanente Faktoren können die wachsende Unzufriedenheit vieler Menschen, die Mangelwirtschaft und die Abhängigkeit von Krediten und Importen sowie zunehmende Umweltverschmutzung und Zerfall genannt werden. Sie werden ergänzt durch den inneren Druck durch die anwachsende Flucht-, Ausreise- und Oppositions-

---

30 Z. B. „Maßnahmen zur Beeinflussung und Auflösung von Jugendgruppen", Schulungsmaterial der „Juristischen Hochschule" Potsdam, 1982, http://www.stasi-mediathek.de/medien/massnahmen-zur-beeinflussung-und-aufloesung-von-jugendgruppen/blatt/4/ und mit Materialien und Zeitzeugenberichten, www.jugendopposition.de.
31 Materialsammlung „Jugendliche und Jugendkultur", http://www.ddr-geschichte-vermitteln.de/jugendliche-und-jugendkultur/; Materialiensammlung „Deutsch-deutsche Kontakte und Parallelgeschichte", http://www.ddr-geschichte-vermitteln.de/deutsch-deutsche-kontakte-und-parallelgeschichte/; Materialien und Berichte auf www.jugendopposition.de und www.toomuchfuture.de; DVD „Antifaschismus in der DDR", armadafilm und Rundfunk Berlin-Brandenburg, gefördert durch die Bundesstiftung Aufarbeitung, 2006 und 2007.

bewegung, die Mobilisierung der Massen auf der Straße, die Demonstrationen und schließlich die Reform- und Handlungsunfähigkeit der SED. Die DDR stand in einem wirtschaftlichen Abhängigkeitsverhältnis zur Bundesrepublik, die DDR-Bürger erlebten die Freiheiten und Möglichkeiten im Westen durch die zunehmenden Besuchsreisen, im Fernsehen und durch Bekannte, mit der KSZE-Schlussakte und dem Grundlagenvertrag versetzte die SED sich selbst in Legitimationsdefizite. In Erklärungsnot sah sich die SED – international betrachtet – auch seit den Reformen von Michael Gorbatschow in der Sowjetunion und ihrer offenkundigen Ablehnung dieser durch die DDR-Politiker. Die politische Opposition in Polen, der Prager Frühling in Tschechien, die Rechtfertigung des Niederschlagens des studentischen Protests auf dem Platz des Himmlischen Friedens in Peking durch die SED sowie das Paneuropäische Picknick und die schrittweise Grenzöffnung in Ungarn mündeten ebenfalls in der Nacht vom 9. auf den 10. November, in der sich die Ereignisse überschlugen.

Eine Auseinandersetzung mit diesen Faktoren im Unterricht stellt vor allem eine Herausforderung an das Material dar. Quellen und Darstellungen aus Ungarn, Polen, China oder der Sowjetunion, die für den Schulunterricht aufbereitet und übersetzt worden sind, sind schwer zu finden. Über Biografien und deutsche Darstellungen der Ereignisse im Ausland können die Perspektiven dennoch abgebildet werden. Materialien zu den Entwicklungen und der Politik in DDR, Bundesrepublik, Polen, Tschechoslowakei und Ungarn sind zum Beispiel unter www.ddr-geschichte-vermitteln.de verlinkt und finden sich auf www.chronik-der-mauer. de. Auch auf den Internetseiten der Deutschen Botschaft in Prag und in Budapest sind Fotos, Videos und Informationen zum Herbst 1989 eingestellt. Die Seite www. dissidenten.eu macht das Dissidentenlexikon der Bundesstiftung Aufarbeitung zugänglich, eine biografische Datenbank der osteuropäischen Opposition. Zeitzeugen aus Ost und West berichten auf www.zeitzeugenbuero.de von ihren persönlichen Erinnerungen an die Friedliche Revolution, Berichte von Menschen mit Migrationshintergrund, die den 9. November 1989 in Berlin erlebten, stehen unter www.zeitzeugen-interkulturell.de zur Verfügung.

Die Jugendlichen haben die Möglichkeit anhand von zahlreichen historischen Ereignissen und Entwicklungen den Zusammenbruch des SED-Regimes, den niemand voraus gesehen hat,[32] als nicht-linear und ergebnisoffen zu erfahren. Der Zusammenbruch der DDR wird als Teil deutsch-deutscher und internationaler Geschichte untersucht und die Souveränität von Staaten thematisiert. Anhand der

---

32 Jens Hüttmann, DDR-Prognosedebakel. Goldene Zukunft für Honecker und Trabant, in: Spiegel Online, 4.10.2008, http://www.spiegel.de/einestages/ddr-prognosedebakel-a-947948. html.

Dynamik der Ereignisse im Herbst 1989 erfahren sie die Bedeutung von politischer Partizipation und, dass Demokratie keine Selbstverständlichkeit ist. Sie können hinterfragen, für welche Anliegen sie heute Protest äußern, welche Kanäle ihnen dafür zur Verfügung stehen und welchen Stellenwert Meinungsäußerung und politische Partizipation in ihren Freundeskreisen und in der Gesellschaft haben.

Schlussbemerkung

Die interkulturelle Profilierung der deutschen Teilungsgeschichte bietet enormes Potenzial für das historische Lernen. Viele Themenbereiche eignen sich für eine interkulturelle Vermittlung, indem sie Anschlussmöglichkeiten an die Lebenswelten der Jugendlichen, an gegenwärtige politische Fragestellungen und Prozesse sowie zu vergangenen und gegenwärtigen Systemen und Entwicklungen in anderen Ländern bieten. Die Lernenden können dabei problem- und themenzentriert arbeiten. Die Chance der interkulturellen Vermittlung von DDR-Geschichte liegt auch in der großen Auswahl an Zeitzeugen, die von ihren persönlichen Erfahrungen berichten können. Sie bieten einen Blick in den Alltag und das Leben in einer Diktatur. Gleichzeitig erlauben sie einen differenzierten und vielfältigen Blick auf die historischen Ereignisse. Währenddesen weisen die Materialien zu den Themenfeldern Lücken auf und erfordern die Initiative von Lehrenden und Multiplikatoren. Sie sind es auch, die für eine offene Gesprächskultur im Arbeitsraum sorgen müssen, die es allen Lernenden erlaubt, eigene Interessen und Geschichten einzubringen.

Das Ziel ist, die Jugendlichen für Entwicklungen und Ereignisse in der Vergangenheit und in der Gegenwart zu sensibilisieren. Die Kenntnis darüber, wie sich Menschen unter welchen Bedingungen verhalten, gibt ihnen Orientierung für ihre eigene Identitätskonstruktion.[33] Sie erfahren dabei, was sie ausmacht, wodurch ihr Leben geprägt wird und wer daran beteiligt ist. Im Idealfall gelingt es ihnen bei Begegnungen mit anderen, mit „fremden" Menschen, deren „kulturelles Gepäck" anzuerkennen. Kulturelle Aufgeschlossenheit überwindet diffuse Ängste vor dem Unbekannten.[34] Und sie macht neugierig darauf, wie es Menschen gelingen kann, die Kultur ihres Herkunftslandes und die Kultur Deutschlands miteinander zu arrangieren, so dass sie eine neue Heimat finden.

---

33 Ebenda, auch: „Mit Vielfalt umgehen lernen – Interkulturelle Bildung als Herausforderung für Unterricht und Schulalltag", Fachkonferenz am 20./21. 4. 2009, Berlin, Tagungsdokumentation; Carlos Kölbl, Mit und ohne Migrationshintergrund: Zum Geschichtsbewusstsein Jugendlicher in der Einwanderungsgesellschaft, in: Georgi/Ohliger, Crossover Geschichte, S. 61–75.

34 Paul James Bohannan/Dirk van der Elst, Fast nichts Menschliches ist mir fremd. Wie wir von anderen Kulturen lernen können, Wuppertal 2002.

Ruth Wunnicke

Kommunistische Diktaturerfahrungen im Unterricht

Das Thema kommunistische Diktatur begegnet Lehrerinnen und Lehrern auf verschiedene Art und Weise. Zum einen als zu vermittelnder Unterrichtsstoff, zum anderen als gelebte Erfahrung von Jugendlichen und ihren Familien. Insbesondere in den Familien aus Ostdeutschland oder Ost- und Südosteuropa können kommunistische Diktaturerfahrungen bis heute eine prägende Rolle spielen. In Erinnerungen, Familiennarrativen und -traditionen werden diese Erfahrungen an nachfolgende Generationen weitergegeben. Mitunter gehören auch erlittene Traumata durch Verfolgung und Repressionen kommunistischer Herrschaftsregime zu den familiären Erinnerungen. In manchen Fällen zieht sich die Traumatisierung einer Person aufgrund von Verschweigen und Verheimlichen als „weißer Fleck" durch die Familien und führt zu einer sogenannten Sekundärtraumatisierung nachfolgender Generationen. Doch was genau sind eigentlich „kommunistische Diktaturerfahrungen"?

Kommunistische Diktaturerfahrungen – das „unsichtbare Gepäck"[1]

Eine umfassende wissenschaftliche Definition der „kommunistischen Diktaturerfahrungen" ist bis heute noch nicht erfolgt. Dem Grundgefühl dieser Erfahrungen haben sich jedoch Schriftsteller, Publizisten und Historiker wie Swetlana Alexijewitsch, Merle Hilbk oder Sabine Arnold[2] angenähert.

---

1 Die Ausführungen dieses Beitrages basieren im Wesentlichen auf: Ruth Wunnicke unter Mitarbeit von Michael Parak/Dennis Riffel/Julie Savary, Kommunistische Diktaturerfahrungen und Migrationsgeschichte. Handlungsempfehlungen für Wissenschaft und historisch-politische Bildung, Berlin 2014.
2 Swetlana Alexijewitsch, Secondhand-Zeit. Leben auf den Trümmern des Sozialismus, München 2014 (Reportagen über das Leben in den ehemaligen Sowjetrepubliken auf der Grundlage von Interviews); Merle Hilbk, Die Chaussee der Enthusiasten. Eine Reise durch das russische Deutschland, Berlin 2008 (Reportagen über das neue russische Leben in Deutschland); Sabine Rosemarie Arnold, Stalingrad im sowjetischen Gedächtnis. Kriegserinnerung und Geschichtsbild im totalitären Staat, Bochum 1998 (Die Dissertation untersucht,

Diktaturerfahrungen sind individuelle Erfahrungen. Die einen machen sie als engagierte Kommunisten in einer Diktatur, andere als Angehörige einer Minderheit, wiederum andere als Antikommunisten. Dennoch gibt es so etwas wie ein Grundgefühl, das als prägende Grundstruktur in kommunistischen Diktaturen für mehrere Generationen in unterschiedlichen Abstufungen zu erkennen ist und sich teilweise bis heute fortsetzt.

Das Leben in einer kommunistischen Diktatur bedeutete Leben in einer doppelten Realität. Dem selbsterlebten Alltag stand die offizielle politische Interpretation gegenüber. Die Menschen lebten mit einer Diskrepanz über die tägliche soziale Realität und das, was die staatliche Propaganda in ihren Organen als die offizielle Wahrheit verkündete.[3] Das führte für die Menschen zu einer permanenten Lebensunsicherheit. Denn auch die „offizielle Wahrheit" konnte sich von heute auf morgen ändern und Lebensschicksale beeinflussen.[4] Berufskarrieren waren durch rationales Vorgehen und Überlegen kaum planbar. Sicherheit hingegen gab der Rückzug in den eigenen Mikrokosmos. Dennoch regierte der Staat durch verschiedenste Institutionen in das Leben jeder Familie und jedes einzelnen Menschen hinein. Bis heute hat sich für einige Menschen mit diesen Erfahrungen eine misstrauische Einstellung zum Staat erhalten.

Ein prägendes Instrument der kommunistischen Diktatur war die imaginäre Schaffung von Feinden. Wenn die Konfrontation zwischen Ost- und Westblock auch einige Berechtigung dazu gab, so setzte staatlich inszenierte Paranoia den Feind noch einmal besonders in Szene. Allerdings war es nicht nur der Feind an den Grenzen der kommunistischen Staaten, vor dem sich der kommunistischen Propaganda zufolge die Menschen in Acht nehmen sollten, es war auch der Feind im Land – der sogenannte Volksfeind. Das Bild des „Volksfeindes" schaffte eine gewisse Legitimation für die gegenseitige Bespitzelung auf der Arbeit, im Wohnblock, in der Massenorganisation etc. In vielerlei Hinsicht wurde ein Klima der Angst aufgebaut. Als Folge wurde das Schweigen zu einer nahezu überlebenswichtigen Tugend, war aber kein Garant für Unversehrtheit.[5]

Heldenkulte dienten der staatlichen Forderung nach Stärke, Optimismus und Pflichterfüllung sowie als Vorbild zur Erziehung zum „sozialistischen Menschen". Dabei ging es zum einen um den Held in Krisen, zum Beispiel im Krieg, und

wie die Primärerfahrungen der Soldaten an der Sowjetischen Stalingradfront des Zweiten Weltkriegs zu Inhalten des offiziellen Kriegsgedenkens etabliert wurden, welchen Deformationen, Verkürzungen oder mythologischen Erweiterungen die Ereignisse dabei unterzogen wurden und welches Geschichtsbild dadurch bei der Nachkriegsgeneration entstanden ist.)

3 Arnold, Stalingrad, S. 399
4 Ebenda.
5 Ebenda, S. 197.

zum anderen um das Heldentum in der betrieblichen Planerfüllung. Andererseits drohte im Alltag kommunistischer Diktaturen allen Abweichlern Erniedrigung, Ausgrenzung bis hin zum politisch motivierten Mord. Die Masse der Menschen führte ihr Leben zwischen diesen beiden unvereinbaren Polen, in dem Wissen, wer hoch steigt, kann mit jedem politischen Wandel tief fallen. In der Folge bemühten sich viele Menschen, einem unauffälligen, strebsamen und angepassten Leben nachzugehen, fernab jeglicher individueller Selbstdefinition.

Der dem Anpassungsdruck geschuldete Verlust der individuellen Selbstdefinition vieler Menschen war vor allem in der Sowjetunion mit einer besonderen Opferbereitschaft für die Belange des Vaterlands verbunden. Die Individualität des Einzelnen war nicht erwünscht, sondern die Gemeinschaft, in die sich jeder Einzelne einfügen und ihr seine Arbeitskraft opfern sollte. Gefördert wurde der Verlust der Selbstdefinition durch die Unkenntnis der eigenen Geschichte sowie durch das Diktat des „Unpolitischen", sprich den staatlichen Druck, keine eigene politische Haltung zu entwickeln.

Die Ergründung und Benennung von kommunistischen Diktaturerfahrungen ist eine nachträgliche Konstruktion. Aus westeuropäischer Sicht werden diese Erfahrungen in der Regel negativ konnotiert. Die „Betroffenen" selbst werten dagegen nicht alles als negative Erfahrungen, denn sie empfinden ihr damaliges Leben trotz der Diktatur auch als lebenswert und gut. Treffend beschrieb Roland Jahn, Bundesbeauftragter für die Unterlagen des Staatssicherheitsdienstes der ehemaligen DDR, dieses Gefühl in einem Interview „Ich habe auch glücklich gelebt. Das Leben in der DDR war doch nicht wegen des Staates so schön, sondern trotz des Staates."[6]

Der Zusammenbruch der kommunistischen Regime in Ost- und Südosteuropa bedeutete für viele Menschen neben der Angst um die eigene Existenz auch den Verlust von gesellschaftlicher Orientierung, Werten und Träumen. Die weißrussische Autorin Swetlana Alexijewitsch beschreibt dies eindrücklich in ihrem Interviewbuch „Secondhand-Zeit. Leben auf den Trümmern des Sozialismus": „Wir dachten, Freiheit, das sei ganz einfach. Nun ist einige Zeit vergangen, und die Bürde lastet schwer auf uns, denn niemand hat uns Freiheit gelehrt. Nur, wie man für die Freiheit stirbt. (…) Alle Werte zerstört, bis auf den Wert des Lebens an sich. Neue Träume: ein Haus bauen, ein schönes Auto kaufen, Stachelbeeren pflanzen … (…). Wir haben im gesamten Verlauf unserer Geschichte immer nur überlebt, nie gelebt."[7] Die mitgebrachten Erfahrungen und Prägungen aus dem

---

6 Interview mit Roland Jahn, „Anpassung hatte in der DDR einen Preis", in: Der Tagesspiegel, 10.4.2011.
7 Alexijewitsch, Secondhand-Zeit, S. 14.

kommunistischen Alltag erschweren den Menschen teilweise bis heute das Ankommen in den posttransformatorischen Gesellschaften.

Umgang mit kommunistischen Diktaturerfahrungen im Unterricht

Die unmittelbaren und mittelbaren kommunistischen Diktaturerfahrungen von Schülerinnen und Schülern sowie Lehrenden prägen bis heute ihre Erinnerungs- und Erfahrungswelt. Im Unterricht sollten diese Erinnerungen und Erfahrungen nicht ausgespart werden. Vielmehr sollten sie zugelassen werden und Raum bekommen. Das Erzählen der eigenen Erinnerungen ist als ein Teil individueller Aufarbeitung zu betrachten. Dabei weisen Lehrende und Multiplikatoren der historisch-politischen Bildung immer wieder darauf hin, dass offiziell zirkulierende Deutungsmuster zur DDR-Geschichte (z. B. in Schulbüchern, in Museen oder in Gedenkstätten) kaum anschlussfähig sind an die Erinnerungen ehemaliger DDR-Bürger und die familiären Narrative ihrer Nachkommen. Zu fragen ist, ob an dieser Stelle den Erzählungen der Jugendlichen und Lehrenden in ihrem heutigen Erinnerungsrahmen mehr Gültigkeit gegeben werden kann und die Beschreibungen der Schulbücher dabei nur kontextualisierend und ergänzend einbezogen werden sollten. Die möglicherweise entstehenden Risse und Lücken zwischen den offiziellen Deutungsmustern zur DDR-Geschichte und individuellen Erinnerungen sollten nicht durch glättende Narrative überdeckt, sondern offengelassen werden. Schulbücher folgen häufig dem Trend zu glättenden Kompromissen im Narrativ. Die Darstellung unterschiedlicher, schwieriger und widersprüchlicher Sachverhalte wird damit umgangen oder zu stark verkürzt. Um die Erfahrungen von Menschen mit kommunistischen Diktaturerfahrungen (u. a. auch Zuwanderer aus Ost- und Südosteuropa) einzubinden, bedarf es jedoch auch der Berücksichtigung dieser Widersprüchlichkeiten. Bis heute gibt es in den postkommunistischen Gesellschaften noch keinen Konsens über die Interpretation dieser Zeit. Hier können die Erfahrungen von Lernenden und ihren Familien einfließen. Andernfalls droht eine Überforderung des Unterrichts, Geschichtsbilder zu vermitteln, die gesellschaftlich noch keinen Konsens gefunden haben. Beachtet werden sollte zudem, dass kommunistische Diktaturerfahrungen auch positiv erinnert werden können und dürfen. Gerade die familiäre und nachbarschaftliche Nähe im Kommunismus, die unter anderem mit dem Rückzug ins Private als Reaktion auf die politische Durchherrschung der Gesellschaft zu verstehen ist, wird häufig positiv erinnert. Diese individuellen Erinnerungen, die vielfach überliefert werden, sollten aufgrund späterer Erkenntnisse und Wertmaßstäbe nicht negiert werden. Das Bestehenlassen individueller Erinnerungen ist eine Form der Wertschätzung des Gegenübers und Grundlage der individuellen Aufarbeitung von Erlebtem.

Auch 27 Jahre nach der Wiedervereinigung geraten ehemalige DDR-Bürger und ihre Nachkommen mitunter noch in einen Legitimationszwang für ihr Leben in der DDR bzw. für ihre Herkunft. Eine Folge daraus ist, dass die eigene Lebensgeschichte oftmals plausibel und anknüpfungsfähig an die heutige politische und gesellschaftliche Situation erzählt wird. Ein Mensch mit kommunistischen Diktaturerfahrungen, der seine eigene Geschichte vor Menschen erzählt, die diese Erfahrung nicht gemacht haben, muss sie zunächst von seiner Geschichte überzeugen. Anders als wenn er sich in einer homogenen Gruppe befindet und etwas erzählt, was alle kennen. Das verändert letztendlich die Erzählung. Dabei wird die Vielschichtigkeit des Erlebten oftmals verdrängt und fällt stereotypen Erzählungen zum Opfer, die das bedienen, was die Zuhörerschaft vermeintlich hören will. Das Erfragen und Erzählen von kommunistischen Diktaturerfahrungen darf nicht zur stereotypen Erzählung werden. Darin liegt auch eine Form der Wertschätzung eines Lebens und einer Lebensleistung. Anerkennung verdient auch die Tatsache, dass die ehemaligen DDR-Bürger nach dem Fall der Mauer nicht nur Freiheit und Demokratie gewonnen, sondern auch ein vertrautes System, in dem sie ihr Leben und ihren Alltag eingerichtet hatten, verloren haben. Mit der Eingliederung in ein politisch, gesellschaftlich und sozial unbekanntes System haben sie auch eine neue Sozialisationserfahrung gemacht.

Kommunistische Diktatur als Gegenstand der Vermittlung

Die Beschäftigung mit dem Thema kommunistische Diktatur im Unterricht bringt häufig eine antipodische Gegenüberstellung von Anpassung und Widerstand mit sich. Der Alltag in einer kommunistischen Diktatur wird somit auf zwei Verhaltensoptionen reduziert, was der komplexen Wirklichkeit nicht entspricht. So konnten sich Dissidenten, die im Untergrund tätig waren, im Beruf dafür entscheiden, eine besondere Anpassungsleistung zu erbringen, um nicht aufzufallen. Andere wiederum traten in Parteien und Massenorganisationen ein mit dem Anspruch, diese von innen zu verändern. Vor diesem Hintergrund sollten Verhaltensoptionen und Alltagsgestaltung in einer kommunistischen Diktatur verstärkt thematisiert werden. Das Leben in einer Diktatur darf nicht verkürzt als ein Leben zwischen „für" und „wider" dargestellt werden, sondern als eine große Herausforderung in einem Spannungsfeld zwischen Anpassung und Widerstand. Als besonders geeignet in der historisch-politischen Bildung erweisen sich immer wieder persönliche Erinnerungen und Erzählungen in Form von Zeitzeugeninterviews oder als gedruckte Quellen. Menschen unterschiedlicher Herkunft berichten über ihre Erinnerungen an alltagsgeschichtliche Ereignisse wie zum Beispiel den ersten Schultag, Initiationsriten, Bildungsmöglichkeiten, Freizeit- und Urlaubsgestaltung, die Ausübung der Religion oder die Gestaltung gesetzlicher Feiertage. Der Vergleich unterschiedlicher Erzählungen bietet über einen Umweg Zugriffsmöglichkeiten auf das Thema „Alltag im Kommunismus" sowie die verschiedenen Handlungsmöglichkeiten. Der Umgang mit der Frage nach Handlungsoptionen im kommunistischen Alltag erfordert einen generationendifferenzierenden Blick. Sowohl in der DDR und als auch in manchen anderen kommunistischen Ländern änderten sich im Laufe der Zeit die politischen Verhältnisse und damit oftmals auch die Art der Diktaturerfahrungen.

Über die Zeit des Kalten Krieges arbeitet der Geschichtsunterricht häufig mit der Gewissheit, dass es im Osten die Diktatur und im Westen die Demokratie gab – das Gute und das Böse. Diese Kategorisierung des Kalten Krieges ist heutigen Lernenden nicht mehr geläufig. Sie sind durch aktuelle politische Ereignisse und Handlungsstrategien geprägt. Immer häufiger stellen Lehrkräfte fest, dass heutige Schülerinnen und Schüler opportunistische Interessen von Staaten für selbstverständlich halten und nicht zwingend in den Kategorien von Demokratie und Diktatur denken. Um Lernende mit diesem Thema vertraut zu machen, sollte für die heutige Geschichtsvermittlung das Gegensatzpaar von Demokratie und Diktatur historisiert werden und damit reflexiv nutzbar gemacht werden. Doch auch die häufig benutzte Gegenüberstellung von Diktatur und Demokratie hat in den vergangenen Jahren eine gewisse Schieflage bekommen. Über Demokratie wird häufig auf einer normativen Ebene beziehungsweise in einer ideologischen Selbstbetrachtung von außen gesprochen, wohingegen Diktatur eher mithilfe von Alltagserzählungen über Repressionen und Herrschaftswillkür vermittelt wird. Diese beiden Darstellungsformen müssen angeglichen werden, da sonst ein verzerrtes Bild vermittelt wird. Das heißt, für die Gegenüberstellung von kommunistischer Diktatur und Demokratie müssen gleiche Analyseebenen verwendet werden. Normative und alltagsgeschichtliche Vermittlungselemente sollten zur Darstellung beider Systeme genutzt werden, so dass Analysen entsprechend auf der jeweils gleichen Ebene vorgenommen werden.

Jugendlichen sollten Maßstäbe an die Hand gegeben werden, um Gesellschaften messen und bewerten zu können. Hier darf durchaus ein politischer Anspruch gesehen werden, die Demokratie als Wert anzuerkennen. Auch als historisierte, reflexiv zu behandelnde Kategorisierung kann mit dem Gegensatzpaar Diktatur und Demokratie ein starkes normatives Element geschaffen werden. Obgleich das Gegensatzpaar Diktatur und Demokratie für heutige Jugendliche nur eine untergeordnete Rolle spielt, kann durch die Gegenüberstellung dennoch auf eine Anerkennung der Wirkmächtigkeit dieser beiden Systeme hingearbeitet werden.

Zeitzeugen im Klassenzimmer

Christiane Bertram

Mit Zeitzeugen im Geschichtsunterricht historisch denken lernen?[1]

Knapp 20 Jahre nach dem Ende des Zweiten Weltkrieges fand eine denkwürdige Geschichtsstunde in einem Geesthachter Gymnasium statt: Karl Dönitz, der ehemalige Großadmiral und Nachfolger Hitlers, erzählte vom Krieg. Als „besonderes Erlebnis" und als ein „Geschichtsunterricht in höchster Vollendung" wurde diese Unterrichtsstunde in der „Geesthachter Zeitung" gefeiert: „Genauso, wie er im Krieg seine U-Boot-Soldaten begeisterte und zu höchsten Leistungen anspornte, zog er auch diese Jugend schnell in seinen Bann."[2]

Diese Episode führte zu einem medialen „Entrüstungssturm" in deutschen und internationalen Zeitungen. Das Magazin „Der Spiegel" beispielsweise bezeichnete die Befragung als „Zeitgeschichte nach Archäologen-Art (…): am geretteten Relikt, am Monument Karl Dönitz".[3] Die Zeitzeugenbefragung als ein unterrichtliches Arrangement bietet also nicht nur die Chance, Jugendliche für Geschichte zu interessieren, sondern birgt auch Risiken, beispielsweise dass Inhalte vermittelt werden, die vom Bildungsplan oder der Lehrkraft nicht intendiert waren.

---

1 Vgl. Christiane Bertram, Zeitzeugen im Geschichtsunterricht: Chance oder Risiko für kompetenzorientiertes Lernen? (Reihe Geschichtsunterricht erforschen), Schwalbach/Ts. 2017. Teilaspekte des Projekts wie z. B. die didaktische Ausgestaltung der Unterrichtseinheit, das Design oder die Entwicklung der Messinstrumente wurden ebenfalls bereits veröffentlicht. Auf diese Beiträge, zu denen es naturgemäß inhaltliche Überschneidungen gibt, wird an den jeweiligen Stellen hingewiesen.
2 Johanna Lutteroth, Affäre um Hitlers Nachfolger. Dönitz erzählt vom Krieg, in: Spiegel-Online, 18.11.2011, http://einestages.spiegel.de/static/topicalbumbackground/23961/doenitz_erzaehlt_vom_krieg.html [15. 6. 2015].
3 Der Spiegel, 20. 2. 1963, S. 18, http://magazin.spiegel.de/EpubDelivery/spiegel/pdf/45142362 [15. 7. 2015].

Theoretischer Rahmen[4]

Zeitzeugenbefragungen im Geschichtsunterricht

Die Risiken, die mit der Aussage von Zeitzeugen verbunden sind, sind in der Geschichtswissenschaft[5] und Oral-History-Forschung[6] gut bekannt. Trotzdem gehört die Arbeit mit Zeitzeugen seit dem Ende der 1970er-Jahre zum „Standardrepertoire"[7] eines handlungs- und problemorientierten Geschichtsunterrichts und ist in den Rahmenlehrplänen aller Bundesländer fest verankert. Im Besonderen für die Aufarbeitung der DDR-Geschichte sollen – nach dem Beschluss der Kultusministerkonferenz zur „Stärkung der Demokratieerziehung"[8] – Zeitzeugen in den Geschichtsunterricht eingeladen werden. In fachdidaktischen Handbüchern[9] und in zahlreichen

---

4 Vgl. Christiane Bertram, Zeitzeugen zur Friedlichen Revolution: Live – Video – Text. Vorstellung einer kompetenzorientierten Unterrichtseinheit, in: Gerhard Fritz/Eva Luise Wittneben (Hrsg.), Landesgeschichte in Forschung und Unterricht. Beiträge des Tages der Landesgeschichte in der Schule vom 26. 10. 2011 in Bühl, S. 63–80; Christiane Bertram, Von der Vergangenheit erzählen oder historisches Denken lernen? Zeitzeugenbefragungen im Geschichtsunterricht, in: Historische Sozialkunde. Geschichte – Fachdidaktik – historische Bildung, 4/2014, S. 38–41; Christiane Bertram/Wolfgang Wagner/Ulrich Trautwein, Wie wirksam ist Geschichtsunterricht? Beitrag der empirischen Bildungsforschung und der Geschichtsdidaktik zur Erforschung der Effektivität von Unterrichtsarrangements, in: Katja Lehmann/Michael Werner/Stefanie Zabold (Hrsg.), Historisches Denken jetzt und in Zukunft: Wege zu einem theoretisch fundierten und evidenzbasierten Umgang mit Geschichte in der Praxis, Reihe Geschichtsdidaktik in Vergangenheit und Gegenwart, Berlin o. J.
5 Vgl. u. a. Helmut Schnatz/Götz Beragnder, Tiefflieger über Dresden? Legenden und Wirklichkeit, Köln 2000.
6 Vgl. u. a. Alexander von Plato, Zeitzeugen und die historische Zunft. Erinnerung kommunikative Tradierung und kollektives Gedächtnis in der qualitativen Geschichtswissenschaft – ein Problemaufriss, in: BIOS 13 (2000) 1, S. 5–29.
7 Michele Barricelli, Das Visual History Archive des Shoah Foundation Institute als geschichtskulturelle Objektivation und seine Verwendung im Geschichtsunterricht – ein Problemaufriss, in: Vadim Oswalt/Hans Jürgen Pandel (Hrsg.), Geschichtskultur. Die Anwesenheit von Vergangenheit in der Gegenwart, Schwalbach/Ts. 2009, S. 198–211, hier S. 198.
8 Sekretariat der ständigen Vertretung der Kultusminister der Länder in der Bundesrepublik Deutschland: Stärkung der Demokratieerziehung (Beschluss der Kultusministerkonferenz v. 6. 3. 2009), http://www.kmk.org/fileadmin/veroeffentlichungen_beschluesse/2009/2009_03_06-Staerkung_Demokratieerziehung.pdf [20. 7. 2015].
9 Vgl. u. a. Michele Barricelli/Martin Lücke (Hrsg.), Handbuch Praxis des Geschichtsunterrichts, Schwalbach/Ts. 2012; Klaus Bergmann/Klaus Fröhlich/Annette Kuhn (Hrsg.), Handbuch der Geschichtsdidaktik, 5. Aufl., Seelze-Velber 1997; Ulrich Mayer/Hans-Jürgen Pandel/Gerhard H. Schneider (Hrsg.), Handbuch Methoden im Geschichtsunterricht, Schwalbach/Ts. 2004; Michael Sauer, Geschichte unterrichten. Eine Einführung in die Didaktik und Methodik, Seelze 2006.

Handreichungen[10] wird die Methode der Zeitzeugenbefragung empfohlen. Meist sind hier „Zeitzeugenprojekte" gemeint, welche als eine „Hochform des Lernens im Geschichtsunterricht"[11] angesehen werden, denn mit ihnen verbindet sich nicht nur die Hoffnung, die Lernenden ihre Eingebundenheit in die Geschichte erleben zu lassen, sondern sie darüber hinaus zum selbständigen historischen Arbeiten zu motivieren.

Um die didaktischen Zielsetzungen, die mit Zeitzeugenbefragungen im Geschichtsunterricht verfolgt werden, und ihre Wirksamkeit untersuchen zu können, sollten vier Formen der Arbeit mit Zeitzeugen im Geschichtsunterricht unterschieden werden:

(1) In Zeitzeugenprojekten vollziehen die Schülerinnen und Schüler einen eigenständigen Forschungsprozess von der Formulierung einer Fragestellung über die Akquise der passenden Interviewpartner und die eigenständige Befragung bis hin zur Auswertung der Interviews und der Präsentation der Ergebnisse. (2) Häufig sprechen Zeitzeugen im Stil eines Vortrags, bei dem Fragen erlaubt sind, vor einem größeren Auditorium in der Schule. (3) Weniger arbeits- und zeitaufwendig als Zeitzeugenprojekte und in einem kleineren Rahmen als Zeitzeugenvorträge sind Zeitzeugenbefragungen oder -gespräche im Unterricht, bei denen Zeitzeugen zu bestimmten Themen Auskunft geben. (4) Ein weiteres unterrichtliches Arrangement stellt die Arbeit mit Zeitzeugen-„Konserven" dar, also mit Audio- und Videoaufnahmen oder Textquellen.

Die Arbeit mit Zeitzeugen im Geschichtsunterricht eröffnet spezifische Lernchancen, birgt aber auch potenzielle Risiken, die sich aus den zentralen Charakteristika von Zeitzeugen ableiten lassen. Die Live-Variante nimmt hinsichtlich ihres Motivationspotenzials, aber auch des Risikos einer „Überwältigung"[12] eine Sonderrolle ein.

Charakteristika von Zeitzeugen

Quellenstatus: Die vergangenen Erfahrungen des Zeitzeugen können als ein Relikt der Vergangenheit und damit als eine „Quelle" betrachtet werden, während die von einem Standpunkt in der Gegenwart aus vorgetragene Erzählung als eine „Darstel-

---

10 Vgl. u. a. Gerhard Henke-Bockschatz, Oral History im Geschichtsunterricht, Schwalbach/Ts. 2014; Waltraud Schreiber/Katalin Árkossy (Hrsg.), Zeitzeugengespräche führen und auswerten. Historische Kompetenzen schulen, Neuried 2009.

11 Ralph Erbar, Allgemeine und spezifische Sozial- und Arbeitsformen, in: Barricelli/Lücke (Hrsg.), Handbuch Praxis des Geschichtsunterrichts, S. 11–22, hier S. 18.

12 Hans-Georg Wehling, Konsens à la Beutelsbach, in: Siegfried Schiele/Herbert Schneider (Hrsg.), Das Konsensproblem in der politischen Bildung, Stuttgart 1977, S. 173–184, hier S. 179.

lung" zu verstehen ist, in die später gewonnene Informationen und nachträgliche Deutungen mit einfließen.[13]

Überbrückung der Zeitebenen: Ein Zeitzeuge erzählt in der Gegenwart über die Vergangenheit und gibt ein Orientierungsangebot für die Zukunft. Die Überbrückung der Zeitdistanz in einer generationenübergreifenden Kommunikation kann für die Lernenden motivierend wirken. Allerdings sollte in der Auswertung von Zeitzeugenberichten – wie in jeder Darstellung – berücksichtigt werden, dass die erzählte „Geschichte" drei Ebenen (oder „Fokussierungen"[14]) umfasst: die Ebene der „Vergangenheit" (vergangene Erlebnisse), der „Geschichte" (Deutung der Erlebnisse) und der „Gegenwart und Zukunft" (transportierte Botschaft).[15]

Authentizität: Lernende neigen dazu, Zeitzeugen als die „besseren Historiker"[16] wahrzunehmen und schenken ihnen mehr Vertrauen als Schulbuchdarstellungen oder Historikeraussagen,[17] denn die direkte Begegnung mit jemandem, der selbst „dabei" war, wirkt authentisch.[18] Doch gerade wegen der vermeintlichen Authentizität fällt es den Lernenden schwer, die Aussagen von Zeitzeugen infrage zu stellen,[19] wie sie es im quellenorientierten Geschichtsunterricht gelernt haben

---

13 Waltraud Schreiber: Zeitzeugengespräche führen und auswerten, in: Schreiber/Árkossy, Zeitzeugengespräche, S. 21–28, hier S. 22 f.
14 Waltraud Schreiber, Grundlegung: Mit Geschichte umgehen lernen – Historische Kompetenzen aufbauen, in: Schreiber/Árkossy, Zeitzeugengespräche, S. 7–20, hier S. 19.
15 Diese Ebenen korrespondieren mit den von Jeismann definierten geschichtsdidaktischen Kategorien der Sachanalyse (Ebene der Vergangenheit), des Sachurteils (Ebene der Geschichte) und des Werturteils (Ebene der Gegenwart/Zukunft); vgl. Karl-Ernst Jeismann, Grundfragen des Geschichtsunterrichts, in: Günther C. Behrmann/Karl-Ernst Jeismann/Hans Süssmuth (Hrsg.), Geschichte und Politik. Didaktische Grundlegung eines kooperativen Unterrichts, Paderborn 1979, S. 179–222, hier S. 93. Die sogenannten „Triftigkeitskriterien" (empirische, narrative und normative Triftigkeit), die zur Überprüfung der Plausibilität einer Darstellung angewandt werden können, beziehen sich ebenfalls auf diese drei Ebenen, vgl. Jörn Rüsen, Historische Vernunft. Die Grundlagen der Geschichtswissenschaft. Grundzüge einer Historik I, Göttingen 1983.
16 Sauer, Geschichte unterrichten, S. 238.
17 Magne Angvik/Bodo von Borries (Hrsg.), Youth and history: A comparative European survey on historical consciousness and political attitudes among adolescents, Bd. A., Hamburg 1997.
18 Katharina Obens/Christian Geißler-Jagodzinski, „Dann sind wir ja auch die letzte Generation, die davon profitieren kann." Erste Ergebnisse einer empirischen Mikrostudie zur Rezeption von Zeitzeugengesprächen bei Jugendlichen/jungen Erwachsenen, Berlin 2009, http://www.migration-online.de/data/forschungsbericht_zeitzeugengesprche.pdf [20. 4. 2015].
19 Vgl. die von Sabrow hervorgehobene „Aura der Authentizität", nach der Zeitzeugen umso eindrücklicher wirken, je schlimmer bzw. je fremder die Erfahrungen sind, von denen sie berichten, Martin Sabrow, Der Zeitzeuge als Wanderer zwischen zwei Welten, in: ders./Norbert Frei (Hrsg.), Die Geburt des Zeitzeugen nach 1945, Göttingen 2012, S. 13–32, hier S. 27.

sollten. Damit kann die Arbeit mit Zeitzeugen in einen Konflikt mit dem Überwältigungsverbot des Beutelsbacher Konsens von 1976 geraten, welcher verbietet, die Lernenden „mit welchen Mitteln auch immer (…) zu überrumpeln (…) und an der Gewinnung eines selbstständigen Urteils"[20] zu hindern.

Geschichtstheoretische Prinzipien: Zeitzeugen haben jeweils nur einen kleinen Ausschnitt der Vergangenheit miterlebt, und ihre Aussagen zum gleichen historischen Ereignis weichen häufig voneinander ab.[21] Vergleicht man verschiedene Zeitzeugenaussagen miteinander, wird die (Multi-)Perspektivität – ein grundlegendes Prinzip von Geschichtlichkeit[22] – deutlich. Weitere geschichtstheoretische Prinzipien werden in einer Zeitzeugenaussage erkennbar: „Geschichte" über vergangene Ereignisse wird notwendigerweise vom Ende her und mit dem Wissen, was danach kam, erzählt (Retroperspektivität). In jeder Narration wird eine Auswahl getroffen (Selektivität) und ihre räumliche und zeitliche Erstreckung ist begrenzt (Partialität).[23] Im aufmerksamen Umgang mit und der kritischen Auswertung von Zeitzeugenaussagen können zentrale geschichtstheoretische Grundlagen[24] erarbeitet werden.

Erinnerung und Gedächtnis: Neurowissenschaftler haben nachgewiesen, dass die von Mal zu Mal neu produzierte individuelle Erinnerung unmerkliche Anpassungen erfährt.[25] „Your memory is like the telephone game"[26] (bei uns bekannt als: „Stille Post"), unter anderem auch deswegen, weil mit jedem Erinnerungsvorgang auch die Erinnerung an frühere Erinnerungsakte aktiviert wird. In der Theorie des „kollektiven Gedächtnisses"[27] wird nicht nur die rekonstruktive und selektive

---

20 Wehling, Konsens à la Beutelsbach, S. 179.
21 Gerade Zeitzeugen zur DDR-Geschichte vertreten oft eine sehr unterschiedliche Sichtweise, vgl. Dorothee Wierling, Geschichtsvermittlung und deutsche Einheit, in: Robert Bosch Stiftung und Stiftung Haus der Geschichte der Bundesrepublik Deutschland (Hrsg.), Geschichtsbewusstsein und Geschichtsvermittlung in den neuen Bundesländern, Stuttgart/Bonn 2002, S. 56–69, hier S. 64.
22 Klaus Bergmann, Multiperspektivität. Geschichte selber denken, Methoden historischen Lernens, 2. Aufl., Schwalbach/Ts. 2008.
23 Michele Barricelli, Narrativität, in: ders./Lücke (Hrsg.), Handbuch Praxis des Geschichtsunterrichts, S. 255–280, hier S. 260 f.
24 Grundlegend hierfür ist die Narrativitätstheorie, vgl. Arthur C. Danto, Analytische Philosophie der Geschichte, Frankfurt a. M. 1964; Paul Ricoeur, Zeit und Erzählung, Bd. 1: Zeit und historische Erzählung, München 1988; Rüsen, Grundlagen einer Historik I.
25 Martin A. Conway (Hrsg.), Recovered memories and false memories, Oxford u. a. 1997; Daniel A. Schacter, Wir sind Erinnerung. Gedächtnis und Persönlichkeit, Hamburg 1999.
26 Marla Paul, Your Memory is like the Telephone Game. Each time you recall an event, your brain distorts it, 19. 9. 2012, http://www.northwestern.edu/newscenter/stories/2012/09/your-memory-is-like-the-telephone-game.html [4. 5. 2015].
27 Maurice Halbwachs, Das kollektive Gedächtnis, Frankfurt a. M. 1950/1991.

Funktionsweise des Erinnerns betont, sondern auch der Einfluss des sozialen Umfelds. Die Befunde der Gerichtspsychologie weisen in eine ähnliche Richtung. In zahlreichen Studien wurde die Beeinflussbarkeit von (Augen-)Zeugen beispielsweise durch nachträgliche Informationen,[28] durch die Medienberichterstattung[29] oder durch die Aussagen anderer Augenzeugen[30] nachgewiesen.

Die Arbeit mit Zeitzeugen im Geschichtsunterricht birgt also Risiken, eröffnet aber auch Chancen für den Geschichtsunterricht. Schülerinnen und Schüler können falsche Daten oder Fakten über die Vergangenheit lernen und – noch schlimmer – sie könnten meinen, dass die notwendigerweise einseitige Darstellung die einzig wahre Deutung der Vergangenheit widergibt. Doch wenn die Eigenarten der Zeitzeugenaussage offen gelegt, der Bericht mit weiteren Quellen und Darstellungen verglichen und in den historischen Kontext eingeordnet wird, dann eröffnet sich die Chance, die historischen Kompetenzen der Lernenden zu fördern.

Kompetenzen historischen Denkens
Seit dem „PISA-Schock" im Jahr 2000 wurden auch von der Geschichtsdidaktik theoretisch begründete Kompetenzmodelle vorgelegt,[31] mit deren Hilfe unter anderem die Wirksamkeit von Interventionen untersucht werden kann. Der vorliegenden Studie liegt das Kompetenzstrukturmodell historischen Denkens der FUER-Gruppe[32] zugrunde. Historisches Denken wird hier als ein Prozess verstanden, der durch Verunsicherungen und Interessen in Gang gesetzt wird. Hierdurch entsteht eine Frage, die sich entweder in re-konstruierender Absicht an die Vergangenheit wendet oder sich in de-konstruierender Absicht mit vorliegenden historischen Narrationen auseinandersetzt. Das Ergebnis stellt eine eigene Narration bzw. die Stellungnahme zu einer Darstellung dar und befriedigt entweder bereits die historischen

---

28 Helen M. Paterson/Richard I. Kemp/Jodi R. Ng, Combating co-witness contamination: attempting to increase the negative effects of discussion on eyewitness memory, Applied Cognitive Psychology 25 (2011) 1, S. 43–52. doi: 10.1002/acp.1640.
29 Elisabeth Loftus/Hunter G. Hoffmann, Misinforation and memory: The creation of new memories, in: Journal of experimental psychology, General 118 (1989) 1, S. 100–104. doi: 10.1037/0096-3445.118.1.100.
30 Fiona Gabbert/Armina Memon/Kevin Allan, Memory conformity: Can eyewitnesses influence each other's memories for an event?, in: Applied Cognitive Psychology 17 (2003) 3, S. 533–543. doi: 10.1002/acp.885
31 Vgl. hierzu Michele Barricelli/Peter Gautschi/Andreas Körber, Historische Kompetenzen und Kompetenzmodelle, in: Barricelli/Lücke, Handbuch Praxis des Geschichtsunterrichts, S. 207–235.
32 Andreas Körber/Waltraud Schreiber/Alexander Schöner (Hrsg.), Kompetenzen historischen Denkens. Ein Strukturmodell als Beitrag zur Kompetenzorientierung in der Geschichtsdidaktik, Neuried 2007.

Orientierungsbedürfnisse oder führt zu einer neuen historischen Frage. Durch den an verschiedenen Themen und Fragestellungen immer wieder durchlaufenen Prozess historischen Denkens bilden sich die historischen Sachkompetenzen heraus, das heißt die Schülerinnen und Schüler verfügen in zunehmendem Maße über die für den Umgang mit Geschichte relevanten Prinzipien, Konzepte und Skripts (wie z. B. die Unterscheidung zwischen Quellen und Darstellungen oder die Einsicht in zentrale epistemologische Prinzipien wie Retroperspektivität, Partikularität).[33]

Empirische Studie zur Wirksamkeit von Zeitzeugenbefragungen

Obwohl auf der einen Seite die Risiken von Zeitzeugenbefragungen gut bekannt sind, auf der anderen Seite aber von vielen Seiten empfohlen wird, Zeitzeugen in den Geschichtsunterricht einzubinden, wurde die Wirksamkeit von Zeitzeugenbefragungen bisher – abgesehen von einigen wenigen qualitativ vorgehenden Studien[34] – kaum empirisch untersucht. In der vom BMBF geförderten Wirksamkeitsstudie „Chancen und Risiken von Zeitzeugenbefragungen im Geschichtsunterricht" wurden die Erkenntnisse und Methoden der Empirischen Bildungsforschung wie auch der Fachdidaktik Geschichte genutzt.[35]

Wenn empirisch belastbare Aussagen über die Wirksamkeit einer unterrichtlichen Maßnahme getroffen werden sollen, die sich nicht nur auf die jeweilige Stichprobe, sondern auf die Grundgesamtheit beziehen, sollten gewisse Standards, die in der evidenzbasierten medizinischen Forschung entwickelt wurden,[36] eingehalten werden. So sollte die Stichprobe ausreichend groß sein und zwischen Interven-

---

33 Waltraud Schreiber u. a., Historisches Denken. Ein Kompetenz-Strukturmodell (Basisbeitrag), in: Körber/Schreiber/Schöner (Hrsg.), Kompetenzen historischen Denkens, S. 17–53, hier S. 32.
34 Maria Galda, Geschichtsbewusstsein, historisches Wissen und Interesse. Darstellung von Zusammenhängen und Repräsentationen in semantischen Netzwerken. Dissertation, Frankfurt a. M. 2013, http://publikationen.ub.uni-frankfurt.de/frontdoor/index/index/docId/28712 [12. 6. 2015]; Obens/Geißler-Jagodzinski, „Dann sind wir ja auch die letzte Generation".
35 Dieser Schulterschluss spiegelt sich in den Betreuern der Dissertation wider: Prof. Dr. Ulrich Trautwein vertrat die Empirische Bildungsforschung, Prof. Dr. Bodo von Borries die geschichtsdidaktische Seite.
36 Vgl. die sog. „Gold-Standards", die beispielsweise von der CONSORT-Gruppe formuliert wurden, Kenneth F. Schulz/Dough Altman/David Mohrer for the CONSORT Group, Research methods & reporting. CONSORT 2010 Statement: updated guidelines for reporting parallel group randomized trials, in: British Medical Journal 340 (2010), http://www.bmj.com/content/340/bmj.c332 [12. 6. 2015].

tions- und Kontrollgruppen sollte unterschieden werden können. Darüber hinaus werden die Probanden den Versuchsgruppen zufällig zugewiesen und ein weitgehend kontrolliertes Untersuchungssetting wird umgesetzt. Diese Vorgaben sind in der Realsituation des Schulalltags nicht leicht umzusetzen und erfordern von der Schulleitung und den Fachlehrkräften Offenheit und Flexibilität.[37]

An unserer Studie nahmen 35 Gymnasialklassen ($N = 900$) teil. Zufällig wurden jeweils zehn Klassen einer der drei Interventionsgruppen und fünf Klassen der Kontrollgruppe zugewiesen. Die 30 Interventionsklassen arbeiteten mit Zeitzeugenaussagen in unterschiedlicher Form. Eingebettet in eine 6½-stündige Unterrichtseinheit zum Thema „Friedliche Revolution in der DDR" wurde in einer Doppelstunde entweder ein Zeitzeuge live befragt oder mit dem Video oder mit dem Transkript eines Zeitzeugeninterviews gearbeitet. Insgesamt waren es vier Zeitzeugen, die live in die Klassen kamen beziehungsweise mit deren Videos oder Interview-Transkripten gearbeitet wurde.[38] Diese vier Zeitzeugen, die zum Zeitpunkt der Revolution ca. 20 Jahre alt waren, hatten das Ende der DDR als aktive Oppositionelle erlebt und ähnliche Sanktionen erlebt (z. B. Verbot eines Studiums, Bespitzelung durch die Stasi etc.), so dass die „Variable Zeitzeuge" in den drei Bedingungen so weit als möglich kontrolliert werden konnte. Auch die „Variable Lehrkraft" wurde kontrolliert, indem der Unterricht in allen 30 Klassen von einer externen Expertenlehrkraft durchgeführt wurde. Eine möglichst identische Durchführung der Unterrichtseinheit wurde hierdurch sichergestellt. Die weiteren Unterrichtsvariablen (wie Unterrichtszeit, Materialien) wurden ebenfalls gleich gehalten. Variiert wurde also nur, ob mit der Zeitzeugenaussage live, als Video oder als Text gearbeitet wurde.

Den Ausgangspunkt der Unterrichtseinheit[39] bildete die Kontroverse zwischen Erwin Sellering und Angela Merkel anlässlich des 20-jährigen Jahrestags des Mauerfalls zu der Frage, ob die DDR ein Unrechtsstaat gewesen sei. Während sich Sellering dagegen verwahrte, die „DDR als totalen Unrechtsstaat zu verdammen",[40]

---

37 Ich danke allen an der Studie beteiligten Schulleiterinnen und -leitern, Lehrkräften und Schülerinnen und Schülern sehr herzlich.
38 Diese vier Zeitzeugen wurden auf der Webseite www.jugendopposition.de ausfindig gemacht und in die Klassen eingeladen.
39 Eine detailliertere Darstellung der Unterrichtseinheit findet sich in: Bertram, Zeitzeugen zur Friedlichen Revolution wie auch in: Bertram, Historisches Denken fördern.
40 Frank Pergande/Markus Wehner, Erwin Sellering im Gespräch. „DDR war kein totaler Unrechtsstaat", in: Frankfurter Allgemeine Sonntagszeitung, 22. 3. 2009, http://www.faz.net/aktuell/politik/inland/erwin-sellering-im-gespraech-ddr-war-kein-totaler-unrechtsstaat-1924072.html [14. 1. 2017].

und auf die „Stärken der DDR"[41] wie zum Beispiel die Kitas verwies, war die DDR für Angela Merkel „auf Unrecht gegründet".[42] Ihrer Meinung nach müsse weiter an das „unerträgliche Leben"[43] in der DDR erinnert werden, „denn es habe schließlich zur Friedlichen Revolution geführt".[44] Der Zugang über die heutige Einschätzung der DDR führte den Schülerinnen und Schülern die immer noch aktuelle Brisanz des Themas DDR vor Augen. Um zu veranschaulichen, wie Historikerinnen und Historiker einen „historischen Fall" lösen, wurde die Figur von Sherlock Holmes eingeführt. Auch dieser recherchiert die näheren Umstände einer Tat, befragt Zeitzeugen und wertet seine Befunde kritisch-vergleichend aus.[45] Am Beispiel der detektivisch-historischen Arbeitsweise wurden die zentralen geschichtsdidaktischen Vorstellungen der Re- und De-Konstruktion veranschaulicht. (Zeit-)Zeugenaussagen müssen kritisch hinterfragt (= de-konstruiert) werden und dienen gleichzeitig als ein Puzzlestein für die Re-Konstruktion der Vergangenheit.

In der folgenden Unterrichtseinheit wurde der historische Forschungsprozess – inklusive der Arbeit mit Zeitzeugeninterviews – von den Lernenden selbst nachvollzogen. In den drei folgenden Unterrichtsstunden „re-konstruierten" die Lernenden die DDR-Vergangenheit. Hierfür erarbeiteten sie zunächst – ausgehend von ihrem Vorwissen zur DDR – in einer Einzelstunde wichtige Ereignisse in der Endphase der DDR und der Friedlichen Revolution. Zum Einstieg in die folgende Doppelstunde wurden zwei historische Materialien gezeigt: ein Foto vom Grenzübertritt eines Trabi-Fahrers am 10. November 1989 und das Filmplakat von „Das Leben der Anderen" verbunden mit der Frage, ob es sich bei diesem Materialien um Quellen oder Darstellungen handle. Zentral war in dieser Doppelstunde die arbeitsteilige Erarbeitung von sechs zentralen Themenfeldern: „SED und politische Ordnung", „Stasi", „Sowjetunion/Gorbatschow", „Mauer/Massenflucht", „(Plan-)Wirtschaft" und „Opposition". Die Ergebnisse ihrer Recherchen stellten die Lernenden auf Plakaten vor.

In der anschließenden Doppelstunde kamen die Zeitzeugen – live, als Video bzw. in Texten – zu Wort. Von einer Kurzbiografie des jeweiligen Zeitzeugen ausgehend, formulierten die Lernenden eigene Fragen. Da die Erlebnisse der Zeitzeugen

---

41 Ebenda.
42 Merkel: DDR war ein Unrechtsstaat, in: Frankfurter Allgemeine Zeitung Online, 8. 5. 2009, http://www.faz.net/aktuell/politik/20-jahre-mauerfall/20-jahre-friedliche-revolution-merkel-ddr-war-ein-unrechtsstaat-1802764.html [14. 1. 2017].
43 Ebenda.
44 Ebenda.
45 Vgl. Alexander von Plato, „Ähnlichkeiten von historischen und kriminalistischen Arbeiten", in: ders., Die Vereinigung Deutschlands – ein weltpolitisches Machtspiel: Bush, Kohl, Gorbatschow und die geheimen Moskauer Protokolle, 2. Aufl., Bonn 2003, S. 11.

in der DDR – als in der Revolution aktive Oppositionelle – vergleichbar waren, gingen auch die Fragen der Lernenden in eine ähnliche Richtung. Diese Fragen konnten weitgehend den sechs in der vorhergehenden Stunde erarbeiteten Themen zugeordnet werden. In dieser Stunde wurde die Zeitzeugenaussage genutzt, um die Vergangenheit zu „re-konstruieren".

Die „De-Konstruktion" des Zeitzeugeninterviews fand in der abschließenden Einzelstunde ohne den Zeitzeugen statt. Nach der Überlegung, ob ein Zeitzeuge selbst nun eine Quelle oder Darstellung sei, wurde auf den Einstieg der Unterrichtseinheit Bezug genommen: Wie würde unser Zeitzeuge die Frage beantworten, ob die DDR ein Unrechtsstaat gewesen sei? Hierzu wurde ein kurzes Zitat aus dem Interview kontrastiert mit zwei eher verklärenden Statements von ehemaligen DDR-Bürgern (z. B. „Heimat, in der meine Leistung anerkannt wurde").[46] Um zu einer von Kriterien geleiteten Entscheidung zu kommen, welcher Aussage vertraut werden kann, wurden – ausgehend von Rüsens Triftigkeitskriterien[47] – die drei Textausschnitte mit folgenden Arbeitsaufträgen untersucht:

1. „Liste auf, welche Fakten zur DDR berichtet werden." Diese Formulierung zielt auf die „empirische Triftigkeit", die danach fragt, auf welchen nachprüfbaren Ereignissen die Argumentation beruht.
2. „Wie deutet der Zeitzeuge in seinen Aussagen die Ereignisse?" Hier wird die „narrative Triftigkeit" adressiert: Es geht darum, ob die Argumentation überzeugend und zwingend ist.
3. „Welche Schlüsse sollen wir für die Zukunft aus dem Zeitzeugenbericht ziehen?" Ob die Botschaft des Zeitzeugen für uns heute ein „guter Rat" ist, dieser Bereich kann der „normativen Triftigkeit" zugeordnet werden.

Abschließend wurde diskutiert, ob die Schülerinnen und Schüler selbst die DDR als einen Unrechtsstaat einschätzen. Dass die Leitfrage der Unterrichtseinheit, die bereits zum Einstieg formuliert wurde und am Ende wieder aufgegriffen wurde, der Ebene des „Werturteils"[48] zuzuordnen ist, ist eher ungewöhnlich. Doch müssen die drei Stufen der historischen Urteilsbildung (Sachanalyse – Sachurteil – Werturteil) nicht notwendigerweise nacheinander ablaufen.[49] Entscheidend war,

---

46 Zit. nach Julia Bonstein, Heimweh nach der Diktatur, in: Der Spiegel 27/09, S. 124 ff., http://magazin.spiegel.de/EpubDelivery/spiegel/pdf/65872415 [26. 2. 2016].
47 Rüsen, Grundlagen einer Historik I; Sauer, Geschichte unterrichten, S. 238.
48 Nach Karl-Ernst Jeismann baut das Werturteil auf der Analyse (= Wahrnehmen des historischen Gegenstandes) und dem Sachurteil (= Interpretation des historischen Gegenstandes im historischen Kontext) auf, vgl. dazu Jeismann, Grundfragen des Geschichtsunterrichts, S. 93.
49 Jörg Kayser, Die Förderung historisch-politischer Urteilskompetenz. Fachdidaktische Untersuchungen zum Verhältnis zwischen einem didaktisch-theoretischen Modell und seinen unterrichtspraktischen Möglichkeiten. Dissertation, Berlin 2010, S. 33 f.; vgl. Birgit Wenzel,

dass anhand dieser Fragestellung den Lernenden die heutige Relevanz des Themas DDR nahegebracht werden konnte. Die Konzeption der Unterrichtseinheit lässt erkennen, dass der Fokus auf der Vermittlung von grundlegenden Einsichten in das Fach Geschichte lag. Die Einsicht in epistemologische Prinzipien wie auch das Verständnis zentraler Begriffe (wie „Quelle" und „Darstellung") wird im FUER-Modell in den Sachkompetenzen verortet. Um die Wirksamkeit der Intervention im Hinblick auf die Förderung der Sachkompetenzen und der Themenkenntnisse untersuchen zu können, wurden vor und nach der Unterrichtseinheit wie auch ca. drei Monate später Testungen durchgeführt. Drei standardisierte Tests, die in vorhergehenden Studien entwickelt und validiert worden waren,[50] erfassten die Einsicht der Lernenden in zentrale epistemologische Prinzipien („Sachkompetenz ‚Re-Konstruktion'", „Sachkompetenz ‚De-Konstruktion'", „Sachkompetenz ‚Eigenart des Zeitzeugen'"). Darüber hinaus wurde im Nachtest das Konzeptverständnis von Quelle und Darstellung in der Anwendung auf drei historische Dokumente erhoben und in einem Test zusammengefasst („Sachkompetenz ‚Quelle oder Darstellung?'"). Die themenspezifischen Kenntnisse der Lernenden wurden zu allen drei Messzeitpunkten mit einem Lückentext gemessen. Zudem schätzten die Lernenden im Nachtest und Follow Up-Test ein, ob sie bei der Arbeit mit Zeitzeugen inhaltlich und methodisch etwas gelernt hatten und wie interessant sie die Arbeit mit Zeitzeugen fanden.

Mithilfe dieser Messinstrumente konnten folgende Forschungsfragen untersucht werden: (1) Werden in einer Unterrichtseinheit, in der mit Zeitzeugen (live, als Video oder als Text) gearbeitet wird, historische Sachkompetenzen und Kenntnisse zum Thema („Friedliche Revolution in der DDR") vermittelt? (2) Lernen die Lernenden in der Live-Gruppe im Vergleich mit den Lernenden, die mit Zeitzeugen-„Konserven" arbeiten, mehr oder weniger im Hinblick auf ihre Einsicht in die Grundlagen von Geschichte und des thematischen Wissens zur DDR und Friedlichen Revolution? (3) Schätzen die Lernenden in der Live-Gruppe ver-

---

Ich meine! Was denkst du? Wir urteilen! Über Prägungen durch Peter Schulz-Hageleit und die Urteilsbildung im (Anfangs-) Geschichtsunterricht, in: Judith Martin/Christoph Hamann (Hrsg.), Geschichte – Friedensgeschichte – Lebensgeschichte, Herbolzheim 2007, S. 46–54.

50 Christiane Bertram/Wolfgang Wagner/Ulrich Trautwein, Zeitzeugenbefragungen im Geschichtsunterricht: Entwicklung eines Kurzinstruments für die Wirksamkeitsmessung, in: Tobias Arand/Manfred Seidenfuß (Hrsg.), Neue Wege – neue Themen – neue Methoden? Ein Querschnitt aus der geschichtsdidaktischen Forschung des wissenschaftlichen Nachwuchses, Göttingen 2014, S. 191–208; Bertram/Wagner/Trautwein: Chancen und Risiken von Zeitzeugenbefragungen – Entwicklung eines Messinstruments für eine Interventionsstudie, in: Jan Hodel/Béatrice Ziegler (Hrsg.), Forschungswerkstatt Geschichtsdidaktik 12, Beiträge zur Tagung „geschichtsdidaktik empirisch 12", Bern 2013, S. 108–119.

glichen mit der Video- und Text-Gruppe die inhaltlichen und methodischen Lernmöglichkeiten wie auch das Motivationspotenzial durch die Arbeit mit Zeitzeugen positiver ein?

Zu den drei Fragestellungen fanden wir heraus, dass (1) die drei Interventionsgruppen, deren Ergebnisse gemittelt wurden, in vier der fünf Kompetenz- bzw. Wissenstests besser abschnitten als die Kontrollgruppe. (2) Hinsichtlich der Unterschiede zwischen den Interventionsgruppen schnitten die Lernenden in der Live-Gruppe in den Tests zu ihrer Einsicht in die Notwendigkeit, Darstellungen zu de-konstruieren, und in die Eigenart von Zeitzeugenaussagen weniger gut ab als die Lernenden in der Video- und Text-Gruppe. Hinsichtlich der Themenkenntnisse gab es keine statistisch signifikanten Unterschiede. (3) Jedoch schätzten die Schülerinnen und Schüler in der Live-Gruppe ihren eigenen Lernfortschritt in inhaltlicher und methodischer Hinsicht wie auch ihr Interesse an der Arbeit mit Zeitzeugen deutlich höher ein als die Video-und Text-Gruppe.

Einordnung der Befunde und Implikationen für den Unterricht

Der Vergleich der Interventionsgruppen mit der Kontrollgruppe zeigt, dass im Rahmen einer kompetenzorientierten Unterrichtseinheit und basierend auf der Arbeit mit Zeitzeugeninterviews – in welcher Form auch immer – den Lernenden eine tiefere Einsicht in zentrale epistemologische Prinzipien von Geschichte vermittelt und ihr Begriffsverständnis von Quellen und Darstellungen geschärft werden kann. Allerdings weist die Studie auch darauf hin, dass die Schülerinnen und Schüler in der Live-Gruppe größere Schwierigkeit hatten, den Konstruktcharakter von Geschichte(n) beziehungsweise von Zeitzeugenaussagen zu erkennen. Dieser Befund ist bemerkenswert, denn in der vorliegenden Studie war die Unterrichtseinheit in allen Interventionsgruppen genau darauf ausgerichtet, den Lernenden eine Einsicht in die Konstruktivität von Darstellungen und Zeitzeugenaussagen zu vermitteln. Der lebendige Zeitzeuge scheint die Lernenden in der Live-Gruppe so beeindruckt zu haben, dass sie eine geringere Einsicht in die Notwendigkeit, Zeitzeugenaussagen und Darstellungen zu de-konstruieren, das heißt als Narrationen unter anderen möglichen zu erkennen und diese daher kritisch zu reflektieren und zu kontextualisieren, entwickelt haben als die Video- und Text-Gruppe. Dieser Befund korrespondiert mit der von Sabrow ausgeführten „Aura der Authentizität", die die Aussage von Zeitzeugen zu umgeben scheint.[51]

---

51 Sabrow, Zeitzeuge als Wanderer, S. 27.

Die kritischere Wahrnehmung der Lernenden in der Video- und Text-Bedingung kann auch damit zusammenhängen, dass sie mit diesen Medien sehr viel vertrauter sind als mit einer Live-Befragung. Nach einer empirischen Studie, die in Österreich durchgeführt wurde, scheinen Schülerinnen und Schüler den Konstruktcharakter von filmischen Darstellungen der Vergangenheit umso besser zu erkennen, je höher ihr Medienkonsum (Fernsehen und Internet) ist.[52] Auch eine Rezeptionsstudie zu Zeitzeugenaussagen in TV-Dokumentationen zeigt, dass die Lernenden die den Film-Zeitzeugen innewohnende (Retro-)Perspektivität erkennen konnten – jedenfalls wenn sie (von der Forscherin) explizit hierauf angesprochen wurden.[53] Die wenigen empirischen Studien zur Rezeption von Live-Zeitzeugen hingegen weisen darauf hin, dass die Schülerinnen und Schüler die Konstruktivität von Zeitzeugenaussagen – ohne Unterstützung durch die Lehrkraft – nicht wahrnehmen.[54]

Auf den ersten Blick mag das bessere Abschneiden der Lernenden in der Live-Gruppe hinsichtlich der Unterscheidung zwischen den Konzepten „Quelle" und „Darstellung" verblüffen, denn man könnte annehmen, dass die begriffliche Unterscheidung dieser beiden Zugangsweisen zur Vergangenheit eine Voraussetzung dafür sind, den Konstruktcharakter von Geschichte zu verstehen. Doch könnte dieser Befund damit zusammenhängen, dass mit einem Live-Bericht eines Zeitzeugen die Besonderheit des Zeitzeugenzeugnisses sehr viel anschaulicher vermitteln kann als mit einer Video- und Text-„Konserve". Denn in der direkten Begegnung mit einem Zeitzeugen, der in der Gegenwart über die Vergangenheit berichtet, wird die Ambiguität des Zeitzeugenberichts zwischen einer Quelle und einer Darstellung direkt vor Augen geführt.

Im Vergleich zur Kontrollgruppe haben alle Interventionsgruppen die prinzipielle Unterscheidung von Quellen und Darstellungen durch die Unterrichtseinheit besser zu verstehen gelernt. Wie wichtig es ist, den Lernenden diese für das Verständnis von Geschichte zentralen Konzepte nicht nur im Anfangsunterricht zu vermitteln, sondern immer wieder aufzugreifen und zu verdeutlichen, hierauf verweisen eine Vielzahl empirischer Studien, nach denen Schülerinnen und

---

52 Christoph Kühberger, Geschichte denken. Zum Umgang mit Geschichte und Vergangenheit von Schüler/innen der Sekundarstufe I am Beispiel „Spielfilm". Empirische Befunde – Diagnostische Tools – Methodische Hinweise, Innsbruck 2013, S. 139.
53 Lisa Rodenhäuser, Zwischen Affirmation und Reflexion. Eine Studie zur Rezeption von Zeitzeugen in Geschichtsdokumentationen, Zeitgeschichte – Zeitverständnis, Bd. 25, Berlin 2012. Die untersuchte Stichprobe war allerdings sehr klein (N = 5).
54 Galda, Geschichtsbewusstsein; Obens/Geißler-Jagodzinski, „Dann sind wir ja auch die letzte Generation".

Schüler aller Jahrgangsstufen – selbst Abiturienten – zwischen Quellen und Darstellungen kaum unterscheiden können.[55]

Obwohl die Lernenden in der Live-Gruppe in den Tests zu ihrer Einsicht in zentrale epistemologische Prinzipien von Geschichte schlechter abschnitten als die beiden Vergleichsgruppen, haben sie die Zeitzeugenmethode im Hinblick auf ihre eigenen inhaltlichen und methodischen Lernfortschritte wie auch hinsichtlich des Motivationspotenzials deutlich positiver eingeschätzt. Diese prinzipiell positive Einschätzung der Live-Befragung findet sich auch in der fachdidaktischen Literatur und in den ministeriellen Vorgaben. Die persönliche Begegnung mit einem Zeitzeugen, das Aufzeigen einer individuellen und nachvollziehbaren Perspektive wie auch die interaktiven Möglichkeiten der direkten Kommunikationssituation können hier als mögliche Ursachen benannt werden.[56]

Für die unterrichtliche Praxis bedeuten die Befunde der vorliegenden Studie, dass mit der Live-Befragung sehr sorgsam umgegangen werden sollte. Der lebendige Zeitzeuge scheint eine große Überzeugungskraft zu entfalten. Da ein unreflektierter Umgang mit der (Live-)Erzählung eines Zeitzeugen im diametralen Gegensatz zu den Zielen eines kompetenzorientierten Geschichtsunterrichts steht, sollte die Begegnung mit Zeitzeugen in den Unterricht eingebettet werden. Die Lernenden sollten das Thema schon kennen, um sinnvolle Fragen stellen zu können. Vorab vorgelegte Informationen zum Zeitzeugen geben einen weiteren Anreiz für Schülerfragen, die eine interaktive Gesprächssituation entstehen lassen, wodurch das Erzählen einer „eingeschliffenen" Erzählung erschwert wird.

Neben der inhaltlichen Vorbereitung ist die methodische Auswertung wichtig. Der Vergleich mit der kriminalistischen Arbeitsweise führt den Lernenden vor Augen, dass (Zeit-)Zeugenaussagen kritisch zu betrachten sind. Für die Auswer-

---

55 In einer Studie von Schönemann und Kollegen zeigte beispielsweise eine Vielzahl von Abiturientinnen und Abiturienten in ihren Abschlussklausuren des Leistungskurses, dass sie über kein klares Verständnis der Unterscheidung von Quellen und Darstellungen verfügten. Bernd Schönemann/Holger Thünemann/Meik Zülsdorf-Kersting, Was können Abiturienten? Zugleich ein Beitrag zur Debatte über Kompetenzen und Standards im Fach Geschichte, Berlin 2010; vgl. zu dieser Problematik auch Bodo von Borries u. a., Schulbuchverständnis, Richtlinienbenutzung und Reflexionsprozesse im Geschichtsunterricht. Eine qualitativ-quantitative Schüler- und Lehrerbefragung im deutschsprachigen Bildungswesen 2002, Neuried 2005; Matthias Martens, Implizites Wissen und kompetentes Handeln. Die empirische Rekonstruktion von Kompetenzen historischen Verstehens im Umgang mit Darstellungen von Geschichte, Göttingen 2010; Jean Francois Rouet u. a., Using multiple sources of evidence to reason about history, in: Journal of Educational Psychology 88 (1996) 3, S. 478–493.

56 David Stricklin/Rebecca Sharpless (Hrsg.), The past meets the present. Essays on oral history. Lanham/New York/London 1988, http://www.baylor.edu/content/services/document.php/33242.pdf [26. 2. 2016].http://www.baylor.edu/content/services/document.php/33242.pdf

tung, die selbstverständlich nicht in Anwesenheit des Zeitzeugen passieren sollte, ist es hilfreich, die Aussage des „eigenen" Zeitzeugen mit anderen Aussagen zu kontrastieren, da hierdurch die jeweils perspektivische Sichtweise auf die Vergangenheit deutlich wird. Besonders wichtig ist es, den Lernenden Kriterien für den Vergleich unterschiedlicher Einschätzungen an die Hand zu geben, wie beispielsweise die – in die Sprache der Schülerinnen und Schüler „übersetzten" – Triftigkeitskriterien von Rüsen.

Als Fazit der vorliegenden Studie, die erstmals die Wirksamkeit von Zeitzeugenbefragungen im Geschichtsunterricht in einer groß angelegten Untersuchung empirisch untersucht hat, kann gezogen werden, dass Schülerinnen und Schüler in einer relativ kurzen, auf die Arbeit mit Zeitzeugen ausgerichteten Unterrichtseinheit einen Einblick in die epistemologischen Grundlagen des Fachs Geschichte erwerben können. Die Arbeit mit einem lebendigen Zeitzeugen ist in motivationaler Hinsicht besonders wirkungsvoll, im Hinblick auf die Distanzierungsfähigkeit der Lernenden jedoch risikoreich. Daher sollte gerade die Live-Befragung im Unterricht sorgfältig vor- und nachbereitet werden. Denn das Ziel der Begegnung mit Zeitzeugen sollte nicht nur sein, die Vergangenheit lebendig werden zu lassen, sondern den Lernenden ein methodisches Handwerkszeug für die Auswertung zu vermitteln, mit dessen Hilfe sie mit ihnen im Alltag begegnenden Zeitzeugenaussagen angemessen umgehen und sich ein reflektiertes eigenes Urteil bilden zu können.

Frank Hoffmann

Mehr Fragen als Antworten
Beobachtungen beim VOS-Zeitzeugenprojekt zur DDR-Geschichte in Nordrhein-Westfalen

Eine Frage zu Beginn

Es ist ein Leistungskurs *Geschichte* der Jahrgangsstufe 12 (heute: Q 2) in einem Gymnasium einer großen Stadt in Nordrhein-Westfalen, 20 Jahre nach der Friedlichen Revolution. Eine Zeitzeugin hat eine knappe Unterrichtsstunde über ihr Leben in der DDR erzählt: von Kindheit und Jugend, die schön und familiär behütet verliefen, aber doch auch durch die Ansprüche von Staat und Partei geprägt waren. Es sind Ansprüche auf ideologische Folgsamkeit und politischen Konsens, denen nicht zuletzt zu folgen war, um das ersehnte künstlerische Studium antreten zu dürfen, wenn auch der Versuch, sich so in einen halbwegs autonomen Bereich zu flüchten, nur begrenzt erfolgreich ist. Erzählt wird von den eher alltäglichen Konfrontationen mit dem System: im breiten Bogen von der Mangelwirtschaft bis zur fehlenden Meinungs- und Informationsfreiheit, die nach Eheschließung und Familiengründung die Überzeugung wachsen lassen, aus der DDR ausbrechen zu müssen, auch um dem eigenen Kind ein Leben in der Diktatur zu ersparen. Ein Fluchtversuch scheitert, Zeitzeugin wie Ehemann werden inhaftiert. Sie erleidet in der Haft gesundheitliche Schäden, die sie viele Jahre belasten sollen und die eigene Lebensplanung zerstören. Die Erfahrungen mit der politischen Justiz der DDR werden als narrativer Kern des Zeitzeugenberichts für die verschiedenen Stationen sorgfältig durchgearbeitet und voneinander abgehoben. Dieser Weg führt von der Verhaftung und den ersten Verhören durch die MfS-Offiziere über den Prozess und die Strafhaft im Zuchthaus Hoheneck bis zur Abschiebezelle auf dem Kaßberg im damaligen Karl-Marx-Stadt (Chemnitz), die dem biografischen Wendepunkt – Freikauf durch und in den Westen – notwendig vorausgeht.

Die Modellhaftigkeit des Beispiels ist erkennbar: Diese Elemente einer politischen Haft in der DDR wurden vielfach beschrieben, viele Zeitzeugen legen großen Wert darauf, die einzelnen Etappen voneinander abzuheben. Transporte, zumal wenn sie den öffentlichen Raum berühren (Transporte in den engen Barkas-Kabinen oder gar über den mit Schäferhund-Ketten gesperrten Bahnhof zum „Grotewohl-Express"), auch schon der Weg von der Zelle zum Verhörzimmer oder zum

Arbeitskommando und vor allem die einzelnen Stationen nach der Verhaftung sind wichtige narrative Knoten, die das Einerlei der Erinnerung an diese grauen Zeiten strukturieren. Sie helfen verschiedene Erinnerungsbilder zu differenzieren – aber sie zeigen den Lernenden auch, dass in diesem Leben Zeit vergeht. Das Phänomen historischer Zeit wird durch den Raumwechsel materiell erkennbar. Es entsteht eine lebensgeschichtliche Chronologie, wobei die Hafterfahrung für die Zeitzeugen einerseits als ein schwarzer Block, ein Kontinuum des Schreckens erinnert wird, andererseits ohne Zweifel eine biografische Kehre bedeutet.

Zurück zu unserem Beispiel: Schon während der so entfalteten Lebensgeschichte waren einige Zwischenfragen an die Zeitzeugin gestellt worden, nun geht es in der zweiten Unterrichtsstunde munter hin und her. Verständnis-, Vertiefungs- und Ergänzungsfragen reihen sich in bunter Folge aneinander. Auch allgemeine Fragen, die sich vom Gehörten lösen – etwa zur Zukunft der Partei „Die Linke" oder zur Einschätzung des Kommunismus als einer möglicherweise „doch guten Idee" – haben hier ihren Platz. Doch da bringt ein Abiturient mit einem Einwand die durch Buchpublikation, Lesungen und Medienauftritte erfahrene und souveräne Zeitzeugin für eine Minute aus der Fassung: „Warum sind Sie denn nicht einfach in die SED eingetreten und haben Karriere gemacht in der DDR?"

Fragen der Schülerinnen und Schüler bedeuten im Zeitzeugengespräch das notwendig Komplementäre zur Rede des Zeitzeugen; erst sie verwandeln den Monolog zum Dialog. Sie sind das Salz in der Suppe. Sie erheben die Schülerinnen und Schüler zu gleichberechtigten Mitgestaltern in der gemeinsamen Annäherung an die Vergangenheit, die über den individuellen Zugang des Zeitzeugen erst mit der dialogischen Situation eine überpersönliche Bedeutung gewinnen kann. Schülerfragen werden in dieser Hinsicht geradezu zu einem Erfolgskriterium einer gelungenen Veranstaltung. Stark vereinfacht könnte man folgern: Viele Fragen bezeugen die gute Vorbereitung des Zeitzeugenbesuchs durch die Lehrenden, sie belegen Aufmerksamkeit und Interesse, bringen Wertschätzung zum Ausdruck. In dem Ausmaße, in dem sie gerade auf das Gehörte und Erzählte präzis und sensibel eingehen, scheint die Qualität des Zeitzeugenberichts ablesbar, seine Eindringlichkeit, das von ihm entfaltete Spannungspotenzial und die Offenheit des Erzählten, die zum Fragen einlädt. Nicht zuletzt im impliziten Wissen um diese erfolgsanzeigende Qualität des Fragens sind nicht wenige Zeitzeugen während der Planung eines Veranstaltungsverlaufs in einer Hinsicht in Sorge: Ja, natürlich, es muss reichlich Zeit zum Fragen sein. Aber, wenn dann keiner etwas fragt?

Indes geht die zitierte Frage aus dem eingeführten Beispiel über diese Funktionen und Leistungen von Schülerfragen im Zeitzeugengespräch einen Schritt hinaus, weil die Frage in ihrer unerbittlichen Klarheit einerseits auf die gesamte Existenz der Zeitzeugin zielt, ihre Biografie und ihre Lebensentscheidungen fundamental hinterfragt, andererseits aber auch eigene Sozialisationserfahrungen des Schülers und sein Bild auf Gesellschaft und Geschichte in einer bemerkenswerten Frische zum Ausdruck bringt. Zumindest lassen sich das Insistieren auf Karrierechance und Karrieresuche sowie die Leichtigkeit, mit der ein Parteieintritt als Voraussetzung dazu in der Frage unterstellt wird, auf Übertragungsleistungen von eigenen gesellschaftlichen Erfahrungen in der demokratischen Gesellschaft auf die DDR interpretieren: Erfolg braucht Engagement.

Die Verblüffung der Zeitzeugin über diese Frage liegt genau in diesem Zusammenhang begründet: Im Grunde – und dies war ihre erste Antwort – müsste sie ihre Lebensgeschichte neu und noch einmal ganz von vorn erzählen. Denn offenkundig war dem Fragenden bis jetzt nicht deutlich geworden, dass für sie in der DDR der Gedanke an eine Karriere in der Partei völlig abwegig gewesen wäre. Das kann an Unaufmerksamkeit, an einer mangelnden Sensibilität, vielleicht aber auch an Unklarheiten im Zeitzeugenvortrag begründet sein. Freilich hatte die Zeitzeugin die Unterschiede der Lebenswelten von Diktatur und Demokratie mit mehr als einem Beispiel und auch mit normativen Bekräftigungen schon bisher mehr als deutlich gemacht. Zudem muss ein Element dieser kleinen Szene noch ergänzt werden. Denn auch wenn wir vom Zeitzeugen*gespräch* und vom *Dialog* sprechen, so findet dies doch vor und mit einem größeren Publikum statt, also dem Kreis der Mitschülerinnen und -schüler in der Kursgruppe, die auf jene Frage mit Lachen, Stöhnen, Kopfschütteln und anderen Anzeichen der Distanz reagierten. Den meisten schien offenkundig die bisherige Lebenserzählung hinreichend Argumente geboten zu haben, ihnen war offenkundig, dass die Zeitzeugin in diesem Staat DDR weder leben noch gar eine Karriere planen wollte. Man mag nur spekulieren, ob sie auch für die weitergehende Überlegung eine Antwort oder doch ein Bewusstsein hätten entwickeln können, dass nämlich Karriereplanung in der DDR weit weniger durch zielgerichtete Entscheidungen des Subjekts zu steuern war, als in der Frage vorausgesetzt. Dieser Punkt berührt die kognitive Dimension der Frage, die vermutlich vom fragenden Schüler gar nicht beabsichtigt war, uns jedoch beschäftigen sollte.

Halten wir aber zunächst fest: Die Frage ging über die Funktion der faktischen Verunsicherung (über die Aussagekraft des bisherigen lebensgeschichtlichen Berichts und die erzählende Rekonstruktion der SED-Diktatur) hinaus und kann als eine kleine Provokation verstanden werden. Sie unterzieht die gesamte Lebensentscheidung der Zeitzeugin einer historischen Prüfung und fordert eine Rechtfertigung für ihr – nicht nur politisches – Handeln. Sie eröffnet aber zugleich die Chance, vom persönlichen Einzelfall zur strukturierenden Erklärung fortzuschreiten: Wie war es denn um einen Parteieintritt in der Diktatur bestellt? Worin unterscheidet er sich von politischem Engagement (und sei es zur strategischen Karriereplanung) in der Demokratie?

Vorschule historischer Arbeit

Das überlang ausgemalte Beispiel macht deutlich, welche aufschließende Kraft die Schülerfrage – verstanden als eine *historische* Frage – besitzen kann. An Kontexten wie diesen kann also historisches Denken und Lernen deutlich werden, wie es aus der dialogischen Situation des Zeitzeugengesprächs hervorgeht. In seiner komplementären Struktur von Erzählung und Dialog liegen elementare Muster historischer Prozesse begründet oder lassen sich doch wenigstens ablesen. Diese Einsicht hat sich erst im Verlauf der Praxis des hier vorzustellenden Projekts[1] gebildet, sicher auch in der Auseinandersetzung mit einer wachsenden wissenschaftlichen Publizistik zur Zeitzeugenarbeit; doch stärker und ganz wesentlich als ein praktischer Befund, der aus der bevorzugten Position eines regelmäßigen Begleiters von Zeitzeugengesprächen in diesem Projekt erwuchs. Das Zeitzeugengespräch erweist sich als eine Art Paradigma elementarer historischer Vorgänge, indem sowohl Geschichte als historische Narration wie die erschließende Qualität der historischen Frage zu erleben ist.[2]

In der Zwischenzeit hat eine umfassende methodisch-didaktische wie auch zeithistorische Reflexion dieses Arbeitsfelds eingesetzt – manche der beschriebenen Sachverhalte sind mittlerweile theoretisch weit genauer gefasst und empirisch gesättigter beschrieben worden, allemal als es hier in der gebotenen Kürze angedeutet werden kann.[3] Daher versteht sich dieser Beitrag nur als Werkstattbericht über eigenes Tasten, Suchen und Finden auf dem Feld der Zeitzeugenarbeit.

---

1   Als „VOS-Zeitzeugenprojekt" ist eine Folge von Veranstaltungsformaten zusammengefasst, die seit Ende 2008 zunächst mit Förderung der Landeszentrale für politische Bildung Nordrhein-Westfalen, seit 2009 mit – dies sei es dankbar betont – großzügiger Unterstützung der Bundesstiftung zur Aufarbeitung der SED-Diktatur vom Landesverband Nordrhein-Westfalen der Vereinigung der Opfer des Stalinismus e. V. (Leitung: Detlef von Dechend) an Schulen in ganz Nordrhein-Westfalen (zumeist ab Klasse 9) durchgeführt werden. Näheres vgl. http://www.vos-zeitzeugen.de. Im Institut für Deutschlandforschung der Ruhr-Universität Bochum ist der Verfasser für die wissenschaftliche Begleitung des Projekts verantwortlich. Wenn im Beitrag von Zeitzeugen die Rede ist und wenn Schülerfragen zitiert werden, so wird damit auf Erfahrungen in den vom Verfasser begleiteten Veranstaltungen des VOS-Zeitzeugenprojekts Bezug genommen. Ebenso wie die Veranstaltungen in NRW stattfinden, leben auch die ca. 20 Damen und Herren der Zeitzeugengruppe in NRW und zwar zumeist seit ihrer Ankunft im Westen, durchweg vor 1989.
2   Dass Zeiterfahrung als historische Sinnbildung im Zeitzeugengespräch erfahrbar ist, bezeugt Jörn Rüsen, Historik. Theorie der Geschichtswissenschaft, Köln 2013, S. 44 ff., mit einem Comicstrip einer Geschichte aus südafrikanischen Townships.
3   Statt einer umfangreichen Bibliographie sei auf die schöne Zeitpfeil-Homepage verwiesen: http://www.arbeit-mit-zeitzeugen.org sowie auf das Buch von Christian Ernst (Hrsg.), Geschichte im Dialog? „DDR-Zeitzeugen" in Geschichtskultur und Bildungspraxis, Schwalbach/Ts. 2014.

So ist die *historische Frage* als Initial eines historischen Arbeitsprozesses vielfach theoretisch herausgearbeitet worden.[4] Schülerinnen und Schülern kann sie aber kaum anschaulicher vorgestellt und ihr eigenes historisches Lernen verdeutlicht werden als in der konkreten Situation des Frage-Antwort-Wechsels von Zeitzeugen und Schülern, wo sie ebenso mit Händen greifbar ist wie das Phänomen der historischen Narration und des historischen Erklärens durch Erzählen.[5] Doch kann diese Qualität nun freilich keineswegs jeder Schülerfrage zugeschrieben werden, ebenso wenig wie jede Rede eines Zeitzeugen notwendig ein Akt vernunftschaffender historischer Erzählung wäre. Es wurde einleitend schon auf die Typen der Sachkommentare verlangenden Verständnisfrage („Was ist FDJ?"), auf die Anreicherungen zum Gesagten erbittende Ergänzungsfrage („Was ist aus dem Freund geworden?") und die eher Meinungen des politischen Mitbürgers als Zeitzeugenaussagen erfragende allgemeine Frage oder besser Abschweifung („Was halten Sie von Gregor Gysi?")[6] hingewiesen. Der Typ der Vertiefungsfrage entspricht wohl am ehesten der historischen Frage, weil er ausgehend von einer kritischen Prüfung eigenen Vorwissens genau einen Schritt weiter geht, einen offenen und ungeklärten Sachverhalt ausmacht und den Zeitzeugen als Quelle[7] dazu befragt, um neues Wissen zu eruieren („Haben Sie Ihre Verhaftung bewusst einkalkuliert, weil Sie von der Möglichkeit des Freikaufs wussten?"[8]). Dabei wird sofort deutlich, dass es hier nicht nur um ein didaktisches Spiel mit der historischen Theorie des Fragens geht. Denn solche Fragen zielen oft auf die Existenz des Zeitzeugen oder auf

---

4 Weiterhin maßgeblich für den Verfasser bleibt das, was er bei Jörn Rüsen in seiner Bochumer Zeit dazu gelernt hat, vgl. Jörn Rüsen, Grundzüge einer Historik, 3 Bde., Göttingen 1983–1989, S. 174 ff.; Waltraud Schreiber, Kompetenzbereich historische Fragekompetenzen, in: dies./Andreas Köber/Alexander Schöner (Hrsg.), Kompetenzen historischen Denkens. Ein Strukturmodell als Beitrag zur Kompetenzorientierung in der Geschichtsdidaktik, Neuried 2007, S. 155–193.

5 Zur Rationalität historischen Erklärens durch Erzählen vgl. Rüsen, Historik, S. 165 f.

6 Angesichts seines demokratiezentrierten normativen Ansatzes, auf den einzugehen ist, könnte die Sorge bestehen, dass in dem Projekt derlei Verwechslung von historischer Aufklärung und politischer Meinungsbekundung an der Tagesordnung sein könnte. Das wäre ein Irrtum, auch wenn die Schüler das aus der Zeitzeugenrolle gewonnene Prestige auf die politische Urteilskraft des Zeitzeugen übertragen. Doch die Zeitzeugen wissen sich hier zumeist selbst zu disziplinieren.

7 Der Zeitzeuge ist allerdings stets als Quelle und Darstellung zu fassen. Vgl. Waltraud Schreiber: Zeitzeugengespräche führen und auswerten, in: dies./Katalin Árkossy (Hrsg.), Zeitzeugengespräche führen und auswerten, historische Kompetenzen schulen, Neuried 2009, S. 21–28, hier S. 22.

8 Vgl. Jan Philipp Wölbern, Der Häftlingsfreikauf aus der DDR 1962/63–1989. Zwischen Menschenhandel und humanitären Aktionen, Göttingen 2014, S. 406–418, auch das wichtige Kapitel zur Perspektive der Inhaftierten, S. 466 ff.

wesentliche Bestandteile einer Lebensgeschichte. Fragen können auch bei erfahrenen Zeitzeugen, entsprechend der tagesaktuellen psychischen Disposition, Verunsicherungen auslösen, weil sie sich unter Rechtfertigungsdruck sehen: „Warum wollten Sie fliehen, wo so viele andere Menschen in der DDR das nicht gemacht haben?" In diesen Kontext sollten auch Bewertungs- und Einschätzungsfragen gerechnet werden, die bewusst (oder im Fall der Lernenden auch: unbewusst) die gegenwartsorientierte Gebundenheit des Erzählens und Sprechens über die eigene Vergangenheit einbeziehen („Würden Sie das mit ihrem heutigen Wissen noch einmal tun?" – „Wem und wann haben Sie eigentlich zum ersten Mal über diese Erfahrungen erzählt? – „Warum arbeiten Sie als Zeitzeuge?"). Solche Fragen zielen auf größere Zusammenhänge und werden von den Zeitzeugen oft zum Anlass genommen, die bisherige Linearität des Erzählens aufzugeben und aus der Gegenwart heraus zu neuen, selbstkritischen Befunden zu kommen.

Dass dabei zugleich historische Sinnbildung durch Zeitreflexion möglich ist, auch die Auseinandersetzung mit dem Gedächtnis als einem komplizierten und trügerischen Speicher, stellt für die Lehrenden zumindest der Oberstufenkurse eine Aufgabe für die spätere Aufarbeitung des Gesprächs dar. Im stark inhaltszentrierten Zeitzeugengespräch selbst ist für solche methodischen Vertiefungen selten Platz, allerdings werden Dimensionen der historischen Zeitlichkeit oft in der Erörterung der (bei vielen Zeitzeugen langen) Phasen des Schweigens über die DDR-Erinnerungen deutlich: „Darüber konnte ich lange nicht sprechen", aber auch: „Davon wollten die meisten in den 1960er-, 1970er- oder 1980er-Jahren in der Bundesrepublik nichts wissen."

Zur Reaktualisierung von Erinnerung reicht oft die beiläufige Frage, was denn, etwa während der eigenen Inhaftierung oder nach einer Flucht, aus den Angehörigen geworden sei, wie die Trennung erlebt wurde oder erinnert wird, welche (bleibenden) Verletzungen auf beiden Seiten bestehen. Ein solches Niveau einer vertrauensvollen Annäherung an eine Biografie verlangt allerdings eine Phase des Vertraut-Werdens. Dafür scheint gerade eine lebensgeschichtlich angelegte Struktur von Zeitzeugengesprächen die Chance zu eröffnen: Da die Zeitzeugen schon eine Fülle von Motiven lebensbestimmender Entscheidungen im ersten, narrativen Teil der Begegnung mitgeteilt, sich persönlich geöffnet haben, fällt es den Schülerinnen und Schülern viel leichter zu erkennen, wie weit sie bei einem Zeitzeugen „gehen" können. Es gehört zu den wichtigsten Befunden aus etwa 250 begleiteten Zeitzeugenbegegnungen an Schulen in Nordrhein-Westfalen, dass Schülerinnen und Schüler in diesem Format kaum einmal diesen geheimen Kokon des Unfragbaren berührt haben. Gewiss, es sind eher die mutigen, provokanten, vielleicht verblüffenden oder gar frechen Fragen, wie die eingangs eingeführte, die noch einmal den historischen Nachdenk-Prozess in Bewegung setzen. Aber Jugendliche haben ein Gespür, was verletzen könnte. Dass dies umgekehrt mit dem asymmetrischen Verhältnis von Schüler und Zeitzeuge zu tun hat und mithin einer quellenkritischen Hinterfragung von Zeitzeugenaussagen der Respekt vor einer Lebensleistung – Katrin Passens hat darauf anschaulich hingewiesen[9] – entgegenstehen kann, ist die andere Seite dieser Medaille. Dies spricht für eine frühzeitige und kritische Aktivierung der Lernenden als Mitgestalter des Zeitzeugengesprächs. Dennoch scheint der Einstieg mit einem längeren lebensgeschichtlichen Bericht, vor allem im Idealfall einer kleinen, homogenen Lerngruppe (also einem Oberstufen-Kurs oder einer Klasse),[10] die auch physische Nähe zum Zeitzeugen zulässt, idealer. Nur in einigen Fällen einer besonders intensiven Vorbereitung konnte erlebt werden, dass wirklich von Anfang an eine logisch stimmige Gesprächsführung durch die Jugendlichen erfolgte, besonders wenn einige gezielt als Interviewer vorbereitet waren. Solche besonders dichten Gespräche schließen provokante Fragen übrigens durchaus nicht aus, sondern können – im hermeneutischen Idealfall – bewusst eingesetzt werden, um auf eine tiefere Ebene der persönlichen Begegnung zu führen.

Die schulische Realität ist allerdings davon oft weit entfernt, wenn etwa Einladungen zum Gespräch kommen, damit die Lernenden „überhaupt etwas von der DDR erfahren". Und auch manche „intensive Vorbereitung" kann fast ein wenig kontraproduktiv sein, wenn übermotivierte (oder unaufmerksame) Schülerinnen und Schüler die vorher notierten und auch schon vom Gast beantworteten Fragen zum zweiten oder dritten Male vorlesen.

Kontext und Begleiterfunktion

Die Erfahrungen, auf denen die in diesem Beitrag resümierten Beobachtungen beruhen, sind in einer Phase gemacht worden, in der das Phänomen der Zeitzeugen auf zahlreichen Ebenen unübersehbar wurde und seine geschichtskulturelle Blüte entfaltete. Längst medienkulturell in Dienst genommen, auch im Bildungsbereich angekommen, im außerschulischen Feld (Gedenkstätten, Museen, Erwachsenenbildung, Jugendarbeit) teils noch gewichtiger als in der Schule, vollzog schließlich

---

9   Katrin Passens, Augenzeugen und mündliche Quellen. Zeitzeugengespräche in der historisch-politischen Bildungsarbeit, in: Heidi Behrens/Paul Ciupke/Norbert Reichling (Hrsg.), Lernfeld DDR-Geschichte. Ein Handbuch für die politische Jugend- und Erwachsenenbildung, Schwalbach/Ts. 2009, S. 295–303, hier S. 301 f.
10 Im Einzelfall kann auch eine gut moderierte und bei guten äußeren Bedingungen gestaltete Großveranstaltung sinnvoll sein. Hier sind allerdings längere Erzählungen eines Zeitzeugen in aller Regel schon aus kommunikativen Gründen weniger sinnvoll, da in der Großgruppe die Aufmerksamkeit rascher schwindet.

auch die Zeitgeschichte als zuständige Fachwissenschaft in diesen Jahren, also etwa seit 2009/10, eine Kehre durch die substantielle Auseinandersetzung mit dem Zeitzeugen als der erinnerungskulturellen „Leitfigur" (Martin Sabrow) unserer Zeit. Aus einer Mixtur von Distanz, Ironie und Abwehr gegenüber einer den Spezialisten der Oral History[11] überlassenen Quellengruppe wurde eine die unterschwellige geschichtspolitische Konkurrenz teils akzentuierende, teils überspielende Domestizierung des Zeitzeugenphänomens – mit den besten Mitteln und Methoden des Historikers, nämlich in Form der Historisierung.[12] Der Legitimationsdruck eines auf den Geschichtsunterricht zielenden Projekts mit Zeitzeugen zur DDR-Diktatur hat dadurch kaum nachgelassen, zumal alternative Zugänge (etwa in medial zubereiteter Form) neue Zugänge schaffen und womöglich höhere Kompetenzniveaus erreichen.[13]

Zu den Bedingungen des vorgestellten Projekts gehört seine Situierung in Nordrhein-Westfalen – also fern vom früheren DDR-Gebiet. Freilich ist die Zahl der NRW-Bürger mit einem „DDR-Migrationshintergrund" nicht zu unterschätzen. Allein zwischen 1991 und 2012 sind über 500 000 Menschen aus den neuen Bundesländern (ohne Berlin) nach NRW zugewandert,[14] um von dem hohen Anteil an der Fluchtbewegung vor dem Mauerbau sowie an der Übersiedlung aus der DDR bis 1989 und im Jahr der Friedlichen Revolution abzusehen. In vielen Schulklassen bestätigte sich das schon in der Begrüßungsphase, wenn Lernende von ihren privaten DDR-Gesprächen mit Eltern oder anderen Angehörigen und Freunden der Familie berichten. Nur relativ selten führte dies allerdings zu konfrontativen Gegenüberstellungen der im häuslichen Umfeld erfahrenen DDR-Erinnerung mit dem im Zeitzeugengespräch vorgestellten DDR-Bild,[15] eher aber zu Bestätigungen oder auf Konsens zielende, anekdotische Einlassungen. Abweichende Positionen werden mitunter eher durch karge Gegenrede markiert als wirklich ausdiskutiert. Im Nachgespräch mit Lehrkräften eines entsprechenden Falls an einer Schule im Münsterland ergab sich, dass hier seit längerem ein Konflikt mit der betreffenden Schülerin schwelt.

---

11 Nur angemerkt sei hier die dringend notwendige Differenzierung von Zeitzeugenarbeit und Oral History, die sowohl methodisch wie vom geschichtskulturellen Gestus (Affirmation vs. Kritik) her nicht gleichzusetzen sind.
12 Wegweisend: Norbert Frei/Martin Sabrow (Hrsg.), Die Geburt des Zeitzeugen nach 1945, Göttingen 2012.
13 Vgl. jetzt Christiane Bertram, Zeitzeugen im Geschichtsunterricht. Chance oder Risiko für historisches Lernen? Eine randomisierte Interventionsstudie, Schwalbach/Ts. 2016.
14 Vgl. Landesbetriebs Information und Technik Nordrhein-Westfalen, in: http://www.it.nrw. de/presse/pressemitteilungen/2013/pres_250_13.html [20.7.2015].
15 Vgl. Passens, Augenzeugen, S. 300 f.

In einem Berufskolleg im Ruhrgebiet war ein (etwas älterer) Schüler – nach einer entsprechenden Ermutigung – offener. Er hatte zunächst allgemein gefragt, ob sich denn die vom Zeitzeugen berichteten Sachverhalte aus den ersten Jahren der DDR im Laufe der Zeit verändert hätten. Als eine allgemeine Aussage des Zeitzeugen ihn offenkundig nicht überzeugt hatte, berichtete er auf nachfragende Bitte des Begleiters von der Biografie seiner Tante und ihrer Familie, die eine erfüllte berufliche Tätigkeit in der Landwirtschaft gefunden habe und von der DDR ein helles Bild zeichne. In einem längeren Nachgespräch wurde erkennbar, wie stark ihn die vom familiären Diskurs abweichenden Mitteilungen des Zeitzeugen beschäftigt haben.

Das VOS-Zeitzeugenprojekt charakterisieren neben seiner regionalen Situierung in NRW weitere Merkmale: die spezifische Trägerschaft, das Konzept der (wissenschaftlich) „begleiteten" Zeitzeugengespräche und die damit verbundene Kooperation von Opferverband und Universität. Das Projekt lebt vom zivilgesellschaftlichen Engagement einer Gruppe von Mitgliedern des ältesten Verbands von Opfern und Gegnern der kommunistischen Diktatur in Deutschland. In den Schulen führt schon die Auflösung der Abkürzung VOS – Vereinigung der Opfer des Stalinismus e. V.[16] – mit Erläuterung der Begriffe *Stalinismus* und *Opfer* mitten ins Thema. Dass hier ein Angebot politischer Bildung aus dem Engagement Betroffener entwickelt und in Eigenverantwortung gestaltet und verantwortet wird, muss nicht mangelnde Distanz und Selbststilisierung befürchten lassen. Doch wie jede NGO verfolgt die VOS-Zeitzeugengruppe ein gesellschaftliches Ziel – nämlich über die Diktatur der SED zu informieren und damit beizutragen, demokratische Standards im vereinten Deutschlands zu vertiefen. Insofern ist eine normative Intention nicht abzustreiten; doch ist sie gesellschaftlich und politisch ebenso legitim wie anschlussfähig zu den normativen Fundamenten der Schule in NRW.[17]

---

16 Die Namengebung der bereits 1950 gegründeten VOS ist etwas verwirrend. So findet sich auf der Homepage des Verbands die Doppelung: Vereinigung der Opfer des Stalinismus e. V. Gemeinschaft von Verfolgten und Gegnern des Kommunismus e. V., vgl. http://www.vos-ev.de [21. 7. 2015]; auf Pressemitteilungen, so vom 23. 4. 2015, findet sich: „Gemeinschaft ehem. Politischer Häftlinge. Vereinigung der Opfer des Stalinismus e. V. (zugänglich über die gleiche Homepage). Zur insgesamt komplizierten Struktur der SED-Opferverbände vgl. Jörg Siegmund: Opfer ohne Lobby? Ziele, Strukturen und Arbeitsweise der Verbände der Opfer des DDR-Unrechts, 2. Aufl., Berlin 2003.

17 Vgl. einige Feststellungen im Kernlehrplan Geschichte (G 8) des Landes NRW, wo es in Bezug auf die Perspektive des Fachs Politik/Wirtschaft heißt, dass die Schülerinnen und Schüler durch den Unterricht „in die Lage versetzt werden, ein möglichst dauerhaftes und belastbares politisch-demokratisches Bewusstsein auszubilden, das sie dazu befähigt, ihre Bürgerrollen in der Demokratie wahrzunehmen", in: http://www.schulentwicklung.nrw.de/lehrplaene/lehrplannavigator-s-i/gymnasium-g8/geschichte-g8/kernlehrplan-geschichte/

Dass zudem die Mitwirkung in der Zeitzeugengruppe nicht an eine Zugehörigkeit zur VOS gebunden ist, war eine der Voraussetzungen für die begleitende Kooperation bei den Schulveranstaltungen durch den Mitarbeiter einer Hochschuleinrichtung, die ihrerseits am Themenfeld DDR interessiert ist. Vermutlich war der wissenschaftliche Begleiter zu Beginn ein klein wenig als eine Art „Anstandswauwau" konzipiert – als Garant für die (relative) inhaltliche Seriosität des von Zeitzeugen vermittelten DDR-Bilds und die Zuverlässigkeit im Hinblick auf die politische Korrektheit und die Standards der politischen Bildung.[18] In der Tat sind dazu Lernprozesse zu konstatieren, die sich freilich vor allem in den intensiven Vor- und Nachgesprächen mit den Zeitzeugen einstellten (und zwar auf beiden Seiten) sowie bei den regelmäßigen Seminaren, bei denen sich die Mitglieder der Gruppe austauschen. Auch die Erweiterung um ein Veranstaltungsformat an den Zentren für schulpraktische Lehrerausbildung vertiefte die Selbstreflexion vieler Zeitzeugen, weil in einer komfortableren Zeitstruktur kritische Rückmeldungen und Kommentare der Referendarinnen und Referendare nach dem Gespräch möglich sind, das stärker durch die vertiefenden Fragen der moderierenden Begleitung strukturiert wird. Übrigens stellen Referendarinnen und Referendare (ebenso wie Lehrende oder Fachleiter/innen) in der persönlichen Begegnung mit Zeitzeugen oft zunächst ganz ähnliche Fragen wie jüngere Lernende.

Die gelegentlich in der Literatur recht dominant beschriebene Moderation[19] erscheint in der schulischen Praxis schon wegen der strengen Zeittaktung als Herausforderung. Nur bei den Großveranstaltungen ist die übliche Doppelstundenstruktur zu sprengen – sonst verlangt die Ordnung der 90-Minuten-Takte ihr Recht. Moderation ist besonders wichtig, wenn mehrere Zeitzeugen mitwirken,

---

beitrag-zur-bildung/beitrag-zur-bildung.html [21. 7. 2015]. Im aktuellen Kernlehrplan für die Sekundarstufe II Gymnasium/Gesamtschule, Geschichte (hrsg. vom Ministerium für Schule und Weiterbildung des Landes Nordrhein-Westfalen, Düsseldorf 2014) heißt es entsprechend, der Unterricht vermittle „Kompetenzen, die das Verstehen der Wirklichkeit sowie gesellschaftlich wirksamer Strukturen und Prozesse ermöglichen und die Mitwirkung in demokratisch verfassten Gemeinwesen unterstützen sollen.", S. 11. Onlinefassung: http://www.schulentwicklung.nrw.de/lehrplaene/upload/klp_SII/ge/KLP_GOSt_Geschichte.pdf [21. 7. 2015].

18 Das hängt natürlich auch sehr stark von der Wahrnehmung der Zeitzeugen ab. Einige einschlägige Bilder bietet dazu die „Typologie der Zeitzeugenschaft" bei Heidi Behrens/Paul Ciupke/Norbert Reichling: Zeitzeugenarbeit zur DDR-Geschichte in der außerschulen politischen Bildung. Eine Analyse von Angeboten in fünf Bundesländern, in: Bildungswerk der Humanistischen Union NRW/Zeitpfeil-Studienwerk Berlin-Brandenburg (Hrsg.), Zeitzeugenarbeit zur DDR-Geschichte. Historische Entwicklungslinien. Konzepte – Bildungspraxis. Essen 2012, S. 46–94, hier S. 51 f.

19 Vgl. Passens, Augenzeugen, S. 299; in der Gedenkstätte ist die Moderatorin allerdings zugleich Hausherrin und hat naturgemäß eine wichtigere Rolle.

was Pluralität der Gesichtspunkte und Perspektiven schafft (aber auch Zeit und Rücksichtnahme verlangt). In der „klassischen" Doppelstunde kann sie vor allem helfen, eine klare Struktur zu schaffen und einen Rahmen zu setzen. Manche Zeitzeugen machen sich auch einen Spaß daraus, die besondere historische „Kompetenz" des Moderators zu testen, indem er Fachfragen oder historische Details, Daten, Abkürzungen usw. auf Abruf einspeisen darf. Umgekehrt schätzen es die Jugendlichen überhaupt nicht, wenn der Zeitzeuge vom Begleiter ergänzt oder gar korrigiert wird; selbst aus langer Vertrautheit erwachsene Sprachspiele zwischen Moderator und Zeitzeuge werden mitunter missverstanden und finden sich in den regelmäßig den Schülern zur Evaluation ausgeteilten Fragebögen kritisch vermerkt. Aber neben der Reflexions-, Service- und Beratungsfunktion darf der Moderator auch einmal als Blitzableiter dienen.

Könnten nicht viele dieser Aufgaben die Lehrenden übernehmen, die bei den Zeitzeugengesprächen in den Schulklassen anwesend sind? Abgesehen davon, dass für gar nicht wenige der Umgang mit Zeitzeugen „Neuland" ist und im Vorfeld für eine Vertrautheit mit dem Zeitzeugen (oder das Einarbeiten in Spezialfelder wie SED-Justiz oder Staatssicherheit) wenig Zeit bleibt, spricht auch grundsätzlich einiges dagegen. Engagiertere Lehrerinnen und Lehrer sind oft genauso inhaltlich fasziniert von der Geschichte der Zeitzeugen, dass sie ähnlich spontane Fragen wie ihre Schülerinnen und Schüler stellen und die Metarolle der didaktischen Durchdringung zurückstellen. Ihre zentrale Verantwortung liegt im Vorfeld und im Nachgang des Zeitzeugenbesuchs. Sie haben es zum Beispiel in der Hand, die Lernenden auf die Begegnung mit Zeitzeugen vorzubereiten, oder besser: einzustimmen. Denn es geht nicht um Faktenwissen allein, sondern genau um eine „Stimmung" von Erwartung, Neugier, Bereitschaft zum Zuhören und zur persönlichen Begegnung. Dazu kommt die Pflicht, im Nachgang das Gespräch inhaltlich und methodisch-kritisch auszuwerten – eine Aufgabe, die mitunter mit großer Ernsthaftigkeit erfolgt und in Nachgesprächen mit dem Begleiter ausgelotet wird. Dass sie sich im Gespräch selbst aus der Moderation heraushalten, öffnet ihnen gerade die Möglichkeit zu einer sehr viel objektiveren Analyse im Nachgang.

Neben diese Entlastungsfunktion erwächst der Sinn begleiteter oder moderierter Gespräche mit Zeitzeugen in der angedeuteten Rahmungsfunktion. Indem der Begleiter eine knappe Vorstellung und Einführung gibt und dabei auch die Ziele seitens der Zeitzeugen (und ihrer sowie der fördernden Institution) transparent macht, wird der besondere Charakter der Stunde betont, aber zugleich eine gewisse Distanz geschaffen. Es wird zu Fragen und kritischen Einwänden aufgefordert und herausgestellt, dass hier ein sehr spezifischer Ausschnitt aus der DDR-Geschichte in einer besonderen Perspektive vorgestellt wird. Auch die bei Bedarf eingespeisten Sachinformationen sowie Frageimpulse und Unterbrechungen im

Gespräch und das erneut die Rahmung unterstreichende Schlusswort des Moderators (in der Regel mit einem Dank an den Zeitzeugen und die Lernenden für ihre Beiträge verbunden, was in den Schlussapplaus mündet) haben die gleiche Funktion: Distanzierung und damit eine vorsichtige, informelle Einschränkung der Illusion authentischer Unmittelbarkeit von Geschichte durch Zeitzeugen.

Die „Aura der Authentizität"[20] als möglicher Fallstrick der Arbeit mit Zeitzeugen muss zum Schluss nicht ausführlich diskutiert werden. Die Moderation sollte nicht versuchen, mit diesem Charisma zu konkurrieren oder es sogleich quellenkritisch zu dekonstruieren – dafür wird notfalls in der nächsten Unterrichtsstunde den Lehrenden Zeit bleiben. Schließlich wollen alle die Aura nutzen, um Aufmerksamkeit für das Thema zu wecken, lebendiges Interesse und Engagement, auf dem dann auch eine weitergehende historische Sinnbildung fußen kann. Aber das begleitete Zeitzeugengespräch kann helfen, dem Fragen zu einem Vorsprung vor den Antworten zu verhelfen.

---

20 Martin Sabrow, Der Zeitzeuge als Wanderer zwischen den Welten, in: Sabrow/Frei, Die Geburt des Zeitzeugen, S. 13–32, Zitat S. 27.

Jens Hüttmann · Anna v. Arnim-Rosenthal

„… viel interessanter als im Schulbuch!" – Lebensgeschichten und Multiperspektivität ins Klassenzimmer bringen

Das Bildungsportal www.zeitzeugenbuero.de

Im August 2007 schrieb die Bundesstiftung Aufarbeitung einen Brief an alle Ministerpräsidenten in Deutschland. Die Länder wurden in dem Schreiben darum gebeten, den historischen Ereignissen von 1989/90 zum 20. Jahrestag der Friedlichen Revolution besondere Aufmerksamkeit zu schenken. Gleichzeitig stellte sich die Bundesstiftung als Kooperations- und Vernetzungspartner zur Verfügung. Zwei Monate später beauftragte die Ministerpräsidentenkonferenz den Freistaat Sachsen damit, Kontakt zur Bundesstiftung aufzunehmen. Infolgedessen richteten die Bundesländer in Kooperation mit dem Freistaat, dem Bundesministerium des Innern und der Bundesstiftung Aufarbeitung erstmals in Deutschland ein Onlineportal ein, das Zeitzeugen an Schulen vermittelt und notwendige didaktische Ressourcen bereit hält. Das gemeinsame Ziel war, in den Jubiläumsjahren 2009 und 2010 für Lehrkräfte und Schüler den Kontakt zu Bürgerrechtlern, Politikern und Journalisten herzustellen, die als Zeitzeugen den Weg von der Friedlichen Revolution zur deutschen Einheit aktiv begleitet haben.

Seit dem Launch der Seite am 30. Juni 2009 mit 50 Zeitzeugen signalisierten immer mehr Zeitzeugen – vor allem aus den Bereichen Medien und Kirchen und auch aus anderen Bundesländern – ihre Mitwirkungsbereitschaft. Seitdem wird das Portal beständig im Sinne einer thematischen Vielfalt und einer regionalen Ausgewogenheit ausgebaut und dabei von der Beauftragten der Bundesregierung für Kultur und Medien unterstützt.

Heute präsentieren mehr als 350 Zeitzeugen (Stand: Juli 2017) ihre Biografien auf der Website. Ihre individuellen Erfahrungen decken ein breites Spektrum an Themen ab, die sich in folgenden Schwerpunkten wiederfinden: Jugend in der SED-Diktatur, das Frauengefängnis Hoheneck, Flucht, Fluchthilfe und Freikauf, Deutsche im Gulag, Kirche in der SED-Diktatur, Friedliche Revolution und deutsche Einheit, früher Widerstand in der SBZ/DDR 1945–1953, Volksaufstand am 17. Juni 1953 und Mauerbau am 13. August 1961. Die meisten Zeitzeugen leben heute in Berlin und Sachsen, gefolgt von Nordrhein-Westfalen, Bayern und Baden-

Württemberg. Weniger vertreten sind derzeit noch Zeitzeugen in Bremen und im Saarland, in Hamburg und in Schleswig-Holstein.

Das Online-Portal präsentiert nicht nur die Biografien, sondern vermittelt Schulen und Bildungseinrichtungen den Kontakt zu den Menschen. Darüber hinaus werden Schülerinnen und Schüler auf ihre Begegnung mit einem Zeitzeugen vorbereitet. Im besten Fall ist das Gespräch ein Dialog zwischen den Jugendlichen und dem Zeitzeugen. Die Schüler akzentuieren mit ihren Fragen selbst die Themen. Sie lernen die individuellen Erinnerungen des Zeitzeugen kennen und erfahren die Subjektivität und Retrospektivität von Erinnern. In den Erzählungen der Zeitzeugen können sie den Bericht, die Interpretation und den Appell erkennen, dekonstruieren und gelangen zu einem eigenen Urteil über die Geschichte.

Der Ausgangspunkt der Vorbereitung kann die Biografie des Zeitzeugen sein. Auf ihrer Grundlage erfahren die Jugendlichen nicht nur Persönliches über ihr Gegenüber, sondern ebenfalls, welche historischen Kontextinformationen wichtig sind und welche Begriffe sie kennen sollten. Das Zeitzeugengespräch ist für sie ein neuer Zugang zur Geschichte, der Sachverhalt aber darf nicht neu sein.

Zur Vorbereitung des Gesprächs finden die Jugendlichen im Portal aber auch zahlreiche Materialien und weiterführende Informationen zu den Zeitzeugen. Einige stellen persönliche Dokumente oder autobiografische Texte zur Verfügung. Darüber hinaus gibt das Portal Hinweise zu Online-Angeboten, zu didaktischen Materialien, Dokumentarfilmen und Büchern, weiteren Zeitzeugenberichten, Videos, O-Tönen und Ego-Dokumenten. Die weiter oben benannten Themenschwerpunkte erlauben eine umfassende und quellenreiche Auseinandersetzung mit historischen Ereignissen und verschiedenen Themen der deutsch-deutschen Geschichte. Sie ermöglichen es, Zeitzeugengespräche vorzubereiten und dafür unterschiedliche Quellen zu verwenden.

Nicht beabsichtigt war ursprünglich, dass das Portal auch eine wichtige Anlaufstelle für Journalisten wird. Nicht nur Schulen und andere Bildungseinrichtungen, auch die Medien nutzen das Portal in den letzten Jahren regelmäßig.

Besonders rund um den 25. Jahrestag des Mauerfalls im November 2014 riefen Journalisten aus der ganzen Welt die Website auf, um Interviewpartner für Dokumentarfilme und Reportagen zu finden. Die Nutzung der Website steigt kontinuierlich und erlangte am 9. November 2014 mit fast 500 Sitzungen an diesem Tag ihren vorläufigen Höhepunkt. Mehr als 1000 Anfragen erreichten im Jahr 2014 die Zeitzeugen über das Kontaktformular auf www.zeitzeugenbuero.de. Während zum Beispiel amerikanische Journalisten häufig auf der Suche nach „großen Geschichten" sind, recherchieren Studierende und Wissenschaftler mit ganz konkreten Fragestellungen. Volkshochschulen, Vereine, Parteien, Kommunen und interessierte Gruppen laden

Zeitzeugen als Festredner ein, zu Ausstellungseröffnungen, Podiumsdiskussionen, auf Buchmessen und für Gespräche mit Teilnehmerinnen und Teilnehmern von Berlin-Bildungsfahrten. Zeitzeugen begleiten Journalisten und Geschichtenschreiber an ehemalige Orte aus ihrem Leben, fahren mit ihnen entlang des früheren Mauerverlaufs Rad oder nehmen Einladungen für Gespräche mit internationalen Gästen z. B. aus Argentinien und Südkorea an. Sie beantworten die Fragen von Schülern, die an Facharbeiten oder Besonderen Lernleistungen (BELL) arbeiten, Referate halten oder Klausuren schreiben müssen.

Die Vielfalt lebensgeschichtlicher Erfahrungen

Die Teilung ist eine deutsch-deutsche Geschichte mit Verflechtungen, Gemeinsamkeiten, Unterschieden, mit Transfers und Abgrenzungsbestrebungen. Die westdeutschen Zeitzeugen, die auf www.zeitzeugenbuero.de vertreten sind, waren etwa in den Einheitsprozess involviert oder dokumentierten als Journalisten die deutsch-deutsche Realität der Teilung. Aus der Reihe der Politiker, Theologen, Gewerkschafter und Juristen (derzeit 24) berichten Zeitzeugen vom Aufbau des Landesinnenministeriums in Mecklenburg-Vorpommern, des Familienreferats des Thüringer Sozialministeriums, des Rechtswesens am Oberverwaltungsgericht Sachsen-Anhalt sowie der Jugendarbeit mit ost- und westdeutschen Jugendlichen. Sie schildern die Herausforderungen der Neustrukturierung der Gewerkschaften in Ostdeutschland, der Gestaltung des Übergangs von Planwirtschaft zur Marktwirtschaft, der Überprüfung strafrechtlicher Verurteilungen aus der DDR/SBZ und von der Öffnung der alten Verkehrsverbindungen in den Grenzregionen. Hautnah miterlebt haben einige den politischen Prozess der deutschen Einheit im Bundeskanzleramt, u. a. im Arbeitsstab Deutschlandpolitik und im Redenschreiberreferat.

Als Korrespondenten von Westmedien in der DDR, als Fotografen und Kameraleute wandelten Berichterstatter zwischen den Welten in Ost und West. Für die „Frankfurter Rundschau" schrieb Peter Klingenberg kritische Reportagen über die DDR, Joachim Jauer berichtete als ZDF-Korrespondent und Hans-Jürgen Börner als ARD-Korrespondent aus Ost-Berlin. Ebenso wie Eberhard Grashoff für den „Telegraf" und Kameramann Kai von Westermann boten sie einen Einblick in das Leben in der anderen deutschen Republik oder wurden zum Sprachrohr von DDR-Oppositionellen für kritische Dokumente und bürgerrechtliche Aktivitäten. In West-Berlin begleiteten Hans-Jürgen Fink für den Deutschlandfunk und Dieter Rulff mit der Sendung „Radio Glasnost" an der Freien Universität Berlin die Ereignisse des Umbruchs. „Spiegel"-Korrespondent Ulrich Schwarz schmuggelte am 9. Oktober 1989 Videoaufnahmen der Leipziger Montagsdemonstration in den Westen, Peter Brinkmann berichtete von der Pressekonferenz am 9. November 1989. Seit 1977 war Peter Jochen Winters für die „Frankfurter Allgemeine Zeitung" in der DDR akkreditiert.

Bei aller Themenvielfalt wird die Zeitzeugenschaft der deutsch-deutschen Geschichte heute von Menschen aus der DDR und von Männern dominiert. Weniger Frauen flohen aus der DDR, weniger Frauen engagierten sich in der Opposition und weniger Frauen verlangen heute nach dem Raum, über ihre Erinnerungen in der Öffentlichkeit zu sprechen. Die größte Gruppe der Zeitzeuginnen im Portal ist in den 1950er- und 1960er-Jahren geboren, das heißt sie waren 1989 mindestens 20 Jahre alt (jeweils 20). Schülerinnen und Schüler sind nach wie vor überrascht, lernen sie einen Zeitzeugen kennen, der jugendlicher ist, als sie es erwartet haben. Gleichzeitig fühlen sich manche von ihnen stärker angesprochen, berichtet der Zeitzeuge doch von einer Zeit, in der er im gleichen oder ähnlichen Alter war wie seine Zuhörer. Die Jugendlichen können ihre aktuellen Erfahrungen gut mit den Erzählungen des Zeitzeugen verbinden. Zudem berichten die Zeitzeugen von Ost und von West: So besuchten sie zum Beispiel sowohl in der DDR, als auch in der Bundesrepublik die Schule und können ihre Eindrücke aus beiden Welten gegenüberstellen oder in einen Zusammenhang bringen. Im Portal stellen sich derzeit nur acht Zeitzeugen vor (sechs Männer und zwei Frauen), die in den 1970ern geboren wurden und 1989 mindestens 15 Jahre alt waren. Einige von den Jüngeren handelten nicht selbständig, sondern im Sinne ihrer Eltern, hatten aber die Konsequenzen der Entscheidungen mitzutragen.

Zeitzeugen im Spannungsfeld zwischen Mut, Zivilcourage und Anpassung

Im Zeitzeugenportal berichten Menschen von ihrer missglückten oder erfolgten Flucht aus der DDR, von politischer Haft und Freikauf durch die Bundesregierung; sie schildern die Repressionen nach der Beantragung einer Ausreise; ehemalige DDR-Bürger erinnern sich an ihr Engagement in Friedens- und Umweltkreisen, in oppositionellen Gruppen, bei den Jungen Gemeinden und sie veranschaulichen ihre Aktivitäten während der Friedlichen Revolution und auf dem Weg bzw. im Prozess der deutschen Einheit. Diese Gruppen weisen zwei Gemeinsamkeiten auf: Sie verdeutlichen erstens, welche Handlungsräume es in einer Diktatur geben kann und wie diese von den Zeitzeugen genutzt wurden. Zweitens kritisierten sie alle das System auf ihre ganz individuelle Weise, haben Anstoß genommen, sich distanziert. In ihren Erzählungen wird ein Bruch sichtbar – durch die Ausreise, die Flucht oder die Opposition.

Gleichzeitig gab es aber bei den meisten Zeitzeugen auch Phasen der Anpassung an die gesellschaftlichen und politischen Gegebenheiten in der SED-Diktatur.[1] Manche empfanden „nicht alles als schlecht", das wenigste allerdings auch als „sehr gut". Die meisten hatten den Eindruck, ihre Meinung nicht frei äußern zu dürfen und vorsichtig sein zu müssen. Sie waren unzufrieden mit den allgemeinen Lebensbedingungen, dem Konsumgüterangebot, ihren beruflichen Aufstiegschancen, wirtschaftlichen Missständen und politischen Regulierungen.[2]

Zu bedenken ist, dass sich die Biografien selbst im Laufe der Zeit gewandelt haben, wie an den Selbstporträts deutlich wird. Neben Mut und Zivilcourage – sensationellen Ereignissen – können die Zeitzeugen daher auch über das Alltägliche einer Diktatur sprechen, zum Beispiel, wenn es um ihre Schulzeit geht.

So können die Erinnerungen an unpolitische und angepasste Lebensabschnitte Anhaltspunkte für die „rätselhafte Stabilität" der SED-Diktatur trotz Legitimitätsproblemen, Staatsbankrott und ungebremster Abwanderung liefern.[3] Es sind gerade die Alltagsgeschichten, die nah an der Lebenswelt der Jugendlichen liegen.

Auf diese Weise lässt sich erfahren, wie die Menschen ihr Leben in der DDR gestaltet haben, welche Nischen und Freiräume sie sich einrichten konnten, welche Kompromisse sie eingingen, welche Risiken sie trugen, welche Nachteile sie bereit waren, in Kauf zu nehmen und welche Freiheiten ihnen versagt blieben. Die Beschäftigung mit dem Alltag in einer Diktatur mündet nicht in einer Verharmlosung. Vielmehr führt in der Regel gerade der Blick auf den Anpassungszwang im Alltag dazu, dass die Diktatur einerseits als etwas besonders Bedrohliches beschrieben wird. Andererseits wird offensichtlich, wie die Diktatur weit in das „normale" Leben eines jeden Bürgers hinein wirkte. Den Jugendlichen wird bei der Beschreibung von DDR-Schulalltag mit Fahnenappell, FDJ-Aktivitäten und Freiraumsuche oft besonders deutlich, auf welche Weise die Politik und der Staat für die Bürger Bedeutung entwickeln und wie Gesetze und politische Entscheidungen das Leben von Einzelnen beeinflussen. Sie erfahren, dass die gesellschaftlichen Bedingungen und individuellen Gestaltungsräume in der DDR eng mit dem politischen System verknüpft waren und, dass der politisch-ideologische Anspruch der SED bis ins Private reichte: Das Leben der Menschen war geprägt durch eine fortwährende Verunsicherung ob einer tatsächlichen oder vermuteten Allgegenwart der Staatssicherheit, die schlechte Versorgungslage und die unbefriedigenden

---

1 Siehe auch Roland Jahn, Wir Angepassten: Überleben in der DDR, München 2014.
2 Everhard Holtmann/Anne Köhler, Wiedervereinigung vor dem Mauerfall. Einstellungen der Bevölkerung der DDR im Spiegel geheimer westlicher Meinungsumfragen, Frankfurt a. M./New York 2015.
3 Der Begriff bei Andrew I. Port, Die rätselhafte Stabilität der DDR. Arbeit und Alltag im sozialistischen Deutschland, Berlin 2010.

technischen und materiellen Produktionsbedingungen. Materielle Errungenschaften und berufliche Aussichten zeigten sich in Abhängigkeit von der Mitgliedschaft in einer Massenorganisation, von der Zugehörigkeit zu einer Klasse und von Loyalitätsbeweisen.

Die zahlreichen Themen des Alltäglichen in der DDR sind für die Jugendlichen anschlussfähig an ihre eigenen Erfahrungen und Erlebnisse: Der Lernstoff im Unterricht, ihr Wunsch nach Selbstbestimmung, die Orientierungsfindung zwischen Abitur und Studium, Ausbildung und Berufstätigkeit, Wehr- oder Ersatzdienst, die Rolle der Eltern, die Aktivitäten in der Freizeit und in Jugendkulturen, der Zugang zu Musik, Kunst und Medien, politische Partizipation und Protestäußerung etc. In der Bezugnahme zu ihrer eigenen lebensweltlichen Gegenwart kann es gelingen, dass die Schülerinnen und Schüler über die Themenfelder ein Bewusstsein für die Unterschiede zwischen Diktatur und Demokratie entwickeln. Im Prozess des historischen Lernens gelangen sie selbständig zu einer Einschätzung und leiten die Merkmale von politischen Systemen ab.

Andererseits sind es die „unglaublichen Geschichten" rund um Flucht und Opposition, die Schülerinnen und Schüler begeistern. Der Mut und das Einstehen für eine Sache beeindrucken sie, die Bedingungen des Weggehens und die Herausforderungen des Neuanfangs lassen sie regelmäßig erstaunen. Sie fordern das Sensationelle an den Geschichten auch ein: „Die Geschichte der Zeitzeugin hat mich überrascht", resümierte ein Schüler nach einem Zeitzeugengespräch, Klassenkameraden pflichteten bei: „das war ja alles ganz normal für sie" bis hin zu „die war ja gar nicht geflohen" und der Infragestellung der Legitimität der Frau, als Zeitzeugin in einer Gedenkstätte aufzutreten.[4]

Lebensgeschichten bringen Multiperspektivität ins Klassenzimmer

All dies impliziert: Zeitzeugengespräche sind ganz im Sinne des Beutelsbacher Konsenses der historisch-politischen Bildungsarbeit in der Lage, Kontroversität, Multiperspektivität und Schülerorientierung zu fördern – wenn der Gefahr der Überwältigung durch die Zeitzeugen aus dem Weg gegangen wird. Dialoge mit Zeitzeugen in Klassenzimmern bieten außerdem enorme Potenziale für die Gegenwartsorientierung von Geschichte im Klassenzimmer.

---

4 Äußerungen von Jugendlichen im Rahmen einer Abschlussrunde nach einem moderierten Zeitzeugengespräch in der Erinnerungsstätte Notaufnahmelager Marienfelde. Die Erwartungen der Schüler resultierten auch aus ihrer Arbeitsphase in der Dauerausstellung „Flucht im geteilten Deutschland" am historischen Ort.

Denn Schülerinnen und Schüler, deren (Groß-)Eltern in der DDR gelebt haben, beziehen ihr Wissen über die SED-Diktatur oft aus den Familienerinnerungen – die nicht selten in der Gegenwart an den Abendbrottischen diskutiert werden. Auch Fernseh- und Dokumentarfilme sowie das Internet werden in Studien als Quellen genannt. Berliner Jugendliche machen einen Ausflug auf dem „Mauerradweg" entlang des ehemaligen Grenzverlaufs oder kennen die East-Side-Gallery. Den Schulunterricht nennen sie meist erst an letzter Stelle, wenn sie zu ihren Informationsquellen befragt werden.[5] An dieses Wissen muss der Schulunterricht anknüpfen – ergänzend, mit Kontextinformationen oder als Korrektiv. „Ich verstehe das nicht", protestierte eine Schülerin im Anschluss an ein Zeitzeugengespräch, „der Zeitzeuge ist aus der DDR geflohen, aber meine Mutter sagt, es ging ihr gut in Ost-Berlin."[6] Verschiedene Perspektiven auf das Leben in der DDR ergänzen die Lebenserfahrungen der Familie und ermöglichen es den Jugendlichen, sich aus einer Sammlung von Eindrücken ihre eigene Meinung zu bilden und Erinnerungen als narrative Darstellungen zu hinterfragen. Um den ganz unterschiedlichen Familienerinnerungen einen Raum zu geben, muss der Geschichtsunterricht über eine Darstellung von Repression und Opposition und des politischen Systems genauso hinausgehen wie er sich von der Annahme, Zeitzeugen müssten SED-Opfer ergo in politischer Haft gewesen sein, lösen sollte.

Regelmäßig empfinden Jugendliche Begegnungen mit Zeitzeugen als besonders eindrückliches Erlebnis. Die Erinnerungsberichte machen historische Ereignisse erfahrbar und erlauben Einblicke in das persönliche Leben in einer Diktatur. Geschichte erscheint plötzlich interessant, weniger abstrakt und weniger weit weg. Die Zeitzeugenberichte sind Quellen, die eine gründliche Auseinandersetzung und Analyse notwendig machen. Sie liefern Schilderungen, die ohne Vorbereitung und Nachgespräch unverständlich bleiben oder missverstanden werden können.

---

5   „So war das also", in: Die Zeit, 19. 11. 2015, http://www.zeit.de/2015/47/ddr-nachwendegeneration [10. 8. 2016]; siehe dazu auch den Aufsatz von Norbert Hanisch in diesem Band.
6   Äußerung einer Schülerin im Rahmen einer Abschlussrunde nach einem moderierten Zeitzeugengespräch in der Gedenkstätte Berliner Mauer. Sie ist eine Chance, die Vielschichtigkeit und Multiperspektivität von Erfahrungen und von Erinnerung zu verdeutlichen, wird aber viel zu selten formuliert und bildet nach unserer Erfahrung eine Ausnahme.

Gelebte Geschichte. DDR-Zeitzeugen in Schulen. Ein Leitfaden für Lehrkräfte.

Das Online-Portal www.zeitzeugenbuero.de der Bundesstiftung zur Aufarbeitung der SED-Diktatur vermittelt den Kontakt zu mehr als 350 Zeitzeugen. Ihre Erinnerungsberichte machen historische Ereignisse erfahrbar und ermöglichen den Jugendlichen Einblicke in das Leben in der SED-Diktatur. Gleichzeitig haben Zeitzeugengespräche im Klassenzimmer ein enormes Potenzial, um die historischen Kompetenzen von Jugendlichen zu fördern. Der Leitfaden bietet praktische Anregungen für die Durchführung und Moderation von Zeitzeugengesprächen und liefert darüber hinaus Hinweise und Fragestellungen für eine umfassende Vor- und Nachbereitung.

Herausgegeben von der Bundesstiftung zur Aufarbeitung der SED-Diktatur, Berlin 2016. Kostenfrei erhältlich bei der Bundesstiftung zur Aufarbeitung der SED-Diktatur und als PDF-Download auf www.zeitzeugenbuero.de.

Wie gelingt guter zeithistorischer Unterricht?
Modellprojekte und Lehrerperspektiven

Axel Janowitz

„Warum Stasi?"
Didaktische Überlegungen zum Unterrichtsthema „DDR-Staatssicherheit"

Millionenfach genutzt: Die Stasi-Akten

Das Thema DDR-Staatssicherheit sorgt seit der Friedlichen Revolution in der DDR 1989 immer wieder für heftige Debatten in der Öffentlichkeit. Die Stasi ist Gegenstand unzähliger Forschungsvorhaben, Dokumentationen, Publikationen und Beiträge in der Presse. Zugleich ist sie Gegenstand einer Fülle von privaten Narrativen. Besonders dabei: sie beziehen sich wie wohl nie zuvor in der Geschichte auf einen Aktenbestand, die Stasi-Unterlagen.

111 000 laufende Meter Akten, 1,7 Millionen Fotos, 2800 Filme und rund 27 000 Tondokumente sind durch das Engagement und den Mut von Bürgern in der DDR 1989/90 vor der Vernichtung bewahrt worden. Am Ende intensiver Debatten und Konflikte um den Umgang mit diesem Bestand stand mit dem Stasi-Unterlagen-Gesetz ein spezielles Gesetz, durch das die Akten des Ministeriums für Staatssicherheit (MfS) ohne Sperrfristen, dafür mit differenzierten Voraussetzungen für die Einsicht geöffnet werden konnten. Das Gesetz muss einen schwierigen Spagat leisten: Es soll maximale Transparenz ermöglichen und Betroffenen ihr Recht auf informationelle Selbstbestimmung sichern. Zugleich aber soll es sie davor schützen, nochmals Nachteile durch die in den Stasi-Akten über sie gesammelten Informationen zu erleiden.

Seit der ersten Akteneinsicht Anfang 1992 bis Ende 2016 haben auf der Grundlage des Gesetzes 33 000 Forscher und Journalisten Akten der Stasi genutzt. Gerichte und Behörden haben über 500 000 Anträge gestellt und die Stasi-Akten ausgewertet, um über Rehabilitationen, Wiedergutmachungen oder Strafverfolgung zu entscheiden. Jede dieser Gruppen hat ihre spezifischen Interessen, Fragestellungen und professionellen Hintergründe. Jede verfügt über ihr jeweils spezifisches Handwerkszeug und nähert sich in der Regel von einer allgemeinen Fragestellung her dem Einzelfall an. Didaktisch gesehen ein deduktives Vorgehen.

Die zahlenmäßig weitaus größte Gruppe von Aktennutzern aber stellt eine historische Besonderheit dar: Privatpersonen, die Einsicht in die Stasi-Akten beantragt haben. Von Anfang 1992 bis Ende 2016 stellten fast 3,2 Millionen Privatpersonen erstmals oder wiederholt einen Antrag auf Einsicht in ihre Akte. Wohl noch nie hat eine so große Zahl von Menschen aufgrund persönlichen Interesses unmittelbar mit Akten gearbeitet. In der Regel liegt diese Form der Quellenarbeit in der Hand von Forschern, Juristen oder Fachjournalisten. Für die Akten der SED-Geheimpolizei dagegen entwickelte sich eine im positiven Sinne „Laienkultur der Aktenarbeit" von Menschen, die sich oft noch nie zuvor mit Quellen beschäftigt hatten.

Bereits früh wurden dafür praxisorientierte Handreichungen verfasst. Mit ihnen sollte den Aktenleserinnen und -lesern das für ihr Aktenstudium notwendige Handwerkszeug, vor allem für das Verstehen von Fachbegriffen und Zusammenhängen, an die Hand gegeben werden.[1] Quellenkritische Fragen treten bei der individuellen Akteneinsicht naturgemäß hinter den individuell bedeutsamen Informationsgehalt zurück, den jeder für sich aus der Stasi-Überlieferung filtert. Wer der Allmacht der Stasi ausgesetzt ist, will vor allem wissen, wer ihn oder sie verfolgt, verraten oder schikaniert hat. Aktenzeichen, Verteiler, Mitzeichnungen etc., die für die Einordnung der jeweiligen Texte unverzichtbar sind, interessieren da zunächst aus nachvollziehbaren Gründen nicht. Erst im Zuge weitergehender Fragen mussten sich viele Leser zwangsläufig „weiterqualifizieren" und zu Stasi-Experten für den sie betreffenden Bereich der Stasi-Tätigkeit werden. Das Interesse an Strukturen und Methoden sowie Auftraggebern entsprang dem persönlichen Einzelfall, von dem aus sich die Nutzer das Allgemeine erschlossen. Didaktisch gesehen ein induktives Vorgehen.

Das exemplarische Lernen mit Stasi-Akten vollzieht diesen Weg grosso modo nach. Aber die Motivationen der Betroffenen und der Lehrkräfte, die die Akten im Unterricht nutzen, sind vollkommen unterschiedlich. Persönlich Betroffene suchen Aufklärung von Eingriffen der Stasi in das eigene Leben. Die Motivation der Lehrenden und das Ziel des Geschichtsunterrichts sind dagegen, Methoden und Arbeitsweise der Stasi in der SED-Diktatur zu vermitteln.[2] Gleichwertig damit ist die Vermittlung des Handwerkszeugs. Eine reflektierte Quellenkritik und -analyse ist Grundlage und Voraussetzung für historisches Forschen und damit auch für historisches Lernen. Sie ist eine Kernkompetenz des Geschichtsunterrichts, dessen vorrangiges Ziel die Befähigung ist, Geschichtsüberlieferungen einordnen und analysieren zu können, um daraus ein methodisch überprüfbares und an nachvollziehbaren Standards orientiertes Narrativ zu schaffen.

1   Tina Krone/Irena Kukutz/Henry Leide (Hrsg.), Wenn wir unsere Akten lesen. Handbuch zum Umgang mit den Stasi-Akten, Berlin 1992.
2   Dass die Motivation von Schülerinnen und Schüler nicht mit den Zielen der Lehrkräfte übereinstimmt, sei als Fußnote angemerkt. Junge Menschen interessieren sich zunächst für die Stasi-Akten, weil sie einen geheimnisvollen Stoff erwarten, tragische Geschichten, Einblick in die Welt der Spione.

Dazu gehört bei der Arbeit mit Stasi-Akten natürlich ein Grundwissen über die DDR-Staatssicherheit. Das wiederum – und darin liegt eine Herausforderung an den Geschichtsunterricht unter den Bedingungen knapper werdender Unterrichtszeiten – ist nicht ohne umfassendes Kontextwissen aus unterschiedlichen Bereichen der DDR bzw. der deutsch-deutschen Nachkriegsgeschichte zu gewinnen.

Kontexte

Lange Jahre standen bei der Beschäftigung mit dem diktatorischen Charakter der DDR die Stasi und deren Methoden, vor allem der Einsatz von Inoffiziellen Mitarbeitern sowie die „Zersetzung" von Menschen, aber auch die Stasi-Haft im Mittelpunkt der Aufmerksamkeit. Der Blick konzentrierte sich auf den Aspekt des Apparats, der für das Leid, das den Einzelnen zugefügt wurde, unmittelbar verantwortlich war. Bestimmte Funktionen der Stasi aber, die ebenfalls eine elementare Zuarbeiterfunktion für den Erhalt der Diktatur hatten, blieben ausgeblendet. Stasi wurde auf die offensichtlichsten Repressionsmechanismen reduziert.

Die isolierte Betrachtung von Stasi-Methoden und Strukturen aber dekontextualisiert die DDR-Staatsicherheit, trägt so zu einer Verabsolutierung des Themas bei. Die Stasi kann jedoch nicht ohne die unterschiedlichen Kontexte verstanden werden, in denen sie innen- und außenpolitisch agierte. Sie kann nicht verstanden werden ohne das Wissen um das sowjetische Machtsystem, das eine strikte Steuerung aller Geheimdienste in ihrem Machtbereich beinhaltete. Sie kann nicht verstanden werden ohne den ideologisch begründeten Alleinherrschaftsanspruch der SED, der sie diente. Und sie kann nicht verstanden werden ohne eine Vorstellung von den Mechanismen der Diktatur in der DDR, denen die Menschen unterworfen waren, in denen sie ihren Alltag gestalteten und ihre Handlungsoptionen ausloteten.

Ein Beispiel: Eine Gruppe junger Studierender fragte in der Abschlussrunde eines Seminars zu den Methoden der DDR-Staatsicherheit und zur Arbeit mit Stasi-Akten, ob man in der DDR denn alle westdeutschen Zeitungen kaufen konnte. Sie hatten keine Vorstellung davon, dass es in der DDR keine Pressefreiheit gab und alle Zeitungen und Fernsehbeiträge kontrolliert und gesteuert waren. Wie konnten sie also verstehen, warum die Stasi überhaupt offensiv und repressiv gegen alle Formen nicht kontrollierbarer Öffentlichkeit vorging. Das Beispiel zeigt: Ohne diesen Kontext war für die Lernenden nicht zu verstehen, dass weit vor dem Punkt, an dem die Stasi aktiv wurde, bereits zahlreiche Formen von Reglementierung, Disziplinierung und ideologisch begründeter Indoktrinierung wirksam waren. Die SED hatte den Anspruch, die Gesellschaft zu durchdringen und Menschen im Sinne der kommunistischen Ideologie zu formen. Dazu konnte sie auf viele andere „Träger der Disziplinierung" zurückgreifen. So bedurfte zum Beispiel das System der Disziplinierung durch alle Bildungsträger in der DDR keiner Mitwirkung der Stasi. Es funktionierte im Sinne der Parteiherrschaft spätestens seit den 1970er-Jahren reibungslos. Nur bei bestimmten Vorkommnissen musste die Stasi noch eingreifen. Die Beschneidung von Freiheits- und Menschenrechten war Teil des gesamten Alltags in der DDR: nicht immer im Bewusstsein, aber immer da.

Spezifika der DDR-Staatssicherheit

Im Folgenden werden einige Spezifika der DDR-Staatsicherheit genannt, die für eine Einordnung der Staatssicherheit unerlässlich sind. Für weitergehende Informationen kann auf eine Fülle von Literatur, auch mit einführendem Charakter, sowie die Internetseite der Stasi-Unterlagen-Behörde (www.bstu.de), verwiesen werden.[3]

Die Stasi war eine Geheimpolizei sowjetischer Prägung: Wie die SED und damit die von ihr geprägte DDR war auch das MfS ein direkter Spross der Sowjetunion. Es waren sowjetische Geheimdienstler, die, genau wie in den anderen Ländern im sowjetischen Herrschaftsbereich, die Strukturen der Geheimpolizei nach dem Vorbild des eigenen Apparats schufen und kontrollierten. Die im Dezember 1917 gegründete sowjetrussische Geheimpolizei „Tscheka"[4] war als rücksichtsloses, brutales und im ideologischen Kampf für unverzichtbar erachtetes Parteiinstrument Vorbild für die Stasi-Mitarbeiter. Sie bezeichneten sich daher selbst als „Tschekisten".

Die Stasi war kein „Staat im Staat", sondern ein Instrument der SED: Als „Schild und Schwert" der Sozialistischen Einheitspartei Deutschlands (SED) war das MfS deren zentrales Überwachungs- und Repressionsinstrument. Die politische Anleitung der Stasi lag auf allen Ebenen, vom Ministerium bis zu den einzelnen Kreisdienststellen, bei den jeweiligen SED-Leitungen. Mit einer Kreisparteiorganisation

---

3   Als Einstieg geeignet: Jens Gieseke, Die DDR-Staatssicherheit: Schild und Schwert der Partei (Bundeszentrale für politische Bildung), Bonn 2000; Überblicksdarstellungen: ders., Die Stasi: 1945–1990, München 2011; Ilko-Sascha Kowalczuk, Stasi konkret: Überwachung und Repression in der DDR, München 2013; Eine komprimierte Handreichung für den Unterricht: Axel Janowitz, Alles unter Kontrolle? Die DDR-Staatssicherheit, Schwalbach/Ts. 2014 (Geschichtsunterricht praktisch).
4   Übersetzt: Außerordentliche Allrussische Kommission zur Bekämpfung von Konterrevolution, Spekulation und Sabotage.

war die SED auch innerhalb des Apparats verankert, nahezu alle Stasi-Mitarbeiter waren SED-Mitglieder.

Die Stasi hatte ein breites Aufgabenfeld: Nach außen stellte sie zwar die Aufgaben eines klassischen Auslandsnachrichtendienstes als Kernaufgabe heraus. Tatsächlich aber sollte die Stasi vor allem die Überwachung und Einschüchterung der Bevölkerung in der DDR gewährleisten. Ihre geheimen Akten zeigen, dass jeder Versorgungsengpass, jede Störung, jede kritische Äußerung in den Augen der Stasi das Potenzial hatte, die Macht und das Ansehen der SED in ihren Grundfesten zu erschüttern.[5]

Die Stasi hatte umfassende Befugnisse: Laut Strafprozessordnung der DDR war die Stasi neben Polizei und Zoll ein „Untersuchungsorgan". Sie hatte polizeiliche und strafprozessuale Befugnisse. Aus eigener Entscheidung konnte sie mit allen Mitteln jederzeit gegen Menschen ermitteln und sie verhaften. In eigenen Stasi-Untersuchungshaftanstalten waren Menschen allein der Staatssicherheit und deren Ziel der „Geständnisproduktion" ausgeliefert. Das MfS war sowohl Geheimdienst als auch Geheimpolizei der SED.

Die Stasi nutzte Informationen aus allen Institutionen in der DDR: Durch das von der Stasi so genannte „politisch-operative Zusammenwirken" konnten sich die MfS-Mitarbeiter Informationen aus allen Institutionen, Betrieben und Verwaltungen in der DDR beschaffen, z. B. Kaderakten, Verwaltungsunterlagen oder Gesprächsprotokolle. Zugleich konnte sie sich all diese Institutionen dienstbar machen.

Die Stasi hatte einen ideologisch begründeten Auftrag: Sie war der kommunistischen Ideologie verpflichtet, deren Auslegung in den Händen der SED-Führung (natürlich in Rückbindung mit der Führung der KPdSU) lag. Die Stasi verfolgte also nicht nur „Taten", sondern ideologisch nicht opportune Haltungen. Sie war eine „Ideologiepolizei" im Interesse der SED. Die Definition, wer sich aus Sicht der Stasi „feindlich-negativ" oder „feindlich-dekadent" verhielt, orientierte sich an den jeweiligen Prämissen der Partei. Damit musste das Feindbild der Stasi den häufigen Kurswechseln, die die SED aus außen- oder innenpolitischen Erwägungen vornahm, folgen.

---

5   Vgl. auch die Berichte der Zentralen Auswertungs- und Informationsgruppe der Stasi, die regelmäßig aus allen Informationen der Stasi Berichte an die Parteiführung erarbeitete. Diese werden in der Reihe „Die DDR im Blick der Stasi: die geheimen Berichte an die SED-Führung" herausgegeben von Daniela Münkel, Göttingen, div.

Die Stasi hatte im Vergleich zu anderen Ostblock-Staaten einen außerordentlichen Personalbestand: 91 015 hauptamtliche Mitarbeiter bildeten im Jahr 1989 das personelle Rückgrat der Stasi. Sie konnten auf heimliche Informationen von rund 180 000 Menschen zurückgreifen, die von der Stasi als so genannte Inoffizielle Mitarbeiter (IM) geführt wurden. Mit ihrem Netz von Spitzeln sowie anderen Informanten konnte die Stasi fast alles erfahren und heimlich Einfluss nehmen.

Relevanz des Themas „DDR-Staatssicherheit" für den Unterricht

Fachliche Relevanz
Die DDR-Staatssicherheit war – neben der Mauer und der Schlagkraft der Westgruppe der Roten Armee – eine zentrale Säule für den Erhalt der SED-Herrschaft. Die SED durchdrang den Alltag in der DDR, indem sie permanent und in allen Lebensbereichen Gefolgschaftsleistungen und öffentliche Zustimmung zum Sozialismus einforderte. Latent schwang immer die Androhung von Disziplinierungsmaßnahmen bei Abweichung oder Widerstand mit. Disziplinierend wirkten dabei alle staatlichen Einrichtungen und Organisationen. Die schärfste Waffe der SED aber war die Stasi. Sie organisierte im Parteiauftrag Kontrolle, Einschüchterung und Repressionsmaßnahmen gegen die eigene Bevölkerung. Herrschafts- und Alltagsgeschichte der DDR sind daher ohne die Rolle der Stasi nur unvollständig beschreibbar.

Die Stasi-Akten bieten einen Einblick in die Machtfülle, die Methoden und die Arbeitsweise der Geheimpolizei in der SED-Diktatur. Sie zeigen, welche Folgen es für den Einzelnen haben konnte, ins Stasi-Visier zu geraten. Zugleich bilden sie die Vielfalt der aus Sicht des MfS nicht systemkonformen, oppositionellen oder feindlichen Menschen in der DDR ab.

Gegenwartsrelevanz
Schülerinnen und Schüler können sich anhand der Stasi-Akten konkrete Fälle für Anpassungszwänge und Ängste in Diktaturen erarbeiten. Sie lernen zugleich, die in einer Diktatur bestehenden Handlungsspielräume und Selbstbehauptungschancen zu erkennen. Die in den Stasi-Akten zu findenden Beispiele können darüber hinaus als Referenzgröße für Verhaltensoptionen auch in der Demokratie und der eigenen Lebenswelt herangezogen werden. Zivilcourage, Solidarität und das Einstehen für die eigene Überzeugung sind auch hier nicht immer einfach. Zu sehen, was Menschen dafür in der DDR in Kauf nahmen, kann heute dazu ermutigen.

Die herrschaftssichernde Funktion der Stasi und die Verflechtung mit der DDR-Gesellschaft bieten sich als Grundlage für Fragen nach Charakter und Funktionsweisen von gegenwärtigen Diktaturen an. Der Vergleich der Stasi mit anderen Geheimdiensten ist ein geeigneter Ausgangspunkt für eine grundsätzliche Diskussion der Unterschiede zwischen einer Demokratie und einer Diktatur. Die Rolle von und der Umgang mit Geheimdiensten zeigen, was das Fehlen von Grundrechten, Freiheitsrechten und Rechtsstaatlichkeit für den Einzelnen und die Gesellschaft bedeutet. Positiv verdeutlichen sie, welche Rolle eine unabhängige und kritische Presse spielt, wie wichtig Rechtsbindung und Kontrolle von Geheimdiensten sind.

In vielen Debatten der Gegenwart wird auf die DDR-Staatssicherheit Bezug genommen. Von „Stasi-Methoden" ist die Rede, wenn Firmen mit Überwachungskameras das eigene Personal kontrollieren, wenn U-Bahnhöfe und öffentliche Plätze zunehmend mit Kameras überwacht werden oder im Zusammenhang mit polizeilichen Kontroll- oder Zwangsmaßnahmen gegen Demonstranten. Die Beschäftigung mit dem Vergleichsgegenstand „Stasi" ermöglicht es Lernenden, sich über die Stasi ein eigenes Bild zu machen und unkritische Gleichsetzungen zu hinterfragen.

Relevanz für die Zukunft der Schülerinnen und Schüler
Wer die Akten der Stasi liest, bekommt eine Ahnung davon, wie „gefährlich" persönliche Daten in der Hand einer unkontrollierten und allmächtigen Geheimpolizei für den Einzelnen werden können. Die historisch gewonnene Erkenntnis kann dazu motivieren, vorsichtig mit der Preisgabe eigener, scheinbar unbedeutender persönlicher Daten zu sein. Gerade im weltweiten Netz werden sie auch in die Hände undemokratischer oder menschenverachtender Regime gelangen: heutiger und zukünftiger. Dies verlieren nicht nur junge Menschen schnell aus den Augen.

Das Austarieren zwischen elementaren Sicherheitsinteressen einer Gesellschaft und Grund- und Freiheitsrechten, die eine demokratische Gesellschaft ausmachen, ist in einer Demokratie ein ständiger Prozess. Junge Menschen als zukünftige Gestalter dieses Prozesses sollten wissen, wie zentral die Rolle ist, die den Geheimdiensten dabei jeweils zugewiesen wird.

Stasi als Thema im Unterricht: Methodenvorschläge

Ein Projekttag zur Stasi
Ihrem Auftrag, über Struktur, Methoden und Wirkungsweise der Stasi zu unterrichten, kommt die Stasi-Unterlagen-Behörde auch für den Bereich der Schule nach. Dafür bietet sie am Lernort „Stasi-Zentrale" in Berlin Lichtenberg Projekttage an. An diesem Ort, an dem Stasi-Minister Erich Mielke seinen Dienstsitz

hatte, befinden sich heute das Stasi-Unterlagen-Archiv, das Stasi-Museum und die Open-Air-Ausstellung „Revolution und Mauerfall". Das Bildungsteam der Stasi-Unterlagen-Behörde ermöglicht es Schülerinnen und Schülern, sich den historischen Ort mit unterschiedlichen archivpädagogischen Angeboten zu erschließen.

Einen Projekttag können Lehrkräfte aber auch mit den kostenfreien Materialien der Stasi-Unterlagen-Behörde an ihrer Schule gestalten (siehe Info-Kasten). Er könnte folgendermaßen aussehen:

- Eine Woche vor dem Projekttag hängen die Lehrer an ihrer Schule / im Klassenraum die aus 13 DIN A-1 Posten bestehende Ausstellung „Stasi. Was hat das mit mir zu tun" auf. In Gruppen arbeiten die Schülerinnen und Schüler zu ausgewählten Postern mit den als Download angebotenen Arbeitsaufträgen und Materialien. Da die Ausstellung auf Kontextualisierung ausgelegt ist, nähern sich die Schülerinnen und Schüler nicht von der Akte, sondern von allgemeinen Fragestellungen her dem Thema an.
- Der 40-minütige Unterrichtsfilm „Ein Volk unter Verdacht" ermöglicht dann, zum Beispiel zum Auftakt des Projekttages, einen Einstieg in die Tätigkeit der Stasi, er lässt Zeitzeugen zu Wort kommen und stellt historische Orte vor. Der Film eignet sich ab Klasse 9.
- Alternativ können Lehrkräfte mit einem Lehrgespräch in den Tag einsteigen, für das sie sich einen Foliensatz ausdrucken können. 12 Folien mit umfassenden Hintergrundinformationen beinhalten wesentliche Grundaspekte der Stasi.
- Mit diesem Wissen um Kontexte, in denen die Stasi agierte, und den Grundinformationen aus dem Unterrichtsfilm oder dem Lehrgespräch können die Schüler anschließend in Gruppen gewinnbringend mit Stasi-Akten arbeiten. Die Reihe „Quellen für die Schule" bietet dafür konkrete Fallbeispiele an, die unter didaktischen Gesichtspunkten zusammengestellt wurden, ohne die Zusammenhänge aufzubrechen. Auch Empfehlungen für die Einzel- oder Gruppenarbeit stehen zur Verfügung. Da die Akten als Faksimiles vorliegen, bietet das Format über die inhaltlichen Aspekte hinaus eine hervorragende Grundlage für die methodischen Aspekte der Arbeit mit Quellen.
- Für die abschließende Präsentation der Arbeitsergebnisse hat das Bildungsteam des BStU Vorschläge gemacht, die den Quellen beiliegen.

Angebote des BStU für die Bildungsarbeit

Der hier genannte Foliensatz und der Unterrichtsfilm „Ein Volk unter Verdacht" sind unter www.bstu.bund.de/bildung online verfügbar. Der Film kann gegen eine Schutzgebühr (für Schulen) auch als DVD bestellt werden. Alle Quellen aus der Reihe „BStU für Schulen" sind als Download abzurufen, können aber auch als Broschüren bestellt werden.
Die Poster-Ausstellung „Stasi. Was hat das mit mir zu tun?" kann für die Bildungsarbeit ebenfalls kostenlos zum Verbleib bestellt werden. Ausgewählte Lebensbereiche, alle mit Lehrplanbezug, und drei historische Ereignisse (Volksaufstand 1953, Mauerbau 1961, Friedliche Revolution 1989/90), zeigen, wie die Stasi in den Alltag von Menschen hineinwirkte. Da alle Themenposter in sich abgeschlossen sind, kann jedes Poster für sich allein in den Unterricht einbezogen werden, wenn z. B. nur der 17. Juni 1953 behandelt wird. Umfangreiche Vertiefungsangebote mit ergänzenden Quellen sind auf der Internetseite hinterlegt und können über QR-Codes direkt aufgerufen werden.

Zu Überblicksthemen wie „Hauptamtliche Mitarbeiter", Stasi in der Friedlichen Revolution" oder „Stasi im Westen" hat das Bildungsteam auch Themenmappen erarbeitet, die ebenfalls auf Stasi-Dokumenten fußen.

Bezug aller Materialien über bildung@bstu.bund.de oder Tel.: 030 2324 8937. Information: www.bstu.bund.de/bildung

Gern informieren wir Lehrkräfte auch über die kostenlosen Schülerprojekttage auf dem Gelände der Stasi-Zentrale in Berlin-Lichtenberg.

Vorschläge für eine Perspektivenerweiterung

Zwei Möglichkeiten, die Perspektive zu erweitern oder zu ändern, seien hier kurz angerissen:

Die Perspektive von jungen Menschen, die in der DDR in Konflikt mit dem System geraten sind, steht im Mittelpunkt der Internetseite www.jugendopposition.de, die gemeinsam von der Robert-Havemann-Gesellschaft e.V.[6] und der Bundeszentrale für politische Bildung betrieben wird. Sie ermöglicht einen stark biografischen

---

6 Die Robert-Havemann-Gesellschaft in Berlin dokumentiert und vermittelt seit 1990 Geschichte und Erfahrungen von Opposition und Widerstand in der DDR. Das Archiv der DDR-Opposition bildet die Gegenüberlieferung zu den Staats- und Parteiakten des überwundenen Regimes, also auch zu den Stasi-Akten.

Zugang. Beispiele aus allen Phasen der DDR-Geschichte, in der Regel mit Selbstzeugnissen, Interviewsequenzen und Quellenbeispielen, sind eine Grundlage für Recherchen von Schülern sowohl unter einer diachronen als auch unter einer synchronen Fragestellung. Die Betroffenen erhalten ein Gesicht, ihr Handeln wird nicht aus Stasi-Sicht erkennbar, sondern aus lebensbiografischer, persönlicher Perspektive.

Mit Bezug auf die eingangs aufgezeigte Praxis der Akteneinsicht kann auch ein Lernweg gewählt werden, der von den Fragen der Gegenwart an die Akten ausgeht. Die Forderung nach Multiperspektivität und Perspektivenwechsel lässt sich auf anschauliche Weise umsetzen, indem die Nutzerperspektiven heutiger Antragsteller aufgegriffen werden, zum Beispiel in Form von Gruppenarbeitsaufträgen. Mit welchen Fragen, welchem Klärungsbedarf und welchem methodischen Zugriff arbeiten Juristen, Journalisten, Historiker oder Filmemacher mit den Stasi-Akten? Welches Interesse hatten Arbeitgeber, die über Einstellung oder Nichteinstellung von früheren Stasi-Mitarbeitern zu entscheiden hatten? Welche Bedeutung hatte die Einsicht in die Akten für Betroffene selbst, aber auch – zum Beispiel im Fall eines an der Grenze erschossenen Schülers – für Angehörige?

Aus all diesen Perspektiven lassen sich individuelle, historische, juristische und gegenwartspolitische Kontexte erschließen, in denen die Stasi-Akten heute jeweils von Bedeutung sind.

Von vielen Ausgangsfragen aus lässt sich auch der Bogen zur Quellenkritik schlagen: Worüber geben die Akten aus welcher Perspektive Auskunft? Welche Leerstellen lassen sie? Wo finden sich Widersprüche? Wie werden in den Stasi-Akten Menschen und ihr Handeln beschrieben, relativiert oder kriminalisiert? Wo scheint die Selbstdarstellung und Profilierung der Stasi-Mitarbeiter ihren Vorgesetzten gegenüber durch? Hier zeigt sich deutlich, wie wichtig die Arbeit mit den Stasi-Akten ist – aber auch, an welche Grenzen man stößt, wenn man nur sie betrachtet.

Stasi als „Diktaturprophylaxe"?

Aus der Geschichte lernen, um die Gegenwart zu begreifen und die Zukunft zu gestalten: dieser Zusammenhang ist von solcher Allgemeingültigkeit, dass es kaum möglich ist, einen verbindlichen Nachweis dafür zu erbringen. Selbst wenn dieser Sinnzusammenhang nicht zu leugnen ist, begründet er noch keinen „Begreifensautomatismus". Erst ein intentionaler, reflektierter Lernprozess ermöglicht eine sachanalytisch gestützte, differenzierte Anwendung des Gelernten auf gegenwärtige Zusammenhänge oder Phänomene. Dazu muss zunächst einmal das Bewusstsein für die Alterität von Geschichte gefördert werden. Hier setzt Geschichtsunterricht an. Die Stasi agierte in weltpolitischen, gesellschaftlichen, ideologischen und auch technologischen Kontexten, die weit entfernt von der heutigen Lebenswelt junger Menschen sind. Selbst die Kommunikationsformen und -wege aus den letzten Jahren der DDR, also die primären Ansatzpunkte für Stasi-Überwachungsmaßnahmen, müssen sie sich erst erarbeiten. Es gab kaum Telefonanschlüsse, die ersten Handys in der Bundesrepublik hatten die Größe von Ziegelsteinen, Mails und Internet waren noch nahezu unbekannt und an Kommunikationsformen wie sie die sozialen Netzwerke bieten war noch gar nicht zu denken. Selbst die Digitalfotografie begann gerade erst ihren Siegeszug. Die DDR war abgeriegelt, die Sowjetunion Garant der SED-Herrschaft und nahezu die ganze Welt in zwei Lager geteilt, die zwei Supermächten zuzuordnen waren. Dies kann von Schülerinnen und Schülern des Jahres 2016 als technologische Steinzeit, die von einer bipolaren, auf den ersten Blick überschaubaren Weltordnung geprägt war, interpretiert werden. Die Stasi-Mitarbeiter wären in solch ahistorischer Betrachtung in Anlehnung an Günther Anders Begriff des „Provinzlers der Zeit"[7] quasi „Geheimdienstprovinzler". Eine problematische Relativierung der damaligen Macht und des Gewaltpotenzials der Stasi.

Für einen fachlich und methodisch profunden Transfer muss die Stasi also zunächst in ihrer historischen Bedeutung analysiert werden. Das setzt eine sorgfältige Unterscheidung zwischen der historischen Einordnung mit synchron angelegten (Geheimdienst-)Vergleichen auf der einen Seite und einer politisch-gegenwartsorientierten Diskussion des Themas „DDR-Staatssicherheit" auf der anderen Seite voraus. Die Attribute „historisch" und „politisch" im Begriff historisch-politische Bildung müssen also in ihrer fachlichen Eigenständigkeit und ihrer jeweiligen didaktischen und methodischen (Domänen-)Spezifik ernst genommen werden!

Politikunterricht wird die Einordnung des Themas „Stasi" in gegenwärtige politische Diskurse diskutieren. Dafür gibt es immer wieder neue Anknüpfungspunkte. „Stasi-Methoden" ist ein feststehender Begriff für alle Formen von Bespitzelung, über Nachrede, für Verfehlungen von Polizisten oder wenn die Tätigkeit der bundesdeutschen Nachrichtendienste thematisiert oder kritisiert wird. Für die definitorische Unterscheidung zwischen Diktatur und Demokratie ist die Stasi ein geeigneter Lerngegenstand. Nicht die Verbrechensdimension allein macht den Unterschied zwischen dem Wirken von Geheimdiensten in einer Diktatur und den Nachrichtendiensten in einer Demokratie aus. Es sind die strukturellen Rahmenbedingungen, in denen sie agieren: politische und gesellschaftliche Kontrolle, die Bindung und Selbstbindung an das Recht und die Möglichkeit der Bürger, Maßnahmen zu kritisieren oder sich dagegen mit rechtlichen Mitteln oder durch Schaffung von Öffentlichkeit zur Wehr setzen zu können. Gerade dieser

---

7   Günther Anders, Die Antiquiertheit des Menschen, Bd. 1.: Über die Seele im Zeitalter der zweiten industriellen Revolution, München 1987 (ersch. 1956), S. 119.

Gegenwartsaspekt führt erfahrungsgemäß im Politikunterricht zu kontroversen Diskussionen.

Freiheit und Sicherheit werden einander in diesem Diskurs schnell als unvereinbare Pole gegenübergestellt.

Es ist eine besondere Herausforderung für den Lehrer und die Lehrerin, die Gegenwartsbezüge, die sich aus der Beschäftigung mit der Stasi ergeben, zu nutzen, gleichzeitig aber das Vergleichsobjekt „Stasi" immer wieder auf die unterschiedlichen historischen Kontexte, in denen sie von 1950 bis 1989/90 agierte, rückzubinden.

Über den schulischen Bereich hinaus müssen, wenn es um die Vermittlung von Stasi-Geschichte geht, die außerschulischen Aufarbeitungsanbieter (Initiativen, Museen, Gedenkstätten, Spezialarchive etc.) in ihrer jeweiligen Spezifik mitgedacht werden. Deren jeweilige Vermittlungsziele sind nicht zwangsläufig deckungsgleich mit den Vermittlungszielen von Schule. Dies lässt sich auf unterschiedliche Weise fruchtbar machen, denn historisches Lernen bedeutet auch, das Aufgabenverständnis des besuchten Ortes zu thematisieren. In beiden Zusammenhängen, dem Geschichts- und dem Politikunterricht, kann und muss sowohl die historische Dimension des Lerngegenstands „Stasi" als auch die gegenwärtige Bezugnahme darauf von Politik und Gesellschaft behandelt werden.

Schülerinnen und Schüler müssen – auch und gerade im Interesse der außerschulischen Bildungsanbieter – erkennen können, dass zwischen Aufarbeitung der Geschichte und Instrumentalisierung der Geschichte ein schmaler Grat liegt. Die Professionalität der Vermittler, seien sie „Guides" oder Gedenkstättenpädagogen, ist daran zu messen, dass sie diesen Grat nicht überschreiten. Um Missverständnissen vorzubeugen: Dies fordert gerade keine äquidistante Betrachtung von Diktatur und Demokratie, keine wertneutrale Beliebigkeit. Aber Schülerinnen und Schüler müssen wissen, welchen gesellschaftlichen und politischen Auftrag und welche Ziele die Gedenkstätten oder historischen Lernorte haben, die sie besuchen. Sie müssen auch erkennen, in welcher Rolle ihnen die jeweiligen Vermittler der Institutionen entgegentreten. Das Thema „Stasi" eröffnet für eine Reflexion auch dieser Dimension von Geschichte in der Gegenwart ideale historische, geschichtskulturelle und gegenwartspolitische Zugänge.

Ausblick: Ein Plädoyer für eine vergleichende Geheimdienstkunde

Die Kenntnis konkreter Beispiele für die Rolle und das Agieren von Geheimdiensten in Diktaturen ist unverzichtbar für das Verständnis von Diktatur überhaupt. Ebenso wichtig aber ist das Wissen um die Rolle und das Funktionieren von Nachrichtendiensten in Demokratien. Dass Schülerinnen und Schüler über die bundesrepublikanischen Dienste vor und nach 1989, wenn überhaupt, eine sehr diffuse Vorstellung haben, ist eine Erfahrung des Bildungsteams der Stasi-Unterlagen-Behörde aus inzwischen mehrjähriger Praxis. Es mangelt an einer „Institutionenkunde" der Nachrichtendienste in der Bundesrepublik. Schülerinnen und Schüler aber können die Wesensmerkmale einer Diktatur nicht einordnen, wenn sie die Grundlagen von Demokratie und einer freiheitlichen Rechtsordnung nicht reflektiert haben. Dabei müssen sie auch unterscheiden zwischen den bundesdeutschen, gerade aus der Geschichte zu erklärenden Besonderheiten der Nachrichtendienstpraxis sowie der Praxis von Diensten in anderen demokratischen Staaten.

Häufig stellen junge Menschen derzeit in Projekten oder Seminaren zur DDR-Staatsicherheit eher Bezüge zur NSA als zur Praxis der bundesrepublikanischen Nachrichtendienste in Vergangenheit und Gegenwart her.[8] Die US-amerikanische NSA von 2017 aber ist als Vergleichsgegenstand für die DDR-Stasi der 1980er-Jahre nur mit einem recht komplexen, von den Schülerinnen und Schülern unbedingt zu reflektierenden Instrumentarium zu vergleichen. Dass verglichen wird ist Teil eines Aneignungsprozesses junger Menschen, in dem für die schulische wie die außerschulische Geschichtsvermittlung eine große Chance liegt. Ausgehend von Interessen und Fragestellungen Jugendlicher lassen sich historische Gegenstände und Prozesse unter der Berücksichtigung der jeweiligen historischen oder gegenwartspolitischen Spezifika in Beziehung zueinander setzen. In der Praxis des Vergleichs erkennen die Schülerinnen und Schüler dann, was unreflektierte Gleichsetzungen in öffentlichen Diskursen von einem fundierten historischen Vergleich unterscheidet.

Geheimdienste erhalten in der Regel ihre Aufträge und ihren Handlungsrahmen von der Politik. Damit sind sie ein Indikator für die jeweilige politische Verfasstheit von Staaten und Gesellschaften. Das Wirken von Geheimdiensten, ihre Aufgabendefinition und -begrenzung, ihre Rechtsbindung sowie die Verpflichtung ihrer Mitarbeiter auf rechtsstaatliche Prinzipien und die Einhaltung der Menschenrechte sind wichtige Distinktionsmerkmale zwischen Demokratie und Diktatur. Darum zu wissen und eine fundierte historische und gegenwartspolitische Vergleichsgrundlage zu haben ist für die Schülerinnen und Schüler, die die Demokratie von morgen gestalten werden, von außerordentlicher Bedeutung. Das Handwerkszeug dafür zu vermitteln, ist daher eine unumgängliche Aufgabe für die historische und die politische Bildung.

---

8   Interessanterweise ziehen Menschenrechtsverletzungen und Überwachungsmaßnahmen durch die USA große Aufmerksamkeit auf sich, während Foltergefängnisse in Iran oder in Syrien, massenhafte Menschenrechtsverletzungen in China und die unfassbaren Gräuel in Nordkorea weniger präsent zu sein scheinen. Die Gründe dafür zu analysieren und zu diskutieren ist für Schülerinnen und Schüler sicher eine spannende Aufgabenstellung.

May Jehle · Henning Schluss

(Dokumentar-)Filme im Unterricht
Zur Entwicklung didaktischer Begleitmaterialien

Diktatur und Demokratie am Beispiel der DDR im Unterricht

Die Thematisierung von Diktatur und Demokratie am Beispiel der DDR im Unterricht ist immer auch von der Frage nach der Verortung der DDR in einer gesamtdeutschen Erinnerungskultur begleitet und als ein Feld zu verstehen, das nicht frei von Widersprüchen ist und Pädagoginnen und Pädagogen vor verschiedene didaktische Herausforderungen stellt. Die Aufmerksamkeit für Zeitgeschichte wird vor allem im Zusammenhang mit runden Jahrestagen historischer Ereignisse wie dem Volksaufstand am 17. Juni 1953, dem Mauerbau vom 13. August 1961 sowie dem Mauerfall und der Wiedervereinigung befördert. Gleiches gilt für die Publikation empirischer Studien, die zu medialen Klagen über den mangelhaften Kenntnisstand deutscher Jugendlicher mit Blick auf die DDR-Geschichte führen.[1] Die Frage der Beurteilung und Einordung der DDR-Geschichte bleibt in der öffentlichen Diskussion gesellschaftspolitisch virulent und regelmäßig werden „unterschiedliche [...] Erinnerungs- und Erzählgemeinschaften in Ost- und Westdeutschland" konstatiert.[2] Nicht zuletzt vor diesem Hintergrund wird es in der didaktischen Diskussion als fachlich produktiver eingeschätzt, von einer künstlichen Separierung der DDR-Geschichte abzusehen und stattdessen

---

[1] Zu methodischen Einwänden gegenüber den hier im Zentrum der Aufmerksamkeit stehenden empirischen Studien und zu Warnungen vor kurzfristigem Alarmismus, die gleichwohl die Befunde an sich und die damit einhergehenden Herausforderungen an die Pädagogik nicht infrage stellen wollen: Bodo von Borries, Vergleichendes Gutachten zu zwei empirischen Studien über Kenntnisse und Einstellungen von Jugendlichen zur DDR-Geschichte, Hamburg 2008, http://opus.kobv.de/zlb/volltexte/2008/6307/pdf/kenntnisse_ddr_geschichte.pdf (9.7.2015); ders., Zwischen Katastrophenmeldungen und Alltagsernüchterungen? Empirische Studien und pragmatische Überlegungen zur Verarbeitung der DDR-(BRD-)Geschichte, in: Saskia Handro/Thomas Schaarschmidt (Hrsg.), Aufarbeitung der Aufarbeitung. Die DDR im geschichtskulturellen Diskurs, Schwalbach/Ts. 2011, S. 121–139.

[2] Heidi Behrens/Andreas Wagner, Einleitung, in: dies. (Hrsg.), Deutsche Teilung, Repression und Alltagsleben. Erinnerungsorte der DDR-Geschichte, Leipzig 2004, S. 11–30, hier S. 12; Bernd Faulenbach, Zum Wandel des Umgangs mit der SBZ- und DDR-Geschichte, in: Behrens/Wagner, Erinnerungsorte, S. 31–43.

die wechselseitigen Verflechtungen in der Geschichte der Bundesrepublik und der DDR zu berücksichtigen.³

Der in diesem Sammelband gesetzte thematische Fokus auf die Vermittlung von Diktatur und Demokratie am Fall der DDR verweist auf eine Schnittstelle historischer und politischer Bildung, an der politische Institutionen, Strukturen, Deutungs- und Handlungsmuster vor dem Hintergrund ihres historischen Gewordenseins reflektiert werden können. Geschichtsunterricht ist in diesem Zusammenhang als ein politisch relevantes Fach zu verstehen, wobei im Interesse der (pädagogischen) Legitimität des Faches zugleich auf eine kritische Distanz gegenüber versuchter politischer Vereinnahmung zu achten ist. Als anschlussfähig für die politische Bildung hat sich hier das in der Geschichtsdidaktik entwickelte Verständnis eines Geschichtsbewusstseins erwiesen, das als ein zur Zukunft hin offenes interpretiert wird und nicht nur die Möglichkeit der Aneignung, Weiterentwicklung und kritischen Reflexion überlieferter kultureller Bestände beinhaltet, sondern auch Einsicht in die historische Bedingtheit gegenwärtiger Interpretation von Vergangenheit vermittelt.⁴ Lern- und Bildungsprozesse im Geschichtsunterricht sind somit auch als ergebnisoffene Aushandlungsprozesse von Bedeutsamkeit zu verstehen⁵ – jedoch ohne dass die Deutungen als beliebige zu verstehen sind.

Im Diskurs um die Vermittlung der Geschichte der DDR sorgen in diesem Zusammenhang häufig die Tradierungen unterschiedlicher Erinnerungsbilder an die DDR und das Spannungsfeld von Herrschaftsstrukturen und Alltagserfahrungen für Konfliktstoff: Stand im Aufarbeitungsprozess der ersten Hälfte der 1990er-Jahre die kritische Auseinandersetzung mit dem Herrschaftssystem und seine Delegitimation im Vordergrund, wurde die anfängliche Dominanz des darauf aufbauenden „Diktaturgedächtnisses" von einem zunehmenden Interesse für Alltag und Lebenswelt in der DDR abgelöst.⁶ Diese miteinander konkurrierenden Gedächtnisformen

---

3 Arbeitsgruppe IM, Verband der Geschichtslehrer Deutschland: Modell für die integrierte Behandlung der Geschichte beider deutscher Staaten von 1945 bis 1990. Ein Kerncurriculum, in: Ulrich Arnswald/Ulrich Bongertmann/Ulrich Mählert (Hrsg.), DDR-Geschichte im Unterricht. Schulbuchanalyse, Schülerbefragung, Modellcurriculum, Berlin 2006, S. 179–235; Thomas Großbölting, Von der doppelten und der gemeinsamen deutsch-deutschen Nachkriegsgeschichte: Probleme und Perspektiven, in: Heidi Behrens u. a. (Hrsg.), Lernfeld DDR-Geschichte. Ein Handbuch für die politische Jugend- und Erwachsenenbildung, Schwalbach/Ts. 2009, S. 107–121; Borries, Katastrophenmeldungen und Alltagsernüchterungen.
4 Bernhard Sutor, Historisches Lernen als eine Dimension politischer Bildung, in: Wolfgang Sander (Hrsg.), Handbuch politische Bildung, Schwalbach/Ts. 2005, S. 347–362, hier S. 353–354.
5 Bodo von Borries, Historisch denken lernen – Welterschließung statt Epochenüberblick. Geschichte als Unterrichtsfach und Bildungsaufgabe, Opladen 2008, S. 8.
6 Martin Sabrow (Hrsg.), Erinnerungsorte der DDR, München 2009, S. 18–20; Faulenbach, Wandel, S. 35–36.

werden dabei nach wie vor als eine didaktische Herausforderung begriffen, wobei den Befürchtungen, die Behandlung von Lebenswelt und Alltagserfahrungen in der DDR würde zu einem Weichzeichnen des Diktaturcharakters führen, entgegengehalten wird, dass die Trennung von Alltagsleben und Herrschaftsmechanismen eine künstliche sei und dass gerade in der Thematisierung der Verwobenheit die für diktatorische Systeme charakteristische „Durchherrschung" des Alltags sichtbar gemacht und nachvollzogen werden könne.[7] Nicht zuletzt lassen sich hier im Anschluss an lebensweltliche Erfahrungen der Schülerinnen und Schüler Unterschiede zwischen Demokratien und Diktaturen herausarbeiten und deutlich benennen; im Sinne eines Geschichtsunterrichts, der zur Re- und De-Konstruktion von Erzählungen über Vergangenes befähigt, kann so auch die Perspektivität solcher Erzählungen reflektiert werden, ohne dass es unmöglich wird, das politische System der DDR als Diktatur zu charakterisieren.[8]

(Dokumentar-)Filme als didaktische Medien

Die Einschätzung des Einsatzes von Filmen als didaktisches Medium im Unterricht ist nicht frei von Ambivalenzen: Filme gelten im Allgemeinen zwar als ein Unterrichtsmedium mit hohem Motivationspotenzial, doch werden sie oftmals nicht als „Unterrichtsmedien, mit und an denen gearbeitet wird" begriffen. Der vielfach geäußerte Vorbehalt lautet, dass Filme als „Verlegenheitslösung" oder „Belohnung" eingesetzt und eher als „Konsumgüter" betrachtet werden, wobei inzwischen in verschiedenen Bereichen der Fachdidaktik methodische Reflexionen zum Einsatz von Filmen im Unterricht vorliegen.[9]

Mit Blick auf das bereits angesprochene Spannungsfeld von Alltagserfahrung und Diktatur in der DDR wird häufig auf die Diskussionen um erfolgreiche Spielfilme wie „Sonnenallee" (1999), „Good Bye Lenin" (2003) oder auch „Das Leben

---

7   Dorothea Höck/Jürgen Reifarth, DDR-Geschichte in der politischen Bildung mit Jugendlichen, in: Behrens/Ciupke/Reichling, Lernfeld, S. 43–60, hier S. 53; Elena Demke, Der Alltag: hoch komplex und ganz banal, in: ebenda, S. 175–187.
8   Christoph Kühberger, Kompetenzorientiertes historisches und politisches Lernen. Methodische Annäherungen für Geschichte, Sozialkunde und politische Bildung, Innsbruck 2009; Thomas Großbölting, Die DDR im vereinten Deutschland, in: Aus Politik und Zeitgeschichte 26–26 (2010), S. 35–40.
9   Veit Straßner (Hrsg.), Filme im Politikunterricht. Wie man Filme professionell aufbereitet, das filmanalytische Potenzial entdeckt und Lernprozesse anregt – mit zehn Beispielen, Schwalbach/Ts. 2013, hier S. 5–6; etwas optimistischer in der Einschätzung: Gerhard Schneider, Filme, in: Hans-Jürgen Pandel/ders. (Hrsg.), Handbuch Medien im Geschichtsunterricht, Schwalbach/Ts. 1999, S. 365–386.

der Anderen" (2006) verwiesen, an denen der ironisierende Umgang mit der Vergangenheit, die Verharmlosung der Diktatur oder auch die Verzerrung realer Verhältnisse kritisiert wurde.[10] Als didaktische Herausforderung wird hier vor allem die suggestive Kraft filmischer Erzählungen gesehen, die häufig in unreflektierter Weise als Quellen für historische Wirklichkeit genutzt werden.[11]

Sicher gilt es hier noch einmal zwischen explizit fiktiven Spielfilmerzählungen und Dokumentarfilmen zu unterscheiden, die zumindest dem Selbstverständnis nach um eine möglichst objektive Abbildung realer Begebenheiten bemüht sind. Gleichwohl handelt es sich auch bei Dokumentarfilmen um selektive Darstellungen, die nicht frei von Bewertungen sind und die gerade wegen der suggerierten höheren Authentizität auch beim Rezipienten eine implizite Erwartung von Wahrheit des Dargestellten wecken.[12] Gefragt sind hier also didaktische Konzepte, die nicht nur die Inhalte gezeigter Filme bearbeiten, sondern auch zur kritischen Analyse filmischer Darstellungsformen anleiten, Schülerinnen und Schüler mit spezifischen Gestaltungsmitteln unterschiedlicher Filmgattungen vertraut machen und sie zu reflektierten Einschätzungen der im Film enthaltenen Aussagen befähigen.[13]

Didaktische Begleitmaterialien zur Arbeit mit (Dokumentar-)filmen im Unterricht

Das Konzept von paedigi zur Erstellung didaktischer Begleitmaterialien für Unterrichtsmedien wurde erstmals 2005 zunächst für den Einsatz eines seltenen filmischen Dokuments im Unterricht konzipiert: Es handelte sich um eine Videoauf-

---

10 Höck/Reifarth, Jugendbildung, S. 45; Demke, Alltag, S. 175; Großbölting, DDR, S. 36; Behrens/Wagner, Einleitung, S. 16.
11 Harald Welzer/Sabine Moller/Karoline Tschuggnall, „Opa war kein Nazi". Nationalsozialismus und Holocaust im Familiengedächtnis, Frankfurt a. M. 2005, S. 133; Schneider, Filme, S. 371.
12 Jean Baudrillard hat immer wieder darauf hingewiesen, dass mit dem Simulacrum der Simulation durch die Massenmedien die Unterscheidung zwischen Original und Kopie, Vorbild und Abbild, Realität und Imagination nahezu unmöglich geworden ist und der „Referenzlosigkeit" der Zeichen und Bilder gewichen sei. (Jean Baudrillard: Simulacra and Simulation, Ann Arbor 1995). Insbesondere an der relativ neuen Gattung der Doku-Fiktion kann dieses Problem deutlich gemacht werden. Vgl. die aufschlussreiche Diskussion um die Doku-Fiction „This Ain't California" von Marten Persiel: http://www.bpb.de/gesellschaft/kultur/filmbildung/142313/http-www-bpb-de-this-ain-t-california [15. 7. 2015].
13 Winfried Marotzki/Benjamin Jörissen, Medienbildung, in: Uwe Sander/Friederike von Gross/Kai-Uwe Hugger (Hrsg.), Handbuch Medienpädagogik, Wiesbaden 2008, S. 100–109, hier S. 104; Straßner, Filme, S. 11–12; Schneider, Filme, S. 371–175; Kühberger, Historisches und politisches Lernen, S. 59.

zeichnung von einer Geschichtsstunde in Klasse zehn an einer Ost-Berliner Schule aus dem Jahr 1977, in der die Frage beantwortet werden soll, ob die Sicherung der Staatsgrenze am 13. August 1961 ein Akt zur Sicherung des Friedens oder ein Willkürakt der DDR-Führung war.[14] Dieses Dokument, das vom FWU (Institut für Film und Bild in Wissenschaft und Unterricht) als didaktische DVD herausgegeben wurde, kann nicht nur in Bezug auf das historische Ereignis des Mauerbaus im Unterricht eingesetzt werden, die Aufzeichnung zeigt zugleich ein Beispiel von Unterrichtspraxis aus der DDR Ende der 1970er-Jahre und sensibilisiert nicht zuletzt für die Reflexion geschichtspolitischer Deutungen von Vergangenheit (nicht nur) in Zeiten des Kalten Krieges. Zur Arbeit mit dieser Aufzeichnung im Unterricht stehen auf der DVD verschiedene Materialien zur Recherche von Hintergrundinformationen inklusive einer filmischen Langzeitdokumentation zur deutsch-deutschen Grenze von Franz Joseph Schreiber zur Verfügung, mit denen am Computer gearbeitet werden kann oder die auch ausgedruckt werden können.

Um einen unkomplizierten und flexiblen Umgang mit dem Material zu ermöglichen, wurde für das Begleitmaterial ein Modulsystem entwickelt, das bis heute charakteristisch für das Konzept von paedigi geblieben ist und in der kontinuierlichen Zusammenarbeit in wechselnden Teams von Erziehungswissenschaftlerinnen und Erziehungswissenschaftlern, Fachdidaktikerinnen, Fachdidaktiker, Lehrerinnen und Lehrer weiterentwickelt und regelmäßig um neue Aufgabentypen und methodische Neuerungen erweitert wird. Für den Einsatz der Medien in verschiedenen Unterrichtsphasen gibt es jeweils verschiedene, mit ungefähren Zeitangaben versehene Modulvorschläge für die Eröffnung oder den Abschluss von thematischen Unterrichtseinheiten sowie umfangreichere Module für längere Erarbeitungsphasen. Zur Auswahl stehen nicht nur Aufgabenstellungen in verschiedenen Schwierigkeitsgraden, sondern auch unterschiedliche Aufgabentypen wie ein Quiz zum Film, Stationenlernen, Rechercheaufgaben zur Erarbeitung von Kurzvorträgen oder auch wissenschaftspropädeutischen Arbeiten sowie nach Möglichkeit auch Module, die für fächerübergreifenden Unterricht oder Projekttage entwickelt werden. Neben verschiedenen Sozialformen werden zur Bearbeitung auch handlungsorientierte Methoden wie Rollenspiele, Pro&Contra-Diskussionen oder Schreibgespräche mit entsprechenden Aufgabenstellungen vorgeschlagen. Berücksichtigung finden auch die Möglichkeiten zeitgenössischer Medien, beispielsweise

---

14 Henning Schluß (Hrsg.), Der Mauerbau im DDR-Unterricht. Didaktische FWU-DVD, Grünwald 2005, Nr. 46 02332. Entdeckt wurde diese Aufzeichnung im Rahmen eines Forschungsprojektes, in dem historische Unterrichtsaufzeichnungen aus der DDR digitalisiert und der wissenschaftlichen Forschung zugänglich gemacht wurden. Vgl. dazu: Henning Schluß/May Jehle (Hrsg.), Videodokumentation von Unterricht. Zugänge zu einer Quellengattung der Unterrichtsforschung, Wiesbaden 2013.

die Arbeit mit dem White-Board oder mit den Audio- und Videofunktionen von Mobiltelefonen, wobei wir darauf achten, dass sämtliche Materialien und Aufgabenstellungen auch ohne diese Medien genutzt und bearbeitet werden können. Im Sinne der leichten Zugänglichkeit werden im Rahmen der urheberrechtlichen Möglichkeiten Hintergrundmaterialien direkt auf der DVD zur Verfügung gestellt und in den Modulen finden sich meist zahlreiche Hinweise und Links für umfangreichere Internetrecherchen. Mit der Vorauswahl der verlinkten Seiten bemühen wir uns, die Pluralität möglicher Perspektiven abzubilden und zugleich im Umgang mit diesen die Medienkompetenz der Schülerinnen und Schüler zu fördern. Zusätzliche Materialien und Arbeitsblätter mit den Aufgabenstellungen stehen auch zum Ausdrucken zur Verfügung. Wichtig ist es uns bei der Erarbeitung, dass die Materialien für Lehrerinnen und Lehrer leicht handhabbar und flexibel einsetzbar bleiben. Um den Einsatz der Materialien in verschiedenen Bundesländern, Schulformen und Klassenstufen zu ermöglichen, verzichten wir auf die Vorgabe einengender Erwartungshorizonte sowie spezifischer Lernzielbeschreibungen und Kompetenzformulierungen, sondern orientieren uns vielmehr an einer allgemeiner verstandenen, umfassenden Handlungskompetenz in Bezug auf das Fach Geschichte, die die Einsicht in die Perspektivität und Standortgebundenheit historischer Deutungen beinhaltet, zur Re- und Dekonstruktion von Erzählungen über Vergangenes befähigt und geschichtspolitische Dimensionen dieser Erzählungen zu reflektieren ermöglicht.[15]

Die von der Bundesstiftung zur Aufarbeitung der SED-Diktatur herausgegebenen Dokumentarfilme[16] als Ausgangspunkt für die didaktischen Begleitmaterialien bieten hier verschiedene Möglichkeiten, um die Perspektivität historischer Deutungen im eingangs beschriebenen Spannungsfeld von Erinnerungskultur und Geschichtspolitik sichtbar zu machen und die Verwobenheit von Lebenswelterfahrungen und politischen Systemen aufzuzeigen. So zeichnen sich manche Filme dadurch aus, dass sie eine Reihe von Zeitzeuginnen und Zeitzeugen aus dem breiten Spektrum der DDR-Gesellschaft von systemstützenden Funktionsträgerinnen und Funktionsträgern bis hin zu Oppositionellen zu Wort kommen lassen. Dieses Spektrum kann durch ergänzende Positionen im Begleitmaterial erweitert werden. In der Verbindung mit diesen Lebensgeschichten kann nicht zuletzt diskutiert werden, warum analytische Kategorien wie „Täter" oder „Opfer", „Diktatur" oder

---

15 Das Repertoire der Unterrichtsmedien beschränkt sich dabei nicht nur auf Dokumentarfilme, auch für Ausstellungen, ein Zeitzeugenportal, eine Audio-CD zum Grenzort Mödlareuth, das Online-Format DeineGeschichte oder den als Abschlussarbeit an der Filmhochschule Potsdam entstandenen Kurzfilm „Der Duft des Westens" wurden in ähnlicher Weise didaktische Begleitmaterialien entwickelt.
16 https://www.bundesstiftung-aufarbeitung.de/publikationen-1269.html [25. 7. 2015].

„Unrechtsstaat" für die juristische Aufarbeitung von zentraler Bedeutung sind, diese aber in gesellschaftlichen Diskursen über die Deutung der DDR-Geschichte mit den Lebenserfahrungen einzelner Menschen nicht immer in Übereinstimmung zu bringen sind. Die didaktische Herausforderung an dieser Stelle besteht nun darin, Schülerinnen und Schülern die Kriterien und die Bedeutung solcher Kategorien so zu vermitteln, dass sie mit ihnen politische Strukturen und Herrschaftsverhältnisse analysieren und einordnen können und dass sie zugleich aber auch das Vorhandensein solcher konkurrierender Gedächtnisformen nachvollziehen und reflektiert mit ihnen umgehen können.

Fruchtbar gemacht werden können dafür auch Möglichkeiten fächerübergreifenden Unterrichts und des Einsatzes vielfältiger Materialien, die über die bereits thematisierte Schnittstelle von historischer und politischer Bildung hinausgehen. Für das Begleitmaterial zu dem filmischen Porträt „Jeder schweigt von etwas anderem",[17] stellten einzelne Familienmitglieder selbst verfasste literarische Texte zur Verfügung, die aus der Perspektive des Deutschunterrichts unter literarischen Gesichtspunkten analysiert werden können. Darüber hinaus bieten die Lebensgeschichten der Protagonistinnen und Protagonisten Anknüpfungspunkte an die Lebenserfahrungen der Schülerinnen und Schüler, anhand derer strukturelle Kennzeichen der zweiten deutschen Diktatur nachvollziehbar sichtbar gemacht werden können.

Andere Filme, die z. B. die Rolle der Kirchen in der DDR sowie politisch nicht geduldete alternative Musikstile oder Jugendkulturen thematisieren,[18] bieten nicht nur Bezüge zum Religions-, Ethik- oder Musikunterricht, sondern knüpfen ebenso an die Lebenswelt Jugendlicher an. In der didaktischen Begleitung kann hier die Möglichkeit genutzt werden, weder die DDR als „fernes Land"[19] noch politische Systeme als ein vom eigenen Leben losgelöstes Abstraktum zu behandeln. Im Nachvollzug individueller Bedürfnisse der Protagonistinnen und Protagonisten, die denen heutiger Schülerinnen und Schüler nicht unähnlich sein dürften, kann hier für den Versuch des DDR-Regimes sensibilisiert werden, die gesamte Gesellschaft bis in den Freizeitbereich zu durchherrschen, sowie die Möglichkeiten des individuellen Rückzugs oder der Opposition aufgezeigt werden. Politische und juristische Strukturen von Diktaturen und Demokratien können so auch im Hinblick auf ihre

---

17 http://www.bauderfilm.de/jeder-schweigt-von-etwas-anderem/ [25.7.2015].
18 FWU-DVD: „Fürchtet Euch nicht". Christen in der DDR, München 2010, http://dbbm.fwu.de/fwu-db/presto-image/beihefte/46/026/4602606.pdf [25.7.2015]; Bundesstiftung zur Aufarbeitung der SED-Diktatur (Hrsg.), Im Namen des Herrn. Kirche, Pop und Sozialismus, Berlin 2014; dies. (Hrsg.), Für Mick Jagger in den Knast, Berlin 2006; dies. (Hrsg.), Antifaschismus in der DDR, Berlin 2011.
19 Großbölting, DDR, S. 36.

Auswirkungen auf die Alltagsgestaltung der in ihnen lebenden Menschen analysiert und diskutiert werden.

Allerdings bietet auch nicht jeder Dokumentarfilm eine solche Vielfalt an Bezugspunkten, so dass wir in solchen Fällen versuchen, die thematischen Bezüge in den Begleitmaterialien zu erweitern, wobei auch aktuelle politische Ereignisse berücksichtig werden und nicht zuletzt auch mit Blick auf Migrationshintergründe in den Familien der Schülerinnen und Schüler über die Landesgrenzen hinaus gedacht wird. Zudem folgen nicht alle Filme dem Prinzip der Vielfalt möglicher Blickwinkel und verschiedener Perspektiven, sondern manche sind eher um eine möglichst konsistente Erzählung bemüht. Hier sehen wir es als Aufgabe der didaktischen Begleitung, Angebote zur kritischen Medienanalyse bereitzustellen, die es den Schülerinnen und Schülern ermöglichen, die filmische Darstellung „der Geschichte" zu dekonstruieren und die in ihr enthaltenen Deutungen offenzulegen und explizit zu machen. Mithin geht es um ein Bewusstsein, dass es „die Geschichte" nicht gibt und eine Erzählung von Geschichte zugleich nicht ohne Perspektiven und Deutungen zu haben ist. Geschichte aber auch für differente Deutungen offen halten zu können und Schülerinnen und Schüler dazu zu befähigen, eigene Deutungen begründet hervorzubringen und andere auch ebenso begründet auszuschließen, sehen wir nicht nur in der Auseinandersetzung mit Dokumentarfilmen zur DDR-Geschichte als didaktische Herausforderung an.

Kathrin Steinhausen

„Risiko Freiheit" – Jugendliche featuren Fluchthilfe

So wie in der Schule danach gefragt wird, wie guter zeithistorischer Unterricht gelingt, so stellt sich in Geschichtsmuseen und Gedenkstätten die Frage, wie Orte und Angebote gestaltet werden müssen, um für Jugendliche attraktiv zu sein. Was ist nötig, damit sie sich mit ihren Fragen, Erfahrungen und Interpretationen ernst genommen fühlen und, idealerweise, ein nachhaltiges Interesse an historischen und politischen Fragestellungen entwickeln? Rahmenbedingungen, Herangehensweisen und Selbstverständnis außerschulischer Lernorte unterscheiden sich deutlich von denen der Schule, entsprechend anders fallen die Kriterien für gelungene Bildungsarbeit aus. Gleichwohl gibt es zwischen den Institutionen hinsichtlich ihrer Aufgaben und Ziele Berührungspunkte, die es in beiderseitigem Interesse zu nutzen gilt.[1]

Im Folgenden wird ein Bildungsangebot der Erinnerungsstätte Notaufnahmelager Marienfelde vorgestellt, das die Potenziale des historischen Orts auszuschöpfen suchte: ein ortsbezogenes Thema, Zugang zu originalen Objekten, Fotos und Dokumenten sowie individuellen Lebensgeschichten und – nicht zuletzt – Raum und Zeit für Kreativität.

Der Anlass: Die Sonderausstellung „Risiko Freiheit – Fluchthilfe für DDR-Bürger 1961–1989"

Der Workshop „Risiko Freiheit" begleitete als besonderes Angebot für Schülerinnen und Schüler ab der Jahrgangsstufe 10 die gleichnamige Sonderausstellung, die von August 2014 bis Oktober 2015 in der Erinnerungsstätte Notaufnahmelager Marienfelde zu sehen war.[2] Die Ausstellung bot einen Überblick über die Entwicklung

---

1 In der vom Deutsche Museumsbund herausgegebenen Broschüre „schule@museum – eine Handreichung für die Zusammenarbeit von Schulen und Museen" (Berlin 2012) wird die jeweilige Systemlogik der Institutionen anschaulich zusammengefasst. Auch wenn es in der Handreichung um längerfristige Kooperationen geht, lassen sich die in den Best-Practice-Beispielen gesammelten Erfahrungen und Erkenntnisse auch auf die übliche Form des „Einmal-Besuchs" in einem Museum oder einer Gedenkstätte übertragen.
2 Ausstellung und Workshop wurden mit Mitteln der Bundesstiftung Aufarbeitung gefördert. Eine Online-Version der Ausstellung ist unter www.risiko-freiheit.de zu finden.

der Fluchthilfe für DDR-Bürgerinnen und Bürger von 1961 bis 1989, beleuchtete die verschiedenen Phasen mit ihren spezifischen Fluchthilfeformen und setzte diese mit dem jeweiligen zeithistorischen Kontext in Beziehung. Anhand ausgewählter Biografien wurden zudem Motive und Methoden der Fluchthelfer sowie die Risiken der Fluchthilfe veranschaulicht.

Die umfassende und zugleich differenzierte Darstellung des komplexen Themas bot den Besucherinnen und Besuchern viel Raum und Anlass, sich mit den zahlreichen Fragen der Ausstellung auseinanderzusetzen – um nur einige zu nennen: Was bringt Menschen dazu, Fluchthilfe zu leisten oder Fluchthilfe in Anspruch zu nehmen? Gibt es „gute" und „schlechte" Fluchthelfer? Begründen Motive, Methoden oder letztlich der Erfolg beziehungsweise Misserfolg einen Unterschied? In welchem Verhältnis stehen Flüchtlinge und Fluchthelfer zueinander? Ist es moralisch vertretbar, für Fluchthilfe Geld zu verlangen? Wo fängt Fluchthilfe an – beim eigenen Risiko? Nicht zuletzt: Wäre ich bereit (gewesen), Fluchthilfe zu leisten? Und für wen?

Die Ausstellung konnte und wollte zu vielen dieser Fragen keine fertigen Antworten liefern. Alle waren eingeladen, sich eine eigene Meinung zu bilden. Gleichwohl war die Ausstellung selbst nicht gleichgültig. Interpretationsspielräumen setzte sie einen klaren Rahmen, indem sie zum Beispiel deutlich machte, dass es Fluchthilfe immer dort gibt, wo Wege versperrt sind, dass das Versperren von Fluchtwegen und die Bekämpfung von Fluchthilfe nichts an den Fluchtursachen ändern und, dass die Hintergründe und rechtlichen Bedingungen für Flucht und Fluchthilfe im deutschdeutschen Kontext gänzlich andere waren als die für Flüchtlinge und Fluchthelfer heute.

Der Brückenschlag aus der Vergangenheit in die Gegenwart und aus der Gegenwart in die Vergangenheit war bei der Erarbeitung der Ausstellung, noch mehr aber bei der Entwicklung des begleitenden Workshops, ein wichtiges Moment. So war eine entscheidende Frage, welche Relevanz das Thema für die Jugendlichen heute hat. Durch einen möglichst persönlichen Zugang wollten wir die Schülerinnen und Schüler Bedeutendes für sich selbst entdecken lassen; dabei ging es auch darum, die eigene Person im Hier und Heute zu reflektieren. Denn das Thema Fluchthilfe – zumal an einem Ort präsentiert, wo auch heute wieder Flüchtlinge leben – schien uns besonders gut geeignet, über die Wissensvermittlung hinaus den Menschen als handelndes, denkendes und fühlendes Subjekt in den Mittelpunkt zu stellen und dabei nach Entscheidungsspielräumen und persönlicher Verantwortung in Konfliktsituationen zu fragen.

Prozess und Produkt: Der Workshop „Risiko Freiheit – Rekonstruktion einer Fluchthilfe in Form eines Fernsehfeatures"

Herzstück des Workshops war die Produktion eines ca. 45-minütigen „Fernsehfeatures". Den Ausgangs- und Bezugspunkt bildete eine reale Geschichte, die auch in der Ausstellung gezeigt wurde: Rüdiger von Fritsch, 1953 als Kind von DDR-Flüchtlingen in der Bundesrepublik geboren und aufgewachsen, war gerade 20 Jahre alt, als sein jüngerer Vetter Thomas von Fritsch ihn bat, ihm bei seiner Flucht aus der DDR zu helfen. Nach monatelangen Vorbereitungen und vielen gefahrvollen Momenten gelang die Flucht 1974 mittels eines von Rüdiger gefälschten Passes über die bulgarisch-türkische Grenze.[3]

Basierend auf dieser Geschichte schrieb der Drehbuchautor und Regisseur Georg Piller das Drehbuch für unser „Feature". Rüdiger und Thomas von Fritsch wurden zu Robert und Theo Fischer, um die Erzählung von der „wahren" Geschichte abzugrenzen und „Spielräume" zu öffnen. Mit dem Drehbuch waren Handlung, beteiligte Personen, Schauplätze sowie dramatische Struktur der Erzählung gesetzt; besetzt waren alle ausformulierten Rollen mit der Schauspielerin und Theaterpädagogin Sabine Weisshaar. In der Rolle des Fluchthelfers Robert erzählte und kommentierte sie das Geschehen, als Moderatorin lieferte sie Informationen zum historischen Kontext und verband die einzelnen Szenen miteinander. Mittels vorproduzierter Einspieler begegnete sie sich zudem in weiteren Rollen selbst. Kulisse und Anschauungsmaterial zugleich boten animierte Karten, historische Fotos und Filmsequenzen. Innerhalb dieser sorgfältig geplanten Dramaturgie gab es eine Besonderheit: Eingebettet in das Drehbuch waren sieben „Blanko-Szenen", das heißt Szenen ohne Text und Regieanweisungen, die im Verlauf der Produktionsphase von den Schülerinnen und Schülern entwickelt und gespielt wurden und damit das Feature komplettierten.

Während die Erzählperspektive in den Szenen der Schauspielerin zwischen Vergangenheit und Gegenwart wechselte, handelte es sich bei den Schülerszenen bis auf eine Ausnahme um Episoden aus den Jahren 1973/74. In jeder dieser selbst zu gestaltenden Szenen steckten die Akteure in einer Konfliktsituation; die Konflikte äußerten sich immer (auch bei inneren Konflikten) zwischen mindestens

---

3   Rüdiger von Fritsch, Die Sache mit Tom – eine Flucht in Deutschland, Berlin 2009. Die Geschichte schien uns für Schülerinnen und Schüler aus drei Gründen gut geeignet: Es handelte sich um eine private Fluchthilfeaktion (im Gegensatz zu organisierter, oft anonymer Fluchthilfe); Die Protagonisten gingen Zeitpunkt des Geschehens selbst noch zur Schule bzw. hatten sie gerade beendet; Wir verfügten zusätzlich zum Buch über eine Fülle von weiteren Materialien, so die originalen Fälscherwerkzeuge und nachgemachten Stempel, Dokumente und Fotos sowie Interviews mit Rüdiger und Thomas von Fritsch.

zwei Personen. Zur Veranschaulichung seien an dieser Stelle drei Beispiele genannt:
- In der Szene „Gründe zu gehen" vertraut Theo einem Schulfreund seine Fluchtpläne an. Der Freund will Theo davon überzeugen, die DDR nicht zu verlassen.
- In der Szene „Vater und Sohn" entdeckt der Vater die Fälscherwerkstatt seines Sohnes und konfrontiert ihn mit den möglichen Konsequenzen seines Handelns für sich und andere.
- Nach der geglückten Flucht von Theo verlangen Mitarbeiter der DDR-Staatssicherheit in der Szene „Besuch von der Stasi" von seinen Eltern, ihn in einem Brief unter Vortäuschung falscher Tatsachen zur Rückkehr in die DDR zu bewegen.

Für die Entwicklung und das Proben ihrer Szenen hatten die Schülerinnen und Schüler eine Stunde Zeit. Das Material, das ihnen dabei zur Verfügung stand, war überschaubar: Sie erhielten knappe Informationen über das Setting, die Akteure und die Situation, in der diese sich befanden, außerdem Impulse in Form einer Wortwolke,[4] die beim Bau der Szene und der Dialoge helfen sollten. Darüber hinaus erhielten sie während der Erarbeitung Unterstützung vom Projektteam, bestehend aus dem Regisseur, der Schauspielerin und zwei Mitarbeiterinnen aus dem Arbeitsbereich historisch-politische Bildung. Die Themen der übrigen Schülerszenen sowie die Geschichte als Ganzes waren ihnen in dieser Phase nicht bekannt.

Nach einer Pause und Stellproben im „Studio" ging es los: Das „Feature" wurde live von zwei Kameras aufgezeichnet, ohne Unterbrechung, auch der Ton lief nonstop mit; die Wechsel zu den Schülerszenen wurden durch Zwischenbilder und Musik kaschiert. Bei jedem Workshop entstand so eine neue Version des „Features" von ca. 45 Minuten Länge, wobei die Szenen der Schülerinnen und Schüler in der Regel zwischen zwei und fünf Minuten dauerten. Die Aufzeichnung wurde im Anschluss an den Workshop für die Mitwirkenden auf DVD gebrannt.

Die Produktion des „Fernsehfeatures" wurde von einer je einstündigen Einführungs- und Abschlussphase flankiert. Während die Einführungsphase (inklusive Rundgang durch die Sonderausstellung) vor allem dazu diente, Vorwissen und Einstellungen der Schülerinnen und Schüler zum Thema Fluchthilfe zu ermitteln

---

4   In einer ersten Version des Workshops, die mit einer Testgruppe erprobt wurde, haben wir Pro- und Contra-Argumente bzw. mögliche Perspektiven ausformuliert. Die Schülerinnen und Schüler haben diese aber nicht als Anregung verstanden, sondern sie wörtlich übernommen. Daher entschieden wir, nur einzelne Wörter zum freien Assoziieren anzubieten, z. B. in der Szene „Gründe zu gehen" Selbstverwirklichung, Familie, Individualität, Kompromisse, Rechtsstaatlichkeit, Reisen, Gerechtigkeit, Gleichheit, Veränderung, Meinungsfreiheit, Egoismus, Widerstand (Auswahl).

sowie Basisinformationen über den historischen Kontext des „Features" zu liefern, ging es in der Abschlussphase darum, die im Spiel entwickelten Situationen aufzugreifen und zu reflektieren. Zu diesem Zweck formulierten wir verschiedene Fragen beziehungsweise Aussagen, die

- sich konkret auf die Geschichte von Robert und Theo bezogen und danach verlangten, die Handlungen/Entscheidungen der beteiligten Personen zu bewerten (Hat Theo mit seiner Bitte um Fluchthilfe zu viel von Robert verlangt? Hätte der Vater seinem Sohn die Fluchthilfe verbieten müssen? Oder hätte Theo seine Eltern über seine Fluchtpläne informieren sollen?),
- universelle Rechte und Werte in den Blick nahmen (z. B. das Recht auf Freizügigkeit oder die völkerrechtliche Verpflichtung zum Schutz von Flüchtlingen),
- an Lebenssituationen und Einstellungen der Schülerinnen und Schüler anknüpften (z. B. die Frage, unter welchen Umständen sie ihr Land verlassen würden oder bereit wären, jemandem bei der Flucht zu helfen).

Die Antworten und Positionen der Schülerinnen und Schüler wurden mittels Meinungsbarometer sichtbar gemacht;[5] an manchen Stellen hakten wir ein und baten Einzelne, ihre Position zu erläutern. Entscheidend war in dieser Phase nicht, ein gültiges Meinungsbild zu ermitteln, sondern eine Diskussionsgrundlage zu schaffen. Zudem sollte aufgezeigt werden, wie komplex Entscheidungsprozesse sein können und dass sich bestimmte Konflikte und Widersprüche nur schwer oder gar nicht auflösen lassen.

Erfolgreiche Vermittlung: Zum Gelingen von zeithistorischen Bildungsangeboten

Mit dem Workshop „Risiko Freiheit" ist offensichtlich „etwas gelungen". Die Schülerinnen und Schüler brachten sowohl durch ihr Engagement während als auch durch ihr Feedback am Ende des Workshops zum Ausdruck, dass sie die vier Stunden als etwas Besonderes erlebten. Häufig hörten wir von ihnen, dass sie in der Erwartung eines langweiligen Museumsbesuchs mit Vortrag, Arbeitsblättern und keinen bleibenden Eindrücken gekommen seien – und überrascht waren von

---

5   Bei dieser Methode wird eine Linie durch den Raum gezogen, an deren jeweiligen Ende ein Zustimmungspol (Zustimmung=100 %) und ein Ablehnungspol (Zustimmung=0 %) gekennzeichnet wird. Zu verschiedenen Thesen/Fragen sollen sich die Teilnehmenden je nach Zustimmungsgrad zwischen den Polen aufstellen. Da auf diese Weise die eigene Meinung und die Meinung anderer sichtbar wird, ist die Methode gut geeignet, um sich (kontroversen) Fragestellungen anzunähern und ins Gespräch zu kommen.

dem, was der Workshop ihnen tatsächlich bot:[6] Sie hatten Spaß und lernten nach eigenem Bekunden viel; darüber hinaus waren sie stolz auf die eigene und voller Anerkennung für die Leistung der anderen.

Aber was genau war es, das den Beteiligten so gut gefiel? Folgende Punkte wurden von den Jugendlichen immer wieder als positive Momente genannt:
- Die kreative Form, insbesondere der „Spielraum", ihre Szenen/Dialoge eigenverantwortlich zu entwickeln,
- das Lernen mit dem gesamten Körper – also ein Lernen, das nicht allein ihre kognitiven, sondern gleichermaßen ihre emotionalen und sozialen Fähigkeiten ansprach,
- die Intensität, mit der sie sich einer individuellen, „wahren" Geschichte widmen konnten,
- die Erfahrung, etwas gemacht – und gut gemacht – zu haben, insbesondere wenn sie es sich zunächst nicht zugetraut hatten (wie z. B. vor Kamera und Publikum zu spielen),
- ein neuer Blick auf die Mitschülerinnen und Mitschüler, nicht allein durch ihre Darbietungen in der Spielphase, sondern auch durch die (sichtbaren) Positionen, die sie in der Schlussphase bezogen und
- das gemeinsam geschaffene Produkt.

Mit ihren Äußerungen bestätigten die Schülerinnen und Schüler, was eingangs über die Potenziale außerschulischer Lernorte gesagt wurde. Sie sprachen vor allem auf jene Komponenten an, die die Vermittlungspraxis in Museen und Gedenkstätten von denen in der Schule unterscheidet: die Annäherung an ein Thema über Originale und Einzelschicksale, weniger Überblickswissen als ein vertiefender Blick sowie Raum und Zeit für Aktivität und Kreativität – jenseits vom gewohnten Unterrichtstakt, Leistungs- und Lernzielkontrollen.

Angebote wie der Workshop „Risiko Freiheit" zählen sicherlich nicht zum Standardprogramm außerschulischer Lernorte – dafür reichen meist die finanziellen und personellen Ressourcen nicht aus; gleichwohl können und sollten sie als Modell für künftige Projekte dienen. Jenseits des Eigenwerts (und Eigensinns) eines jeden Museums- und Gedenkstättenbesuchs geht es dabei auch um den „Mehrwert", der bei guten Angeboten und guter Zusammenarbeit mit Schulen entstehen kann. Sofern Museums- und Gedenkstättenbesuche nicht als Ersatz für

---

6 Viele Äußerungen von Schülerinnen und Schülern ließen erkennen, dass sie weder an die Schule noch an außerschulische Lernorte besonders hohe Erwartungen hegen. Ob ihre Beschreibung von Unterricht, Museums- und Gedenkstättenbesuchen immer angemessen ist, sei an dieser Stelle nicht weiter diskutiert; es bleibt die Feststellung, dass aus Perspektive der Jugendlichen deutlich „Luft nach oben" ist. Vielfach wurde der Wunsch nach mehr Angeboten wie dem Workshop „Risiko Freiheit" formuliert.

Unterrichtsinhalte genutzt, sondern als Anfangsimpuls oder Vertiefung in den Unterricht eingebunden werden, profitieren alle Seiten. Um hier wiederum den Workshop „Risiko Freiheit" als Beispiel zu nutzen: Die Schülerinnen und Schüler entwickelten vor Ort eine große Lern- und Diskussionsbereitschaft, eine vertiefende Bearbeitung der aufgeworfenen Themen und Fragestellungen war aber nicht mehr möglich; nach vier Stunden war die gemeinsame Zeit zu Ende. Auch wenn kein didaktisches Material zur Nachbereitung zur Verfügung gestellt wurde, waren die begleitenden Lehrerinnen und Lehrer aufgefordert, den angestoßenen Prozess in der Schule aufzugreifen und fortzuführen. Die DVD mit dem Feature bot dafür verschiedene Anknüpfungspunkte, zum Beispiel

- die fiktive Geschichte von Robert und Theo Fischer vor dem Hintergrund der wahren Geschichte von Rüdiger und Thomas von Fritsch zu nutzen, um offen gebliebene bzw. neu entstandene Fragen zur deutschen Teilungsgeschichte und deutsch-deutschen Fluchtbewegung zu besprechen,
- einzelne Aspekte, wenn sie in der Darstellung der Schülerinnen und Schüler verkürzt/verfälscht erschienen waren, zu problematisieren bzw. zu ergänzen (z. B. strukturelle Gründe und individuelle Motive für das Verlassen der DDR, Funktion und Arbeitsweise der DDR-Staatssicherheit),
- die in der Geschichte aufgezeigten Konfliktsituationen und die damit verbundenen Fragen nach Verantwortung und Handlungsspielräumen zu thematisieren,
- die Impulse, die hinsichtlich aktueller Fragestellungen mit auf den Weg gegeben wurden, aufzugreifen und zu diskutieren, oder
- das Spiel der Schülerinnen und Schüler zu analysieren und danach zu fragen, welche Rolle ihr Wissen, ihre individuellen Werte, Einschätzungen und Vorstellung bei der Gestaltung „ihrer" Figur spielten.

Aber auch jenseits einer möglichen Verwertung in der Schule zählt für uns als außerschulischer Lernort schon die Anerkennung der Schülerinnen und Schüler als Qualitätsmerkmal. Wo ihnen genügend Raum und Zeit gegeben wird, entwickeln sie eine – manchmal überraschende – Aktivität und Kreativität. Museen und Gedenkstätten können, mehr als Schulen, diesen Raum und diese Zeit für neue Erfahrungen, Erkenntnisse und Denkanstöße bieten.

Erinnerungsstätte Notaufnahmelager Marienfelde
www.notaufnahmelager-berlin.de

Die Erinnerungsstätte mit ihrer Dauerausstellung „Flucht im geteilten Deutschland" befindet sich am historischen Ort im Südwesten Berlins:
 1952/53 als Notaufnahmelager für Flüchtlinge aus der DDR eingerichtet, diente der Gebäudekomplex an der Marienfelder Allee bis zur deutschen Wiedervereinigung der Aufnahme, Unterbringung und Versorgung der Neuankömmlinge aus der DDR. Von den insgesamt rund vier Millionen Menschen, die die DDR von 1949 bis 1990 gen Westen verließen, passierten 1,35 Millionen dieses Lager. Zwischen 1964 und 2010 wurden zudem rund 98 000 Aussiedler bzw. Spätaussiedler aufgenommen, seit 2010 wird das Gelände als Übergangswohnheim für Geflüchtete aus aller Welt genutzt.
 Die Dauerausstellung im ehemaligen Haupthaus des Notaufnahmelagers erinnert anschaulich an Ursachen, Verlauf und Folgen der deutsch-deutschen Fluchtbewegung. Einzelne Themen werden regelmäßig in Sonderausstellungen vertieft, ergänzt durch ein vielfältiges Bildungs- und Veranstaltungsprogramm, das den Ort sowohl im Kontext von Kaltem Krieg und deutscher Teilung als auch von Migration und Integration in den Blick nimmt.
 Die 2014/2015 gezeigte Sonderausstellung „Risiko Freiheit – Fluchthilfe für DDR-Bürger 1961–1989" ist online unter www.risiko-freiheit.de abrufbar.

Daniel Börner

Wandel braucht Annäherung
„Schwierige Jugendliche" und innovative Projektarbeit zur DDR-Geschichte

> „Über das Leben meiner Eltern mehr zu wissen und wie sich doch die Zukunft ändern kann! Wer weiß, wie es bei uns in 50 Jahren aussieht?"
> (Aussage eines Teilnehmers des Projekts „Mauern überwinden")

Was kann die Geschichte der DDR straffälligen Jugendlichen für ihr eigenes Leben vermitteln? Das Modellprojekt „Mauern überwinden" nahm diese Frage zum Anlass, um Ansätze der historisch-politischen Bildung mit Jugendlichen in der Thüringer Jugendarrestanstalt zu erproben und inhaltlich weiterzuentwickeln.[1] Für viele aus ihrer Generation ist ein Leben im wiedervereinten Deutschland mit konkreten Freiheitsoptionen und verbürgten Grundrechten etwas Selbstverständliches. Demgegenüber steht häufig ein geringes Wissen über den Alltag in einer Diktatur oder das Leben während der deutschen Teilung bis 1989. Zusätzlich überlagern sich aber bei den Teilnehmern der Projektwoche antidemokratische Einstellungen, gewaltbereites Verhalten oder extremistische Weltsichten. Seltene Bildungserlebnisse, geringe gesellschaftliche Anerkennung und hohe Rückfallquoten erzeugen oftmals eine Dynamik, die in einfache Wahrheiten oder als plumpe Parolen auftreten und später in Gewalt, Extremismus und Hasskriminalität umschlagen können. Während der Projekttage ging es häufig um sichtbare und unsichtbare Mauern, auch um die eigenen.

Modellprojekte an unbekannten Bildungsorten

Das Projekt fand in der Thüringer Jugendarrestanstalt statt, die sich bis Mitte 2014 in Weimar befand und seitdem in einem neuen und modernen Gebäude in Arn-

---

[1] Gefördert von der Bundesstiftung Aufarbeitung, 2013. Aus den Projektergebnissen entstand die Broschüre: Mauern überwinden. Ein Modellprojekt mit jugendlichen Straftätern zur Auseinandersetzung mit Demokratie und Diktatur nach 1945, Jena 2014. Die Broschüre ist beim damaligen Trägerverein Drudel 11 e.V. (www.drudel11.de) sowie über das Portal www.zeitzeugenbuero.de als PDF-Datei verfügbar.

stadt untergebracht ist. Im Arrest sind männliche und weibliche Jugendarrestanten in der Regel für einen Zeitraum von einer bis vier Wochen, die Altersspanne reicht von 14 bis 23 Jahre. Ähnlich strukturierte Projektwochen bietet die Geschichtswerkstatt Jena seit Ende 2014 im Thüringer Jugendarrest und anderen Einrichtungen an.

Durch den enorm heterogenen Teilnehmerkreis (Alter, Herkunft, Kenntnisse, Kognition/Kondition, Defizite, Vorstrafen) kann es keine vorgefertigten Projektmodule geben, die nach einem Lehrbuch oder Leitfaden absolviert werden. Jede Projektwoche ist individuell gestaltet und zieht gerade daraus Kraft für das Gelingen einer innovativen Bildungsarbeit. Viele Teilnehmer haben die Schule abgebrochen, sind als „Schulschwänzer" auffällig geworden oder haben auferlegte Arbeitsstunden nicht abgeleistet. Wieder andere sind bereits als Straf- und Wiederholungstäter in Erscheinung getreten. Die Palette an Delikten reicht von Körperverletzung über Diebstahl, Verstöße gegen das Betäubungsmittelgesetz bis zu politisch motivierten Taten wie das Tragen oder Verbreiten von verfassungsfeindlichen Symbolen. In Thüringen durchlaufen rund 500 Jugendliche pro Jahr den Jugendarrest.

Für Einige war und bleibt es die einzige Arreststrafe, manche sind schon zum fünften oder sechsten Mal betroffen. Gemeinsam ist ihnen, dass sie im Arrest eine zeitweise Einschränkung ihrer Freiheit erfahren und sich damit, mit dem Wert der Freiheit, in einem Projekt freiwillig auseinandersetzen wollen.

Ihre jungen Biografien weisen ähnliche Merkmale auf, unterscheiden sich aber in ebenso vielen Punkten von verbreiteten Stereotypen über kriminelle und/oder bildungsbenachteiligte Jugendliche. Fehlende Motivation, Misserfolge in Schule und Ausbildung, Schulden, Vorstrafen, Krankheiten oder dauerhafte Problemlagen in der Familie erzeugen starke Belastungen für die weitere Lebensplanung. Pauschalisierungen und Klischeevorstellungen helfen in der Projektarbeit nicht weiter, ebenso wie Verharmlosungen oder Rechtfertigungen der begangenen Taten hinderlich sind.

Gerade für Zielgruppen an eher unbekannten Bildungsorten wie den Jugendarrestanstalten in der Bundesrepublik bedarf es pädagogischer Angebote im Rahmen historisch-politischer Bildung. Für viele der Arrestanten verläuft ihr Leben auf einem sehr schmalen Pfad zwischen den vermeintlichen Gegensätzen von großem Erfolg und völligem Scheitern. Projekte in eigenständigen Formaten und von langer Dauer können aber nur außerschulisch realisiert werden und setzen voraus, dass verschiedene Projektpartner kontinuierlich und vertrauensvoll zusammenarbeiten.

Pädagogische Arbeit ohne Erfolgsrezept

Wann ist eine Projektwoche für den Einzelnen erfolgreich verlaufen? Wenn er oder sie nach Meinungsverschiedenheiten nicht mehr zuschlägt? Wenn Teilnehmer Daten zur Geschichte der Berliner Mauer aufzählen können? Oder wenn Jugendliche einen Vortrag über die Flucht mit einem Surfbrett über die Ostsee vor Publikum gehalten haben?

Eine selbstkritische Evaluation nach Projektabschluss ist ebenso schwierig wie eine Prognose über die Langzeitwirkung. Es gibt aus der Forschung zu Effekten des Jugendarrests kaum valide Daten, die qualitative Aussagen über Wirkungen von sozialen Trainings, Bildungskursen oder Workshops zulassen. Der Erfolg bemisst sich nicht anhand von eingeübten Zahlenwissen oder einer Abschlussprüfung. Es sind vielmehr bescheidene Erlebnisse und Momente: Wenn Teilnehmer eigene Argumente abwägen, sich fair in der Diskussion begegnen, die Meinung anderer tolerieren lernen oder Spaß am Formulieren eigener Texte entwickeln.

Jede fundierte pädagogische Arbeit mit sogenannten benachteiligten Jugendlichen ist wertvoll. Man darf sie nicht aufgeben. Viele Jugendliche machen nicht in erster Linie Probleme, zuerst haben sie welche.

Fragen stellen statt auswendig lernen

Von der Geschichte der DDR bzw. der deutsch-deutschen Teilung kennen die jungen Männer und Frauen im Projektkurs meist nur einen unscharfen Kontext aus dem zurückliegenden Geschichtsunterricht oder einige Versatzstücke aus Gesprächen mit Eltern oder Großeltern. Hier bestehen Chancen für eine kreative Verknüpfung von historischen und aktuellen Fragestellungen rund um die Lebensentwürfe junger Leute: Vergleiche, aber keine Gleichsetzungen.

Es geht dabei nie um blankes Faktenwissen, konditionierte Antwortmuster im Richtig-Falsch-Schema oder darum, wer Erich Honecker war. Eine zentrale Intention des Projektangebots ist es, dass Jugendliche mittels eigenem Urteilsvermögen und erarbeiteten Kenntnissen zwischen Demokratie und Diktatur zu unterscheiden lernen.

Deshalb dominieren in allen Projektteilen die Fragen an das Themenfeld DDR gegenüber den Antworten. Es geht um kritische Nachfragen an Geschichtsbilder, aber auch um Fragen an die eigene Biografie: Wieso bin ich hier, was könnte ich draußen währenddessen erreichen? Die Projektkurse verlaufen zwar vor einer historischen Folie zwischen 1945 und 1990, die Teilnehmer sollen sich aber vor allem mit eigenem Verhalten in ihrer Gegenwart kritisch auseinandersetzen. Wie gelingt gewaltfreie Kommunikation? Welche Chancen gibt es für mich auf dem Arbeitsmarkt? Wie umgehen mit sensiblen persönlichen Daten in sozialen Netzwerken? Was bringt mir hier erworbenes Wissen für eine spätere Ausbildung? Wie vermeide ich erneute Straftaten? Warum kann die (eigene) Geschichte wichtig und relevant für mich sein? Vor dem Hintergrund der friedlichen Revolution, der DDR-Opposition und der deutschen Einheit stehen Fragen nach Freiheit in einer demokratischen und pluralistischen Gesellschaft im Zentrum der Projektwoche. Zu den sekundären Zielen gehören die Stärkung von Eigenverantwortlichkeit und die Sensibilisierung für Momente der Selbstwirksamkeit. Die Projektkurse fokussieren die Rolle des Einzelnen, die Bedeutung von Selbstbestimmung und von Toleranz und Weltoffenheit. Es gilt junge Menschen in ihrer individuellen und sozialen Entwicklung zu fördern, um Benachteiligungen abzubauen und zu vermeiden. Dabei blenden die Projektangebote komplexe Problemlagen wie Arbeitslosigkeit, fehlende Abschlüsse, Straftaten, Gewalterfahrungen oder politischen Extremismus nicht aus, auch wenn sich innerhalb einer Woche keine unmittelbaren Lösungsansätze dazu entwickeln lassen. Die Absicht vieler Übungen und Anregungen ist es, kleine Erfolgserlebnisse zu schaffen.

Methoden und Inhalte

Bildungsarbeit mit straffälligen Jugendlichen ist häufig eine Mischung aus Prävention, Improvisation und Wissensvermittlung. Eine Projektwoche funktioniert nicht als Ersatzunterricht, Gesprächskreis oder Prüfungssituation. Die Projektinhalte werden nach den individuellen Interessen, Fähigkeiten und Bedürfnissen der teilnehmenden Jugendlichen ausgewählt und ausgerichtet. Es gibt keinen fest definierten Ablaufplan, da diverse externe Faktoren immer wieder Kompromisse abverlangen. Praktisch bedeuten solche Kurse oftmals die empathische Annäherung an die Bedingungen der Teilnehmer. So wären ausgedehnte Schriftaufgaben für Jugendliche mit Lese- und Schreibschwäche nicht ratsam, sondern es empfiehlt sich eher eine Tonaufnahme, in der ein Teilnehmer seine Antworten selbst einsprechen kann. Es bestehen keinerlei Teilnahmebedingungen oder Voraussetzungen an Vorwissen oder Fähigkeiten.

Einleitende Module (u. a. Zeitstrahl, Bildstrecke mit historischen Fotos, ehemaliger Grenzverlauf, haptische Exponate wie Münzen, Bücher, kleine Mauerbrocken aus Berlin) werden mit rezeptiven Einheiten (kurze Filmsequenzen, Vergleiche von Songtexten (Ost-West), Graphic Novels, Animationen/Trickfilme) verknüpft, und später durch aktivierende Programmteile (Lückentexte, Diskussionsrunden, Quizformate, Schätzfragen, Rede/Gegenrede) hin zu eigenständig erarbeiteten Elementen (Kurzvorträge, Gestaltung von Plakaten/Texten/Zeichnungen, Formulierung von Fragen an Zeitzeugen, Interpretationen von Quellen) gesteigert.

Regelmäßige Wiederholungen dazwischen dienen dem Aufbau von Grundkenntnissen bzw. der Aneignung von bislang fremden Begriffen, Abkürzungen, Namen oder historischen Zusammenhängen.

Bestandteile der Bildungstage sind unter anderem moderierte Zeitzeugengespräche, Exkursionen in Gedenkstätten, Museen, Erinnerungsorte, Übungen mit Quellen zur Erlangung von Medienkompetenz, praktische Workshops, die Anwendung vielfältiger Medienformate sowie die Erarbeitung von Projektergebnissen durch die Teilnehmer/innen selbst. Besonders geeignet sind dabei kleine oder mittlere Gruppen von 6 bis maximal 10 Teilnehmer. Das Kennenlernen unterschiedlicher Generationserfahrungen, Identitäten und Lebensentwürfe kann den Austausch, das Gespräch, das Verständnis sowie das Lernen miteinander anstoßen. Die Form einer partizipativen Jugendarbeit mit historisch-politischen Inhalten setzt darum auf aktive und mündige Teilnahme, die immer wieder eingefordert wird.

Zwischen Sandmännchen und Mauertoten: Herausforderungen und Grundsätze

Bei der Vermittlung von Kompetenzen an Jugendliche mit geringem Vorwissen und wenigen biografischen Prägungen muss die Diskrepanz zwischen Faktenmenge und Alltagserfahrungen reflektiert werden. Gefahren liegen hier in einer zu starken Dominanz auf Vergleichsaspekte, weil diese schnell umkippen können in Vereinfachungen oder schiefe Vergleichsmaßstäbe (Beispiel: Hausordnungen eines Jugendwerkhofs oder einer MfS-Untersuchungshaftanstalt im Vergleich zum Jugendarrest).

Während der praktischen Umsetzung ist es maßgeblich, keine Scheu vor lebensnahen Fragen zu haben: Gab es in der DDR auch Drogen oder Prostituierte und wie schmeckte das Bier damals? Für was kam man in den Knast, wer waren die Außenseiter der Gesellschaft?

Wesentlich bleibt das ständige Hinterfragen von tatsächlichen oder konstruierten Ost-West-Gegensätzen, alten oder neuen Stereotypen sowie regionalen Faktoren (berufsbedingte Abwanderung, aktuelle und historische Migration, Flüchtlinge vs. Einheimische, Fremdenfeindlichkeit, Ausgrenzungen, Deprivation). Die Reflexion von Vorurteilen hat deshalb große Bedeutung, weil viele teilnehmende Jugendliche vorurteilsbehaftete Einstellungen besitzen und weitertragen.

Für die Ausgestaltung der Inhalte sind übergeordnete Grundsätze weiterhin gültig und relevant. Die Übertragung und Anwendung der Prinzipien des Beutelsbacher Konsenses auf die Praxis im Jugendarrest bedeutet konkret:
- Überwältigungsverbot: keine Indoktrination durch vorgefertigte Meinungsmuster oder durch moralisierende Suggestivfragen, keine einfachen Wahrheiten/Plattitüden, Verzicht auf Effekthascherei, Rollenspiele oder Ausschließlichkeit.
- Kontroversität/Gegensätzlichkeit: gegenwärtige Debatten und politische Auseinandersetzungen zur DDR-Vergangenheit objektiv, vielfältig und hintergründig darstellen, um eine selbstständige Meinungsbildung zu ermöglichen, dabei offene Fragen zulassen und finale Wertungen vermeiden, den inhaltlichen Streit als gesellschaftliche Kontroverse fruchtbar machen.
- Teilnehmerorientierung: Interessen und persönliche Fragestellungen aller Beteiligter ernst nehmen und aufgreifen, Inhalte und Abläufe nach Bedarf modifizieren, Jugendliche am Projektprozess partizipieren lassen, aktive Gestaltung, Mitarbeit und Meinungsbildung fördern.

Projektorientierte Arbeit als Baustein und im Netzwerk

Das Programm „Mauern überwinden" setzt Impulse, um auf attraktive Weise für eine demokratische, offene und freiheitliche Gesellschaft zu werben. Dabei sind weniger die begangenen Straftaten relevant, sondern die Zukunftsperspektiven einer Lebensgestaltung, die selbstbestimmt und in Freiheit gelingen soll.

Doch Jugendliche, insbesondere straffällige, zählen weiterhin zu den wenig beachteten Zielgruppen für Bildungsprojekte in der Bundesrepublik. Die Gründe sind gewiss vielfältig: Hohe administrative Anforderungen in Planung und Durchführung, ungünstige Bewertungen der pädagogischen Wirksamkeit, geringe gesellschaftliche Relevanz als Klientel für öffentliche Bildungsausgaben. Dazu kommen weitere Hürden: Projektförderungen auf Dauer sind schwer zu etablieren, obwohl stabile Strukturen nur dann existieren, wenn Zeit, Geduld und finanzielle Ressourcen gegeben sind. Die wesentlichen Schwierigkeiten für freie Projekte an außerschulischen Bildungsorten sind die stetige Suche nach festen Projektpartnern innerhalb mittelfristiger Förderstrukturen.

Gelingende Projektarbeit bedeutet ebenso aktive Kooperation und Vernetzung mit beteiligten Zeitzeugen, Pädagogen in Museen und Gedenkstätten; Mitarbeitern in den Bereichen Sozialarbeit, Justizvollzug, Erwachsenenbildung, Berufsbegleitung oder Jugendarbeit. Die vorhandenen Probleme einzelner Jugendlicher kann und wird separate Projektarbeit nicht lösen können. Sie kann aber Anregung,

Anreiz und Ansporn sein, um Schwierigkeiten zu meistern und eine eigenverantwortliche Lebensführung anzustreben.

Die Bildungsarbeit von Historikern und Pädagogen kann und soll sich ungewöhnliche oder unbekannte Bildungsorte suchen, um dort innovative Projektarbeit anzubieten. Sowohl mehrwöchige Projektformate als auch Intensivprogramme müssen sich dazu an den Bedürfnissen und Rahmenbedingungen der Teilnehmer ausrichten. Hierfür sind mobile und ambulante Bildungsangebote erforderlich, etwa in Jugendarrestanstalten, Förderzentren und -schulen, Jugendclubs und Fanprojekten, überbetrieblichen Ausbildungsinstituten, Berufsschulen und -akademien oder innerhalb von Integrationsmaßnahmen für junge Arbeitslose. Es war geradezu ein ideales Ergebnis, als ein Jugendlicher im Jahr 2014 sein Fazit nach einer Projektwoche so formulierte: *„Freiheit ist wichtig für den Menschen. Man muss sie sehr schätzen, weil sie auch schnell vorbei sein kann."*

Saraya Gomis · Daniel Schmöcker

Schüler auf Spurensuche –
das Martin Luther King Projekt: der King-Code

Ein Modellprojekt von Schülern und Lehrern
der Ernst-Reuter-Oberschule (Berlin-Wedding) und des
Rosa-Luxemburg-Gymnasiums (Berlin-Pankow)

13. September 1964, 19.10 Uhr, Berlin/Checkpoint-Charlie: Eine schwarze Limousine nähert sich dem Grenzübergang. Sie hat ein amerikanisches Kennzeichen und hält plötzlich an. Martin Luther King jr. will nach Ost-Berlin – ohne Pass. Nach mehr als einer halben Stunde öffnet sich die Schranke für den Bürgerrechtler und Pastor, der sich nur mit seiner American-Express-Karte ausweisen konnte. Eine Reise mit Folgen beginnt.

Martin Luther King jr. in Berlin? In Berlin Ost und West? 1964? Diese Geschichte wird in Schulmaterialien kaum erzählt. Schüler erfahren meist nur etwas über das Leben und Werk des Menschenrechtlers im Zusammenhang mit der Beschäftigung mit der US-amerikanischen Geschichte im Englischunterricht.

Im Januar 2013 haben wir Lehrer gemeinsam überlegt, wie wir mit unseren Schülern u. a. verflechtungsgeschichtlich, kreativ, selbst verantwortlich und an unserer Lebenswelt orientiert Bildung betreiben können. Darüber hinaus wollten wir unsere Schüler aus den beiden Schulen zusammen bringen und uns so über unsere individuellen, strukturellen und schulbezogenen Lebenswelten neue Perspektiven und Lernerfahrungen ermöglichen sowie eigene Positionierungen infrage stellen. Unsere Arbeit sollte den Jugendlichen darüber hinaus Raum geben, uns auf (Lern-)Wege zu führen, die von uns eventuell nicht einmal angedacht worden waren.

Unser Projekt *Martin Luther King jr – Auf Spurensuche* ist im Verlauf unserer Arbeit zum *Martin Luther King jr – Auf Spurensuche – Der „King-Code"* angewachsen und ein Kooperationsprojekt zwischen zwei ganz unterschiedlichen Berliner Schulen und einem Jugendverband bzw. einem freien Träger der Jugendhilfe geworden.

Ursprünglich war das Projekt 2013 zwischen der Ernst-Reuter-Oberschule und dem Rosa-Luxemburg-Gymnasium für einen Zeitraum von 14 Tagen geplant und sollte mit einer Theatercollage zum Leben Martin Luther Kings enden. Zehn

Tage hatten sich die Schüler im Unterricht und zusätzlich an zwei Tagen im Rahmen von Projekttagen mit dem Leben von Martin Luther King jr. beschäftigt. Den Einstieg in das Thema fanden die Jugendlichen der Ernst-Reuter-Oberschule über die Musik. Im weiteren Verlauf stellten sie eine Verbindung zwischen der Musik und der deutsch-deutschen Teilungsgeschichte her, indem sie Bücher und Begleittexte untersuchten. Eine Kollegin ermöglichte uns die Auseinandersetzung mit alten DDR-Liederbüchern, die Gospelsongs und Spirituals enthielten. Die Schüler des Rosa-Luxemburg-Gymnasiums näherten sich unserem Thema im Kunstunterricht.

Die gemeinsame Arbeit während der zwei Projekttage begann mit einem Anti-Bias-Training, also einem Training, welches den Ansatz der *diskriminierungskritischen* Bildungsarbeit verfolgt. Am Ende der beiden gemeinsamen Tage auf Bildungsreise führten die Schüler ihre Theatercollage vor einem Publikum beider Schulen auf.

Aus dem Theaterprojekt resultierten Fragen an die Geschichte und die Gegenwart, aus denen die Jugendlichen Ideen entwickelten, womit sie sich nach der ersten Annäherung an das Thema weiter beschäftigen wollten. Dies und die große Motivation der Schüler führten dazu, dass unsere beiden gemeinsamen Tage schließlich in dem Projekt „King-Code" mündeten. Es war zunächst von uns Lehrenden für ein Jahr angelegt. Wir entwickelten eine puzzleartige Struktur von mehreren sich ergänzenden und alternierenden kleinen und großen Veranstaltungen, Recherche-, Arbeits- bzw. Herstellungsphasen während und außerhalb der Unterrichtszeit.

Um schnell auf den Wissensdurst der Schüler reagieren zu können, besuchten wir nach Unterrichtszeit öffentliche Veranstaltungen, wie z. B. die Podiumsdiskussion *Rassismus in der DDR und in der Bundesrepublik* in der Bundesstiftung zur Aufarbeitung der SED-Diktatur. Die Jugendlichen wollten erforschen, wie der Rassismus – laut Dr. King eines der drei großen Übel der Menschheit – während der deutschen Teilungsgeschichte gewirkt hat. Mit diesen Schritten nach (dr)außen konnten sich die Jugendliche nach und nach Räume erschließen und erobern, die Organisation von Veranstaltungen und deren Qualität sowie die Kompetenzen der Diskussionsteilnehmer studieren und evaluieren. Uns Bildungsbegleiter blieb dadurch außerdem die Zeit, eine offene und flexible Struktur für das Projekt zu erarbeiten.

Eins wurde sehr schnell deutlich: Das große Interesse und die hohe Leistungsbereitschaft der jungen Menschen, der hohe zeitliche Umfang und die Unmöglichkeit als Schule bzw. als Lehrer Fördergelder zu erhalten, stellten Herausforderungen dar, die den Rahmen der Kooperation zweier Schulen überschreiten würden. So kam schließlich das Gemeindejugendwerk Berlin-Brandenburg (GJW BB) ins Boot, welches als Jugendverband auch außerschulische, nicht formale Bildung fördert und darüber hinaus bereits Projekte zum Thema Martin Luther King durchgeführt hatte. Erst diese Zusammenarbeit, bei der das GJW BB uns die Infrastruktur für Koordination und Abrechnung der Förderanträge stellte, ermöglichte die Beantragung von Fördergeldern.

Herausforderungen stellten sich nicht nur in der Organisation bzw. Finanzierung, sondern insbesondere bei der Planung gemeinsamer Termine im schulischen Alltag. Durch die individuellen Schulstrukturen bzw. -typen war oft ein sehr hoher Arbeitsaufwand nötig, um die gemeinsamen Projekttage zu organisieren. Daher bereiteten die Jugendlichen ihre Aufgaben zum Teil in Arbeitsgruppen im Unterricht vor, die dann bei gemeinsamen Projekttagen an Feier- und Ferientagen bzw. an Wochenenden gemeinsam diskutiert und weiterentwickelt wurden. Die digitale Vernetzung der Schüler und Lehrer ermöglichte einen schnellen Datenaustausch von Vorschlägen, Ergebnissen, Terminen etc. und erleichterte den Abstimmungsprozess.

Im Verlauf des Projekts stieß unsere Arbeit auf das Interesse weiterer Jugendlicher an beiden Schulen. Schließlich wuchs unsere Projektgruppe auf über 80 Schüler (einige haben inzwischen die Schulen verlassen) an, so dass sich die Arbeit in einer dauerhaft beteiligten Kerngruppe von ca. 30 Schülern neben anderen projektgebundenen Beteiligungen (King-Ausstellung, Musikworkshop, Tanzworkshop, King-Touren ...) als praktikabel erwies. In diesem Rahmen konnten sich einige Jugendliche über einen langen Forschungszeitraum konkreten und überschaubaren Aufgaben widmen, während andere sich je nach Interesse mit bestimmten (im Arbeitsumfang zeitlich eingegrenzten) Spezialgebieten beschäftigten. Damit war es so auch nicht erforderlich, immer alle Teilnehmenden vom Unterricht freizustellen.

Wir haben während unserer gemeinsamen Zeit bereits so viel gelernt, erfahren, erarbeitet und erlebt, dass hier nur ein kleiner Einblick gegeben werden kann.

Anlässlich beider Jubiläen um Dr. Kings Leben und Wirken (50 Jahre *I have a dream*-Rede und Besuch von Berlin Ost und West) arbeiteten die Schüler in aufeinander aufbauenden Projekten z. B. an einem virtuellen Stadtrundgang (QR-Codes) zu dem Berlinbesuch Dr. Kings, den Voraussetzungen für eine diskriminierungs- und rassismuskritische und inklusive Gesellschaft sowie an der eigenen Verortung in Berlin, in Deutschland und der Welt. Wir arbeiteten in Bibliotheken und wurden auf einem Teil unserer Spurensuche von einem Filmteam (Film: „Der King-Code" von Filmemacher Kuno Richter) begleitet. Wir nahmen an einem rassismuskritischen Workshop (bei Dr. Natascha Kelly) teil, spielten Theater, wir besuchten Podiumsdiskussionen und ein internationales Literaturfestival, sahen Theaterstücke (z. B. „Festiwalla – Grenzen-los!") und nahmen an Konferenzen zu Dr. Martin Luther King jr. und Rassismus im Schulsystem teil. Wir gingen mit kritischem Blick ins Kino (z. B. Filme: „The Butler", „12 years a slave"), besuchten Organisationen, die sich der diskriminierungskritischen Arbeit verschrieben haben, sahen Ausstellungen und führten Diskussionsrunden zu verschiedenen Themen. Wir lernten Politiker, Aktivisten, Journalisten und Künstler kennen. Wir begaben uns auf Spurensuche Dr. Martin Luther Kings, interviewten Zeitzeugen und erforschten die Zeit rund um das Jahr 1964 und der jüngeren deutschen Geschichte. Wir beschäftigten uns mit dem Zusammenhang zwischen Musik und Politik im Rahmen eines Workshops ‚*Black music' im Spiegel der Bürgerrechtsbewegung* (Künstler: Ruffcats, Ivy Quainoo und Charles Onyedieke). Wir stellten Fragen an uns selbst, an unser Gegenüber und an die Gesellschaft, in der wir leben.

Wir erarbeiteten eine Wanderausstellung durch Berliner und Brandenburger Schulen, die der Ausstellung ihren eigenen Stempel durch ihr Zutun schenkten. Diese Wanderausstellung wurde im September 2014 im Rahmen eines Martin-Luther-King-Festivals eröffnet. Darüber hinaus suchten wir weitere Formen der Auseinandersetzung mit unserem Thema und seinem Gegenwartsbezug in einem Kunst-Performance-Projekt, einem Tanzprojekt (mit dem Breakdancer Axel Micky Schiffler) und zukünftig auch in einer Schülerfirma im Bereich Touristik.

In Bezug auf die Auseinandersetzung mit der deutschen Teilungsgeschichte waren Zeitzeugengespräche und -interviews von großer Bedeutung. Zum einen hat uns der persönliche Kontakt Zugänge zum Thema erleichtert, uns aber auch eine Diversität im persönlichen Erleben der DDR aufgezeigt. Für einige Zeitzeugen war der Besuch Martin L. Kings wegweisend für ihr Engagement bei der Friedlichen Revolution. Und wieder ergab sich für uns ein neues Lernfeld rund um die Ereignisse von 1989 bis1991. Ebenso war es für die Jugendlichen bemerkenswert, in Berlin die Teilung in der Stadt nachzuvollziehen, und sich heute in der gesamten Stadt ungehindert bewegen zu können. Besonders eindrucksvoll war die Beschäftigung mit Stasi-Akten über den Besuch Kings in Ost-Berlin. Die Arbeit mit diesen Quellen war für viele Schüler im Bildungsprozess zur deutsch-deutschen Geschichte ganz besonders bedeutsam.

Unser Projekt hat uns nicht allein mit Wissen „gefüttert" und uns neue Fertigkeiten beschert (Layoutgestaltung, Schnittbearbeitung, Textproduktion usw.), sondern hat uns unter vielem anderen folgende Möglichkeiten geboten:
- Gemeinsame Bildung von Lehrern und Schülern
- Herstellen eines Lebenswelt- und Gegenwartsbezugs
- *Interkulturelle* und inklusive (erweiterter Inklusionsbegriff) Arbeit
- Lernen im Stadtteil/der Stadt, außerschulisches Lernen
- Fächerübergreifende und fächerverbindende Unterrichtsmöglichkeiten (Deutsch, Geschichte, Sport, Informatik, Ethik, Religion, Kunst, Darstellendes Spiel)

- Herrschafts- und diskriminierungskritische Bildung
- Training von Teamfähigkeit, Kommunikationsfähigkeit usw.
- Praktisches Handeln (Planung, Logistik, termingerechte Fertigstellung usw.)
- „Entdecken" von Fähigkeiten und Fertigkeiten
- Wertschöpfung durch Wertschätzung
- Möglichkeit eines binnendifferenzierten Lernens
- Quellenkritik, kritischer Umgang mit Sekundärliteratur und unseren Schulbüchern
- Möglichkeit, Chancenungleichheiten im Schulsystem auszugleichen
- Nachhaltigkeit (z. B. Entstehung von realen Produkten, wie die Ausstellung, unsere Webseite usw.)

Im Jahr 2014 sind wir mit unserer Arbeit nicht fertig geworden und auch in 2015 sind den Jugendlichen weitere spannende Themen rund um unser Projekt „aufgestoßen". So arbeiten wir immer weiter, obwohl ursprünglich geplant war, unsere Arbeit in einer schulübergreifenden Schülerfirma münden zu lassen. Im Moment beschäftigen sich die Jugendlichen einerseits mit Partizipationsmöglichkeiten in unserer Gesellschaft und ausgehend von den Feierlichkeiten rund um die Jubiläen mit einer Rezeptionskritik in der Darstellung Martin L. Kings. Andererseits setzen sie sich mit der Konstruktion des Gegensatzpaares King – Malcolm X und mit einer verflechtungsgeschichtlichen Betrachtung des Rassismus auseinander. Vielleicht schaffen wir es demnächst.

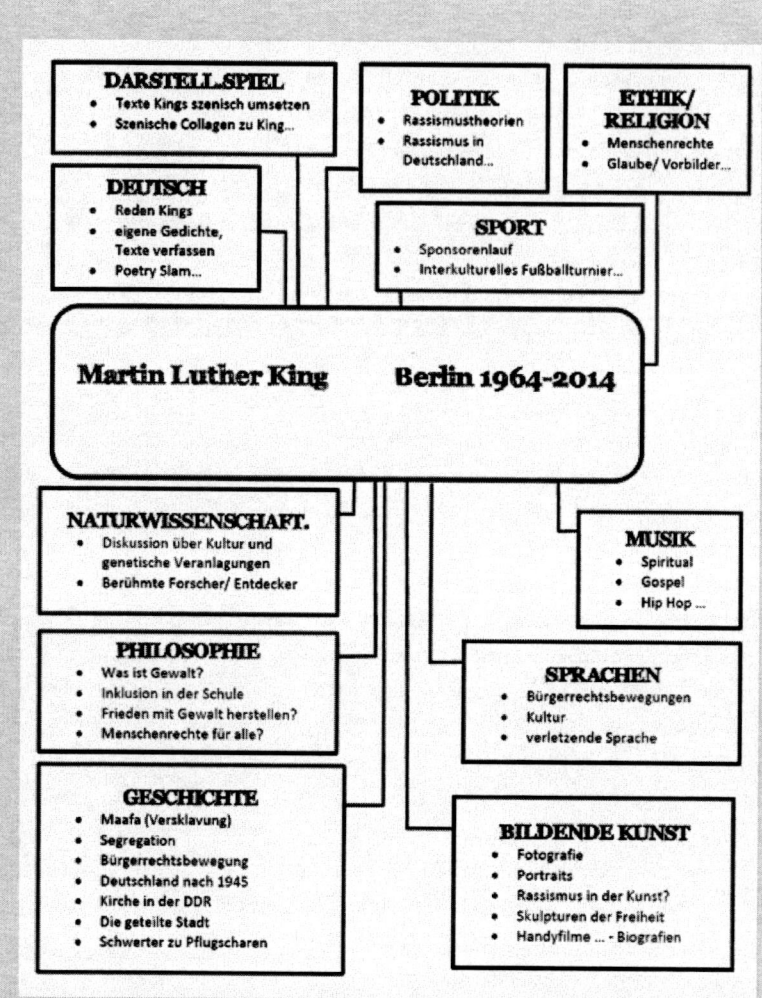

Michael Geithner · Martin Thiele-Schwez

Playing History
Wie wird Geschichte durch Spiele vermittelt?
Best-Practice-Beispiel: Bürokratopoly

Die Gegenwart stellt uns vor diverse Herausforderungen in der Vermittlung von Lehrinhalten. Zum einen erweist sich das Abrufen von Daten und Fakten heutzutage dank des Internets als kinderleicht und bildet längst nicht mehr den Kern der Lehre. Vielmehr gilt es – so lautet die Maxime – Kompetenzen zu fördern. Daneben steht die Tatsache, dass die Gesellschaft und das Leben stets an Komplexität zunehmen. Bei Norbert Bolz heißt es etwa, das Weltwissen verdopple sich alle sieben Jahre.[1] Zusammenhänge in der komplexen Welt aufzuzeigen, zu erschließen und Abhängigkeiten transparent zu machen, stellt die Herausforderung für all jene dar, die Inhalte vermitteln wollen. Innerhalb der vergangenen Jahre haben wir genau daran gearbeitet. Das Spiel offenbarte sich im Zuge dessen als *das* Medium, welche es in ausgezeichneter Art und Weise vermochte, eben jene Komplexität zu vermitteln. Zunächst sammelten und recherchierten wir für unser Projekt „Nachgemacht – Spielekopien aus der DDR"[2] und erschlossen die DDR-Geschichte über die Alltagskultur des Spiels. Im zweiten Schritt nutzten wir unser erarbeitetes Wissen, um ein neues Spiel zu entwickeln, dessen Ursprung in den 1980er-Jahren liegt.

Warum ist das Spiel ein ideales Vermittlungsmedium?
Das Beispiel Bürokratopoly

„… so wie eben das Spiel Monopoly den Kapitalismus abgebildet hat und damit auch kritisiert hat, so habe ich versucht, die DDR-Gesellschaft abzubilden und entsprechend kritisch zu beleuchten. […] Und ich denke so ein Spiel ist durchaus subversiv und es enttarnt ja auch viel."[3]

---

1 Vgl. Norbert Bolz, Medienkompetenz statt Weltwissen, in: Texte zur Medientheorie, hrsg. von Günter Helmes/Werner Köster, Stuttgart 2002, S. 330.
2 Martin Thiele/Michael Geithner, Nachgemacht – Spielekopien aus der DDR, Berlin 2013.
3 Martin Böttger, Die Idee zum Spiel (Videointerview) 2014, http://www.buerokratopoly.de/portfolio/autor-martin-boettger [13. 6. 2015].

Das Spiel selbst – unerheblich ob in analoger oder digitaler Form – qualifiziert sich als Vermittlungsmittel aus zahlreichen Gründen. Einerseits spornt es seine Spieler zum eigeninitiativen Handeln an und verlangt ihnen ab, sich im Rahmen der Entscheidungsfindung in das entsprechende Thema und die Handlungsräume – in unserem Fall von Menschen – hineinzudenken. Zudem gehen die narrativen Möglichkeiten des Spiels über lineare Methoden hinaus und ermöglichen es, Abhängigkeiten, Eventualitäten und Möglichkeiten in der Geschichte kenntlich zu machen. Insbesondere für das historische Lernen stellt dies eine besondere Qualität dar, da implizite Fragen aufgeworfen werden, wie zum Beispiel: Wie hätte die Geschichte alternativ verlaufen können? Und aus welchen Gründen ist es so gekommen, wie es gekommen ist?

Das Spiel Bürokratopoly, das im Folgenden vorgestellt werden soll und das in den 1980er-Jahren vom DDR-Oppositionellen Martin Böttger erfunden wurde, vermochte genau dies. Es bildete ab, wie ein Oppositioneller damals die DDR empfand. Es machte erlebbar, wie die Machtstrukturen der DDR vermeintlich aufgebaut waren und wie diese das System festigten und es immerhin über 40 Jahre existieren ließen. Aus diesem Grund war es unser Ansinnen, dieses Spiel neu aufzulegen und als Lehrmittel in den Schulunterricht einzubinden. Durch die Unterstützung der Bundesstiftung zur Aufarbeitung der SED-Diktatur und weiterer Förderer konnte das spielerische Lehrmaterial durch das DDR Museum neu herausgegeben werden und bereichert seitdem den Schulunterricht.

Martin Böttger entwickelte Bürokratopoly in den Jahren 1983/84. Inspirieren ließ er sich dabei von bekannten Spielen der Bundesrepublik, zum Beispiel Risiko oder Monopoly – Spiele, die es in der DDR offiziell nicht gab, die jedoch trotzdem über die Grenze gelangten oder als handgefertigte Exemplare von DDR-Bürgern reproduziert wurden. In seinem Fall jedoch entstand mit Bürokratopoly keine Nachmachung eines „Westspiels", sondern ein neues, eigenständiges Spiel, das sich nicht um Krieg oder Geld drehte. Das Streben nach Macht war die Triebfeder seiner Spielidee, die auf ironische Art und Weise versuchte, die gesellschaftlichen Verhältnisse der DDR zu skizzieren. „In einer zentralistischen Funktionärsbürokratie wie der DDR war es das Streben nach gesellschaftlichem Aufstieg, nach Macht, das das System zusammenhielt",[4] meint Böttger heutzutage. Somit stellte Bürokratopoly nicht bloß ein Brettspiel dar, sondern war zugleich ein kritischer Blick auf den Staat und sein Machtgefüge. Ziel des Spiels war es, vom einfachen Arbeiter zur obersten Figur im Staat aufzusteigen und Generalsekretär des ZK der SED zu werden. Um nach oben zu gelangen und nachrückende Mitbewerber unten zu halten,

---

4   Martin Böttger, Doppeltes Gesellschaftsspiel, in: Nachgemacht, hrsg. von Thiele/Geithner, S. 19.

war jedes Mittel recht: Lug, Wahlbetrug, Meuterei und vieles mehr. Ereigniskarten zu Themen wie Energieversorgung, Missernten, Devisengeschäften und Veruntreuung dienten dazu, auf die Realität der DDR anzuspielen. Das Spiel sollte ein kritisches Medium sein, um die Zusammenhänge im Staat zu entlarven.

Auch wenn Spielen nicht selten etwas Harmloses und Heimeliges anhaftet, ging Martin Böttger mit Bürokratopoly einige Risiken ein. Schließlich sah § 220 des Strafgesetzbuchs der DDR für die öffentliche Herabwürdigung des Staates eine Freiheitsstrafe von bis zu drei Jahren vor. Seine Stasi-Akte zeigt, dass es sich dabei nicht bloß um graue Theorie handelte, sondern der Spieleautor mit seiner Erfindung tatsächlich noch stärker in den Fokus der Staatssicherheit geriet, in dem er sich durch seine oppositionelle Tätigkeit bereits befand. Die Stasi ging jedoch nicht gegen Böttger und Spieler von Bürokratopoly vor. Böttger vermutet, dass dies an seinen Kontakten zu westlichen Medien und an den Besuchen von Bundestagsabgeordneten bei ihm und seinen Bekannten lag.[5] Von dem Eintrag in seiner Akte erfuhr Böttger natürlich erst nach der Friedlichen Revolution 1989. Darin ist die Rede von einem „sogenannten Gesellschaftsspiel mit negativ-feindlichem Charakter", welches auf „ironische Weise die angeblichen Wege zur Erlangung und zum Verlust politischer Macht in der DDR aufzeigt".[6] Daneben findet sich obendrein eine komplette Fotokopie des Spiels, samt Spielplan und allen Ereigniskarten. Dass Bürokratopoly in dieser Form überhaupt ins Visier der Stasi geraten konnte, begründet sich gewiss damit, dass das Spiel nicht nur im Privatbesitz seines Urhebers verblieb. Ohne das aktive Bestreben Böttgers verbreitete sich seine Erfindung. Nicht nur die Stasi machte eine Kopie des Spiels, auch Freunde und Bekannte reproduzierten den Spielplan und die Ereigniskarten. Der leidenschaftliche Spieler Martin Böttger wusste um das subversive Potenzial des Spiels. Heute, etwa 30 Jahre nach der Entstehung der ursprünglichen Fassung, tauchten mehrere Kopien und Varianten des Originals auf, jede einzelne davon modifiziert und individuell gestaltet. Wie sich diese verbreiten konnten, lässt sich heute allerdings nicht mehr im Einzelnen rekonstruieren.

Das Game-Design der Neuauflage

Dieses besondere Zeitzeugnis und sein aufregender historischer Hintergrund motivierte uns dazu, Bürokratopoly neu aufzulegen und ein Stück „authentische

---

5 „Die Stasiakte. MFS – HA XX/AKG NR. 6849", o. J., http://www.buerokratopoly.de/portfolio/die-stasiakte/ [5. 9. 2016].

6 Stasi-Akte von Martin Böttger, MfS HA XX/AKG Nr. 6849, http://www.buerokratopoly.de/wp-content/uploads/2014/09/Stasi_Akte_Boettger.pdf [5. 9. 2016].

Geschichte" für Lerngruppen zu entwickeln. Insbesondere da Bürokratopoly für Gruppen von bis zu neun Personen geschaffen wurde, lag es für uns auf der Hand: Das Spiel eignet sich hervorragend, um Jugendlichen die Machtverhältnisse im institutionell-alltäglichen Gefüge der DDR darzustellen.

Hinsichtlich der Spielmechanismen musste Bürokratopoly für Schülergruppen optimiert werden: Wir erneuerten die Gestaltung und bemühten uns auch bei großen Gruppen die „Downtime" (so nennt man die Zeit, in der einzelne Spieler nichts zu tun haben) möglichst gering zu halten. Zudem war es aus didaktischer Perspektive wichtig, das Spiel für reguläre Unterrichtseinheiten (2x45min) nutzbar zu machen. Dazu bedurfte es nicht allein einer Spielvariante mit Zusatzregeln für eine kürzere Spieldauer, sondern auch eines Lehrerheftes. Die Handreichung, die gemeinsam mit der Agentur capito erstellt wurde, umfasst die historische Einbettung des Spiels, zahlreiche themenbezogene Arbeitsblätter sowie eine Übersicht, die alle historischen Bezüge erklärt und somit die Lerninhalte unmittelbar an das Spielerlebnis anknüpft. Sie erörtert die Kompetenzentwicklung durch Bürokratopoly und seine Anbindung an den Lehrplan. Die Arbeitsblätter und Aufgaben thematisieren Themen wie Demokratie, Verfassung und Opposition.[7]

Das Machtstreben erleben die Spieler im Spielprozess selbst. Vor der Veröffentlichung wurden in zahlreichen Testspielrunden die interaktiven Elemente geprüft und angepasst sowie eine angemessene Balance aus Würfelglück und Spieltaktik erarbeitet.

Testspielrunden erwiesen sich als essentieller Bestandteil der Spielentwicklung. Um ein funktionierendes Ergebnis zu erzielen, gilt es seine Zielgruppe zu kennen und im Blick zu behalten. Dies ist umso wichtiger, wenn es sich um ein Lehrspiel im Unterrichtskontext handelt. Das Spiel muss sowohl auf die Schüler als auch die Lehrkräfte – und damit auch auf den Lehrplan – zugeschnitten sein.

Wie kann ein Spiel Geschichte vermitteln?

Der Erfolg der Neuauflage von Bürokratopoly zeigt das hervorragende Potenzial des Mediums, auf spannende Art und Weise komplexe Themen zu erschließen und historische Urteilskompetenz zu fördern. Für Kinder und Jugendliche, aber nicht minder für Erwachsene, ermöglichen Spiele einen immersiven Zugang, der durch den fesselnden Spielprozess historisches Lernen ermöglicht. Doch gilt es in der Entwicklung derartiger spielerischer Lehrmedien einiges zu beachten:

---

7   Das gesamte Unterrichtsmaterial findet sich kostenfrei zugänglich im Internet, http://www.buerokratopoly.de/#material [5. 9. 2016].

- Freude: Auch wenn es um – und gerade weil es um Inhaltsvermittlung geht – ist es notwendig, dass das Spielen Freude bereitet. Ohne Freude keine Freiwilligkeit. Ohne Freiwilligkeit kein Spiel.
- Spielmechanik: Der Inhalt muss mit der Praxis verknüpft sein und darf nicht neben dem Spielprinzip stehen. Schlechte Lernspiele bzw. „Serious Games" begehen nicht selten den Fehler, dass sie wie ein Lehrbuch aufgebaut sind und Spielprinzipien nur zur Auflockerung einstreuen. Die Spielhandlung ist ein mindestens ebenso wichtiger Teil des Spiels wie dessen Inhalt. Dabei basiert die spielerische Darstellung (neben formellen Dingen wie der Gestaltung) allem voran auf der Spielmechanik. Eine Kernfrage im Game-Design ist, wie sich Handlungszusammenhänge sinnvoll in einer Mechanik abbilden lassen. Gerade in Zeiten zahlreicher Neuerungen in der Spielelandschaft empfiehlt es sich, originelle Mechaniken zu erfinden, die über das reine Würfeln und Setzen hinausgehen.
- (Ziel-)Gruppe: Zu Beginn der Arbeit ist es sinnvoll zu klären, für wen das Spiel gemacht wird. Nicht um andere auszuschließen – im Idealfall inkludiert das Spiel eine breite Zielgruppe – sondern eher, um die Rahmendaten für das Game-Design zu klären. Essentiell ist beispielsweise die Frage, ob das Spiel für ein, zwei oder viele Spieler funktionieren soll.
- Aussehen, Stil und Rhetorik: Das Auge denkt mit – auch und gerade bei Schülern. Ist ein Spiel unattraktiv gestaltet, wird sich niemand gerne damit beschäftigen. Auch im Schulkontext darf ein Lernspiel nach Spiel aussehen. Gleiches gilt für die Sprache. Das Spiel muss eine schüleradäquate Sprache sprechen und gleichzeitig die historische Dimension seriös darstellen. Wichtig ist zudem die Konsistenz aller dem Spiel zugehörigen Elemente – dazu zählen auch Anleitung und Arbeitsblätter.
- Anleitung: Ob das Spiel im Bildungskontext genutzt wird, steht und fällt mit der Qualität seiner Anleitung. Insbesondere für weniger spielaffine Personen ist es attraktiv, einen zügigen Einstieg in das Spiel zu erhalten. In jedem Fall muss den Beteiligten schnell klar sein, was es zu tun gibt. Eventualitäten oder Sonderregeln erschweren diese Prämisse mitunter. Für Bürokratopoly haben wir ein Video gedreht, in welchem das Spiel in zehn Minuten erklärt wird.[8]
- Abstraktion: Spiele sind Abstraktion. Das heißt, dass sie eher den Anspruch verfolgen, ein Gespür für komplexe Systeme und Emphatie für die historischen Akteure zu erzeugen, als Daten und Fakten wiederzugeben.
- Interaktion: Spannend wird ein Spiel dann, wenn die Spieler die Möglichkeit erhalten, miteinander und mit dem Spiel zu interagieren. Gerade im historischen

---

8   „Spielanleitung. Wie funktioniert Bürokratopoly?", http://www.buerokratopoly.de/portfolio/spielanleitung/ [5. 9. 2016].

Zusammenhang erlaubt das Spiel seinen Spielern historische Verläufe zu erleben, buchstäblich durchzuspielen und diese möglicherweise zu beeinflussen. Neben historischen werden somit auch soziale und kommunikative Kompetenzen gefördert.

Bürokratopoly wurde seit seiner Neuauflage nicht nur in Deutschland, sondern auch international viel beachtet und gespielt. Das Spiel fand nach seiner Veröffentlichung zum 25. Jahrestag des Mauerfalls breite Medienresonanz: Mit Radio- und Fernsehbeiträgen, einer hohen Print-Reichweite auch im Ausland wurde es vielfältig besprochen. Mit derzeit ca. 8000 Exemplaren gelang eine große Verbreitung. Für uns als Spieleentwicker bestätigte die positive Resonanz unsere zentrale These: Das Spiel ist für eine breite Zielgruppe ein hervorragendes und zeitgemäßes Medium zur Vermittlung von historischen Inhalten. Auch in Zukunft wird seine Rolle in der Geschichtsdidaktik an Bedeutung gewinnen und das Spiel als erlebbares Model seinen Einsatz finden. Für die Zukunft wünschen wir uns, dass sich Bildungs- und Vermittlungseinrichtungen aller Art neuen Lernstrategien offen zeigen und sich mit aufgeschlossenen Spieleentwicklern verbinden.

Schwarwel

„Diktatur und Demokratie" – 16 Workshops in 16 Bundesländern

Zwischenbericht zum Bergfest

Die Vorbedingungen

Zum Zeitpunkt der Niederschrift dieses Textes sind wir kurz hinter der Mitte unserer „Diktatur und Demokratie"-Tour durch die Bundesländer angekommen und neun der 16 geplanten Workshops über jeweils zwei Tage liegen hinter uns.

Wir meint: Sandra Strauß, Produzentin beim Leipziger Studio Glücklicher Montag, und mich, Art Director bei Glücklicher Montag und Kursleiter der Workshops.

Seit 1997 veranstalten wir mit unserer privatwirtschaftlichen Firma AGM Leipzig GmbH „Glücklicher Montag", die sich mit Illustration, Trickfilm, Comic, Karikatur, Grafik und Design beschäftigt, auch regelmäßig Zeichen- und Kreativkurse und -workshops wie beispielsweise an der Leipziger Volkshochschule, an Schulen, in Lernstuben, bei Projekttagen, mit Privatunternehmen und in Stadt- und Jugendbibliotheken.

Da ich, Jahrgang 1968, als DDR-Geborener und dort Sozialisierter in der polytechnischen Schule des damaligen Systems nicht gerade ein Freund des Auswendiglernens, des Frontalunterrichts und des „Formelhaften" war, gehen wir in unseren Workshops mit Schülern und Jugendlichen einen anderen Weg. Wir suchen den offenen Dialog und nutzen die Workshopzeit auf Augenhöhe, um gemeinsam herauszufinden, was die Teilnehmer zu lernen hoffen und dann daran zu arbeiten, wie der Einzelne diese persönlichen Ziele erreichen kann.

Bereits unseren ersten eigenproduzierten Trickfilm „Schweinevogel – Es lebe der Fortschritt!"[1] aus dem Jahre 2009 hatten wir in unseren Workshops als Arbeitsmittel eingesetzt. Diesen Weg haben wir seitdem auch mit unseren weiteren Eigenproduktionen konsequent weiterverfolgt, da diese Kurzfilme ein probates Arbeitsmittel sind, um das Interesse von Schülern und Jugendlichen zu wecken.

---

1 Für Informationen und Trailer zum Trickfilm siehe http://www.schweinevogel.de/film/fortschritt-2/ [3. 3. 2016].

Die Arbeitsmaterialien

Bevor wir die Workshopreihe „Diktatur und Demokratie" zur Förderung durch die Bundesstiftung zur Aufarbeitung der SED-Diktatur beantragten, hatten wir 2014 zum 25. Jubiläum der Friedlichen Revolution den 13-minütigen Trickfilm „1989 – Unsere Heimat, das sind nicht nur die Städte und Dörfer"[2] produziert, der beim Kooperationspartner MDR – Mitteldeutscher Rundfunk ausgestrahlt wurde und seit Fertigstellung bundesweit auf verschiedenen Kurz- und Trickfilmfestivals einem größeren Publikum zugänglich ist.[3]

In „1989 – Unsere Heimat ..." erzählen wir die Geschichte der deutschen Teilung ab Kriegsende 1945 bis zum Mauerfall am 9. November 1989 aus Sicht der DDR-Bürger in Vertretung meines Trickfilm-Alter-Egos und seiner Familie, die die Friedliche Revolution vor allem in Leipzig erlebte. Schon während der Arbeit an „1989 – Unsere Heimat ..." wurde klar, dass ein zusätzliches Buch zur Vertiefung der in diesem Kurzfilm aufgrund der Themendichte nur angerissenen Themen sinnvoll erschien. Durch eine Förderung der Initiative „25 Jahre Friedliche Revolution und Deutsche Einheit" des Freistaates Sachsen konnten wir so die Druckkosten der Erstauflage des reich bebilderten Buches „1989 – Unsere Heimat, das sind nicht nur die Städte und Dörfer – der Almanach zur Friedlichen Revolution"[4] finanzieren. Sowohl Zeitzeugen als auch Wissenschaftler berieten uns bei diesem Projekt.[5]

Das Buch beleuchtet auf Doppelseiten jeweils ein Schlaglichtthema. Die Themenvielfalt deckt vieles ab, was zu den Ursachen und der Geschichte der Friedlichen Revolution gehört: die Teilung Deutschlands durch die Alliierten, Kalter Krieg und Aufrüstung, Mauerbau und Staatssicherheit, Mangelwirtschaft und Westfernsehen, ostdeutsche Bürgerbewegung und die Rolle der Kirchen, Schabowskis Zettel und der Fall der Mauer ... Ergänzend machen Textkästen mit Erklärungen von Spezial-

---

2 „1989 – Unsere Heimat, das sind nicht nur die Städte und Dörfer", 13 min, Glücklicher Montag 2014, siehe http://www.1989-unsere-heimat.de/ [3. 3. 2016].
3 Zudem ist „1989 – Unsere Heimat ..." auch auf DVD erschienen und bei dem Online-Filmdienst für Independent- und Arthouse-Filme realeyz.tv frei zu erwerben. Das Sächsische Staatsministerium für Kultus erwarb 350 DVDs zur Verwendung im Geschichtsunterricht an den sächsischen Schulen.
4 Jörg Augsburg/Tobias Prüwer/Schwarwel, 1989 – Unsere Heimat, das sind nicht nur Städte und Dörfer – Der Almanach zur Friedlichen Revolution, o. O., 2014.
5 Als Ko-Autoren gewannen wir dafür Zeitzeugen wie Cosima Stracke-Nawka und Bernd Stracke, Historiker wie Oliver Kloss und Rainer Müller, Geschichtslehrer wie Dr. André Herz sowie den Direktor der Volkshochschule Leipzig Rolf Sprink und den Direktor des Zeitgeschichtlichen Forums Leipzig Prof. Dr. Rainer Eckert. Als Hauptautoren gaben die Leipziger Journalisten Jörg Augsburg und Tobias Prüwer dem Buch einen Rahmen, um die sehr unterschiedlichen Texte – mal sehr persönlich, mal als Interview, mal sachlich – entsprechend zu klammern.

begriffen und Querverweise auf themenangrenzende Kapitel Lust, kreuz und quer durch das Buch zu blättern und auf diese Weise Geschichte für sich zu entdecken.

Beides, Buch und Film, verwenden wir für unsere „Diktatur und Demokratie"-Workshops als Arbeitsmittel, um in der Anfangsphase mit den Schülern und Jugendlichen ins Gespräch zu kommen und Themen zu finden, auf die sie sich in ihren eigenen während der Workshops entstehenden Arbeiten beziehen können. Als Nachschlagewerk und Lektüre steht beides während des gesamten Arbeitszeitraumes zur freien Verfügung.

Die Workshops

Bereits in der Planungsphase unseres Trickfilms „1989 – Unsere Heimat ..." gehörte die spätere Auswertung dieses Filmes durch Workshops fest zum Konzept, das wir den Filmförderanstalten MDM – Mitteldeutsche Medienförderung, KdFS – Kulturstiftung des Freistaates Sachsen und SLM – Sächsische Landesanstalt für privaten Rundfunk und neue Medien in den Anträgen präsentierten.

Durch eigene Recherchen zur Finanzierbarkeit von Workshops erfuhren wir von der Bundesstiftung zur Aufarbeitung der SED-Diktatur, bei der wir unser Konzept einreichten und dadurch eine Förderung erhielten.

Das Konzept sah vor, in allen 16 Bundesländern jeweils einen zweitägigen Workshop zum Thema „Diktatur und Demokratie" am Beispiel der SED-Diktatur und ihrem Niedergang durch die Friedliche Revolution an einer Schule oder in einer Bildungseinrichtung abzuhalten, querbeet durch alle Schul- und Bildungssysteme von Gymnasien über Gesamtschulen bis zu Lernstuben. Auf diese Weise erhalten wir gleich eine Rückmeldung, wie die Themen in den einzelnen Bundesländern und den verschiedenen Bildungsniveaus berücksichtigt sind und wie man daran arbeiten kann, das Wissen um diesen Teil deutscher Geschichte zu vertiefen und weiteres Interesse daran zu wecken.

Die Auswahl der Partner für unsere „Diktatur und Demokratie"-Workshops erfolgt vielseitig und basiert auf unseren bisherigen Kontakten zu Lehrern, Schuldirektoren, Schulen, Fördervereinen, Ministerien, Bildungsagenturen und Stiftungen.

Die Inhalte

Der Ablauf unserer „Diktatur und Demokratie"-Workshops folgt einem groben Raster: Nach einer kurzen Einführung der begleitenden Lehrer, Pädagogen oder Betreuer, einer ebenso kurzen Selbstvorstellung von Sandra Strauß und mir als

Kursleitung sowie einer Vorstellung der bevorstehenden zwei Workshop-Tage sehen wir uns gemeinsam mit den Teilnehmern den 13-minütigen Trickfilm „1989 – Unsere Heimat ..." an.

Danach folgt in lockerer Runde ein Gespräch über die Inhalte, in dem ich mir einen Überblick über den Wissensstand der Teilnehmer und ihr allgemeines Interesse am Thema verschaffe. Ich bitte um Schlagwörter zum Thema „Diktatur und Demokratie", zu 1989, Friedliche Revolution, DDR, Unrechtsregime etc. und schreibe die Ergebnisse als Liste auf der Wandtafel oder einer Flipchart auf. Anschließend frage ich die künstlerischen Ausdrucksformen ab, die wir für die beiden Tage anbieten und die zur Visualisierung der Workshop-Ergebnisse dienen könnten: Comic, Graphic Novel, Manga, Trickfilm, Foto-Comic und Foto-Roman, Illustrationen eigener Geschichten ...

Durch diese erste Kennenlernrunde habe ich mich darüber informiert, welche Inhalte die Teilnehmer bereits vom Geschichtsunterricht kennen, wo ihre Wissenslücken liegen, was sie nicht mögen oder sich nicht zutrauen, ob sie lieber einzeln oder im Team arbeiten und welche Interessen, Kenntnisse und Motivationen sie für den Workshop mitbringen.

Der Ablauf

Pausen sind wichtig bei unseren Workshops. Sie nehmen den teilnehmenden Schülern und Jugendlichen die Anspannung, die sich erfahrungsgemäß bei ihnen aufbaut, wenn sie in eine solche für sie meist neue Situation gebracht werden, in der sie – Form folgt Inhalt – demokratisch in den Ablauf des Workshops eingebunden werden und es von jedem Einzelnen abhängt, was für Ergebnisse am Ende der beiden Tage erzielt werden.

Auch für uns und mich sind diese Pausen wichtig, da ich meist ad hoc entscheiden muss, welcher Weg als nächstes eingeschlagen werden kann, um die Teilnehmer oder einzelne Teilnehmergruppen weiter zum vereinbarten Ziel zu führen. Da den Teilnehmern die freie Wahl obliegt, mit welchen der vorgeschlagenen oder selbst eingebrachten Stilmitteln sie ihre eigenen Geschichten zum Thema „Diktatur und Demokratie" erzählen wollen, ist es unabdingbar, direkt in den Situationen zu reagieren und sich stets um ein Gleichgewicht zwischen Zielführung und offener Arbeit zu bemühen.

Ferner dienen die Pausen, die meist dem am Ort üblichen Pausenverlauf folgen der Absicht, den gewohnten Rhythmus der Teilnehmer beizubehalten und ihnen somit einen sicheren Rahmen geben, auch zur Absprache mit dem oder den anwesenden Lehrern, Erziehern oder Betreuern und mit Sandra als „stille Beobachterin", um sich über die Arbeitsweise mit einzelnen Teilnehmern abzustimmen, wenn etwa autistische Schüler im Klassenverband mitarbeiten oder Teilnehmer mit Lernproblemen oder geringer Selbstbeherrschung besondere Aufmerksamkeit brauchen. Mit den Workshops zielen wir darauf ab, auf jeden Teilnehmer individuell eingehen zu können, um so für jeden Erfolgserlebnisse zu schaffen.[6]

Im vorher beschriebenen Grobablauf unserer „Diktatur und Demokratie"-Workshops sehen wir weiter vor, dass am Ende des ersten Tages der Plan für die inhaltlich und künstlerisch zu gestaltenden Geschichten komplett vorliegt: Inhalt, Stilmittel, Ablaufplan bzw. ein Drehbuch, die Storyline mit Dialogen, die Comic-Layouts mit Bildaufteilung, Farbentwürfe sowie fertige Skizzen und Entwürfe von Charakteren und Hintergründen, für deren Erarbeitung die Teilnehmer von mir ermutigt werden, ihre Smartphones zu verwenden, um so den Umgang mit den Geräten als nützliches Arbeitsmittel für Foto-Recherche und zum Erkenntnisgewinn zu entdecken.

Damit die Teilnehmer sehen können, dass sie während ihrer Arbeitszeit Fortschritte machen, erarbeite ich mit ihnen während des ersten Workshop-Viertels eine Checkliste, die alle einzelnen Arbeitsschritte in kleine Häppchen unterteilt, die sie mittels Kreuzchen oder mit ihren Teams vervollständigen können: ein Querstrich für angefangene Teilaufgaben, den Gegenstrich zur Fertigstellung des Kreuzes bei Abschluss der Teilaufgabe. Dadurch entsteht ein positiver Ehrgeiz bei den Teilnehmern, die einzelnen Arbeitsschritte zu vervollständigen, ohne sklavisch an ein festes Protokoll gebunden zu sein.

Erfahrungsgemäß müssen wir als Kursleitung nach der Ideenfindung und der Selbsteinteilung der Teams und der „Einzelkämpfer" nur noch Rat gebend zwischen den Gruppen „flanieren" und ich habe Zeit, einzelnen Fragestellern bei speziellen Problemen behilflich zu sein: wie man aus Strichmännchen realere Figuren entwickelt, wie man eine Geschichte dramaturgisch aufpeppt, welcher Umfang einer Geschichte im gegebenen Zeitrahmen realistisch umsetzbar ist etc.[7]

---

6 Auch die Nacht zwischen den beiden Workshop-Tagen hat sich als wertvolles Mittel erwiesen, um in den Teilnehmern zusätzliche Eigenmotivation und Zielorientierung wachzurufen, da sie durch diese Unterbrechung der Fokussierung auf ein Thema innerhalb zweier für sie meist ungewohnter, weil ganze Schularbeitstage am zweiten Morgen im Großteil mit neuen Ideen und anderen Perspektiven in den neuen, abschließenden Teil des Workshops gehen.

7 Die Antworten auf die Fragen beantworte ich laut für alle im Raum hörbar. Dumme Fragen gibt es nicht, der oder die Fragestellerin wird „entpersonalisiert" à la „Es gab hier eine Frage bezüglich X", um niemanden unbeabsichtigt bloßzustellen oder zu verletzen. Prinzipiell erkläre ich während der Workshops mehrfach, sodass ich mich bei Verbesserungsvorschlägen und Hilfestellungen stets auf die Problemlösung konzentriere und nicht auf den Fragesteller. Das gilt ebenso für die Erörterung von als gegeben vorauszusetzenden Wissensrückständen im Themenbereich DDR-Diktatur, wobei es sich hier natürlich als wertvoll erwiesen hat, die

Die Ergebnisse

Sämtliche bisherigen Workshops zum Thema „Diktatur und Demokratie" erbrachten sehr gute, stark am Thema orientierte Ergebnisse, die in der künstlerischen Umsetzung dem oberen Niveau der Teilnehmer entsprachen.

Neben einzelnen Comicseiten, längeren Geschichten oder Einzelillustrationen schufen Teilnehmer einzeln oder in Teams auch kurze, selbstgestaltete Legetrickfilme, Geschichten mit Illustrationen oder Kurzfilme, für die sie an eigens gesuchten Drehorten Situationen wie die Flucht über die Mauer oder die Trennung durch den Mauerbau nachspielten. Den Ideen wurden dabei keine Grenzen gesetzt, da als Hauptergebnis der Workshops eine Beschäftigung der Teilnehmer mit der SED-Diktatur und der Friedlichen Revolution erzielt werden sollte. Die fertigen Comics und Trickfilme dienen daher vor allem als sichtbarer, haptischer Abschluss der Workshoptage, um den Teilnehmern etwas in den Händen zu lassen.[8]

Eine gemeinsame Auswertung mit allen Teilnehmern und Anwesenden der jeweiligen Workshops findet am Ende je nach Gruppendynamik statt: zumeist in offener Runde, wo alle ehrlich über ihre Erwartungen und Erfahrungen sprechen können, manchmal auch aufgrund der Zeitnot wegen der Fertigstellung der Exponate während des Arbeitens bis zur letzten Minute. Das Feedback ist für uns und mich ebenso wichtig wie für die Teilnehmer, weil wir dadurch befähigt werden, in den nächsten Workshops besser mit Arbeitssituationen umzugehen. So gab es z. B. beim Workshop in Luckau eine anderthalbstündige Auswertungsrunde, in der heftig über die Erwartungshaltungen und den Ablauf der vorangegangenen zwei Tage diskutiert wurde. Erst dadurch erhielt dieser Workshop seine eigentliche Bedeutung für die Teilnehmer, die in der vorangegangenen Zeit die offene und ungezwungene Zusammenarbeit durch ihren Schulalltag einfach nicht gewöhnt waren und sich im Großteil schwer damit taten, diesem demokratischen Ansatz in einer Ausnahmesituation zu folgen.

> Workshops gemeinsam mit Geschichtslehrer/Innen zu gestalten statt mit Kunstlehrer/Innen, da diese auf bereits innerhalb des Lehrplans Gelerntes zurückgreifen und auf zukünftiges Wissen ansprechen können.
>
> 8 Bei den mitunter recht aufwändigen Trickfilmen ist es oftmals schwierig einzuschätzen, ob die Arbeit innerhalb der Workshopzeit fertiggestellt werden kann – die Motivation der einzelnen Teammitglieder ist dabei ebenso entscheidend wir die pure Menge an abzulichtendem Material –, weshalb es bisher ein, zwei Mal vorkam, dass wir die fertigen Einzelbilder und Textcharts im Nachgang zum nächsten Tag fertiggestellt haben, um sie dann durch die Schüler „freigeben" zu lassen. In Grimma schufen die Schüler des Gymnasiums St. Augustin bspw. sechs mannshohe Bilder, die zum Festakt der Vergabe der Plakette „Schule mit Courage, Schule ohne Rassismus" als Bühnendekoration dienten, um später einen festen Platz im Schulhof zu erhalten.

Diese Erfahrung gab auch uns wichtige Impulse, um die Struktur der Workshops noch einmal aufzubrechen und bereits in der Eröffnungsphase den Teilnehmern ein für sie passendes Setting zu geben, das sie sicherer durch den Workshop leitet.

Die Vorausschau

Zwei Tage ununterbrochen eine Aufgabe zu verfolgen, mit deren Inhalt man erst über die Arbeitszeit vertraut wird, ist für Schüler und Jugendliche eine große Herausforderung, egal ob Klassenstufe 8 oder 11. Wenn wir die Teilnehmer jedoch spüren lassen, dass die große Aufgabe durch einzelne kleinere Arbeitsschritte übersichtlicher und greifbarer wird, können wir ihnen den Spaß an der Gesamtarbeit erhalten oder gar steigern.

Geduld ist dabei ein ganz wesentlicher Aspekt und naturgemäß nicht die Hauptstärke der jungen Teilnehmer, weshalb es sich bezahlt macht, in Teams zu arbeiten, bei denen der sich aufbauende Druck wechselseitig umverteilt werden kann.

Thematisch sind die Teilnehmer am besten von der für sie unendlich weit entfernten Materie „DDR", „SED-Diktatur", „Friedliche Revolution" zu begeistern, indem wir sie persönlich abholen, an ihre Lebenswelt anknüpfen, wenn wir Gleichnisse in ihrem Alltag finden, etwaige Einschränkungen ihrer persönlicher Freiheiten, Erinnerungen aus der Familiengeschichte, Vergleiche mit aktuellem politischen Zeitgeschehen usw.

Dazu konnten wir bisher einen nur kaum spürbaren Unterschied im Wissen und in der Bewertung der Diktatur in der DDR zwischen den alten und neuen Bundesländern feststellen.

Die Teilnehmer sind durchweg generell am Thema interessiert und durch ein Eingehen auf ihre momentanen persönlichen Situationen sowie durch positive Motivation und mit fundierten Vorschlägen Willens und in der Lage, sich über die damalige Situation in der DDR und die geschichtliche Einordnung der SED-Diktatur eine eigene Meinung zu bilden und diese auch künstlerisch auszudrücken.

Für uns als Glücklicher Montag-Team und für mich als Kursleiter sind die hinter uns liegenden Kurse wertvolle Erfahrungen, die wir auf keinen Fall missen möchten, da auch wir auf mehreren Ebenen einen hohen Erkenntnisgewinn mitnehmen.

Thomas Weichel

Die Mauer muss weg!
Eine Kunstinstallation am 2. Oktober 2015
an der Elly-Heuss-Schule in Wiesbaden
im Rahmen der „Woche der Freiheit"

Erinnerungskultur und Gedenken haben in der Schule ihren festen Platz. Den Schülern wird beides meist über intellektuelle, stets auch emotionale Betroffenheit erzeugende Zugänge nahe gebracht. Diese Formen sind durchaus berechtigt, sie wurden auch beim 25. Jahrestag der Deutschen Einheit häufig gewählt. Als Beispiel sei nur der Einsatz der Ausstellung „Der Weg zur Deutschen Einheit" der Bundesstiftung Aufarbeitung genannt, die die Landeshauptstadt Wiesbaden allen weiterführenden Schulen flächendeckend mit guter Resonanz zur Verfügung stellte. Dies geschah im Rahmen der „Woche der Freiheit", einer Veranstaltungsreihe der Stadt Wiesbaden, zu der auch u. a. Zeitzeugengespräche und vieles mehr gehörte, so etwa die Inszenierung des Wiesbadener Staatstheaters „80 Minuten Freiheit", die in Form einer City-Audio-Parcours die Freiheit als Thema in vielerlei Form aufgriff. Vielfach waren die Plakatausstellungen der Bundesstiftung der Anlass, zeithistorische Projekte auf den Weg zu bringen.

Deutlich darüber hinaus ging die Installation „Die Mauer ist weg". Der Grundgedanke hier war, zum einen den Schülern ein visuelles, haptisches Erlebnis einer Mauer unter ihrer aktiven Beteiligung zu verschaffen und zum anderen „die Mauer" in einen gegenwärtigen Kontext zu stellen: Wo sind die heutigen realen Mauern oder welche Mauern haben wir in unseren Köpfen errichtet? Beim Beginn der Planungen im April 2015 zeichnete sich die neue „Konjunktur" für Grenzanlagen noch nicht ab – sehr wohl aber bereits beim Bau der Mauer am 2. Oktober. Mittlerweile erscheint Europa als neue Festung, die zwar nicht Menschen wie die DDR einsperrt, aber doch immer stärker aussperrt. Die im Projekt ebenfalls angesprochene Grenzanlage zu Mexico hat mit der Wahl des neuen amerikanischen Präsidenten zumindest den Charakter einer neuen geplanten Mauer angenommen.

Als Ort der Installation wurde die Elly-Heuss-Schule ausgewählt und dies aus zwei überzeugenden Gründen: Sie liegt direkt am „Platz der deutschen Einheit" in Wiesbaden, der zwar zwischenzeitlich bauliche Veränderungen erfahren hat, aber immer noch diesen symbolträchtigen Namen trägt. Und auf dem „Lehrerparkplatz" der Schule, der an den Platz angrenzt, befindet sich ein Teilelement der Berliner Mauer, das von dem Springer-Verlag vor einigen Jahren dem Land Hessen zur Aufstellung in der Landeshauptstadt geschenkt wurde.

Die Elly-Heuss-Schule in Wiesbaden als Gymnasium mit rund 1300 Schülern reagierte auf den Vorschlag für das Projekt außerordentlich positiv. Rasch war man sich über die Umsetzung der Idee einig und trug erheblich zu deren Ausgestaltung bei.

Als Baumaterial wurden Pappkisten im ungefähren Format 60x38x38 cm gewählt, die von einem örtlichen Unternehmen zu einem vergünstigen Preis bezogen wurden. Die geplante Dimension der neuen Mauer – ca. 3,80 m Höhe wie das Original bei einer Länge von 20 m – führte zu einem erheblichen logistischen Aufwand, war es doch das Ziel, dass die Mauer von den Schülern selbst an einem Vormittag errichtet werden sollte.

Gleichzeitig sollten sich verschiedene Klassenstufen mit dem Thema Freiheit und Mauer auseinandersetzen. In einer kleinen Arbeitsgruppe bei der Stabsstelle Kulturerbe, die das Projekt im Auftrag des Oberbürgermeisters entwickelte, arbeiten neben deren Leiter Dr. Thomas Weichel auch Prof. Dr. Dr. Alexander Moutchnik von der Hochschule RheinMain sowie Holger Stunz und Julia Hirsing von der Elly-Heuss-Schule mit.

Den höheren Klassen wurde zur Aufgabe gemacht, sich über fiktive Whatsapp-Dialoge mit dem Thema Mauer auseinanderzusetzen. In den entwickelten Dialogen diskutierten dann etwa die „Mauern der Welt" untereinander oder auch Miley Cyrus mit der Berliner Mauer. Die jüngeren Schüler gestalteten unter Leitung der Kunstlehrerin Julia Hirsing Graffiti-Seiten rund um das Thema Freiheit. Großformatige Ausdrucke der Dialoge und der Graffiti sollten zusammen mit einem Überblick über die Mauern der Welt westliche Seite der Mauer bebildern.

Um den Aufbau und das Bekleben der Mauer an einem Vormittag tatsächlich bewältigen zu können, fertigten die Klassen in den Tagen vorher weit über tausend Verbindungsstücke aus Unterlagscheiben und Kabelverbindern, die die über 300 Kartons verbinden sollten.

Kurz vor der Realisation geriet das Projekt in den Strudel der Flüchtlingskrise des Herbstes 2015, die zunächst weitgehend über freiwillige Hilfsorganisationen bewältigt werden musste. Der Ortsverband des Technischen Hilfswerks hatte im Sommer seine Unterstützung für die Aktion zugesagt, musste aber wegen der völligen Überlastung seiner ehrenamtlichen Mitarbeiter, die Notunterkünfte ausstatten mussten, kurzfristig absagen. Und ohne Gerüste und professionelle Unterstützung wäre der Bau der Mauer unmöglich bzw. mit unvertretbaren Risiken verbunden gewesen. Fast in letzter Minute sagte dann das Wiesbadener Bauunternehmen Brömer seine Unterstützung mit Gerüsten und vier erfahrenen Mitarbeitern zu.

Und so konnte der Bau am Morgen des 2. Oktober beginnen – meist stark motivierte Schüler falteten im Foyer die Kisten, versahen sie mit den Verbindungsstücken und verklebten sie. Andere trugen die Kisten auf den von Autos befreiten Lehrerparkplatz und eine dritte Gruppe begann mit dem Aufbau. Die Klassen wechselten einander ab, so dass insgesamt weit über 100 Schüler aktiv beteiligt waren. Ab der Höhe von 1,80 kamen dann die fahrbaren Gerüste zum Einsatz – dies geschah natürlich mit Hilfe und unter Anleitung der erfahrenen Baufachkräfte. Es war ein überaus straffer Zeitplan, denn die Verbindung der Kisten untereinander musste sorgfältig erfolgen, in einer mittleren Höhe wurde die Mauer zudem mit Sicherungsseilen abgespannt, um die Windsicherheit zu erhöhen. Aber die Schülerinnen und Schüler hatten das Glück der Tüchtigen – ein sonniger, windarmer Tag begünstigte die Arbeiten.

Eine besondere Herausforderung, die wohl nicht ohne Hilfestellung gelungen wäre, war das Verkleben der „Mauerbeschriftung". Das Anbringen der fast 4 m langen Ausdrucke stand unter hohem Zeitdruck und forderte am Ende noch einmal alle Kräfte: Schon begann die Big Band Platz zu nehmen und sich die ersten Schüler zu versammeln.

Der Aufbau wurde gerade noch rechtzeitig zu dem Beginn des Rahmenprogramms fertig – dazu gehörte u. a. der völkerverbindende Sport: Die Jugendgruppe des Bundesligisten VC Wiesbaden spiele Volleyball über die Mauer – der Verein trainiert und spielt in der neuen Halle direkt am Platz der Deutschen Einheit.

Es folgten kurze Reden u. a. von Oberbürgermeister Sven Gerich sowie Interviews mit den beteiligen Schülern und den Ideengebern der Aktion. Und dann, kurz nach halb zwei der eigentliche Höhepunkt: Die Mauer wurde zum Einsturz gebracht und in einem kollektiven Happening zu „Kleinholz verarbeitet". Sichtlichen Spaß daran hatten insbesondere die jüngeren Schüler und anwesenden Vertreter der Stadt Wiesbaden. Wenig später verschwanden die Reste im Bauch eines Müllwagens der Stadtwerke: Die Mauer war weg.

Wer dabei war, wird es nicht vergessen – und das ist sicher eines der Ziele, die man mit solch einer Aktion erreichen kann und will. „Die Mauer muss weg" war sicher einer, wenn nicht der Höhepunkt der „Woche der Freiheit".[1]

---

1 Ein Video ist eingestellt unter: https://www.youtube.com/watch?v=kdevOCuO-Rw.

Antje Böker · Patricia Reimers · Verena Reinhard

„Die Geschichtsreporter sind ziemlich neugierige junge Leute. Nehmen Sie sich in Acht!"[1]

Der Schülerblog „Die Geschichtsreporter_innen" auf der Geschichtsmesse 2015

Fünf Schülerinnen und Schüler des Oberstufenprofils „Kollektives Gedächtnis" der Stadtteilschule Bergedorf gestalteten auf der 8. Geschichtsmesse der Bundesstiftung zur Aufarbeitung der SED-Diktatur einen Blog, auf dem sie über ausgewählte Veranstaltungen der Messe berichteten. Dabei wurden sie von Mitarbeiterinnen und Mitarbeiter der „Kooperative Berlin – Netzwerk für Kulturproduktion" angeleitet. Im Folgenden sollen einerseits unsere Motivation und die Arbeit vor Ort dargestellt werden. Andererseits reflektieren wir gemeinsam über unsere Beteiligung am Schülerblog „Geschichtsreporter_innen" – aus der Perspektive einer Schülerin und aus der Sicht der begleitenden Lehrerinnen.

Die Motivation der Lehrerinnen

Die Geschichte der DDR wird im Geschichtsunterricht in Hamburg häufig viel zu wenig betrachtet, obwohl die Eltern und Lehrenden der aktuellen Schülergeneration diese Geschichte noch miterlebt haben und ihr Leben durch sie zum Teil maßgeblich geprägt wurde. Die Auswirkungen dieser Geschichte sind für die aktuelle Schülergeneration also noch unmittelbar zu spüren. Die Auseinandersetzung mit der DDR-Geschichte dient somit sowohl dazu, sich die eigene Herkunft beziehungsweise vereinzelt die individuelle Familiengeschichte bewusst zu machen, als auch dazu, die Bedingtheit derzeitiger gesellschaftlicher und politischer Strukturen zu erkennen. In den Profilklassen unserer Hamburger Schule gab es in den letzten Jahrgängen jeweils mindestens ein bis zwei Jugendliche, deren nahe Verwandte eine Flucht- oder Haftgeschichte aus der DDR hinter sich haben. Vor diesem Hintergrund ist die Geschichte der DDR auch keinesfalls eine Geschichte, die nur die fünf neuen Bundesländer etwas angeht.

1 Dr. Jens Hüttmann, Einführung, 8. Geschichtsmesse, Suhl 2015.

Von besonderem Interesse war für uns Lehrende die Möglichkeit, die Jugendlichen in die Position der aktiv Fragenden, Suchenden und Forschenden zu bringen, ohne dabei ein kanonisches Fachwissen vorauszusetzen. Da die bloggenden Schülerinnen und Schüler zuvor wenig mit der DDR-Geschichte konfrontiert worden sind, galt das Motto: „Keine Frage ist eine dumme Frage!" Insbesondere sollten Hemmungen abgebaut werden, die eigenen Fragen an Experten zu richten – auch wenn deren Vortrag von einem wissenschaftlichen Sprachstil geprägt ist. Die Geschichtsmesse hat darüber hinaus einen besonderen Wert für Lernende, da sie neben dem Einblick in aktuelle geschichtswissenschaftliche Diskurse lebendige Geschichtskultur durch zahlreiche Projektpräsentationen erfahrbar macht.

Die Schülergruppe entstand ausgehend von der Bereitschaft und dem Interesse, einige freie Tage der DDR-Geschichte und ihrer Erforschung zu widmen. Aus der schulischen Projektarbeit, für die in Hamburg das mit der Profiloberstufe eingeführte Seminarfach genutzt wird, bringen die Lernenden bereits Erfahrungen aus dem eigenständigen Führen und Redigieren sowohl eigener als auch fremder Zeitzeugeninterviews mit, die auf der projekteigenen Homepage veröffentlicht werden (www.kollektives.gedaechtnis.de). Sie kennen die Situation, sich immer wieder neue Zeitzeugen zu suchen und sich mit ihnen im Interview auf geschichtliche Entdeckungsreise zu begeben. Dabei finden die Jugendlichen stets ihren ganz eigenen Zugang zu Themen, die sie als Schülerinnen und Schüler ansprechen.

Zur konkreten Vorbereitung auf die Geschichtsmesse hatten sich die teilnehmenden Jugendlichen zunächst einen Überblick über das Tagungsprogramm verschafft, sich einzelne Veranstaltungen ausgesucht und sich auf die jeweiligen Inhalte vorbereitet. Nach einem Auftaktworkshop im Tagungshotel am Vorabend der Messe startete am nächsten Tag unmittelbar die Arbeit für den Blog. In dem vorgeschalteten Workshop wurden wir mit der Technik vertraut gemacht, lernten, worauf es ankommt, wenn man einen Beitrag für den Weblog schreibt oder schneidet und wie wir als Team schnell und effektiv gute Beiträge liefern. Das Besondere dabei war, dass wir mit dem Team der Kooperative Berlin auf Augenhöhe arbeiten konnten und Peter, unser Senior, uns immer wieder den Spiegel vor Augen hielt und uns damit ermutigte, aber auch zur Selbstkritik anhielt. Am schönsten war aber wohl, dass unsere Tutorinnen mit uns etwas Neues lernten und sich teilweise auch einfach mal aus der aktiven Arbeit rauszogen und uns beobachteten, dann wieder waren sie aktiv dabei und haben mit uns an Beiträgen gearbeitet.

"Die Geschichtsreporter sind ziemlich neugierige junge Leute."

Die Arbeit vor Ort aus der Perspektive einer Schülerin

Schon zu Beginn der Tagung äußerte Input-Redner David Clarke, University of Bath, „Es gibt wenig Länder, wo Geschichtskultur so aktiv zivilgesellschaftlich mitgestaltet wird wie in Deutschland", und machte zudem die Bedeutung und Vielschichtigkeit von Erinnerung deutlich. Ein Punkt, mit welchem wir uns während der Messe immer wieder beschäftigten: Menschen werden als Akteure der Geschichte der DDR, als leibhaftige Zeugen und Mitgestalter von Ereignissen in der DDR erlebt. Auf diese Weise wird bei uns Jugendlichen das Interesse an Geschichte geweckt, wir möchte diese nachvollziehen, an diesen geschichtlichen Ereignissen partizipieren, so dass wir hier neue Möglichkeiten im Umgang mit Geschichte und Gegenwart entdecken.

Rainer Eppelmann, Vorstandsvorsitzender der Bundesstiftung Aufarbeitung, forderte ausdrücklich dazu auf, dass wir uns als Jugendliche mit der jüngeren deutschen Geschichte auseinandersetzen sollten, auch in der Schule. Denn nur, wer sich mit der jüngeren Geschichte auskennt, hat bessere Chancen die gegenwärtige sozialpolitische Lage um uns herum zu verstehen. Gleichzeitig betonte er, dass die Schulen dafür von den Ländern und Kultusministerien Unterstützung bräuchten, damit die junge Generation mehr über die Ereignisse der jüngsten deutsch-deutschen Geschichte erfährt.

Im Verlauf der Geschichtsmesse wurden auch viele Schülerprojekte anderer Schulen vorgestellt. Meine Mitschülerinnen Siobhan und Samira berichteten über das Projekt „Zwei Welten, eine Grenze". Sie interviewten Jessica Lack (Johannisberg-Schule Witzenhausen) zu dem Buch, in dem ihre Klasse selbstrecherchierte Fluchtgeschichten abgedruckt hatte. Viele Berichte über andere Projekte sind auf unserer Seite zu finden.

Sicherlich war einer der Höhepunkte das Streitgespräch zwischen Bodo Ramelow und Rainer Eppelmann. In diesem Gespräch waren wir ganz nah dabei. Zunächst schien es so, als ob Rainer Eppelmann und Bodo Ramelow völlig konträre Meinungen über den Begriff „Rechtsstaat" und die damit verbundene Diskussion, ob die DDR ein Rechtsstaat gewesen sei, hätten. Im Laufe der Diskussion konnten wir aber erfahren, dass auch Bodo Ramelow der Auffassung ist, dass der bürgerliche Rechtsstaat die einzige Möglichkeit ist, demokratisch zu handeln und das dies in der DDR nicht möglich gewesen war. Diese Diskussion so nah mitzuverfolgen und zu filmen, war schon spannend. Allerdings haben wir erst beim Schnitt wirklich gesehen, über was Bodo Ramelow und Rainer Eppelmann alles gesprochen haben, denn die Nachbearbeitung ermöglichte uns aus der Perspektive eines Interviewers/Filmers noch einmal genau hinzuschauen, um zu entscheiden, was wir dem Publikum zeigen wollen, um unserer Meinung nach die Diskussion treffend darzustellen.

Reflexion aus der Sicht der Lehrerinnen

In der schulischen Arbeit sind wir als Tutorinnen der Profilklasse „Kollektives Gedächtnis" immer wieder aufgefordert Lernanlässe zu schaffen, die sowohl an die Lebenswelt der Schülerinnen und Schüler anknüpfen, als auch den Vorgaben der Kultusministerkonferenz und dem damit verbundenen Zentralabitur entsprechen. Die Wahl der thematischen Schwerpunkte geschieht immer in Abhängigkeit von den abiturrelevanten Themen, die auf das Fach Deutsch bezogen in Hamburg derzeit bundesweit, auf das Fach Geschichte bezogen innerhalb des Stadtstaates festgelegt werden. Dennoch bietet die Möglichkeit des fächerverbindenden Unterrichts von Geschichte, Deutsch, PGW (Politik, Gesellschaft, Wirtschaft) und Seminarfach genug Spielraum für Lernende, um eigene Interviewthemen einzubringen.

Wie oben erläutert bieten sowohl die Geschichtsmesse und der Blog der „Geschichtsreporter_innen" als auch die schulische Projektarbeit für die Jugendlichen einen ganz besonderen Reiz, tätig zu werden, so dass sie mit größtem Engagement Texte unterschiedlicher Genres, Filme und Fotos erstellen, redigieren und online stellen. Dabei lernen sie, sich und ihre Arbeit einzuschätzen, nach und nach Rückmeldungen zu den unterschiedlichen journalistischen Formaten und Inhalten zu geben, sich selbst infrage zu stellen und schließlich ein Wissen darüber aufzubauen, was Beiträge gut und interessant macht. Und dann ist natürlich das Gefühl des Erfolgs überwältigend, wenn „ihre" Produkte online sind und somit eine breite Öffentlichkeit erreichen können.

Die Teilnehmerinnen und Teilnehmer brachten sehr unterschiedliche Vorerfahrungen und Kompetenzen mit. So gab es Jugendliche, die gerne vor der Kamera stehen, bereits Erfahrungen als Youtuber mit eigenem Kanal mitbringen und ohne Schwierigkeiten auf Leute zugehen. Aber es gab auch solche, die lieber die schriftliche Ausdrucksform wählen. Ebenso fand sich jemand, der gerne und mit viel Sinn für den richtigen Moment die Kamera bediente. Die Empathie, mit der eine Schülerin ein Interview mit dem DDR-Flüchtling Falko Vogt führte, zeigt exemplarisch, wie auf der Geschichtsmesse Kompetenzen eingebracht wurden, die im Schulalltag in dieser Form nicht zu Tage treten.

An diesem Punkt wird für uns als Deutsch- beziehungsweise Geschichtslehrerin die Sinnhaftigkeit unseres Tuns fassbar. Denn wenn Jugendliche mit der Kooperative Berlin an einem Blog arbeiten, es mittlerweile auf 23.00 Uhr zugeht und nicht die Schülerinnen und Schüler sagen, dass sie die Arbeit beenden wollen, sondern wir als Lehrerinnen anmerken, dass es auch noch einen Folgetag gibt, dann wird gelernt, ohne dass die Beteiligten es bemerken. Das Wunderbare an diesen Erfahrungen ist, dass die Lernenden sie mit in den „normalen" Unterricht tragen und an ihre Klasse weitergeben, so dass sich die auf der Geschichtsmesse gewonnene Inspiration auf die gesamte Profilklasse und deren Projektarbeit überträgt.

Reflexion aus der Sicht einer Schülerin

Gute Laune, Teamarbeit auf Augenhöhe und witzige Berliner haben uns den Aufenthalt in Suhl versüßt. Die Chemie zwischen „Hamburg" und „Berlin" hat gleich gestimmt.

Wir Jugendliche durften uns selbst organisieren und unserer Kreativität freien Lauf lassen. Unter diesen Bedienungen konnten wir uns einen tiefen Einblick in den Journalismus verschaffen. Herausgekommen sind tolle Ergebnisse, die wir mit Stolz auf dem www.geschichtsreporter_innen.de Blog veröffentlichen. Unsere Blogeinträge decken eine weite Bandbreite ab. Wir filmten, nahmen Audiodateien auf, schrieben und lernten neue Formen von Artikeln kennen, unter anderem ein Multimedia-Porträt. Während dieser Arbeit trafen wir auf interessierte, aufgeschlossene, freundliche und öffentlich bekannte Menschen. Einer der aufregendsten Momente für uns war, als wir den thüringischen Ministerpräsidenten Bodo Ramelow treffen durften. Wir waren ein Team unter vielen, das mit ihm sprechen wollte. Dennoch haben wir uns durchsetzen können und bekamen ein Interview, wie auch anerkennende Worte von ihm auf Facebook. In solchen Momenten wussten wir, warum wir uns so große Mühe gegeben und so viel Energie in unsere Arbeit gesteckt hatten. Es sind Erinnerungen, die uns keiner nehmen kann und auf die wir gern zurückblicken. Uns sind von der Kooperative Berlin alle Voraussetzungen, wie Technik, Raum etc., bereit gestellt worden, um unsere Kreativität umsetzen zu können und sie haben es uns ermöglicht, eine Menge interessantes Wissen und Erfahrungen mit auf den Heimweg zu nehmen. Aber auch die gesamte Atmosphäre auf der Geschichtsmesse war für uns ganz besonders.

Das Projekt – Kollektives Gedächtnis

Das kollektive Gedächtnis ist ein intergenerationelles Zeitzeugenprojekt, in welchem sich Jugendliche und Senioren mit Oral History in Form von Zeitzeugeninterviews beschäftigten. Zeitzeugen der jüngeren Geschichte werden befragt, Erinnerungen in eine angemessene Form gebracht und diese auf unserer Homepage www.kollektives-gedaechtnis.de öffentlich gemacht.

Dieser Herausforderung stellt sich das Redaktionsteam immer wieder, um bestehende Fragen greifbar zu machen, wie zum Beispiel: Wie kann Zeitgeschichte erfahrbar gemacht werden?

Das Projekt „kollektives Gedächtnis" bietet allen Beteiligten einen besonderen Zugang zu historischen Ereignissen: Menschen werden als Akteure in der Geschichte, als leibhaftige Zeugen und Mitgestalter von Ereignissen erlebt. Wenn es gelingt, auf diese Weise das Interesse an Geschichte zu wecken, vollzieht man die konkreten Erfahrungen anderer Manschen nach und partizipiert so an diesem Prozess, dass man auch sich und das eigene Handeln reflektiert und so neue Möglichkeiten im Umgang mit Geschichte und Gegenwart entdeckt. In unserem Projekt haben wir die Möglichkeit, durch fragen und erzählen erlebter Geschichte Raum zu geben und das in der Verbindung mehrerer Generationen.

Der Blog www.geschichtsreporterinnen.de oder www.geschichtsreporter.de

Die Idee hinter diesem Blog war es, eine „verjüngte" Dokumentation der 8. Geschichtsmesse in Suhl zu entwickeln. Miriam Menzel und Patrick Stegemann der Kooperative Berlin haben die Jugendredaktionen, bestehend aus Jugendlichen und Senioren des Projekts „kollektives Gedächtnis" angeleitet, eigene Artikel, Kommentare, Porträts und Filme für den Blog zu erarbeiten, zu redigieren und zu schneiden. Mit einem kleinen Vorbereitungsworkshop vor Ort und eigenem Konferenzblog wurde das Redaktionsteam auf die Aufgaben vorbereitet. Alle Beiträge sind auf dem Blog publiziert und wurden von vielen Facebookbesuchern kommentiert!

Lehrerperspektiven: Sechs Fragen an ...

Christian Schmidt, Friedrich-List-Schule Wiesbaden
Christian Schmidt, Jahrgang 1968, Studium der Geschichte und Neueren Deutschen Literatur an der Philipps-Universität in Marburg/Lahn. Wissenschaftlicher Dokumentar bei der Frankfurter Allgemeinen Zeitung. Referendariat am Lessing-Gymnasium in Frankfurt/Main, dann Oberstudienrat und Aufgabenfeldleiter für die Gesellschaftswissenschaften am beruflichen Oberstufengymnasium der Friedrich-List-Schule in Wiesbaden. Derzeit tätig in der Schulaufsicht für Gesamtschulen und Gymnasien. Diverse Publikationen.

Welche besonders guten und welche eher schlechten Erfahrungen haben Sie mit der Bearbeitung des Themas im Unterricht gemacht?
Meine unterrichtlichen Erfahrungen mit dem Thema DDR sind weder besonders gut noch besonders schlecht. Ich nehme es so wahr, dass die Schülerinnen und Schüler mit dem Thema a priori zunächst wenig Konkretes konnotieren. Die Wissensbasis ist schmal, aber das ist bei der Mehrzahl der anderen historischen Themen nicht viel anders (die Geschichte des Nationalsozialismus ist hierbei vielleicht ein Sonderfall). Was sich immer wieder zeigt, ist, dass die Schüler vor allem eines behalten: nämlich die Deutungen, die ihnen der Mittelstufenunterricht und die historischen Dokumentations- oder historischen Sendungen des Fernsehens liefern. Sie speichern die Urteile und Bewertungen ab und ersparen sich die Mühe der auf Fakten beruhenden Argumentation: „Schnell fertig ist die Jugend mit dem Wort." Der „Fall DDR" jedenfalls ist für die Schülerinnen und Schüler, die keinen familiärbiografischen Bezug dazu haben, kein Thema, dem sie ein besonderes Interesse entgegenbringen. Dieses muss durch den Unterricht zuerst geweckt werden.

Wie sind die Rahmenbedingungen für die Behandlung des Themas im Unterricht?
Die äußeren Rahmenbedingungen sind – gerade in Wiesbaden – sehr gut, was vor allem daran liegt, dass sich hier in der Landeshauptstadt mit der Landeszentrale für politische Bildung eine Anlaufstelle direkt vor Ort befindet, die vielfältige Materialien und eine Biblio- und Mediathek bietet und auch immer wieder einschlägige Veranstaltungen zum Thema DDR organisiert, die sich in der Regel sehr gut in den Unterricht integrieren lassen. An der Hessischen Landeszentrale für politische Bildung ist außerdem das Schwerpunktprojekt „Historisch-politische Aufarbeitung der SED-Diktatur" angesiedelt, das vielfältige Bildungsangebote bereit hält und auch Zeitzeugen für den Unterricht vermittelt. Durch den im Rahmen eines

Tagesausflugs erreichbaren außerschulischen Lernort „Checkpoint Alpha" und der Landesgrenze zu Thüringen bieten sich auch Unterrichtsfahrten an.

Diesen vielfältigen Angeboten, mit denen sich der Unterricht sinnvoll ergänzen und vertiefen lässt, stehen curriculare Vorgaben entgegen, die der Behandlung des „Falls DDR" in der Oberstufe Grenzen setzen. Die Geschichte nach 1945 wird in Hessen unter dem Thema „Konflikt und Kooperation in der Welt nach 1945" auf drei Ebenen behandelt: der weltpolitischen, der europäischen und der deutschen Ebene. Auch das hessische Oberstufencurriculum ist durch den chronologischen Ansatz strukturiert, und dies hat zur Folge, dass der „Fall DDR" zum Schlusslicht wird, der nur vertieft behandelt werden kann, wenn noch genügend Zeit dafür bleibt. Die bleibt aber in aller Regel nie, und so wird auch dieses Thema, wie viele andere Felder auch, allzu oft zu etwas, was noch schnell durchgenommen werden muss, weil es ja in der Abiturprüfung „drankommen" könnte. Ein Problem, das durch die Ablösung des chronologisch strukturierten durch ein problemorientiertes Curriculum leicht gelöst werden könnte.

Wie beurteilen Sie das Wissen, aber auch das Interesse der SchülerInnen an der Geschichte der DDR?
Die DDR ist für die überaus meisten meiner Schülerinnen und Schüler eine terra incognita. Sie wissen, dass es sie gab. Klare Vorstellungen darüber, was für ein Staat das war, aufgrund welcher Implikationen er entstanden ist, in welchen historischen Traditionen er sich begriff und unter welchen Bedingungen er sich entwickelte, haben sie meistens nicht. Verbreitet sind extrem verkürzte Vorstellungen über die DDR: Man habe da ja versucht, den Kommunismus zu praktizieren, und dass das nicht gut gehen würde, hätte man ja auch schon vorher wissen können. Ihre Perspektive ist letztlich die Reproduktion eines landläufigen Vorurteils, das sich seit den 1950er-Jahren selbst genügt, und wahrscheinlich so alt ist, wie die Idee des Kommunismus selbst. Dieses Urteil mag in der Sache richtig sein – ein Resultat kritischen historischen Urteilsvermögens sieht dennoch anders aus. Ich möchte das einmal als die typisch westdeutsche Mittelstandsperspektive auf die DDR bezeichnen, die bereits verbreitet war, als es die DDR noch gab. Aus der Tatsache, dass die DDR gescheitert ist, schlussfolgern die Schülerinnen und Schüler, dass es sich auch nicht lohne, sich mit diesem Kapitel der deutschen Geschichte näher zu beschäftigen. Interessant wird es dann, wenn – was in der Region, in der ich unterrichte, eher selten vorkommt –, Kinder von ehemaligen DDR-Bürgern in der Klasse sitzen und ihre Perspektive einbringen, die durch die Familienbiografie geprägt ist. Diese spiegelt die persönlichen Erlebnisse der Eltern oder Großeltern wider und steht meistens quer zu dem, was im Unterricht an Erkenntnissen aus den Quellen erarbeitet wird. Die Beiträge dieser Schülerinnen und Schüler sind für mich als Lehrer willkommene Anlässe, die

„Geschichte von unten" in den Unterricht zu integrieren und die Quellenarbeit zu reflektieren. Mehrfach gelang es auch, Eltern oder Großeltern dieser Schülerinnen und Schüler als Zeitzeugen in den Klassenraum zu holen und so eine Unmittelbarkeit zu erzeugen, welche die reine Quellenarbeit nicht leisten kann.

Aus welchen Quellen beziehen die SchülerInnen Ihrer Einschätzung nach ihre Kenntnisse über die DDR-Geschichte? (Internet, Familiengespräche, Lehrbücher, Romane, Spiele, TV und Kino etc.)?
Ich muss sagen, dass es hier, in der ‚westdeutschen Provinz', seitens der Schülerinnen und Schüler kaum intrinsisches Interesse an der DDR gibt. Kenntnisse beziehen sie, wenn überhaupt, aus dem Fernsehen.

Wie ist das Verhältnis von SchülerInnen deutscher und nicht-deutscher Herkunft in Ihrer Klasse? Hat dies einen Einfluss auf die Gestaltung Ihres Geschichtsunterrichts zur DDR?
Schülerinnen und Schüler nicht-deutscher Herkunft sind in der gymnasialen Oberstufe meiner Schule präsent, aber in der Minderzahl. Sie unterscheiden sich dadurch von den Schülerinnen und Schülern deutscher Herkunft, dass sie unvoreingenommener an das Thema DDR herangehen und einfacher zu motivieren sind, sich damit auseinanderzusetzen. Möglicherweise liegt dies daran, dass einige von ihnen bzw. ihre Eltern aus Ländern kommen, in denen die Erfahrung, unter diktatorischen oder semi-diktatorischen politischen und gesellschaftlichen Strukturen leben zu müssen, zum Alltag gehört.

Was meinen Sie: Welchen Einfluss haben Ihre eigene Einstellung zur DDR und Ihre persönlichen Erfahrungen auf die Behandlung des Themas im Unterricht?
Auf den Geschichtsunterricht haben meine Einstellungen und meine persönlichen Erfahrungen mit der DDR – so hoffe ich zumindest – keinen oder kaum einen Einfluss, denn hier geht es um historisch-politische Sachverhalte. Ich versuche, meine Schülerinnen und Schüler dazu zu befähigen, sich durch die Analyse von Quellen und Materialien, durch die Begegnung mit Zeitzeugen ein eigenes Urteil bilden zu können, und halte es für fatal, wenn die Schülerinnen und Schüler durch den Geschichtslehrer gleich ein Urteil und eine Wertung mitgeliefert bekommen, denn die selbständige historisch-politische Urteilsfähigkeit ist ja gerade ein Bildungsziel des Geschichtsunterrichts.

Wofür ich – auch aufgrund der curricularen Vorgaben – im Geschichtsunterricht keinen Platz finde, das lagere ich in den Deutschunterricht aus: Kultur- und Mentalitätsgeschichte, also Aspekte der Lebenswirklichkeit in der DDR. Im ersten Jahr der Oberstufe ist im Fach Deutsch das Thema „Sozialisation" vorgeschrieben. Hier kann man statt Hermann Hesses „Unterm Rad" sehr gut etwa Thomas Brussigs „Wasserfarben" lesen und an diesem Beispiel Konflikte zwischen Jugendlichen und Autoritäten (familiären oder staatlichen) thematisieren und nebenbei auch etwas von der Mentalitäts- und Alltagsgeschichte der DDR-Jugend zum Gegenstand des Unterrichts machen. Die Rockmusik der DDR, die ich durch meine „Ost-Verwandtschaft", die mir immer die neusten Platten schickte, und DT64, das bei uns zuhause zwischen Fulda und Hanau gerade noch relativ störungsfrei zu empfangen war, in meiner Jugend ziemlich gut kennenlernte, nimmt dabei stets einen Stellenwert ein, weil sie meiner Ansicht nach das Lebensgefühl der DDR-Jugend besonders gut transportiert.

Abschließend noch etwas zur medialen Rezeption der DDR-Geschichte: Ich halte es für grundlegend falsch, im Geschichtsunterricht Filme wie „Das Leben der Anderen" oder „Sonnenallee" zu zeigen, um den Jugendlichen einen „anderen", „einfacheren" Zugang zur Geschichte der DDR zu ermöglichen. Diese Filme sind auf ihre Art ausgezeichnet, aber: sie zeigen keine historische Wirklichkeit, sondern eine ausschnittsweise Deutung des „Falls DDR", der mit ästhetischen Mitteln realisiert wird. Als Gegenstand des Geschichtsunterrichts taugen sie nur, wenn man sie als Beispiel einer nachträglichen, ästhetischen Interpretation dieses Spezialfalls der deutschen Geschichte analysiert.

Lehrerperspektiven: Sechs Fragen an ...

Maria-Sibylla Hesse, Waldorfschule Potsdam

Maria-Sibylla Hesse, geboren 1962, hat Geschichte, Kunstgeschichte und Französisch für das Lehramt an Gymnasien sowie die Ausbildung zur Waldorflehrerin abgeschlossen. Sie arbeitet seit 1991 an der Waldorfschule, zunächst in Trier und derzeit in Potsdam. Sie ist ein Fan von Projektunterricht und hat mit ihren Schülern für Geschichtsprojekte, z. B. zwei Dokumentarfilme zur DDR, mehrere Preise gewonnen. Sie ist in der Waldorflehrerausbildung tätig und forscht derzeit zur Frage, wie Jugendliche Geschichte verstehen.

Welche besonders guten und welche eher schlechten Erfahrungen haben Sie mit der Bearbeitung des Themas im Unterricht gemacht?
Als ich in Trier in den Jahren vor 2000 „DDR" behandelte, kam gelegentlich die Frage auf, warum das nötig sei, der Staat sei ja untergegangen. Da jedoch in der ältesten Stadt Deutschlands niemand die Berechtigung in Zweifel zog, sich mit den – ebenfalls untergegangenen – Römern zu beschäftigen, war das Argument schnell entkräftet.

In Potsdam, wo ich seit 2003 unterrichte, wurde ich anfangs einmal gefragt, ob ich als „Wessa" überhaupt in der Lage sei, die DDR richtig zu beurteilen. Eine

Mutter kritisierte meine Behandlung des Themas. Wir trafen uns zum Gespräch und ich lernte ihre Motive verstehen; als Tochter eines in der DDR mit viel Macht ausgestatteten Mannes hatte sie sich noch nicht mit der neuen Bundesrepublik angefreundet und war voller Fragen, die wir ausgiebig diskutierten im Sinne von „Fremdverstehen" und „Multiperspektive", Grundkategorien der Geschichtsdidaktik. – Für meine Schüler-Projekte zur DDR-Geschichte sprachen wir mit sehr vielen auskunftsfreudigen ZeitzeugInnen.

Wie sind die Rahmenbedingungen für die Behandlung des Themas im Unterricht?
Laut Waldorflehrplan kann man die DDR in der 8. Klasse mit einem Fokus auf Wirtschaft und Soziales und in der 9. Klasse hinsichtlich der politischen und Ideengeschichte sowie in der 12. ansprechen, da wir zwei bis drei Durchgänge der Geschichte haben. WaldorflehrerInnen genießen hohe Autonomie in der inhaltlichen wie methodischen Gestaltung des Unterrichts, insofern kann ich abweichend auf Aktuelles wie Gedenktage o. Ä. eingehen.

Überdies legt die Potsdamer Waldorfschule einen Schwerpunkt auf Projekte mit freier Thematik. In den Oberstufenprojekten über ca. acht Wochen à vier Stunden konnte ich mehrfach zur DDR-Geschichte arbeiten: So entstanden Produkte wie Ausstellungen, ein Internetauftritt, eine Lesung und zwei Dokumentarfilme. Wir erforschten Lokalgeschichte und übten nebenher basale Fähigkeiten wie die Recherche, das Schreiben und die Durchführung von Interviews. Alle motivierte die Erfahrung der Selbstwirksamkeit. Allerdings muss ich, wenn Kosten entstehen (z. B. für eine Kamera oder einen Schnittplatz), zunächst mühsam auf Geldsuche gehen: Hier sollten die sonst guten Rahmenbedingungen verbessert werden!

Wie beurteilen Sie das Wissen, aber auch das Interesse der SchülerInnen an der Geschichte der DDR?
Das Wissen der SchülerInnen ist – egal bei welchem historischen Thema – eher dünn, wie die Wirkungsforschung seit den 1930er-Jahren regelmäßig nachweist. Ich fürchte, wir müssen anerkennen, dass wir die Jugendlichen nicht mit Daten und Fakten „abfüllen" können.

Aber sie bringen der Geschichte Interesse entgegen! Die Behaltensdauer steigt jedoch mit der Intensität der Auseinandersetzung. Wenn die SchülerInnen nicht nur eine Quelle gelesen, sondern einen Zeitzeugen live erlebt, eine Gedenkstätte besucht, eine Ausstellung selbst konzipiert haben, dann sind sie „mit allen Sinnen" beteiligt. Denken, Fühlen und Tätigsein kommen gleichermaßen zur Geltung und dadurch verbinden sie sich mit der Geschichte. Das Problem des Faches Geschichte ist ja, dass der Gegenstand nicht (mehr) existiert, was große didaktische Fragen aufwirft. Exemplarisches Lernen hilft hier meiner Erfahrung nach mehr als ein rein kognitiver Input, der für die SchülerInnen farbloses antiquarisches Wissen bleibt, ohne Relevanz für sie selbst.

Aus welchen Quellen beziehen die SchülerInnen Ihrer Einschätzung nach ihre Kenntnisse über die DDR-Geschichte? (Internet, Familiengespräche, Lehrbücher, Romane, Spiele, TV und Kino etc.?)
Heute spielt für unsere SchülerInnen die Ost-/ West-Herkunft so gut wie keine Rolle mehr, sagen sie selbst. Wer keine (Groß-)Eltern hat, die über den Alltag in der DDR aus eigenem Erleben sprechen, wird vielleicht von NachbarInnen etwas erfahren; ich denke, dass das informelle Gespräch einen deutlichen Anteil an den Kenntnissen hat. Wenn Ansichten aus der Familie mit Informationen aus dem Geschichtsunterricht kontrastieren, sind SchülerInnen geneigt, der Familie mehr Glauben zu schenken. Ansonsten sind die Quellen zur DDR-Geschichte so heterogen wie unsere Klientel: manche lesen (noch) Bücher, Magazine, andere sehen Reportagen. Während der Behandlung im Unterricht recherchieren sie im Internet; manche suchen gezielt nach Filmen. Aus brauchbaren Links stellen wir gemeinsam eine Liste zusammen.

Wie ist das Verhältnis von SchülerInnen deutscher und nicht-deutscher Herkunft in Ihrer Klasse? Hat dies einen Einfluss auf die Gestaltung Ihres Geschichtsunterrichts zur DDR?
Waldorfschulen stellen das Individuum in den Mittelpunkt; da ist die nationale Zugehörigkeit ziemlich unwichtig – und mir auch gar nicht immer bekannt. Wir haben Familien, die lange im Ausland lebten, Muslime, Menschen aus der Türkei oder anderen Ländern. Da wir „Schule ohne Rassismus – Schule mit Courage" sind, achten wir prinzipiell auf respektvollen Umgang.

Der Einfluss der Herkunft der Jugendlichen oder ihrer Familien auf meinen Geschichtsunterricht dürfte generell gering sein. Er liegt allenfalls darin, dass ich in den Erfahrungen der Jugendlichen deutscher und nicht-deutscher Herkunft andernorts eine Bereicherung sehe, die wir – gerne auch im Sinne der Multiperspektivität – in unseren Gesprächen aufgreifen.

Was meinen Sie: Welchen Einfluss haben Ihre eigene Einstellung zur DDR und Ihre persönlichen Erfahrungen auf die Behandlung des Themas im Unterricht?
Ich mache zu Beginn deutlich, dass ich die DDR „live" nur von einigen Verwandtenbesuchen seit Ende der 1970er-Jahre kenne. Ansonsten ist es das Geschäft der HistorikerInnen – die Geschichte selten aus eigener Anschauung kennen –, allem gegenüber kritisch zu sein, Quellen und Aussagen auf Triftigkeit und Plausibilität zu prüfen, Kontroversen auszuhalten, den eigenen Standpunkt zu bedenken. Das kann man besonders in der Oberstufe einüben.

Geschichtsunterricht ist (auch) ein Fach, das Werte und Normen vermittelt. Insofern können wir jede Epoche kontextualisieren und auf ihre Bedeutsamkeit prüfen – auch die DDR, etwa indem wir die Art ihrer Bürger-Überwachung betrachten und mit der heutigen vergleichen, die Gründe für Zustimmung oder Ablehnung einbeziehen, uns mit den Menschenrechten befassen.

Lehrerperspektiven: Sechs Fragen an …

Thomas Grüßing, Carl-Bosch-Schule Berlin-Reinickendorf
Thomas Grüßing, Jahrgang 1969, Lehramtsstudium für Deutsch und Sozialkunde sowie Studium der Politologie an der Freien Universität Berlin. Volontariat an der Wiener Library for the Study of the Holocaust and Genocide in London. Referendariat in Berlin-Neukölln. Derzeit Lehrer an der Carl-Bosch-Schule in Berlin-Reinickendorf. Pädagogischer Betreuer mehrerer fächerübergreifender Geschichtsprojekte, z. B. der Werkstatt zur Geschichte der „Kinderfachabteilung Wiesengrund".

Interview vom 20. Juli 2015 in der Bundesstiftung Aufarbeitung. Transkiption: Morten Siebelist, FSJ im politischen Leben in der Bundesstiftung Aufarbeitung.

Welche besonders guten und welche eher schlechten Erfahrungen haben Sie mit der Bearbeitung des Themas im Unterricht gemacht?
Vor knapp 15 Jahren waren in der Schülerschaft noch stark die Bezeichnungen „Wessi" und „Ossi" in den Köpfen – und das, obwohl die Schüler bereits nach der Wende geboren worden waren. Trotzdem waren sie noch sehr durch Vorurteile geprägt. Die sind mittlerweile, soweit ich das beurteilen kann, völlig raus aus den Köpfen der Kinder. Von daher sind die Erfahrungen, die ich in den letzten Jahren gemacht habe, durchweg positiv. Auch früher waren die Schüler immer bewegt, wenn wir beispielsweise die Gedenkstädte Berliner Mauer oder einen Stasiknast besucht haben. Aber sie sind dort mit viel größeren Bedenken und Vorurteilen und falschen Bildern im Kopf hingefahren. Heute sind die Schüler offener. Gleichzeitig habe ich das Gefühl, dass das Wissen vergleichsweise geringer ist. Früher gab es zwar mehr Vorurteile, dafür wurde das Thema aber auch stärker in der Gesellschaft diskutiert. Heute ist die DDR Geschichte für die Schüler manchmal so weit weg wie Napoleon.

Man kann das auch vergleichen mit dem, was die Jugendlichen über den Nationalsozialismus wissen. Die DDR-Geschichte ist nicht so häufig in den Medien präsent und damit fehlt ihnen oft die zeitliche Einordnung. Das erschwert es für mich, den Schülern die DDR-Geschichte zugänglich zu machen. Schon die Siebtklässler haben eine Idee, wenn ich ankündige: „Wir beschäftigen uns jetzt mit dem

Nationalsozialismus." Das Vorwissen ist oft sehr diffus, aber es ist irgendetwas da. Für die Behandlung der DDR-Geschichte fehlen die Anknüpfungspunkte – und wir sind hier in Berlin. Aber es geht nicht nur um den Zugang, die DDR-Geschichte ist für die Kinder auch wesentlich abstrakter und theoretischer, weil es um politische Strukturen geht. Beim Thema Nationalsozialismus wird vielmehr die emotionale Seite angesprochen. Ich will nicht sagen, dass die Kinder von heute per se betroffen sind, das sollen sie ja auch nicht sein. Diese Zeit der Pädagogik, die auf Betroffenheit gesetzt hat, mündete oft in einer Abwehrhaltung. Berechtigterweise. Dennoch ist eine emotionale Bindung vorhanden, etwa durch die Bilder, die die Kinder kennen.

Wie sind die Rahmenbedingungen für die Behandlung des Themas im Unterricht?
Grundsätzlich ist politische Bildung innerhalb der letzten zehn Jahre enorm verkürzt worden. So etwas wie Weltkunde gibt es nicht mehr, Geschichte ist zweistündig, teilweise einstündig, und es soll auch Sozialkunde dabei sein. Aus Sicht eines Politologen und Sozialkundelehrers bin ich besorgt, weil Demokratieerziehung an Schulen immer weniger stattfindet. Eine Konsequenz daraus ist für mich, dass sich die Schüler immer weniger für Politik interessieren. Demokratie wird heute als Selbstverständlichkeit wahrgenommen, aber das ist sie nicht. Auch die Wahlbeteiligungen weisen darauf hin. Eine Demokratie funktioniert nur, wenn wir uns aktiv an ihr beteiligen. Das politische Desinteresse bei den Erwachsenen wird an die Jugend weitervermittelt und ist ein viel zentraleres Problem, als die politische Unkenntnis der Schülerschaft.

Gleichzeitig hängen die Rahmenbedingungen sehr stark vom Lehrerkollegium ab. Vom Engagement des einzelnen Lehrers und von der Schulleitung. Wir sind oft in der Diskussion: So wichtig für das Lernen das Aufsuchen der historischen Orte ist, so schwierig ist das für die Physiklehrer, die sagen: „Ständig bist du unterwegs, ich habe hier auch nur eine Physikstunde." Ich persönlich habe an meiner Schule extrem gute Rahmenbedingungen, die Schulleitung hat mich immer unterstützt. Was ich mir wünsche, ist, dass sich mehr Lehrer, die aus der DDR kommen, mit dem Thema beschäftigen. Wir haben an unserer Schule ein relativ ausgeglichenes Verhältnis von Lehrern aus dem Westen und aus dem Osten. Aber es ist ja bezeichnend, dass ich mich als Lehrer aus dem Westen dafür stark mache, dieses Thema in die Schule zu tragen. Ein Kollege hat immer gesagt: „Ich will da nicht ran, das ist mir zu nahe." Offensichtlich gibt es da noch Berührungsängste. Andererseits habe ich im Moment das Gefühl, dass es so eine Art „Sphäre der Ruhe" gibt. Wenn ich das Thema vor zehn bis zwölf Jahren gezielt angesprochen habe, gab es eher eine Abwehrhaltung – aus welchen Gründen auch immer, das weiß ich nicht. Heute ist mein Eindruck, man hat sich in den Fächern eingerichtet. Es gibt bei uns Projekte an der Schule, aber da besteht noch Potenzial.

Wie beurteilen Sie das Wissen, aber auch das Interesse der SchülerInnen an der Geschichte der DDR?
Der Einstieg ist wichtig, um die Kinder zu interessieren. Der ist gar nicht so leicht, aber das klappt eigentlich ziemlich gut. Das liegt auch daran, dass inzwischen sehr gutes Material vorhanden ist, welches man als Grundlagen verwenden kann. Viele bemerken bei der Beschäftigung, dass sie auch ihre Eltern befragen können. Zu Hause wird es offensichtlich nicht sehr stark thematisiert. Aber die Schüler merken dann, dass ihre Eltern oder Großeltern etwas zu berichten wissen. Ich fordere meine Schüler generell auf, sich mit der Familiengeschichte zu befassen: Wo sie herkommen und welche Berührungspunkte es mit der DDR gibt – auch als West-Berliner, Reinickendorfer. Wenn man eine familiäre Konnotation hat, schaffen wir es auch, die emotionale Verbindung herzustellen, die ich vorhin ansprach. Soweit ich es mitbekomme, finden bei einigen, nicht bei allen, über Wochen plötzlich ganz andere Abendbrotgespräche statt. Das ist für mich natürlich ein Türöffner, wenn die Schüler im Unterricht sagen: „Mein Papa/meine Mama hat aber das erzählt" oder „Opa wusste zu berichten". So ist eine Diskussionsgrundlage vorhanden und sie können auch die historischen Orte in Berlin bewusster wahrnehmen. Wenn man zudem die Möglichkeit hat, zu diesen Orten zu fahren und dort ein Seminar zu buchen, erzielt man ganz andere Ergebnisse und das Interesse ist auf einmal sehr groß.

Aus welchen Quellen beziehen die SchülerInnen Ihrer Einschätzung nach ihre Kenntnisse über die DDR-Geschichte? (Internet, Familiengespräche, Lehrbücher, Romane, Spiele, TV und Kino etc.)?
Ich denke, die Schüler bekommen etwas mit in der Familie, teilweise auch in der Grundschule und – oft eher durch Zufall – im Fernsehen. Aber die Vorkenntnisse sind denkbar gering. In Berlin haben wir den großen Vorteil, sehr viele historische Orte aufsuchen zu können. Aber ich habe auch sehr gute Erfahrungen damit gesammelt, Quellenarbeit mit Stasiakten durchzuführen. Zunächst hatte ich mir das sehr schwer vorgestellt, aber mittlerweile buche ich regelmäßig Studientage im Stasi-Museum in Berlin-Lichtenberg. Die Kinder nehmen das an, sind auf einmal dabei und entdecken, was es bedeutet hat, von der Stasi überwacht zu werden. Für andere ist es monströs, überhaupt diesen Sprachduktus zu verstehen oder die Vielzahl an Seiten zu lesen. Da haben einige Schüler deutliche Probleme, was ja auch verständlich ist.

Wie ist das Verhältnis von SchülerInnen deutscher und nicht-deutscher Herkunft in Ihrer Klasse? Hat dies einen Einfluss auf die Gestaltung Ihres Geschichtsunterrichts zur DDR?
Das Verhältnis variiert, seit einigen Jahren haben wir selbst im hohen Norden Reinickendorfs einen geschätzten Anteil von 40 Prozent an Schülern, deren familiäre

Wurzeln irgendwo anders auf der Welt sind. Ich finde aber, dass es überhaupt keinen Unterschied macht, wo jemand herkommt. Die entscheidende Frage ist, wie man seinen Unterricht aufbaut. Wenn wir eine Betroffenheitspädagogik wie in den 1970er-Jahren machen, könnten sich die Kinder, die woanders herkommen, bequem zurücklehnen, weil ihre Familien nicht beteiligt waren. Stattdessen ist es mein Ziel, ein Nachdenken über Demokratie und über totalitäre Regime zu erreichen. Zum Beispiel habe ich in einer 8. Klasse den Staatsaufbau Frankreichs 1700 besprochen. Die Fragen waren: Wie ist der Staat aufgebaut? Wie müsste ein Staat aussehen, in dem ihr leben wollt? Das waren interessante drei Stunden – und wir reden hier von Achtklässlern. Die Schüler haben mir die Gewaltenteilung an die Tafel diktiert; nicht, weil sie den Begriff Gewaltenteilung kannten, sondern weil sie ihre Bedürfnisse artikuliert haben. Da spielt es keine Rolle, wo die Jugendlichen oder ihre Eltern herkommen. Es geht darum, Identifikationsmöglichkeiten zu schaffen.

Was meinen Sie: Welchen Einfluss haben Ihre eigene Einstellung zur DDR und Ihre persönlichen Erfahrungen auf die Behandlung des Themas im Unterricht?
Meine Erfahrungen mit der DDR sind denkbar gering. Ich bin im Oktober 1988 nach Berlin gekommen und kannte die DDR von der Zollabfertigung auf der Transitstrecke, wo sie mir mein Auto einmal komplett zerlegt haben. Und von einigen Besuchen in Ost-Berlin, die ich mir gar nicht so oft leisten konnte, weil 25 Mark viel Geld waren für jemanden, der studierte. Ich gehöre zu der Generation, für die diese Zweistaatlichkeit immer ein Fakt war. Nie hätte ich gedacht, dass sich das einmal ändern könnte.

Neben den persönlichen Erfahrungen halte ich aber vor allem die Bereitschaft für wichtig, sich ein neues Thema anzueignen, sich dafür zu begeistern und es den Schülern beibringen zu wollen. Mein Schwerpunkt war eigentlich der Nationalsozialismus, aber mithilfe von Fortbildungen und Materialien habe ich mir das Wissen über die DDR angeeignet. Natürlich kann ich Themen vermitteln, deren geschichtliche Zeiten ich nicht selbst erlebt habe. Entscheidend ist meine Begeisterungsfähigkeit dafür. Ich und der Bauernkrieg wir werden keine Freunde. Ich nehme Schüler eher mit, wenn ich selber davon überzeugt bin, dass das Thema wichtig und interessant ist. Die emotionale Bindung ist dann auch eine ganz andere.

Zu den Autorinnen und Autoren

Dr. Heidi Behrens, geboren 1946, erziehungswissenschaftliches Studium in Berlin und Frankfurt am Main. Wissenschaftliche Mitarbeiterin an den Universitäten Frankfurt und Essen sowie in der Gedenkstätte Alte Synagoge, 1993 Promotion. Von 1994 bis 2008 Mitarbeiterin und Mitglied im Leitungsteam des Bildungswerks der Humanistischen Union, Schwerpunkte: historisch-politische Bildung zur Zeitgeschichte. Geschichtsprojekte zusammen mit ostdeutschen Einrichtungen und Veröffentlichungen zu DDR-Erinnerungsorten, Gedenkstättenarbeit, biografischem Lernen/mündlicher Geschichte. Seit 2008 freiberuflich tätig.

Prof. Dr. Christiane Bertram, geboren 1968, Studium Geschichte, Deutsch und Erziehungswissenschaft in Tübingen, 1998 Zweites Staatsexamen für das Gymnasium. Danach Arbeit im Kulturmanagement und Marketingmanagerin in der IT-Branche. Seit 2004 wieder im Schuldienst (Reutlingen), 2010 Abordnung als wissenschaftliche Mitarbeiterin, 2015 Promotion, danach Postdoktorandin an der Universität Tübingen. Seit 2017 Juniorprofessur für die Fachdidaktik in den Sozialwissenschaften an der Universität Konstanz. Als empirisch forschende Geschichtsdidaktikerin beschäftigt sie sich u. a. mit: Zeitzeugen in der Schule und in der Erinnerungskultur, Wirksamkeit digitaler Medien und Messung historischer Kompetenzen.

Antje Böker, geboren 1970, Studium der Geschichte und Russistik in Berlin und St. Petersburg, 2001 erstes Staatsexamen, 2005 zweites Staatsexamen in Bielefeld, seit 2006 Studienrätin an der Stadtteilschule Bergedorf (Hamburg), dort Mitarbeit an der Entwicklung der Profiloberstufe, u. a. Entwicklung eines Geschichtsprofils mit einem Schwerpunkt auf Oral History.

Daniel Börner, M. A., geboren 1981, Studium der Politikwissenschaft, Geschichte und Germanistik in Greifswald und Jena, 2008–2010 Mitarbeiter der Städtischen Museen Jena, seit 2012 freier Historiker. Ausstellungen und Publikationen zu zeitgeschichtlichen und literarhistorischen Themen, Zeitzeugen- und Bildungsprojekte, Redakteur der „Gerbergasse 18. Thüringer Vierteljahresschrift für Zeitgeschichte und Politik" (hrsg. Geschichtswerkstatt Jena).

Dr. David Clarke, geboren 1972, ist Dozent für Germanistik an der Universität Bath. Seine Forschungsschwerpunkte sind Erinnerungspolitik und kulturelle Erinnerung in Deutschland. Mit Ute Wölfel gab er 2011 den Sammelband „Remembering the German Democratic Republic: Divided Memory in a United Germany" (Palgrave Macmillan) heraus.

Dr. Christian Elben, geboren 1969, Studium der Germanistik, Geschichte und französischer Literatur und Sprache in Frankfurt und Lausanne, 2001 Promotion über Traumadarstellung bei Uwe Johnson. Seitdem Lehrer für Deutsch und Geschichte sowie Verantwortlicher für das zweisprachige Abitur (französisch/deutsch) am Gymnasium in Nyon und Dozent für deutsche Kulturgeschichte an der Universität Lausanne, dort zudem verantwortlich für die Fortbildung der Deutschlehrer.

Prof. Dr. Bernd Faulenbach, geboren 1943, Studium der Geschichte, Germanistik, Politik und Philosophie, Promotion 1977, Von 1982 bis 2007 Historiker am Forschungsinstitut Arbeit, Bildung, Partizipation in Recklinghausen und seit 1993 an der Fakultät für Geschichtswissenschaft der Ruhr-Universität Bochum. Forschungen zur Geschichte der Weimarer Republik, der NS-Zeit und der beiden deutschen Staaten sowie zur Erinnerungskultur in Deutschland und Europa. Zahlreiche Publikationen. Mitwirkung in einer Reihe von geschichtspolitischen Gremien, auch der Bundesstiftung Aufarbeitung. Vorsitzender von „Gegen Vergessen – Für Demokratie" e. V.

Michael „Geis" Geithner, geboren 1985, studierte Film- und Fernsehregie an der Hochschule für Film und Fernsehen „Konrad Wolf" in Potsdam-Babelsberg. Als freier Regisseur, Autor und Musiker realisierte er Berichte, Videos und Kurzfilme. Er arbeitet als Social Media Manager für das DDR Museum. 2011 gründete er mit Martin Thiele-Schwez die Spieleinitiative „Nachgemacht – Spielekopien aus der DDR". Unter dem Titel „Playing History" ergründen sie seit 2016, wie Geschichte durch Spiel vermittelt werden kann. Gemeinsam entwickelten sie u. a. Ausstellungen, Apps sowie die Lehrmaterialien Bürokratopoly und Wendepunkte.

Saraya Gomis ist Studienrätin und bildet sich derzeit mit Schülern an der Ernst-Reuter-Oberschule in Berlin-Wedding. Sie ist in verschiedenen Netzwerken und Initiativen als Bildungspolitische Aktivistin engagiert, lernt mit ihrem Kollegen Daniel Schmöcker und zahlreichen jungen Menschen im Projekt „Auf Spurensuche Martin L. Kings jr. – Der King-Code" und ist im Vorstand des Vereins „Each One Teach One", der ihr eine Herzensangelegenheit ist.

Dr. Christoph Hamann, geboren 1955, studierte Geschichte, Germanistik und Politik in Erlangen und Berlin. Nach Staatsexamina für das Amt des Studienrats in Geschichte und Germanistik war er von 1987 bis 1989 als Wissenschaftlicher

Mitarbeiter beim Senat von Berlin tätig. Anschließend arbeitete er als Studienrat und wirkte an Ausstellungen zur Zeitgeschichte in Berlin mit. Zahlreiche Publikationen zur Zeitgeschichte, Geschichtsdidaktik und „Visual History", nahm an der Technischen Universität Berlin Lehraufträge wahr und ist am Landesinstitut für Schule und Medien Berlin-Brandenburg (LISUM) tätig.

NORBERT HANISCH, M. A., geboren 1983, Studium der Politikwissenschaft und Neueren/Neuesten Geschichte an der TU Dresden. 2011 bis 2015 Promotionsstipendiat der Friedrich-Ebert-Stiftung, gegenwärtig laufendes Promotionsprojekt zu Vorstellungen sächsischer Schülerinnen und Schüler über die DDR. Seit 2007 freier Mitarbeiter des Dresdner Regionalbüros der213
 Friedrich-Ebert-Stiftung, seit 2016 Referent für Kinder- und Jugendbeteiligung in Sachsen.

PROF. DR. DIERK HOFFMANN, geboren 1963, Studium der Neueren Geschichte, Osteuropäischen Geschichte und Volkswirtschaftslehre in München, 1994 Promotion, seitdem wissenschaftlicher Mitarbeiter des Instituts für Zeitgeschichte, Abt. Berlin. Er war Mitglied der Geschichtskommission zur Aufarbeitung der Geschichte des Wirtschaftsministeriums. 2009 Habilitation, seit 2013 apl. Professor für Neuere Geschichte an der Universität Potsdam. Er forscht zur Geschichte der Sozialpolitik im 19. und 20. Jahrhundert und der Nachkriegsgeschichte im geteilten Deutschland.

DR. FRANK HOFFMANN, geboren 1962, Studium der Geschichte, Germanistik und Erziehungswissenschaft in Bochum. Tätigkeit in der außerschulischen Bildung, Promotion 1997, wissenschaftlicher Mitarbeiter am Institut für Deutschlandforschung der Ruhr-Universität Bochum, seit 2012 als Geschäftsführer. Von 2001 bis 2007 Koordinator des Promotionskollegs Ost-West, seit 2015 Koordinator von RUB-Europadialog. Arbeitsfelder sind u. a. die Sozial- und Kulturgeschichte Deutschlands nach 1945 sowie deutsche Landeskunde.

DR. JENS HÜTTMANN, geboren 1975, Studium der Politikwissenschaft, Soziologie und VWL an der Universität Leipzig. Von 2003 bis 2005 Lehrbeauftragter am Institut für Politikwissenschaft und von 2001 bis 2007 Mitarbeiter am HoF Wittenberg. 2007 Promotion zum Dr. phil. in Erfurt. Bis Juli 2009 Mitarbeiter im Projektbüro „20 Jahre Friedliche Revolution" bei der Bundesstiftung Aufarbeitung, seitdem Leiter des Arbeitsbereichs schulische Bildungsarbeit. Zahlreiche Publikationen zur wissenschaftlichen Aufarbeitung der SED-Diktatur und zur Geschichte der bundesdeutschen DDR-Forschung vor und seit 1989.

Zu den Autorinnen und Autoren

DR. AXEL JANOWITZ, geboren 1962, Studium der Mittleren und Neueren Geschichte und Germanistik in Göttingen, Promotion 1998. Ab 1992 wissenschaftlicher Mitarbeiter an verschiedenen Museen. Bis 2003 Leiter der Bildungsstätte am Grenzlandmuseum Eichsfeld, seitdem Referent und Sachgebietsleiter bei der Stasi-Unterlagen-Behörde. Mit seinem Team ist er zuständig für die historisch-politische Bildungsarbeit/Archivpädagogik, u. a. Erarbeitung von Bildungsmaterialien, Konzeption und Durchführung von Lehrveranstaltungen sowie Entwicklung museums- und archivpädagogischer Angebote für den Lernort Stasi-Zentrale in Berlin.

MAY JEHLE, geboren 1982, Studium der Erziehungswissenschaften, Philosophie und Geschichte an der Humboldt-Universität zu Berlin. Von 2011 bis 2015 wissenschaftliche Mitarbeiterin am Institut für Bildungswissenschaft an der Universität Wien und am Institut für das künstlerische Lehramt an der Akademie der bildenden Künste Wien. Seitdem wissenschaftliche Mitarbeiterin an der Professur für Didaktik der Sozialwissenschaften mit dem Schwerpunkt schulische Politische Bildung an der Goethe-Universität Frankfurt a. M., Forschungsschwerpunkte: Unterrichtsvideografie, Politische Bildung, Bildungsmedien.

DR. ANNA KAMINSKY, Studium an der Sektion Theoretische und angewandte Sprachwissenschaft an der Karl-Marx-Universität in Leipzig und 1993 Promotion. In den Jahren zwischen 1993 und 1998 Mitarbeit in Forschungs- und Ausstellungsprojekten u. a. am Berliner Institut für vergleichende Sozialforschung, an der Universität Münster, der Gedenkstätte Sachsenhausen und am Deutschen Historischen Museum. Seit 1998 wissenschaftliche Mitarbeiterin, seit 2001 Geschäftsführerin der Bundesstiftung zur Aufarbeitung der SED-Diktatur. Zahlreiche Publikationen zur Alltags- und Konsumkultur sowie zu Fragen der Erinnerungspolitik.

KATHRIN KLAUSMEIER, geboren 1986, Studium der Fächer Deutsch und Geschichte an der Friedrich-Schiller-Universität in Jena, anschließend Stipendiatin des Alfried-Krupp-Schülerlabors der Ruhr-Universität Bochum, Promotionsprojekt zu den Vorstellungen thüringischer Jugendlicher von der DDR, derzeit wissenschaftliche Mitarbeiterin am Lehrstuhl für die Didaktik der Geschichte der Ruhr-Universität Bochum.

JOSEF KRAUS, geboren 1949, Gymnasiallehrer der Fächer Deutsch und Sport, Diplom-Psychologe. Nach Tätigkeiten als Lehrer, Schulpsychologe und Ausbilder von Schulpsychologen von 1995 bis 2015 Oberstudiendirektor eines Gymnasiums in Bayern. 1987 bis 2017 ehrenamtlicher Präsident des Deutschen Lehrerverbandes.

Von 1992 bis 2013 Mitglied des Beirats für Innere Führung beim Bundesminister der Verteidigung. Veröffentlichungen u. a.: „Wie man eine Bildungsnation an die Wand fährt", 2017, „Helikoptereltern – Schluss mit Förderwahn und Verwöhnung", 2013.

DR. NORBERT REICHLING, geboren 1952, Studium der Politikwissenschaft, Soziologie und Publizistik in Münster, Promotion durch die Gesamthochschule Paderborn 1983, seit 1979 Mitarbeiter beim Bildungswerk der Humanistischen Union NRW, dortige Arbeitsschwerpunkte: Zeitgeschichte, Oral History und biografisch orientierte Bildung, soziale Bewegungen und Bürgerrechte, Bildungsurlaub, Grundfragen politischer Bildung. Seit 1990 zahlreiche Fortbildungs- und Forschungsprojekte sowie Veröffentlichungen zur DDR-Geschichte bzw. deutsch-deutschen Verflechtungsgeschichte.

PATRICIA REIMERS, geboren 1972, Studium für Lehramt Sek. I/II für Deutsch, Russisch (Bochum) und Theater (Hamburg), Abschluss 2000. Seit 2003 Referendariat und Lehrerin in Hamburg, seit 2005 an der Stadtteilschule Bergedorf (GSB). Seit 2009 Übernahme des Projekts „kollektives Gedächtnis", ab 2010 Projektleitung zusammen mit Antje Böker und Konzipierung der Profilklasse „kollektives Gedächtnis" für die Oberstufe.

PROF. DR. HENNING SCHLUSS, geboren 1968, Industrieelektroniker, 1988 Wehrdienstverweigerung und Diakonischer Friedensdienst in der DDR, 1990 Studium der Theologie am Theologischen Seminar Paulinum, 1994 der Erziehungswissenschaften an der HU Berlin. 1998 Wissenschaftlicher Mitarbeiter, 2003 Promotion, 2008 Habilitation an der HU. Oberkonsistorialrat für Bildungsfragen bes. in Brandenburg bei der EKBO, 2010 Professor für Bildungsforschung und Bildungstheorie an der Universität Wien. Mit May Jehle Betreiber von Paedigi zur Herstellung von didaktischem Begleitmaterial für Bildungsmedien.

DANIEL SCHMÖCKER, geboren 1977, Studium Lehramt Kunst, Biologie, Ev. Religion in Greifswald, Studienrat seit 2006 an der IGS-Garbsen und seit 2011 am Rosa-Luxemburg-Gymnasium in Berlin-Pankow. Er arbeitet als Mediator und Elterntrainer und belegte ein Masterstudium für Schulmanagement & Qualitätsentwicklung. Bis Ende 2015 leitete er das Gemeindejugendwerk Berlin Brandenburg und verantwortete zahlreiche ausgezeichnete Jugendprojekte gegen Diskriminierung und Rassismus. 2013 initiierte er mit Saraya Gomis das Projekt „King-Code" und wurde mit dem Verdienstorden der Bundesrepublik Deutschland ausgezeichnet.

PROF. DR. MICHAEL SCHWARTZ, geboren 1963, studierte Geschichte und Katholische Theologie. Er ist Wissenschaftlicher Mitarbeiter am Institut für Zeitgeschichte München-Berlin und Professor für Neuere und Neueste Geschichte an der Universität Münster sowie Vorsitzender des Fachbeirats der Bundesstiftung Magnus Hirschfeld. Forschungsschwerpunkte sind die Geschichte der Eugenik, die Vertriebenenpolitik in der SBZ/DDR, die Globalgeschichte ethnischer „Säuberungen" und die Geschichte der Sexualität in Deutschland.

SCHWARWEL, geboren 1968, arbeitet und lebt in Leipzig. Schwarwel ist Karikaturist, Illustrator, Comiczeichner, Trickfilmer, Regisseur, Produzent, Animator, Storyboarder, Drehbuch-Autor, Art Director des Studios Glücklicher Montag und Schöpfer von Schweinevogel sowie Autor und Zeichner der Graphic Novel „Seelenfresser". Er gibt regelmäßig Workshops und Zeichen-Kreativ-Kurse und veranstaltet große Mitmach-Malaktionen. Seit April 2015 arbeitet Schwarwel für das Handelsblatt als Karikaturist im Wirtschaftsteil. Seine eigenen Publikationen und Filme erscheinen bei Glücklicher Montag.

KATHRIN STEINHAUSEN, geboren 1971, Studium der Geschichte, Politologie, Kulturwissenschaften und Medienberatung in Berlin, Diplom 1999, 2000 bis 2002 Assistentin der wissenschaftlichen Leiterin des Rafael Roth Learning Centers im Jüdischen Museum Berlin, 2003 bis 2005 Volontariat bei den Staatlichen Museen zu Berlin – Institut für Museumsforschung, seit 2006 wissenschaftliche Mitarbeiterin in der Erinnerungsstätte Notaufnahmelager Marienfelde (seit 2009 unter dem Dach der Stiftung Berliner Mauer) mit den Arbeitsschwerpunkten historisch-politische Bildung, Zeitzeugenarbeit und Ausstellungen.

DR. DES. MARTIN THIELE-SCHWEZ, geboren 1985, studierte Medienwissenschaften an der Universität Bayreuth, der Université Paris 1 Panthéon-Sorbonne und der Universität Potsdam. 2011 gründete er mit Michael Geithner die Spieleinitiative „Nachgemacht – Spielekopien aus der DDR" und erschloss die Hintergründe zur Spielekultur der DDR. Unter dem Titel „Playing History" entwickeln Geithner und Thiele-Schwez selbst Lehrspiele. Thiele-Schwez verfasste seine Dissertation zum Thema „Spiel, Staat und Subversion". Tätig ist er als Game-Designer und Projektleiter, mit dem Arbeitsschwerpunkt komplexe Inhalte durch Spiele zu vermitteln.

ANNA VON ARNIM-ROSENTHAL, M. A., geboren 1983, Magisterstudium der Politik- und Kulturwissenschaften in Oldenburg, Bremen, Leipzig. Von 2007 bis 2010 freie Mitarbeiterin an Publikations- und Ausstellungsprojekten der Stiftung Denkmal für die ermordeten Juden Europas, der Stiftung Topographie des Terrors, der

KZ-Gedenkstätte Ravensbrück, des Touro College, der Zitadelle Spandau. 2010–2012 wissenschaftliches Volontariat bei der Stiftung Berliner Mauer. Redakteurin bei der Bundeszentrale für politische Bildung, seit 2012 Bildungsreferentin der Gedenkstätte Berliner Mauer. Ab 2014 Mitarbeiterin in der schulischen Bildungsarbeit und seit 2016 im Bereich Zeitzeugen und Erinnerungskultur bei der Bundesstiftung zur Aufarbeitung der SED-Diktatur.

Dr. Thomas Weichel, geboren 1957, handwerkliche Ausbildung, zweiter Bildungsweg, Studium der neueren und mittleren Geschichte, Politik und Soziologie, 1989 Magister, 1993 Promotion. Wissenschaftlicher Mitarbeiter an der Goethe-Universität Frankfurt sowie bei der Deutschen Bank und der Gontard&Metallbank, seit 2001 bei der Landeshauptstadt Wiesbaden, derzeit Stabsstelle „Identität, Engagement und Bürgerbeteiligung" beim Oberbürgermeister. Seine Hauptbeschäftigungen sind außerhalb der Verwaltungstätigkeit Ausstellungen und Projekte.

Prof. Dr. Hermann Wentker, geboren 1959, Studium der Geschichte und Germanistik in Erlangen und Bonn, Promotion 1990, seit 1994 wissenschaftlicher Mitarbeiter des Instituts für Zeitgeschichte, Abt. Berlin, dessen Leitung er 1998 übernahm. 2011 Habilitation an der Universität Leipzig, wo er zwischen 2006 und 2015 apl. Professor für Neuere und Neueste Geschichte war. 2015 hat er sich nach Potsdam umhabilitiert. Seine Forschungen und Publikationen beschäftigen sich u. a. mit Staat und Kirche und der Geschichte der Justiz und Außenpolitik der DDR.

Ruth Wunnicke, geboren 1975, ist seit 2010 wissenschaftliche Referentin bei Gegen Vergessen – für Demokratie e. V. Nach einem Freiwilligendienst in Minsk/Weißrussland studierte sie Neuere/Neueste Geschichte, Osteuropastudien und Kunstgeschichte. Sie war mehrere Jahre in der Presse- und Öffentlichkeitsarbeit tätig und anschließend Stipendiatin am Zentrum für Zeithistorische Forschung Potsdam. Arbeitsschwerpunkte und Publikationen u. a. zur Geschichtsvermittlung in der Migrationsgesellschaft, Kommunistische Diktaturerfahrungen, DDR-Geschichte und Demokratiegeschichte.